权威·前沿·原创

皮书系列为
“十二五”“十三五”国家重点图书出版规划项目

四川蓝皮书
BLUE BOOK OF
SICHUAN

四川城镇化发展报告（2017）

ANNUAL REPORT ON URBANIZATION DEVELOPMENT OF SICHUAN (2017)

主　编／侯水平　陈　炜
副主编／郭晓鸣　陈　智　张鸣鸣

社会科学文献出版社
SOCIAL SCIENCES ACADEMIC PRESS (CHINA)

图书在版编目(CIP)数据

四川城镇化发展报告 . 2017 / 侯水平，陈炜主编
. -- 北京：社会科学文献出版社，2017. 4
（四川蓝皮书）
ISBN 978 – 7 – 5201 – 0608 – 5

Ⅰ. ①四… Ⅱ. ①侯… ②陈… Ⅲ. ①城市化 – 研究
报告 – 四川 – 2017 Ⅳ. ①F299. 277. 1

中国版本图书馆 CIP 数据核字（2017）第 070848 号

四川蓝皮书
四川城镇化发展报告（2017）

主　　编 / 侯水平　陈　炜
副 主 编 / 郭晓鸣　陈　智　张鸣鸣

出 版 人 / 谢寿光
项目统筹 / 郑庆寰
责任编辑 / 王　展　郑庆寰

出　　版 / 社会科学文献出版社 · 皮书出版分社（010）59367127
地址：北京市北三环中路甲 29 号院华龙大厦　邮编：100029
网址：www. ssap. com. cn
发　　行 / 市场营销中心（010）59367081　59367018
印　　装 / 北京季蜂印刷有限公司

规　　格 / 开 本：787mm × 1092mm　1/16
印 张：20. 25　字 数：308 千字
版　　次 / 2017 年 4 月第 1 版　2017 年 4 月第 1 次印刷
书　　号 / ISBN 978 – 7 – 5201 – 0608 – 5
定　　价 / 75. 00 元

皮书序列号 / PSN B – 2015 – 456 – 7/7

四川蓝皮书编委会

《四川城镇化发展报告（2017）》
编委会

主　编　侯水平　陈　炜

副主编　郭晓鸣　陈　智　张鸣鸣

撰稿人　（以文序排列）

卢庆芳　丁延武　魏　翰　康　兰　杨　璠
任利华　张鸣鸣　曾旭晖　冉　敏　刘　伟
高　洁　吴振明　肖华堂　林光旭　王　倩
王　瑷　汪晓岗

摘　要

本书分为三篇。

第一篇为总报告，分为发展测度和前景展望两个部分。报告首先回顾和总结了四川省“十二五”时期城镇化发展的总体情况和基本特征，描述了四川进入城镇化发展中期阶段的现状和主要特点。四川城镇化率增幅高于全国平均水平，城镇化发展质量呈现较大飞跃。在此基础上，利用指标体系对四川省 21 个市（州）2015 年城镇化发展水平进行了综合评价，并对各指标的影响因素进行了分解分析，结果表明，产业支撑和基础设施建设是各市（州）城镇化发展最为重要的推动力。在“五大发展理念”的指导下，四川城镇化发展迎来一系列重大发展机遇；在向更高要求迈进的过程中，四川城镇化必然迎接新的挑战。“十三五”时期，四川城镇化发展将在发展理念、空间格局、城镇功能、城市形态和城乡关系上实现“五大转变”。

第二篇为主题报告篇，是基于四川省 2015 年全国 1% 人口抽样调查数据形成的关于人口特征及变化的系列报告。第二篇包括四川未来人口发展展望、人口变化对城镇化发展的影响、婚姻与家庭状况、少数民族人口变化对城镇化发展的影响、人口老龄化区域差异等 5 章，从不同角度描述了四川户籍人口和常住人口、劳动力和老年人、个体和家庭等不同群体的现状特征，重点阐述了经济条件、社会结构、城乡关系、空间分布等状况，对人口变动的原因及其可能存在的问题和风险进行分析和研究，对未来发展态势进行展望和预测，在此基础上提出具有针对性和可操作性的对策建议。

第三篇为专题调查篇，针对四川省城镇化发展过程中的政策焦点、社会热点问题进行描述、分析。《四川城市可持续发展水平评价》立足城市发展中人与自然、人与社会关系的新认识，设计了基于四川城市发展特征的可持续发展指标体系，对四川 18 个城市进行了测评，归纳了四川城市发展的四种模式。《四川城市群发展报告》，对成都平原城市群、川东北城市群、川南城市群和攀西城市群的经济、社会和资源条件特征进行分析和预测，指出四大城市群在当前阶段面临不同的发展矛盾，认为“十三五”时期应从四个方面加快推动城市群建设。《四川城市基础设施建设报告》重点总结了四川城市在推进基础设施建设过程中所形成的五个方面的举措，认为在城市道路交通、市政地下管网、城市污水垃圾处理、园林绿化等方面成效显著，但也存在一些问题，并提出针对性建议。《四川流动人口现状与特征》和《四川家庭形态的新变化与新趋势》总结分析了四川流动人口和家庭形态的现状特征及发展趋势，对相关重要领域进行了深入分析，为政府决策提供参考依据。《对成都地区建成中国最大户外旅游集结中心的调查》和《基于南充历史文化名城的文态体系规划研究》是对城镇化过程中的代表性问题进行的典型实例研究，具有重要的参考和借鉴价值。

以人为本，城镇可持续发展的核心

本书编委会*

新型城镇化是一个既具强烈时代标签又有鲜明中国特色的词汇。从中央第一次正式提出将新型城镇化道路作为有中国特色社会主义的重要内容①，至今已逾三年，我们能够清楚地看到，从新型城镇化理念到政策再到执行、从理论到实践再到理论，存在一个显著的变化：从最初对“新型”二字的模糊认识、过往城镇化模式的“惯性”前行，转变为今天社会各阶层对“人”这一城镇化核心的共识，这一共识不再是口号，而是切切实实地转化成了行动。

改革围绕人的核心诉求

2013 年《中共中央关于全面深化改革若干重大问题的决定》中提出要“完善城镇化健康发展体制机制。坚持走中国特色新型城镇化道路，推进以人为核心的城镇化”。2014 年在《国家新型城镇化规划（2014～2020 年）》中，进一步明确了“以体制机制创新为保障，通过改革释放城镇化发展潜力，走以人为本、四化同步、优化布局、生态文明、文化传承的中国特色新型城镇化道路”。此后，全国各地纷纷出台了一系列新型城镇化相关文件措施或发展战略规划，将新型城镇化作为未来一段时间的发展方向和重要工作

---

* 前言由本书编委会共同组稿。

① 《中共中央关于全面深化改革若干重大问题的决定》，2013 年 11 月 12 日中国共产党第十八届中央委员会第三次全体会议通过。

进行总体布局。理论界围绕城镇化改革的研究和争论如雨后春笋，实践中出现了大量的、各种类型的试点、试验。

2016 年无疑是推进新型城镇化改革的突破之年。2 月，国务院出台《关于进一步加强城市规划建设管理工作的若干意见》，提出现代化城市要“让人民生活更美好”，将有序建设、适度开发、高效运行作为城市规划建设管理工作的目标。3 月，国家发改委等 10 部门同意 90 个县（区、市）结合新型城镇化开展支持农民工等人员返乡创业试点。8 月，国务院印发《关于实施支持农业转移人口市民化若干财政政策的通知》，提出十条具体措施，包括农业转移人口子女教育、医疗保障、社会保障、就业、市民化奖励、农村“三权”等。10 月，国务院办公厅印发了《推动 1 亿非户籍人口在城市落户方案》，推出 13 条关系万千农业转移人口和其他流动人口长远发展的重磅措施，包括广为关注的城镇建设用地增加规模与吸纳农业转移人口落户数量挂钩机制，进城落户农民“三权”维护和自愿有偿退出机制，进城落户农民完全纳入城镇住房保障体系等。12 月，国务院发布《关于深入推进新型城镇化建设的若干意见》，将新型城镇化作为重要民生工程，要求加快实施“一融双新”工程，以促进农民工融入城镇为核心，以加快新生中小城市培育发展和新型城市建设为重点，提出 36 条具体任务。

四川城镇化发展紧跟国家步伐，并在部分领域先行先试。2015 年 2 月，《四川省新型城镇化规划（2014～2020 年）》出台。在对全省城镇化发展现状和态势客观分析的基础上，提出了有序推进农业转移人口市民化、优化城镇化布局和形态、增强城镇就业吸纳能力、改善城乡居民居住条件、提高城镇建设水平和质量、推动城乡发展一体化、改革完善城镇化发展体制机制等七个方面的主要任务，并在规划、建设、户籍制度改革等方面开展了大量的探索和实践。在此之前，四川已经在多个领域和不同地区开展工作推动人的城镇化，包括为农民工提供住房保障、打通城乡户籍边界等。2016 年 12 月，四川省政府常务会议原则通过《关于深入推进新型城镇化建设的实施意见》，再次强调以人的城镇化为核心，加快推进相关制度建设，深化关键领域改革。

然而，从以人为核心的城镇化要求出发，立足于发展的现实，我们应该看到四川城镇化还存在较大发展空间。一是从人口社会构成和社会关系看，全省常住人口中，高中及以上学历的仅占25%左右；在城镇内部，人口流动不减反增，老龄化趋势显著，性别比相对偏低。二是从人口经济构成和经济关系看，四川城镇化率不足48%，超过4000万人常住农村；城乡居民人均可支配收入比为2.56∶1，还有380万人处于深度贫困状态；城乡基本养老保险覆盖面还有较大提升空间。三是从人口空间构成和空间关系看，98%的城镇人口居住在四川东部和南部，人口超过100万的城市仅有3个，中小城市和小城镇的人口集聚能力不足。此外，四川还存在十分复杂的历史文化、生态依赖等问题。

从国家到地方不同层面的文件和实践表明，新型城镇化不同于中国改革开放以来的城镇化道路，“新”体现在五个方面。一是城镇承载的核心从“生产要素”转为“人”，更加重视人的全面发展。二是城镇体系从倾向大城市转为大中小城市和小城镇协调发展、城镇化和新农村建设协调推进转变。三是城镇空间布局从城市竞争型发展向城市群协同发展转变。四是城镇建设重点从单纯的硬件投入向建设和管理“软硬兼施”转变。五是更加重视农业转移人口市民化问题，要求“人口城镇化”和“户籍城镇化”有机统一。从四川城镇化的复杂格局以及多元化的现实要求出发，以人为核心即以人的全面发展为出发点和落脚点，包罗万千、复杂多变的人口结构和关系必然是四川城镇化的方向、定位、思路、任务等政策措施设计和执行的基础和前提。改革在继续，改革仍需审慎深入。

绿色发展是城市功能的新需求

城市是人类文明和智慧的结晶，是经济集聚和创新发展的重要载体，是人类得以更好地繁衍生息、持续发展的平台。十八届五中全会明确提出，要实现“十三五”时期发展目标，必须牢固树立“创新、协调、绿色、开放、共享”的“五大发展理念”，其中“绿色”是实现人民富裕、国家富强、中国美丽重要的协同推进方式。

当前中国正处在发展新起点上，正在由一个大国向强国蜕变，“一带一路”的构想与实施将西部推到了中国未来发展的前沿阵地。作为西部表现最为突出和最具发展潜力的省份，作为全国最具生物多样性和生态最敏感的区域之一，四川在绿色发展战略中具有举足轻重的地位。2016 年 7 月 28 日，四川省委十届八次全会通过了《关于推进绿色发展　建设美丽四川的决定》（下文简称为《决定》），其中重点提出要树立“以人为本、尊重自然、绿色低碳、传承历史”理念，建设和谐宜居、各具特色的现代化城镇和乡村。

正是丰富而又复杂的生态环境和资源条件造就了历史悠久、风格多样的四川城市。四川既有 2000 年历史文化传承与国际化大都市交相辉映的城市成都，也有充分体现新中国工业发展成就的城市德阳、绵阳；既有资源创新开发利用城市攀枝花，也有从传统商贸向现代服务业快速转型的城市南充；既有带动贫困地区脱贫致富的山区城市巴中，也有为生态建设做出突出贡献的低碳城市广元，更有大量独具民族特色的城市，如康定、马尔康、西昌等。多元发展、繁荣共生、活力创新是四川的城市群像，也是西部地区和中国城市的缩影。以地理区位的空间联系为前提，以经济社会和历史文化的内在联系为基础，四川初步形成了四个相互独立又互促互补的城市发展群，形成了由特大型中心城市、中等城市和近 2000 个小城镇组成的“金字塔”形城镇体系。在推动人的全面发展、加快城市功能完善、推动城乡协调发展等方面取得了突出成就；在满足群众物质文化需要、提升经济社会发展效率、创新资源利用和改善生态环境等方面，肩负着重大责任。

然而，值得高度重视的是，四川城镇发展过程中资源紧缺和资源浪费矛盾突出、生态产品供给不足和环境保护较弱现象并存。例如土地资源，全省城市建成区面积从 2010 年的 1629. 73 平方公里增加到 2015 年的 2281. 64 平方公里，年均增加 8%；与此同时，全省城市市辖区人口从 2010 年的 1836. 56 万人增加到 2015 年的 2365. 55 万人，年均仅增加 5. 8%，人口密度低于1万/平方公里的城市有17个，超过全部城市数量的一半。又如资源利用方面，2015年全省工业废水重复利用率为87.21%，工业固体废物综合利用率和工业固体废物处置率分别为44.32%和33.91%，还有较大提升空间。再如城市空气，全省21个市（州）城市环境空气质量平均达标天数比例仅为80.5%，细颗粒物（PM2.5）浓度为47微克/立方米，除甘孜、阿坝、凉山、攀枝花和广元外，其余16个市均超标，超标倍数为0.03～1.09倍。①

四川处于快速发展阶段，起点低、整体发展不足是这一阶段的主要特征，而生态产品多样且环境优美、资源富集且品位高是四川快速发展的巨大宝藏，如何在城镇化过程中落实“五大发展理念”、反映民众对绿色发展的急迫诉求已经成为摆在四川各级政府和社会各阶层面前的重要课题。正如《决定》中明确指出的那样，“树立和落实绿色发展理念、推动发展方式转变已成为刻不容缓的重大历史任务”。

国家级城市群定义西部发展格局

2016年4月，经国务院同意，国家发改委和住建部联合印发《成渝城市群发展规划》，文件明确提出在成渝国家重点开发区域培育发展城市群，建设具有国际竞争力的国家级城市群，这是在国家新经济版图上的长远战略布局。国家级城市群和国家中心城市是在现有城镇层级基础上，对城镇发展的更高要求。我国城镇长期沿用行政层级的划分方式，是改革开放以来资源快速集聚、城市规模化发展的重要原因。然而，在城镇已经成为中国发展的主要空间载体的新时期，传统的行政划分方式与城镇发展的定位和方向存在偏差，以市场为导向的城镇形态成为发展的现实需求。

根据2005年出台的《全国城镇体系规划（2005～2020）》，成渝城市群被视为国家五大“核心城市群”之一，重庆和成都是重点培育和发展的区

① 《2015年四川省环境状况公报》。

域中心城市，肩负促进区域经济社会发展，缩小地区间发展水平差距的任务。11 年后，包括重庆 27 个区（县）以及开县、云阳部分地区，以及四川 15 个市，总面积为 18. 5 万平方公里的地区被整体定位为引领西部开发开放的国家级城市群，要立足西南、辐射西北、面向欧亚，强化对“一带一路”建设、长江经济带发展、西部大开发等国家战略的支撑作用。

就四川而言，成渝城市群包括成都、自贡、泸州、德阳、绵阳（除北川县、平武县）、遂宁、内江、乐山、南充、眉山、宜宾、广安、达州（除万源市）、雅安（除天全县、宝兴县）、资阳等地市，覆盖了四川大多数发展较为成熟的城市。从城市功能上看，成都是西部地区重要的经济中心、科技中心、文创中心、对外交往中心和综合交通枢纽，川南城镇是成渝城市群南向开放、辐射黔滇的重要门户，川东北地区包括南充、遂宁、广安等是成渝城市群跨区域协同发展示范区，达州则是成渝城市群向东开放的走廊。从城市定位上看，成都以建成国家中心城市为目标，绵阳、乐山为成都平原区域中心城市和节点城市，南充为川东北区域中心城市，泸州、宜宾则成为川南区域中心城市，德阳、遂宁、自贡、达州、内江、资阳、广安、雅安是特色鲜明的重要节点城市，一批县城和发展潜力较大的特大镇是重点培育发展的小城市，与此同时，大力发展专业特色镇和一般综合性小城镇。

成渝城市群及其各个城市发展的定位清晰、目标明确，然而从规划到落地再到真正实现 9000 多万人的新期待，其间还有相当长的一段路要走。应高度重视四大关键性问题，降低城市群发展和城镇化过程中的矛盾和潜在风险。第一，“城市群”不是“群”城市。城市之间以及不同城镇层级之间应该错位发展和协调互动，而不是数个城市同质化竞争甚至各自为政。实现规模效应、乘数效应才是城市群聚发展的核心。第二，城镇发展速度不应追求所谓“奇迹”。城镇是人类文明的集聚，其产生和发展遵循人类经济社会持续螺旋式进化的客观规律，无论是物质上资源要素集聚，还是人们心理层面的接纳和期望，都需要一定的时间积累和磨合，对于国家级城市群这一重大的、整体性和长远性的发展战略，更应具备足够的耐心和毅力。第三，城镇发展的核心词是“效率”而不是单纯的“效益”。城镇发展的内在逻辑是对效率的追求，既包括投入产出效率，也包括资源配置效率。国际经验和改革开放三十余年的成果表明，市场机制是资源要素有效配置最重要的驱动。党的十八大明确提出了“市场在资源配置中起决定性作用和更好发挥政府作用”，这一判断应成为未来城镇发展的基本思想。第四，城市需要“悉心经营”而不是“无畏创造”。城市是一个有机体，具有自我生长和自我修复的顽强生命力，有独特的性格和鲜明的特色能够被感知，其效率性和可达性是有共同价值观的人们的最大吸引力，应在注重顶层设计的同时强化城市基础单元（社区）塑造及其网络建设，在抓项目引进和建设的同时强调发展环境的营造。

目　录

Ⅰ　总报告

Ⅱ　主题报告篇

Ⅲ 专题调研篇

皮书数据库阅读**使用指南**

总 报 告

General Report

B.1

四川城镇化发展测度和前景展望

"四川城镇化发展测度和前景展望"课题组*

摘　要：本报告回顾和总结了四川省"十二五"时期城镇化发展总体情况和基本特征。当前四川进入城镇化发展中期阶段，城镇化率增幅高于全国平均水平，城镇化发展质量有较大飞跃。在此基础上，本报告利用指标体系对四川省21个市（州）2015年城镇化发展水平进行了综合评价，并对各指标的影响因素进行了分解分析，结果表明，产业支撑和基础设施建设是各市（州）城镇化发展最为重要的推动力。在"五大发展理念"的指导下，四川城镇化发展迎来一系列重大发展机遇，

* "四川城镇化发展测度和前景展望"课题组由本书编委会组成，报告执笔人为卢庆芳、丁延武。卢庆芳，博士，四川省社会科学院区域经济与城市发展研究所助理研究员，主要研究方向为区域经济学、可持续发展；丁延武，博士，四川省社会科学院区域经济与城市发展研究所助理研究员，主要研究方向为区域经济学。

同时，在向更高要求迈进的过程中必然面临新的挑战。“十三五”时期，四川城镇化发展将在发展理念、空间格局、城镇功能、城市形态和城乡关系上实现五大转变。

关键词： 城镇化测评 城乡关系 城市群

一 四川城镇化发展及测评

2015 年《四川省新型城镇化规划（2014 ~ 2020 年）》确定的各项重点工作扎实有序地推进，重点领域和关键环节的改革探索取得实质性突破，城镇化水平持续快速提升，新型城镇化总体进展情况良好。

（一）“十二五”时期四川城镇化发展总体情况

从数量上看，四川省城镇化水平提升速度位居全国前列，2015 年底，四川省城镇人口有 3912.49 万人，城镇化率为 47.69%，比 2010 年提高了 7.51 个百分点，年均提升 1.50 个百分点，提高幅度高于全国同期平均水平，列全国第 3 位，仅低于甘肃和贵州（见表 1、图 1）。

表 1 “十五”以来四川与全国城镇化年均提升速率比较

单位：%，个百分点

年份	四川	全国	四川与全国比较
2001 ~ 2005 年	1.26	1.35	-0.09
2006 ~ 2010 年	1.44	1.34	0.1
2011 ~ 2015 年	1.50	1.23	0.27

与其他省份比较，2015 年四川省城镇化水平仅居全国第 24 位，城镇化率仍低于全国平均水平，与东部城镇化水平较高的地区差距明显，远低于全面小康要求的城镇化水平。但相较“十一五”规划实施前四川省城镇化率落后全国 10 个以上百分点的状况而言，总体情况大有改观（见表 2）。

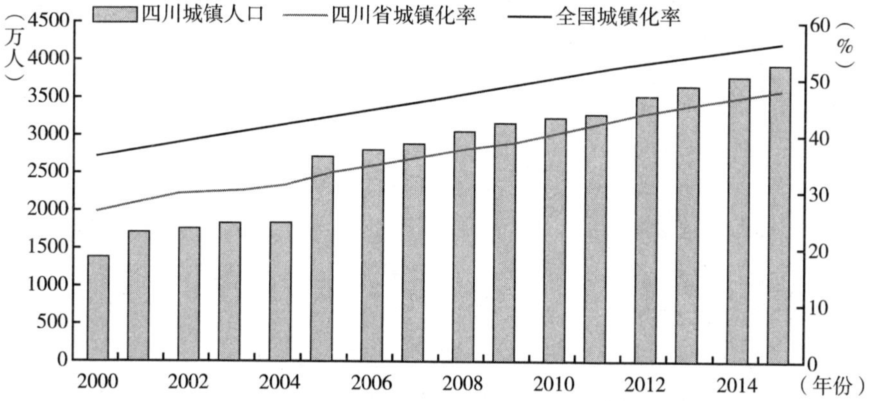

图 1　2000～2015 年四川城镇化率和全国比较

表 2　2015 年末 31 个省（自治区、直辖市）人口城镇化率排名

排名	地区	常住城镇人口(万人)	城镇化率(%)
	全国	77116.68	56.10
1	上海市	2115.78	87.60
2	北京市	1877.48	86.50
3	天津市	1278.40	82.64
4	广东省	7454.35	68.71
5	辽宁省	2951.55	67.35
6	江苏省	5305.83	66.52
7	浙江省	3644.66	65.80
8	福建省	2403.21	62.60
9	重庆市	1838.29	60.94
10	内蒙古自治区	1514.16	60.30
11	黑龙江省	2241.28	58.80
12	山东省	5613.87	57.01
13	湖北省	3326.58	56.85
14	吉林省	1522.86	55.31
15	宁夏回族自治区	368.87	55.23
16	海南省	502.04	55.12
17	山西省	2016.37	55.03

续表

排名	地区	常住城镇人口(万人)	城镇化率(%)
18	陕西省	2045.19	53.92
19	江西省	2356.78	51.62
20	河北省	3811.21	51.33
21	湖南省	3451.88	50.89
22	安徽省	3102.52	50.50
23	青海省	295.98	50.30
24	四川省	3912.49	47.69
25	新疆维吾尔自治区	1114.50	47.23
26	广西壮族自治区	2257.00	47.06
27	河南省	4441.38	46.85
28	云南省	2054.62	43.33
29	甘肃省	1122.75	43.19
30	贵州省	1482.74	42.01
31	西藏自治区	89.87	27.74

数据来源：《2016中国统计年鉴》。

“十二五”时期，四川省整体进入城镇化中期阶段，部分市（州）城镇化快速推进。巴中、达州、绵阳、广安、雅安、南充、广元、乐山、眉山、甘孜、遂宁11市的城镇化年均增长率在1.5%以上，15个市（州）城镇化率超过40%，其中成都、攀枝花两市的城镇化率在“十一五”时期就已经超过60%，四川城镇化发展进入新的高潮（见表3）。

表3　四川21个市（州）2000、2005、2010、2015年城镇化率比较

单位：%

市(州)	2000年	2005年	2010年	2015年	2010~2015年年均增长
成都市	53.5	59.9	65.5	71.5	1.19
自贡市	28.4	35.0	41.0	47.9	1.37
攀枝花市	56.1	56.6	60.1	64.7	0.93

续表

市(州)	2000 年	2005 年	2010 年	2015 年	2010～2015 年年均增长
泸 州 市	28.4	34.0	38.8	46.1	1.46
德 阳 市	26.6	35.8	41.3	48.5	1.43
绵 阳 市	32.5	36.4	39.9	48.0	1.63
广 元 市	26.0	27.4	33.0	40.8	1.57
遂 宁 市	28.6	31.7	38.4	45.9	1.51
内 江 市	21.4	34.7	39.4	45.6	1.25
乐 山 市	25.9	34.5	39.5	47.3	1.57
南 充 市	18.7	28.3	36.0	43.8	1.58
眉 山 市	19.8	26.0	34.1	41.9	1.55
宜 宾 市	16.6	28.3	38.0	45.1	1.42
广 安 市	23.3	19.8	29.1	37.2	1.63
达 州 市	23.3	25.5	32.7	40.9	1.63
雅 安 市	14.1	29.3	34.6	42.6	1.59
巴 中 市	16.6	21.6	29.3	37.5	1.64
资 阳 市	12.5	23.7	32.7	39.5	1.35
阿 坝 州	14.7	27.9	30.1	36.8	1.33
甘 孜 州	14.9	17.5	20.5	28.1	1.51
凉 山 州	18.0	24.5	27.5	32.4	0.98

数据来源：《四川统计年鉴》（2001、2006、2011、2016）。

“十二五”时期，四川城镇化在发展水平提升的基础上，城镇化发展质量也得到了飞跃。

1. 城市基础设施建设步伐加快，居民生活质量得到改善

2010～2015 年，四川省基础设施水平全面提升。“十二五”时期，四川高速公路、铁路通车里程分别达到 6000 公里、4600 公里；通航支线机场达 12 个，成都天府国际机场项目进展顺利，成都将成为双机场城市；四川港口吞吐能力突破 1 亿吨；电力总装机容量达到 8673 万千瓦，其中水电装机占80%，巩固了四川作为全国最大清洁能源基地的地位。[①]

2015年末四川省城市道路长度为13377.83公里，道路面积为27937.49万平方米，比2010年分别增加3793.83公里和9194.49万平方米。城市排水管道长度为22486.37公里，比2010年增加7988.37公里。城市公共交通不断完善，全省21个市（州）183个县（区、市）中有158个开通城市公交，运营线路2316条，线路总长度为3.39万公里，年运营里程157296.7万公里，年客运量44.85亿人次（见表4）。

表4　2010年和2015年四川省城镇基础设施情况比较

年份	用水普及率（%）	燃气普及率（%）	人均城市道路面积（平方米）	道路长度（公里）
2010	90.80	84.39	11.84	9584.00
2015	93.05	92.46	13.63	13377.83

数据来源：《四川统计年鉴》（2011、2016）。

"十二五"时期，四川城市环境基础设施建设加速，城镇脏、乱、差现象明显改善，人居环境得到改善。2015年，四川省城市污水处理率达到88.52%，比2010年提高了13.69个百分点；生活垃圾处理率达到97.28%，比2010年提高了2.8个百分点；城市建成区绿化覆盖率达到38.65%，比2010年提高1.14个百分点；人均公园绿地面积为11.96平方米，比2010年增加1.77平方米；人均日生活用水量为204.13升（见表5）。

表5　2010年和2015年四川省城镇环境基础设施建设情况对比

年份	污水处理率（%）	生活垃圾处理率（%）	建成区绿化覆盖率（%）	人均公园绿地面积（平方米）	人均日生活用水量（升）
2010	74.83	94.48	37.51	10.19	196.69
2015	88.52	97.28	38.65	11.96	204.13

数据来源：《四川统计年鉴》（2011、2016）。

① 《2016年四川省人民政府工作报告》，http：//www.sc.gov.cn/10462/10464/10797/2016/2/3/10367427.shtml，最后访问日期为2017年3月15日。

2. 推进公共服务均等化，城市包容性得到提高

2015 年，四川省参加城镇职工基本养老保险 1939.0 万人，是 2010 年的 1.5 倍；参加城镇基本医疗保险 2655.7 万人，是 2010 年的 1.3 倍；参加失业保险（不含失地农民）652.2 万人，是 2010 年的 1.4 倍；参加工伤保险 752.1 万人，是 2010 年的 1.3 倍，参加生育保险人数 670.3 万人。2015 年全年纳入城市低保人员 157.1 万人，农村低保人数 405.3 万人，城镇和农村最低生活保障人均补助水平分别比上年提高 20 元和 15 元。将符合条件的“五保”供养对象全部纳入供养范围，共计 49.5 万人，其中集中供养“五保”人数 26.6 万人，集中供养率为 53.8%，养老服务设施总床位数有 48.3 万张。建立社区服务机构 18432 个，其中建立城镇社区服务机构 9917 个。

五年来，四川省坚持教育优先，加强经济社会统筹发展，社会事业取得全面进步。教育方面，实施第二期学前教育三年行动计划，推进义务教育均衡发展，小学学龄儿童入学率达 99.7%。开展职业学校首批现代学徒制试点，促进高等教育健康发展，普通高等学校在校学生由 2010 年的 108.6 万人增加到 2015 年的 138.8 万人；2015 年，四川省有研究生培养单位 38 个，在校研究生 9 万人。卫生事业方面，率先建立全域分级诊疗制度，全面实施城乡居民大病保险，搭建异地就医结算省级平台。2015 年末，四川省有医疗卫生机构 80029 个，床位 48.9 万张，卫生技术人员 47.3 万人，其中执业医师 14.9 万人，执业助理医师 3.3 万人，注册护士 19.1 万人。文化事业方面，2015 年末，四川省有公共图书馆 203 个，比 2010 年增加 42 个；有文化站 4579 个，比 2010 年增加 131 个；有博物馆 222 个，比 2010 年增加 114 个；广播综合覆盖率为 97.1%，比 2010 年提高 0.9 个百分点；电视综合覆盖率为 98.3%，提高 0.9 个百分点。①

“十二五”时期，四川省推进精准扶贫，有 117 万人摆脱贫困。加快危

① 《“十二五”四川经济社会发展成就综述》，http://www.lsz.gov.cn/lszrmzf/rdtj/2873271/index.html，最后访问日期为 2017 年 3 月 5 日。

旧房改造和保障房建设，棚改货币化安置比例达49.5%。自2013年起，四川省每年开展“农民工住房保障行动”，将当年竣工的公共租赁住房的30%定向供应农民工。将农民工全面纳入城镇就业登记，促进城镇新增就业101.9万人。[①] 四川省在户籍、公共服务、土地等重点领域的改革持续推进，有力地保障了农业转移人口市民化，提升了城市包容性。

3. 城乡统筹综合配套改革成效明显，新型城乡关系加速形成

“十二五”时期，四川继续深入推进成都统筹城乡综合配套改革试验区建设，选择德阳、自贡、广元三市和17个县，梯次开展统筹城乡综合配套改革试验。创新体制机制，促进生产要素在城乡间的自由流动，推动城镇基础设施向农村延伸、公共服务向农村覆盖，有力地推进了新型城镇化进程和新农村建设步伐，努力从城乡统筹发展走向城乡发展一体化。同时，加快推进以人为核心的新型城镇化，出台了《四川省进一步推进户籍制度改革实施方案》，促进绵阳、南充、泸州等一批城市加快建成百万人口城市，启动实施“百镇建设试点行动”，将遂宁纳入国家海绵城市建设试点，积极开展国家新型城镇化综合试点。[②]

“十二五”期间，四川居民人均可支配收入年均增长12.9%。其中，城镇居民人均收入年均增长11.3%，农民人均纯收入年均增长13.7%。2015年，四川省城镇居民人均可支配收入为26205元，增速比GDP快0.5个百分点；2015年四川农村居民人均纯收入为10247元，增速比GDP快2.9个百分点。城乡居民收入比（以农为1）由2011年的2.92∶1缩小至2015年的2.56∶1。随着居民收入的增长，城乡居民消费观念也发生了改变，消费支出不断增加。2015年，城镇居民人均消费支出19277元，比上年增长8.5%；农村居民人均消费支出9251元，比上年增长11.4%。城镇居民恩格尔系数为35.2%，农村居民恩格尔系数为39.1%（见表6、图2）。

① 《2016年四川省人民政府工作报告》，http：//www.sc.gov.cn/10462/10464/10797/2016/2/3/10367427.shtml，最后访问日期：2017年3月15日。

② 《“十二五”收官数读四川过去5年8大改变》，http：//news.ycwb.com，最后访问日期：2017年3月15日。

表6　2006～2015年四川省城乡收入比较

年份	城镇居民人均可支配收入		农村居民人均纯收入		城乡收入比
	收入(元)	增速(%)	收入(元)	增速(%)	
2006	9350	11.4	3002	7.1	3.11∶1
2007	11098	18.6	3546	18.1	3.13∶1
2008	12633	13.8	4121	16.2	3.07∶1
2009	13839	9.5	4462	8.2	3.10∶1
2010	15461	11.7	5087	15.1	3.04∶1
2011	17899	15.8	6129	20.5	2.92∶1
2012	20307	13.5	7001	14.2	2.90∶1
2013	22368	10.1	7895	12.8	2.83∶1
2014	24381	9.0	8803	11.5	2.77∶1
2015	26205	8.1	10247	9.6	2.56∶1

数据来源：《四川统计年鉴》(2007～2016)。

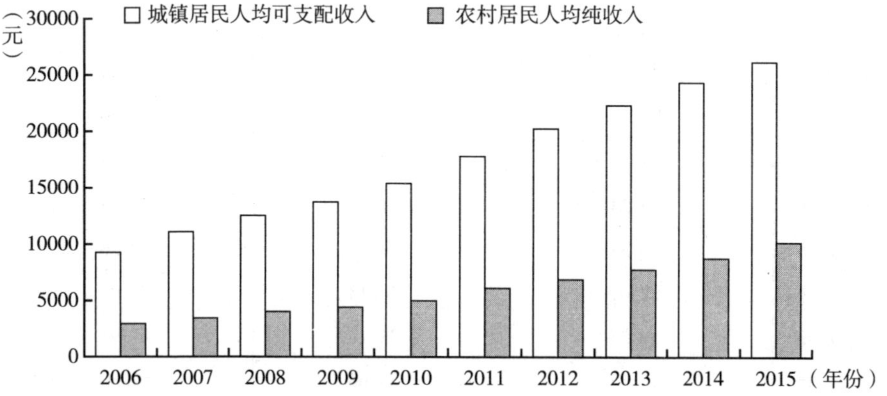

图2　2006～2015年四川省城乡居民收入比较

数据来源：《四川统计年鉴》(2007～2016)。

4. 城市空间扩展迅速，城镇体系日趋完善

2006到2015年，四川省18个地级市建成区面积由1272.88平方公里扩大到了2281.64平方公里，增加了44.21%，年均增加100.88平方公里，城市空间迅速扩张。有8个地级市建成区面积增幅超过50%，达州、泸州、自贡三市建成区面积扩大了一倍以上。达州、泸州成为过去五年全国年均扩城率居前十位的市（见表7）。

表7 2006年、2015年四川地级市建成区面积比较

区域	2006年建成区面积（平方公里）	2015年建成区面积（平方公里）	建成区面积扩大率（%）
全　省	1272.88	2281.64	44.21
成都市	396.94	615.71	35.53
自贡市	44.36	112.08	60.42
攀枝花市	54.00	74.08	27.11
泸州市	44.00	120.07	63.35
德阳市	40.00	74.55	46.34
绵阳市	80.48	125.00	35.62
广元市	31.14	56.34	44.73
遂宁市	42.76	75.94	43.69
内江市	29.50	71.14	58.53
乐山市	46.47	74.34	37.49
南充市	57.44	115.34	50.20
眉山市	38.50	62.38	38.28
宜宾市	35.24	87.27	59.62
广安市	20.34	50.05	59.36
达州市	20.01	74.13	73.01
雅安市	19.25	33.14	41.91
巴中市	16.13	33.66	52.80
资阳市	24.40	45.20	46.02

数据来源：《四川统计年鉴》（2007、2016）。

2015年末成都市常住人口为1465.75万人，城镇化率71.47%，跨入全国特大城市行列，首位城市带头带动引领示范辐射作用不断增强。绵阳、南充等城市扩张迅速，已达到百万人口大城市标准。小城市加快发展，如广汉、江油、阆中常住人口超过10万，长期困扰四川省的城镇等级规模体系

断层的现象有所改善。

“十一五”时期，四川省已形成四大城市群的雏形，初步建立了以特大城市成都为核心，8个大城市与16个中等城市为骨干，28个小城市与1793个小城镇为基础的省域城镇体系，区域性中心城市的辐射带动作用逐步增强，城镇体系逐步优化完善。①“十二五”时期四大城市群发展步伐大大加快，成都市经济总量突破万亿大关，地区生产总值过千亿元的市（州）达12个。成都平原城市群率先发展，逐步发育成熟，成德绵同城化进程步伐加快，天府新区获批国家级新区；川南城市群加快发展，宜宾、泸州、自贡、内江四市GDP迈上千亿台阶，自泸宜一体化步伐开启；川东北城市群、攀西城市群区域性中心城加速发展壮大，攀西战略资源创新开发试验区获得国家批复，城际间交通基础设施大幅度改善（见图3）。

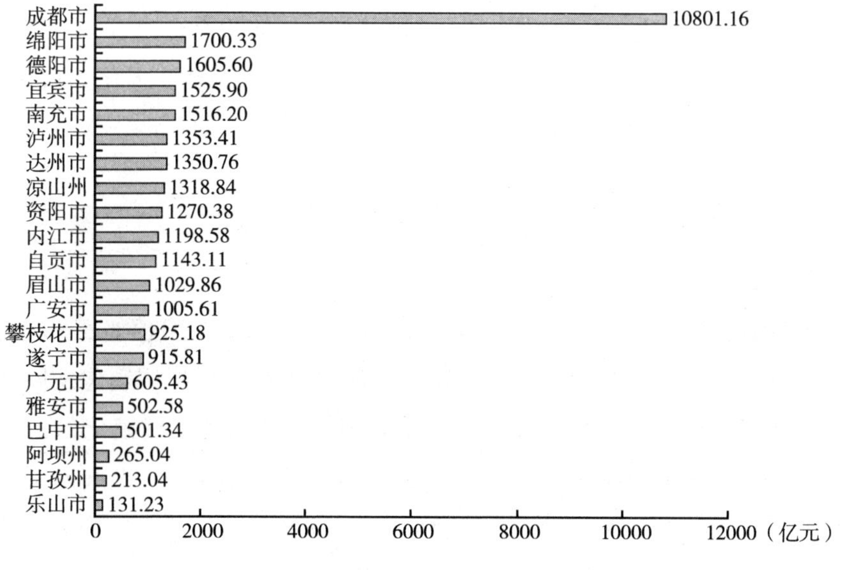

图3 2015年四川省21个市（州）地区生产总值

数据来源：《四川统计年鉴》（2016）。

① 《四川省“十二五”城镇化发展规划》。

同时，四川省在“十二五”期间全面启动实施多点多极支撑发展战略，县域经济夯实增强，2015年四川省135个县级城市中，地区生产总值过百亿的达到105个，比2010年多69个。2014年7月，出台《四川省县域经济发展考核办法（试行）》。9月，又推出《四川省贫困县农村扶贫开发工作考核办法（试行）》，科学分类科学考核，深入推进“多规合一”试点，考核标准由过去以GDP为主的经济指标转向考核农村扶贫开发工作成效，以人为本，推动全省县域经济跨越发展。①

5. 小城镇加快崛起，特色城镇建设亮点纷呈

“十二五”时期，四川省小城镇加快崛起，已经成为推动城镇化发展的重要力量。2013年四川省委十届三次全会后，四川省委做出开展“百镇建设行动”的重大决策，每年选取100个基础条件好、发展潜力大、特色优势明显的小城镇，进行重点培育。到2015年，以21个省级重点镇为龙头的300个试点示范镇竞相发展，形成了一批独具风貌的特色小城镇。这些特色小城镇的建设，为提高城镇宜居水平、优化城镇体系结构、强化人口聚集，加快推动四川省新型城镇化建设积累了经验。

（二）2015年四川21个市（州）城镇化水平测评

1. 2015年综合评价

经测算，2015年四川省21个市（州）城镇化水平综合分值如表8所示。

总体上说，经济新常态下，2015四川省21个市（州）城镇化发展仍然在稳步推进。成都市综合城镇化水平排名第一，依旧处于城镇化的先进水平，高于第二名绵阳市29.10分；绵阳综合城镇化发展加快，跃居四川省第二位；其他市（州）的城镇化发展速度不尽相同。

2015年21个市（州）综合城镇化排名，前五名是成都市、绵阳市、攀枝花市、德阳市、泸州市；后五名是广元市、凉山州、巴中市、甘孜州、

① 《筑牢“多点多极支撑”底部根基》，http：//www. ddxyjj. com/scholarship_ xiangxi. asp？i =4990，最后访问日期：2017年3月15日。

表 8　2015 年四川省 21 个市（州）城镇化水平综合测度

市(州)	人口规模		产业支撑		基础设施		公共服务		资源环境		协调发展		综合城镇化	
	得分	排名	得分	排名	得分	排名	得分	排名	得分	排名	得分	排名	得分	排名
成都市	14.72	1	17.55	1	17.06	1	15.29	1	11.68	3	11.57	1	87.86	1
自贡市	9.32	6	6.02	9	6.86	7	7.13	11	9.49	14	9.82	11	48.61	9
攀枝花市	11.51	2	8.51	3	10.25	2	8.48	2	8.62	19	10.72	3	58.09	3
泸州市	8.99	7	5.73	11	8.33	4	7.52	8	9.07	17	9.85	10	49.49	5
德阳市	9.54	4	8.38	4	6.92	6	7.84	5	10.92	4	10.39	6	54.00	4
绵阳市	8.70	8	11.65	2	8.74	3	8.08	4	10.09	8	11.51	2	58.76	2
广元市	7.05	18	4.93	16	5.97	20	6.43	16	9.63	12	9.06	18	43.07	17
遂宁市	8.46	9	4.67	18	6.46	11	6.61	14	9.05	18	10.71	4	45.95	15
内江市	9.99	3	5.86	10	6.07	21	6.60	15	9.59	13	9.40	14	47.51	13
乐山市	7.98	12	6.45	5	7.01	5	7.66	6	9.09	16	10.18	7	48.37	10
南充市	8.17	11	6.33	6	6.40	13	8.43	3	9.99	9	9.37	16	48.69	8
眉山市	7.75	13	5.29	14	6.78	8	6.63	13	10.66	6	10.56	5	47.67	12
宜宾市	9.26	5	6.32	7	6.58	10	7.56	7	9.41	15	9.81	12	48.94	6
广安市	7.62	14	4.88	17	6.36	8	7.05	12	12.12	2	10.11	8	48.15	11
达州市	7.21	16	5.62	12	5.09	19	7.13	10	9.72	11	8.73	19	43.51	16
雅安市	8.11	10	5.33	13	6.68	9	6.30	17	10.47	7	9.72	13	46.60	14
巴中市	6.32	19	3.97	20	3.66	13	5.92	19	9.85	10	9.38	15	39.11	19
资阳市	7.19	17	5.21	15	6.46	12	7.33	9	12.80	1	9.90	9	48.88	7
阿坝州	5.59	20	4.44	19	5.07	17	5.55	20	5.28	21	9.21	17	35.14	21
甘孜州	7.53	15	3.70	21	5.74	10	5.01	21	6.27	20	7.82	21	36.08	20
凉山州	5.45	21	6.24	8	4.85	18	6.28	18	10.87	5	7.94	20	41.63	18

数据来源：由《四川统计年鉴》（2016）整理得到。

阿坝州。泸州市、宜宾市、资阳市的综合城镇化水平较2014年都有大幅度提升，位列第5、第6、第7名。

◆人口规模得分排名：前五名的是成都市、攀枝花市、内江市、德阳市、宜宾市；后五名的是资阳市、广元市、巴中市、阿坝州、凉山州。

◆产业支撑得分排名：前五名的是成都市、绵阳市、攀枝花市、德阳市、乐山市；后五名的是广安市、遂宁市、阿坝州、巴中市、甘孜州。

◆基础设施得分排名：前五名的是成都市、攀枝花市、绵阳市、泸州市、乐山市；后五名的是阿坝州、凉山州、达州市、广元市、内江市。

◆公共服务得分排名：前五名的是成都市、攀枝花市、南充市、绵阳市、德阳市；后五名的是雅安市、凉山州、巴中市、阿坝州、甘孜州。

◆资源环境得分排名：前五名的是资阳市、广安市、成都市、德阳市、凉山州；后五名的是泸州市、遂宁市、攀枝花市、甘孜州、阿坝州。

◆协调发展得分排名：前五名的是成都市、绵阳市、攀枝花市、遂宁市、眉山市；后五名的是阿坝州、广元市、达州市、凉山州、甘孜州。

在不同的时间段、不同的要素对城镇化发展水平的贡献率是有差异的，总的来说，“产业支撑”和“基础设施”对四川省各市（州）城镇化发展的贡献最显著。具体来讲，“十二五”期间，各市（州）在“人口城镇化”上不仅注重量的提高，更加注重质的提升；“产业支撑”和“基础设施”对成都、绵阳、攀枝花的城镇化进程贡献最大；城市基础设施的逐步完善对资阳、自贡、德阳等城市的贡献最大；“公共服务”提升了内江、雅安等城市的社会发展质量和居民生活质量；阿坝、甘孜、凉山等民族地区在“资源环境”的提升中受益最多。

2. 与2013年、2014年比较

表9　2013～2015年四川各市（州）城镇化水平比较

排名	2013年		2014年		2015年	
	市(州)	得分	市(州)	得分	市(州)	得分
1	成都市	89.47	成都市	91.58	成都市	88.04
2	攀枝花市	67.89	攀枝花市	64.44	绵阳市	58.76
3	绵阳市	62.19	绵阳市	58.89	攀枝花市	58.09
4	德阳市	59.99	德阳市	57.64	德阳市	54.00
5	自贡市	56.57	自贡市	53.76	泸州市	49.49
6	乐山市	55.62	乐山市	52.11	宜宾市	48.94
7	雅安市	53.52	泸州市	52.04	资阳市	48.88
8	泸州市	52.89	宜宾市	50.61	南充市	48.69
9	遂宁市	52.36	遂宁市	50.31	自贡市	48.61
10	资阳市	52.02	雅安市	50.28	乐山市	48.37
11	宜宾市	51.47	南充市	50.25	广安市	48.15
12	眉山市	50.72	资阳市	49.72	眉山市	47.67
13	南充市	50.56	眉山市	48.72	内江市	47.51
14	广元市	50.14	内江市	47.08	雅安市	46.60
15	内江市	49.56	广安市	46.59	遂宁市	45.95
16	阿坝州	48.46	达州市	46.50	达州市	43.51
17	广安市	47.65	广元市	46.10	广元市	43.07
18	达州市	47.63	凉山州	46.03	凉山州	41.63
19	巴中市	45.02	阿坝州	44.14	巴中市	39.11
20	凉山州	42.88	巴中市	42.82	甘孜州	36.08
21	甘孜州	42.59	甘孜州	39.96	阿坝州	35.14

成都在四川省极核型空间结构中的特征显著突出，省域内人才、资源、技术、信息等要素均向成都高度集中，使城市综合实力不断增强。同一城市群的科技城市绵阳和重装基地德阳实力较强，现代化、工业化和城镇化水平也位居四川省前列。而眉山、资阳、乐山等几个城市受益于成都经济圈的带动作用，经济联系和分工合作关系愈发紧密，城镇化水平获得了长足进展。川南城市群中的各城市在城镇化质量排名中也都比较靠前，泸州、宜宾、自贡、内江等城市空间分布相对密集，地处长江经济带和成渝城市群的中间，应加快推进老工业基地向新兴产业转型，进而带动社会转型，加快资源优化配置，推动城镇可持续发展。川东北城市群中，遂宁依托于成都都市圈增长极和成渝通道发展轴，城镇化水平取得长足进步，但其余各市的城镇化质量提升不明显。攀西城市群内部城市综合实力悬殊，区域内城市结构不合理。攀枝花凭借雄厚的工业发展基础和丰富的资源，人均 GDP 近三年位居西南地区首位，城镇化综合水平在四川省内也名列前茅。作为资源型城市的攀枝花，单一的二产聚集模式使得非农地域性特征十分明显，虽然城镇化率达到东部沿海发达地区的水平，但是城市的社会经济发展水平、就业结构等方面还存在短板，没有承担起积聚和扩散的城市功能。攀西城市群内其余城市和包括西北经济区的甘孜州、阿坝州等地，由于城市发展、经济结构、产业布局以区位等方面原因城镇化水平不高，排名始终处于四川省内较后位置。

3. 各指标分解情况

3.1　人口规模指标分析

表 10　2015 年四川省各市（州）人口规模二级指标统计得分

市(州)	城镇人口比重	建成区人口密度	建成区人口增速/建成区面积增速	人口规模
成都市	10.50	3.50	0.72	14.72
自贡市	6.96	1.83	0.53	9.32
攀枝花市	9.55	0.48	1.47	11.51

续表

市(州)	城镇人口比重	建成区人口密度	建成区人口增速/建成区面积增速	人口规模
泸州市	6.69	1.01	1.28	8.99
德阳市	7.05	1.72	0.77	9.54
绵阳市	6.94	0.68	1.08	8.70
广元市	5.87	0.47	0.71	7.05
遂宁市	6.66	1.79	0.01	8.46
内江市	6.60	2.01	1.39	9.99
乐山市	6.85	0.74	0.38	7.98
南充市	6.33	1.48	0.37	8.17
眉山市	6.04	1.22	0.50	7.75
宜宾市	6.54	0.98	1.73	9.26
广安市	5.34	1.48	0.79	7.62
达州市	5.88	0.97	0.36	7.21
雅安市	6.16	0.30	1.65	8.11
巴中市	5.39	0.78	0.15	6.32
资阳市	5.70	1.30	0.19	7.19
阿坝州	5.33	0.03	0.23	5.59
甘孜州	4.01	0.02	3.50	7.53
凉山州	4.69	0.23	0.53	5.45

数据来源：由《四川统计年鉴》(2015、2016)、《中国城市统计年鉴》整理得到。

从人口规模指标的测算结果来看，得分最高的是成都，最低的是凉山州。从分项指标来看，城镇人口比重最高的是成都市，最低的是甘孜州；建成区人口密度最高的是成都市，最低的是甘孜州；建成区人口增速/建成区面积增速（逆向指标）得分最高的是甘孜州①，最低的是遂宁市。2015 年

① 2015 年康定县、马尔康县均撤县设市，成为县级市。因此建成区面积统计变化较大。

遂宁市建成区面积与2014年相比没有发生太大变化，但城镇人口增长较快，为城镇化发展积蓄了力量。

3.2　产业支撑指标分析

表11　2015年四川省各市（州）产业支撑二级指标统计得分

市（州）	经济水平	非农产业	科技研发	信息化水平	文化产业	产业支撑
成都市	4.66	5.20	1.53	4.90	1.26	17.55
自贡市	2.60	2.00	0.39	0.60	0.43	6.02
攀枝花市	4.70	2.34	0.83	0.46	0.18	8.51
泸州市	1.97	2.02	0.28	0.90	0.57	5.73
德阳市	2.87	2.26	1.61	1.14	0.51	8.38
绵阳市	2.23	2.40	4.50	1.34	1.17	11.65
广元市	1.47	1.80	0.13	0.58	0.95	4.93
遂宁市	1.64	1.83	0.21	0.54	0.45	4.67
内江市	2.06	2.33	0.36	0.63	0.48	5.86
乐山市	2.47	1.98	0.39	0.73	0.87	6.45
南充市	1.51	2.09	0.11	0.94	1.69	6.33
眉山市	2.11	1.81	0.14	0.70	0.52	5.29
宜宾市	2.15	1.91	0.81	0.71	0.74	6.32
广安市	1.90	1.74	0.04	0.51	0.70	4.88
达州市	1.62	1.73	0.19	0.83	1.25	5.62
雅安市	2.00	1.60	0.76	0.41	0.57	5.33
巴中市	0.92	1.74	0.13	0.41	0.78	3.97
资阳市	2.23	1.73	0.06	0.49	0.70	5.21
阿坝州	1.80	1.32	0.11	0.34	0.87	4.44
甘孜州	1.20	0.83	0.06	0.31	1.30	3.70
凉山州	1.90	1.46	0.25	0.32	2.30	6.24

产业支撑是城镇化的基础，经济城镇化在城镇化进程中居于主导地位。从产业支撑指标的测算结果来看，成都市位列第一，比得分最低的甘孜州高13.85分。这表明，四川省各市（州）的经济发展质量并不均衡，且差异较大。从三级指标来看，人均GDP最高的是攀枝花市，最低的是巴中市；成都在每万人非农产业增加值和非农产业就业比重指标中居于领先地位；绵阳市R&D支出占GDP的比重近几年一直处于第一位，2015年其得分比成都高2.97分；值得一提的是民族地区文化产业总体规模和实力不断提升，成为城镇化发展的推动力，2015年凉山州的文化产业得分最高，攀枝花市文化产业得分最低（见表11）。

2015年四川省人均地区生产总值为30053.1元，低于全国平均水平。从各市（州）人均来看，攀枝花人均地区生产总值75078元；成都市人均地区生产总值74273元；巴中市人均地区生产总值最低，为15076元（见图4）。

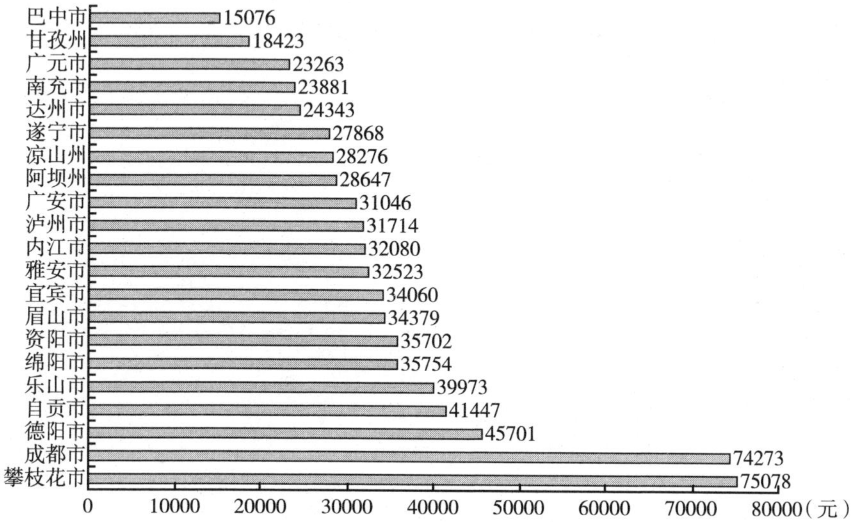

图4　2015年四川21个市（州）人均地区生产总值

非农业产业就业比重反映制造行业和服务行业的发展及其增速，21个市（州）除了成都的经济发展越来越轻型化、高端化和智能化之外，其他城市还处于工业化的中期乃至初期阶段（见图5）。

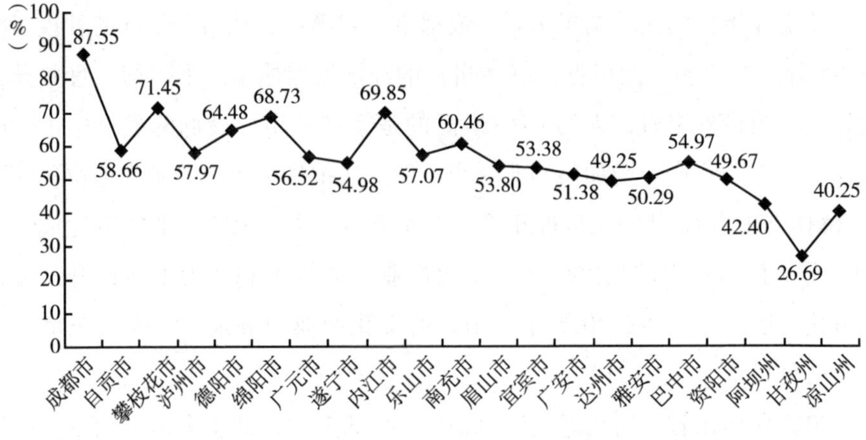

图5　2015 年四川 21 个市（州）非农产业就业比重

R&D 支出占 GDP 的比重反映城市的科技研发水平及城市的创新发展能力。在四川，绵阳市的 R&D 支出占 GDP 的比重最高，比成都市高 4.62 个百分点，广安市、资阳市则相对落后（见图 6）。

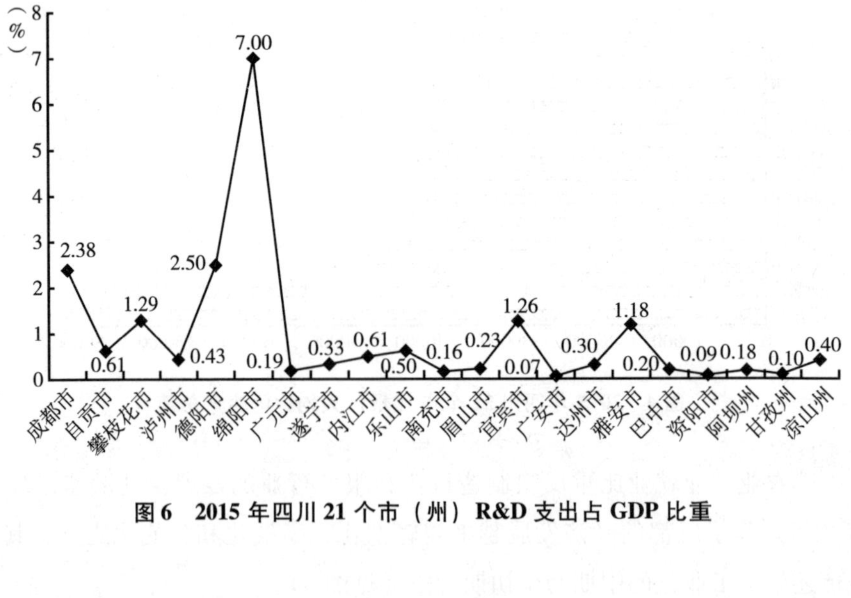

图6　2015 年四川 21 个市（州）R&D 支出占 GDP 比重

3.3 基础设施指标分析

表12　2015年四川省各市（州）基础设施二级指标统计得分

市(州)	固定资产投资	市政设施	公共交通	基础设施
成都市	4.00	9.36	3.70	17.06
自贡市	1.93	3.84	1.08	6.86
攀枝花市	4.38	4.00	1.87	10.25
泸州市	2.86	4.14	1.33	8.33
德阳市	2.34	3.65	0.94	6.92
绵阳市	2.02	4.70	2.02	8.74
广元市	1.86	3.35	0.77	5.97
遂宁市	2.57	3.47	0.42	6.46
内江市	1.80	3.49	0.78	6.07
乐山市	2.54	3.74	0.73	7.01
南充市	1.83	3.90	0.67	6.40
眉山市	2.88	3.42	0.49	6.78
宜宾市	2.41	3.09	1.08	6.58
广安市	2.92	3.34	0.11	6.36
达州市	2.00	2.86	0.23	5.09
雅安市	2.87	3.47	0.33	6.68
巴中市	0.33	2.99	0.35	3.66
资阳市	2.45	3.58	0.42	6.46
阿坝州	3.60	1.40	0.07	5.07
甘孜州	3.03	2.64	0.07	5.74
凉山州	1.92	2.83	0.09	4.85

从基础设施指标的测算结果来看，得分最高的是成都，分值是17.06分，得分最低的是巴中市，分值是3.66分，两者相差13.4分。从分项指标来看，成都市在固定资产投资、市政设施和公共交通方面均排名首位，且以绝对优势领先其他市（州）（见表12）。

固定资产投资是经济发展的主要动力，人均固定资产投资一定程度上反映一个地区固定资产投资完成情况和经济发展增长情况。2015 年四川 21 个市（州）人均固定资产投资最多的是攀枝花市，为 52292.9 元；最低的是巴中市，为 3914.56 元（见图 7）。

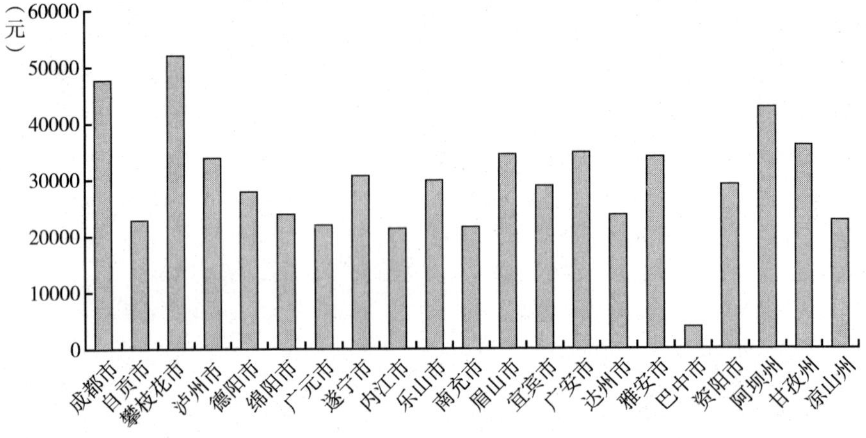

图 7　2015 年四川 21 个市（州）人均固定资产投资

3.4　公共服务指标分析

2015 年四川省基本公共服务发展水平总体上普遍进步，但各市（州）的发展速度和增长幅度显著不同。成都市、攀枝花市、绵阳市、德阳市、南充市是公共服务发展水平的高值区域。需要指出，成都市周围的遂宁市、眉山市、雅安市、资阳市等增幅较大，并以成都为中心，呈带状分布，这说明区域城市群对周围地区公共服务发展起到辐射作用。从公共服务指标测算的结果可以看出，得分最高的是成都市，且各分级指标也排名第一，成都市的公共服务遥遥领先于其他 20 个市（州）（见表 13）。

表 13　2015 年四川省各市（州）公共服务二级指标统计得分

市（州）	文化生活	医疗卫生	教育水平	社会保障	公共服务
成都市	2.00	4.67	4.43	4.20	15.29
自贡市	1.49	0.80	2.64	2.19	7.13
攀枝花市	1.71	0.42	2.54	3.80	8.48

续表

市（州）	文化生活	医疗卫生	教育水平	社会保障	公共服务
泸州市	1.45	1.35	3.06	1.67	7.52
德阳市	1.71	0.94	2.62	2.57	7.84
绵阳市	1.58	1.44	2.99	2.08	8.08
广元市	1.22	0.97	2.42	1.83	6.43
遂宁市	1.44	0.97	2.53	1.67	6.61
内江市	1.40	0.96	2.81	1.42	6.60
乐山市	1.52	0.94	2.69	2.51	7.66
南充市	1.34	2.11	2.92	2.06	8.43
眉山市	1.67	0.72	2.52	1.72	6.63
宜宾市	1.51	1.38	3.17	1.50	7.56
广安市	1.59	0.90	2.76	1.80	7.05
达州市	1.27	1.31	3.17	1.38	7.13
雅安市	1.41	0.50	2.53	1.86	6.30
巴中市	1.26	0.88	2.71	1.08	5.92
资阳市	1.50	1.25	2.83	1.74	7.33
阿坝州	1.37	0.38	2.21	1.59	5.55
甘孜州	1.12	0.55	2.11	1.23	5.01
凉山州	1.22	1.36	2.86	0.84	6.28

从三级指标来看，随着经济发展和居民生活质量的提高，城乡居民教育文化娱乐支出也在增加。以攀枝花为例，2015 年攀枝花市城乡居民人均教育文化娱乐支出 2524 元，比上年增长 13.5%，其中人均教育支出增长 18.2%，人均文化娱乐支出增长 22.6%（见图 8）。①

社会保障方面，四川省城镇基本医疗保险覆盖率有待提高。21 个市（州）中成都市的城镇基本医疗保险覆盖率最高，为 61.09%；凉山州最低，仅为 12.16%（见图 9）。

---

① 四川省人民政府网站，http://www.sc.gov.cn/10462/10464/10591/10592/2016/2/26/10371338.shtml，最后访问日期：2017 年 3 月 15 日。

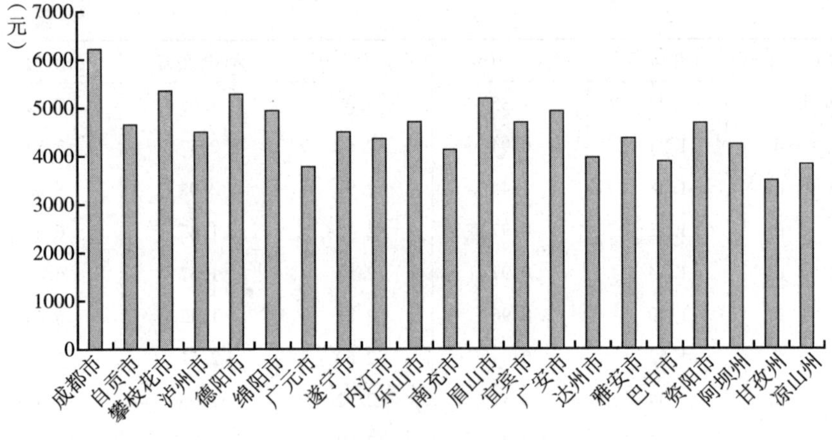

图8　2015 年四川 21 个市（州）城乡居民教育文化娱乐支出

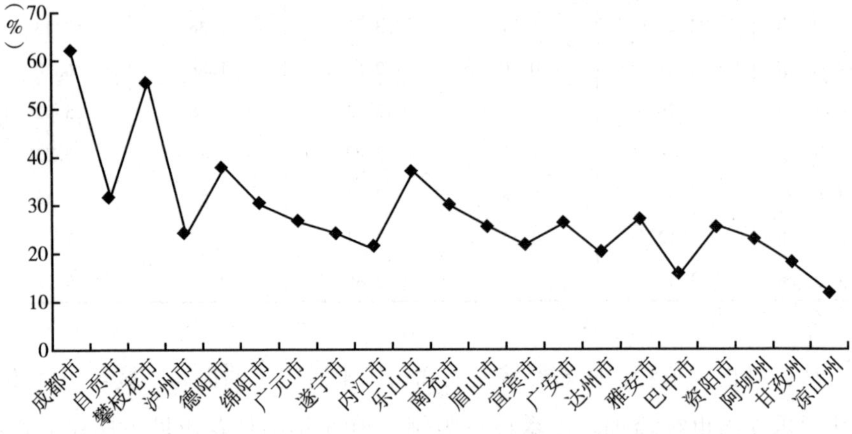

图9　2015 年四川 21 个市（州）城镇基本医疗保险覆盖率

3.5　资源环境指标分析

从资源环境指标的测算结果来看，最高的是资阳市，得分是 12.80 分；最低的是阿坝州，得分为 5.28 分。从分项指标来看，城市绿化方面广安市得分最高，甘孜州得分最低；环境保护方面，成都市得分最高，阿坝州得分最低；土地集约方面，资阳市最高，阿坝州最低，这也是影响阿坝州资源环境排名的重要因素（见表 14）。

表 14　2015 年四川省各市（州）资源环境二级指标统计得分

市(州)	城市绿化	环境保护	土地集约	资源环境
成都市	3.79	4.69	3.19	11.68
自贡市	3.27	4.51	1.70	9.49
攀枝花市	3.33	3.20	2.09	8.62
泸州市	3.21	3.82	2.04	9.07
德阳市	3.35	3.94	3.62	10.92
绵阳市	3.32	4.25	2.51	10.09
广元市	3.33	4.37	1.93	9.63
遂宁市	2.75	4.32	1.98	9.05
内江市	2.95	3.69	2.95	9.59
乐山市	2.59	3.34	3.16	9.09
南充市	3.68	4.20	2.11	9.99
眉山市	3.17	3.60	3.89	10.66
宜宾市	3.10	3.79	2.53	9.41
广安市	4.41	4.16	3.55	12.12
达州市	3.42	3.25	3.05	9.72
雅安市	3.35	3.85	3.27	10.47
巴中市	3.21	4.60	2.04	9.85
资阳市	3.46	4.54	4.80	12.80
阿坝州	1.38	3.19	0.72	5.28
甘孜州	0.75	4.14	1.38	6.27
凉山州	3.45	3.86	3.56	10.87

从三级指标分解情况来看，阿坝州、甘孜州、乐山市、遂宁市的人均公园绿地面积比较小，其他市（州）相差不大；建成区绿地率最高的是南充市，最低的是甘孜州。各市（州）在居民生活环境治理方面成效显著，眉山、德阳在生活垃圾处理上相对较弱，达州污水处理率有待提高。单位 GDP 能耗（逆向指标）攀枝花、乐山、阿坝三市（州）相对较高。亿元 GDP 建设用地规模资阳市表现最突出，土地集约利用率高（见表 15）。

表15　2016年四川省各市（州）资源环境三级指标

市(州)	人均公园绿地面积(平方米)	建成区绿地覆盖率(%)	污水处理率(%)	生活垃圾处理率(%)	单位GDP能耗(吨标煤/万元)
成都市	14.59	39.84	95.54	100	0.476
自贡市	9.86	40.2	96.53	100	0.548
攀枝花市	10.6	39.8	93.25	99.72	1.576
泸州市	9.5	39.89	90.19	100	0.794
德阳市	10.63	40.12	91.5	80.27	0.677
绵阳市	11.02	38.7	92.74	91.68	0.605
广元市	11.82	37.15	96.03	90.73	0.622
遂宁市	8.32	33.64	99.11	95.22	0.639
内江市	9.26	35.43	89.01	100	0.931
乐山市	7.2	33.12	75.46	99.58	1.115
南充市	12.11	43.1	86.53	99.97	0.642
眉山市	11.37	35.09	84.6	79.48	0.773
宜宾市	9.25	38.22	71.94	93.8	0.733
广安市	20.14	39.49	96.55	100	0.701
达州市	16.12	29.57	48.84	88.02	0.870
雅安市	10.26	40.8	85.15	97.89	0.881
巴中市	9.86	39.11	86.79	98.08	0.636
资阳市	12.22	38.67	86.58	100	0.524
阿坝州	5.61	13.83	63.24	91.67	1.752
甘孜州	3.33	6.84	69.82	96.24	0.622
凉山州	11.37	40.34	52.26	100	0.674

近年来，城镇化发展过程中，四川各市（州）均致力于处理好经济发展与资源环境的关系，呈现出多元分化的特征。如攀枝花市作为传统的重工业城市致力于破解资源开发与生态保护难题，实现城市可持续发展；广元利用生态优势，注重低碳开发，不以生态为代价追求经济效益。

3.6　协调发展指标分析

表16显示，协调发展指标中成都市的得分最高，其次是绵阳市，得分

最低的是甘孜州。分项指标来看，居民收入得分最高的是绵阳市，为3.06分，最低的是凉山州；居民消费得分最高的是成都市，得分最低的是甘孜州；社会管理得分最高的是绵阳市，最低的是凉山州。

表16　2016年四川省各市（州）协调发展二级指标统计得分

市(州)	居民收入	居民消费	社会管理	协调发展
成都市	1.97	5.50	4.10	11.57
自贡市	1.73	4.11	3.97	9.82
攀枝花市	1.72	4.84	4.16	10.72
泸州市	1.79	4.00	4.07	9.85
德阳市	1.88	4.45	4.06	10.39
绵阳市	3.06	4.24	4.20	11.51
广元市	1.47	3.45	4.14	9.06
遂宁市	2.63	3.93	4.14	10.71
内江市	1.44	3.87	4.09	9.40
乐山市	1.90	4.13	4.15	10.18
南充市	1.63	3.70	4.03	9.37
眉山市	2.13	4.29	4.14	10.56
宜宾市	1.71	4.05	4.06	9.81
广安市	2.10	4.01	4.00	10.11
达州市	0.99	3.56	4.18	8.73
雅安市	1.94	3.77	4.01	9.72
巴中市	1.93	3.47	3.98	9.38
资阳市	1.82	3.97	4.11	9.90
阿坝州	1.58	3.61	4.02	9.21
甘孜州	0.97	2.86	3.99	7.82
凉山州	0.77	3.22	3.96	7.94

2015年，除遂宁和绵阳外，其余各市（州）的城镇和农村居民人均纯收入的增长都高于人均GDP的增长。巴中市城镇居民人均可支配收入增长最高，甘孜州的农村居民人均纯收入增长最高，人均GDP增速最快的是遂宁市（见图10）。

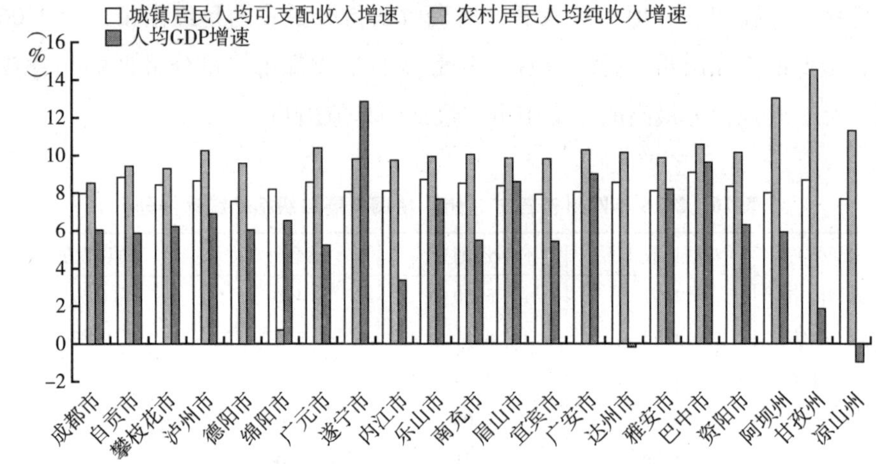

图10　2015年四川21个市（州）城乡居民人均可支配收入、纯收入增速和人均GDP增速比较

关于城乡居民收入比，除成都市城乡收入比为1.91外，其他市（州）的城乡居民收入比都在2.0以上，没有超过3。按照国际经验，城乡差距1.7倍为安全，2倍为基本安全，2.5倍有风险，3倍有重大风险，3.5倍及以上出现社会稳定危机。仅从计算的比例看，广元、巴中等5个城市已处在有风险阶段（见图11）。

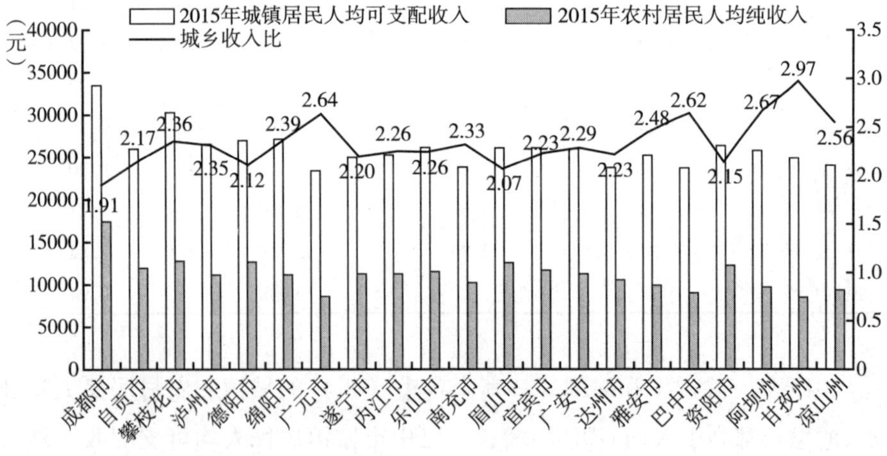

图11　2015年四川21个市（州）城乡居民人均可支配收入、纯收入及城乡居民收入比

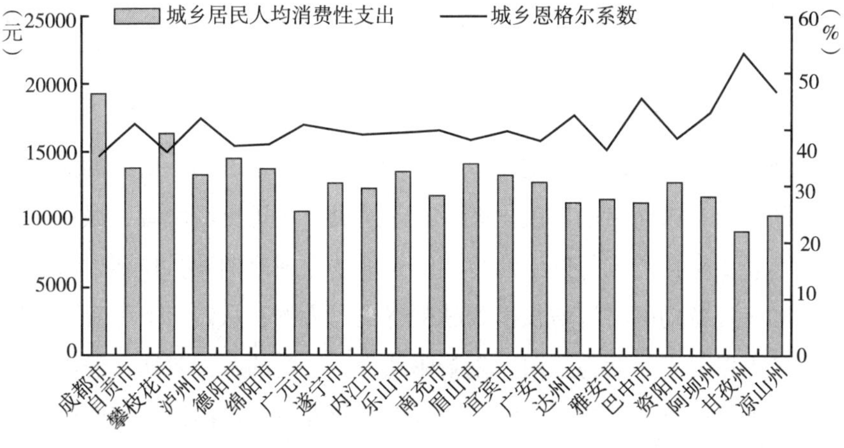

图 12　2015 年四川 21 个市（州）城乡居民消费性支出及城乡恩格尔系数

二　五大发展理念下四川城镇化发展前景展望

新型城镇化是现代化的必由之路，是最大的内需潜力所在，是经济发展的重要动力，也是一项重要的民生工程。党的十八届五中全会强调："必须牢固树立并切实贯彻创新、协调、绿色、开放、共享的发展理念。"① "五大发展理念"不仅覆盖经济社会各个方面，当然也必须植根于新型城镇化建设。伴随《国家新型城镇化规划（2014～2020 年）》、《国务院关于深入推进新型城镇化建设的若干意见》（国发〔2016〕8 号）、《四川省人民政府关于深入推进新型城镇化建设的实施意见》（川府发〔2016〕59 号）等一系列重大决策的部署，不仅为四川省新型城镇化各项工作的推进提供了科学的理念先导和新的机遇，但同时也对四川新型城镇化建设提出了新的要求和新的挑战。

（一）四川城镇化发展面临的新机遇

"五大发展理念"是关系中国社会主义现代化发展事业的重大战略，是

① 《中共十八届五中全会公报（全文）》，http://www. caixin. com/2015 - 10 - 29/100867990. html，最后访问日期：2017 年 3 月 15 日。

引领四川新型城镇化建设的理念先导，“五大发展理念”的具体化和政策化，为四川城镇化发展提供了新的机遇。

1. 创新是四川城镇化发展的根本动力

创新是引领经济发展的重要源泉和持久动力，通过创造更大的需求和释放更大的供给，进而引领城镇化健康有序发展。从历史经验看，城镇化的健康发展必须要保持需求与供给的协调统一；从全国范围看，长期以来过度依靠外需和投资拉动的经济增长模式越来越难以为继；从四川实际看，四川已经进入了由以要素驱动为主向以创新驱动为主转变的关键时期，经济增长面临着动力不足的严重问题。因此，加快城镇化发展促进内需被寄予厚望，成为当前阶段推动中国经济转型的主要支撑。能否实现“关键一跳”，主要看能否通过创新发展加快培育新的发展动力。当前，一系列创新发展战略部署的逐渐落地，为四川城镇化发展提供了新的机遇。一是创新为四川城镇化发展提供了动力。四川城镇化面临整体发展滞后、发展不充分的问题，理论创新、制度创新、技术创新、管理创新、环境创新、商业创新、市场创新、文化创新等一系列基础理论创新的重大突破，全面创新改革试验区、攀西战略资源创新开发试验区等区域创新平台的深入建设，必将有效提升要素投入的综合效率，为四川城镇化建设注入新的动能。二是创新为四川城镇化发展提供了产业发展空间。四川城镇化的发展离不开扎实有力的产业支撑，在当前去产能、去库存的背景下，城镇化面临的产业发展空间不足的风险陡增。因此通过创新，大力支持节能环保、生物技术、信息技术、智能制造、高端装备、新能源等新兴产业发展，能够为四川城镇化发展创造出更多的市场机会和产业空间。三是创新为四川城镇化发展提供了制度保障。有效的制度建设是实现城镇化可持续性发展的重要保障，伴随户籍制度、土地制度、就业制度、财税制度、投融资制度、社会保障制度、地方考核制度等一系列关键领域和重要环节改革的全面推进，为更多的农村人口向城镇转移提供了更加坚实的制度保障，也为四川城镇化的健康有序发展提供了新的机遇。

2. 协调是四川城镇化发展的内在要求

城镇化是人口和经济在区域空间不断集聚的过程，多方面的不协调是当前四川城镇化发展面临的突出问题，主要表现在与东部差距过大、城乡发展不协调、城镇体系布局不合理、经济社会发展不可持续等突出问题。然而近年来，在协调发展理念的指引下，随着西部大开发、统筹城乡发展等发展战略的不断落实，四川城镇化发展迎来了新的机遇。改革开放以来，由于区位条件、国家政策等原因，东西部发展差距不断增大，已严重影响中国经济社会的健康持续发展。对于土地占全国56%、人口占全国23%、矿产资源占全国50%、可开发水能占全国77%，市场潜力巨大、战略位置重要的西部地区来说，加快改革开放和现代化建设的需求极其迫切。特别是在当前国际国内经济下行压力持续增大的背景下，中国经济增长最大的回旋余地就在西部地区。从缩小东西部差距、扩大内需、促进区域经济社会协调发展的角度出发，21世纪以来，中国发展战略逐步西移，政策重心向西部倾斜，陆续出台了一系列政策举措支持西部地区加快发展。作为西部领头羊的四川在国家战略西移的过程中，优势尤为突出。近年来中央又围绕统筹城乡发展、扶贫攻坚、革命老区、民族地区等出台了一系列支持西部发展的政策，在此过程中，四川先后获得了绵阳国家科技城、统筹城乡综合配套改革试验区、成都高新综合保税区、天府新区、攀西战略资源创新开发试验区、全面创新改革试验区、内陆自贸区等优惠政策，获得了更加有利的政策机遇（见表17）。

表17　21世纪以来国家发展战略西移与四川获得的主要优惠政策

年份	国家发展战略西移演进
2000年	国务院成立西部地区开发领导小组，实施第一轮十年西部大开发
2010年	中共中央、国务院下发《关于深入实施西部大开发战略的若干意见》，开启新一轮十年西部大开发
2011年	国务院正式批复《成渝经济区区域规划》
2012年	国务院正式批复《秦巴山片区区域发展与扶贫攻坚规划(2011～2020年)》
2014年	中共中央、国务院印发《关于加强和改进新形势下民族工作的意见》
2015年	中共中央、国务院印发《关于打赢脱贫攻坚战的决定》
2016年	中共中央办公厅、国务院办公厅印发《关于加大脱贫攻坚力度支持革命老区开发建设的指导意见》

续表

年份	四川获得的主要优惠政策
2000 年	党中央、国务院作出建设绵阳国家科技城的战略决策，是党中央、国务院批准建设的中国唯一科技城
2007 年	国务院批准设立成都市全国统筹城乡综合配套改革试验区，是国家战略层面上设立的以城乡统筹为重点的综合配套改革试验区（全国只有 2 个）
2010 年	国务院正式批准四川设立成都高新综合保税区，这是全国范围内获批的第 12 个综合保税区
2013 年	国家正式批准设立攀西战略资源创新开发试验区，这是全国批准设立的唯一一个资源开发综合利用试验区
2014 年	四川天府新区获批成为国家级新区，天府新区成为云贵川渝地区的第 3 个国家级新区
2015 年	中共中央办公厅、国务院办公厅印发《关于在部分区域系统推进全面创新改革试验的总体方案》，四川成为全国 8 个全面创新改革试验区域之一，同时也是 4 个省级行政区域之一
2016 年	党中央、国务院批准成都设立自贸试验区

3. 绿色是四川城镇化发展的必由之路

长期以来，“以环境换增长”的城镇化发展方式越来越难以为继，导致越来越严重的环境污染、生态恶化、资源紧缺等突出问题。转变城镇化发展方式势在必行，而唯一的解决办法就是必须要走绿色发展之路，在尊重和顺应自然规律的基础上，遵循生态文明理念，节约利用资源，实现资源循环利用，走可持续发展道路。中共十八大强调：“把生态文明建设放在突出地位，融入经济建设、政治建设、文化建设、社会建设各方面和全过程。”绿色发展理念是建立在生态环境容量和资源承载力的约束下，将环境保护作为发展的条件和产出的一种新型发展模式，是对生态文明建设的进一步阐释。习近平总书记讲：“我们既要绿水青山，也要金山银山。宁要绿水青山，不要金山银山，而且绿水青山就是金山银山。”① 坚持绿色发展理念应当落实于社会经济发展的各个方面，要用绿色的理念和方法来指导生活和生产。

① 中共中央宣传部编《习近平总书记系列重要讲话读本（2016 年版）》，学习出版社、人民出版社，2016，第 120 页。

四川省地处长江上游，是中国尤为重要的生态屏障区，在国家现代生态文明发展版图中具有十分重要的战略地位，随着绿色发展理念的推行和生态文明建设的推进，不仅四川作为长江上游生态屏障核心区的生态价值更加凸显、在全国的战略地位更加突出，而且丰富的自然资源和优越的生态资源为四川产业发展提供了独特的竞争优势和生态红利，进而有利于四川城镇逐步形成资源节约利用和环境持续改善的空间格局、产业结构以及生产和生活方式。近年来，四川一批城市纳入《全国资源型城市可持续发展规划》试点是对全国绿色发展政策的分享。为加快资源型城市经济发展方式转变，2013年国务院印发的《全国资源型城市可持续发展规划（2013～2020年）》对资源型城市转型和可持续发展进行了全面而重要的部署。四川在县域经济发展上逐步取消GDP考核则是对绿色发展理念的贯彻落实，2016年1月，四川省委办公厅、省政府办公厅印发《关于完善县域经济发展工作推进机制的意见》和《四川省县域经济发展考核办法》，将183个县（区、市）划分为重点开发区和市辖区、农产品主产区、重点生态功能区、扶贫开发区四大类别；对前三大类区，分经济发展、民生改善、生态环境、风险防控4方面，差异化设置指标权重；对重点生态功能区县和生态脆弱的贫困县，地区生产总值及增速、规模以上工业增加值增速和全社会固定资产投资及增速3项指标权重设置为0。

4. 开放是四川城镇化发展的重要途径

当前，中国正处在一个全球经济深度融合的开放时代，坚持开放发展是我们融入全球经济的必然选择。习近平总书记强调："开放带来进步，封闭导致落后。"开放是发展的大势，是顺应世界经济大势的客观要求，四川在推进城镇化发展的过程中，也必须顺应全球化发展需要。大城市和城市群在发展的过程中只有参与到全球资源配置、经济一体化和市场竞争的潮流中，才能实现更大发展，从而为城镇化发展拓展外部发展空间、创造良好发展环境。为了顺应当今世界多极化、经济全球化的发展潮流，维护全球自由贸易体系和开放型世界经济，应对全国经济持续下行压力，中国及时调整了对外对内开放的战略举措，对外积极倡导共建"一带一路"区域合作平台，对内积极推进“长江经济带”建设。

四川是“一带一路”和长江经济带建设中的经济大省，其资源禀赋、经济总量、产业发展、市场容量等在全国都具有重要的地位和特殊优势，而“一带一路”战略和长江经济带建设的深入推进，将极大地改变长期以来制约四川发展的地理区位瓶颈，四川将从边远地区、开放末梢地区逐步发展成为对接欧亚大陆发展的前沿地区，从而为四川城镇化的开放发展提供拓展的空间和持续的发展动力。比如对铁路、公路、机场、水路、油气、通信等方面的基础设施进行大量投入，将显著地改善四川城镇的基础发展条件；互补性合作将推动四川更广泛深入地参与国际分工合作、在更大空间范围内谋求未来发展，从而主推四川城镇产业结构的加速转型；伴随着长江经济带的建设，四川将成为东西部货物运输的重要中转站。总之，“一带一路”战略和长江经济带战略的深入实施，必将大幅改善沿线四川城镇的时空条件，从而为四川城镇空间格局优化、产业结构调整、生态环境保护等带来新的机遇。

5. 共享是四川城镇化发展的落脚点

综观世界城镇化发展的经验，能否让城乡人民共享发展成果是城镇化健康发展的关键。习近平总书记指出：“国家建设是全体人民共同的事业，国家发展过程也是全体人民共享成果的过程。”[①] 共享是中国特色社会主义的本质要求，在全面建成小康社会的关键时期，坚持共享发展充分体现了以人为本、顺应人民生活新期待的发展理念。共享发展就是以推进社会公平正义为前提，以推进扶贫脱贫、缩小收入差距为抓手，以推进区域、城乡基本公共服务均等化为保障，以推进共同富裕为目标的发展方式[②]。在共享发展理念的指导下，近年来中央把重大民生工程摆在优先位置，一方面陆续加大了对贫困地区、革命老区、民族地区的扶持力度；另一方面重点加大廉租房建设、棚户区改造等城市安居工程的建设力度，完善农村转移人口进城的落户

---

① 《习近平总书记谈共享》，http：//news. youth. cn/sz/201603/t20160303_ 7697455. htm，最后访问日期：2017 年 3 月 15 日。

② 任理轩：《坚持共享发展——“五大发展理念”解读之五》，《人民日报》2015 年 12 月 24 日。

政策，加快推进教育、文化、就业、社保、医疗等与人民群众密切相关的民生工程实施，不断扩大民生工程的覆盖面和提高城乡基本公共服务均等化水平。四川是全国扶贫开发攻坚任务最繁重的省份之一，是民族地区、革命老区、贫困地区的集中区，是全国重要的农民工输出省份，在推进城镇化发展的过程中，面临着更加严峻的区域共享、城乡共享等问题。因此，中央共享发展理念的提出和一系列共享发展政策的出台，不仅能够使城乡居民获得看得见、摸得着的发展成果，而且能够有效推动四川城镇化的健康持续发展。

（二）四川城镇化发展面临的新挑战

在“五大发展理念”的指导下，四川城镇化的可持续发展在迎来一系列重大发展机遇的同时，也面临着更高的要求和新的挑战，主要表现在以下几个方面。

1. 经济发展步入新常态阶段的新挑战

当前，四川在总体经济发展水平仍然滞后于东部地区的情况下，在经济增速上与全国同步进入了经济新常态时期，表面上看新常态的突出表现是增长速度由高速向中低速换挡，但本质上是对经济结构调整、经济发展方式转变和经济发展动力转换的内在需求。经济新常态对四川城镇化发展而言，存在着加快发展、转型升级与财税体制改革的三重挑战。第一，四川正处于工业化、城镇化“双加速”时期，四川工业化、城镇化进程落后于全国，四川仍然需要保持一个较快的经济增长速度和较快的城镇化推进速度。第二，四川经济结构性矛盾突出，四川第二产业占 GDP 比重接近 50%，第三产业占 GDP 比重比全国低 10 多个百分点，服务业还无法支撑四川新型城镇化发展的需要；同时四川的重工业比重仍然高达 65% 以上，高耗能行业和传统资源性行业的比重仍然偏高，化工、冶金、建材、白酒产业等仍然存在较为严重的产能过剩问题，粗放式增长模式仍占主体地位，四川城镇化发展面临着较为严峻的转型升级“阵痛”。第三，四川面临日益严重的土地财政和地方债务问题，给城市的可持续发展带来的压力持续增长。四川省 2014 年财政决算报告显示：四川全省政府性基金收入 1761 亿元，其中国土方面收入 1519 亿元；而同期四川税收收入为2312亿元，土地出让金收入越来越接近税收收入。2015年四川地方债务7464亿元，是同期全省地方一般公共预算的2.2倍，并已达到地方债务限额的96%，进一步增大了四川城镇可持续发展的压力。

2. 资源环境约束压力日趋增大的新挑战

四川经济的高速增长，面临着越来越强的资源环境约束。一是土地资源约束。四川耕地面积逐年减少，人均耕地面积仅为全国水平的一半，人地矛盾日趋尖锐，尤其是在"两化"推进过程中，耕地保护与建设用地的供需矛盾十分突出。二是水资源约束。四川水资源的区域、季节分布极不平衡，尤其是随着工业化、城镇化的发展，城市缺水的矛盾正变得日趋尖锐。三是环境容量约束。四川产业结构重型化的特点突出，高耗能产业所占比重高，四川万元生产总值能耗比全国高20%以上。与此同时，四川城镇人口快速膨胀与城市规划滞后、城市基础设施承载力严重不足之间的矛盾、城市生态建设滞后影响人居环境等一系列问题也逐渐显现，持续增强的资源环境约束是四川城镇化可持续发展最需要克服的瓶颈。

3. 农业转移人口市民化难度增大的新挑战

"十三五"期间，四川将有700万人就近城镇化，800万农业转移人口落户城镇，四川还将改造500万人居住的城镇危旧房和棚户，城镇化进程在进入加速推进的减速阶段的同时，还面临着老龄化加速和市民化难度增大的双重挑战。一方面，作为中国的人口大省，四川省常住人口的老龄化程度居全国第二位，且具有老年人口绝对量大、老年人口比重上升快的特点。就成都而言，60岁及以上老年人口占全市户籍总人口比重接近20%，老龄化率比全国平均水平高出4.3个百分点。四川面临着十分严重的"未富先老"问题。另一方面，21世纪以来在中国逐年增大惠农政策和深化农村产权制度改革的情况下，不仅农民工市民化意愿开始出现降低趋势，农民工市民化的成本还在逐年上升，这对面向农民工的户籍制度改革以及教育、医疗、社会保障等公共服务的改善提出了更高要求。普遍存在的半市民化问题对四川城镇化的可持续发展提出了新的挑战。

4. 社会矛盾进入多发期阶段的新挑战

当前，四川城镇化发展正处于经济社会转型的关键时期，伴随着经济结构、管理体制、利益格局的深层次变革，不但利益主体呈现多样化发展趋势，各利益主体的价值取向也呈现多样化发展态势。利益主体价值取向的多样化和复杂性，必然带来社会矛盾的多样化和复杂性。四川城镇化发展在面临经济结构转型重要任务的同时，还受到社会矛盾多发性和复杂性的制约。当前，在就业压力不断增大、收入差距较大的现实面前，社会矛盾呈现出“触点增多、燃点降低”的显著特征，如果把握和解决不当，就可能引发复杂的社会冲突。近年来，四川各地劳资纠纷、征地补偿、劳动就业、拆迁安置、社会安全、群体冲突等各种社会矛盾持续发生，对传统的城镇管理和社会服务提出了新的、更高层次的要求。

5. 快速城镇化进程中文化缺失的新挑战

改革开放以来，四川城镇化水平大幅提高，但四川快速城镇化过程中文化缺失的问题日益突出。一方面，四川城镇化在快速发展的进程中，在处理现代文明和传统文化关系时存在偏差，片面追求速度和规模，忽视对传统文化的保护和传承，在扩建城镇和改造旧城的过程中，造成了城镇历史面貌的重大毁坏。传统历史文化的破碎化使快速城镇化进程中的文化缺失问题日趋严重。另一方面，四川在城镇化进程中又不可避免地面临着中西文化的艰难选择与碰撞，正是在这一矛盾的境遇中，四川城镇文化构建陷入多重困惑。具体来看，四川城镇化进程中文化缺失主要表现为以下三点。一是城镇规划滞后。当前四川城镇的总体发展规划高度重视城镇规模的扩张和功能布局，往往忽视文化要素在城镇规划中的地位和作用，对传统历史文化遗产和生态环境的保护不足，各级城镇规划普遍存在“摊大饼”的问题，进而引发了各种各样的“城市病”。二是特色危机突显。四川城镇化进程中，由于部分城镇普遍存在大体量、大规模的偏好，导致城镇建筑被现代钢筋水泥填充，一些独具特色的历史城镇与文化街区在大规模的造城运动中被破坏，导致城镇面貌呈现较为严重的“千篇一律”问题。三是经济效益最大化偏好问题严重。部分城镇在扩建、旧城改造的过程中，片面地追求经济效益的最大化，更加关注城镇建设给土地财政带来的好处，忽视城镇化的社会效益和生态效益。既缺乏从整体规划的角度考虑土地用途，盲目地兴建大体量的高层建筑，也缺乏对历史文化的传承和保护，进而导致文化缺失的问题日趋严重。

（三）四川城镇化发展前景展望

面对一系列四川城镇化可持续发展新要求和新挑战，四川积极抓住“五大发展理念”带来的一系列新机遇，牢牢将“五大发展理念”根植于新型城镇化建设的方方面面。近年来，四川通过“多点多级战略”“百镇建设行动”“百万安居工程”“美丽农村建设”等重大行动，深入推动户籍、土地、财政、住房、社会保障等相关改革，逐步走出了一条“形态适宜、产城融合、城乡一体、集约高效”的具有四川特点的城镇化建设之路。展望“十三五”时期和未来，在“五大发展理念”的指导下，四川城镇化发展必将沿着“五大转变”的方向取得更显著的成果。

1. 发展理念上由“以环境换增长”向“以环境促增长”加速转变

改革开放以来，从东南沿海到中西部腹部，在经济利益的驱使下，通过以牺牲环境为代价的方式虽然换取了城镇化的快速发展，但长期以来片面追求增长速度、规模扩大、空间扩张的发展模式，也带来了灾害频繁、交通堵塞、生态失衡等一系列的“城市病”。“城市病”的频发使中央到地方不得不审视城镇化的发展理念，“以人为本”“可持续发展”“绿色发展”“生态城市”“田园城市”等一系列城镇化理念应运而生。正是在全面审视全国城镇发展经验教训的基础上，在空前快速的城镇扩展和发展进程中，四川充分认识到促进生态建设对可持续发展的重要性和必要性，逐步推进四川城镇化发展理念由追求速度向追求质量转变。2016 年四川省出台的《加快推进生态文明建设实施方案》提出，全省要加快实现由“以环境换增长”向“以环境促增长”的转变，尽快形成严格规划、严格控制、严格落实、严格监管的生态文明制度体系；各地在推进城镇化过程中，要根据自身资源禀赋和生态环境承载能力，对城镇开发边界、开发规模、土地利用、人口密度、产业园区等进行科学界定和严格管控，逐步实现产业积聚与人口积聚同步发展；实施城镇生态园林建设工程，充分发挥国家级新型城镇化综合试点和中小城市综合改革试点先行先试、示范带动作用，力争打造一批生态园林城镇；在城镇管理上，改变经济效益最大化偏好，更加注重和强化城镇的绿线管控，全省市、县级城市要依托自己的自然生态资源本底，科学规划和合理布局城镇的绿地生态系统，将设区市38%的绿地率和县城市35%的绿地率作为城镇化建设的硬性指标。

成都市建设“世界现代田园城市”是对四川城镇化发展理念转变的最好诠释。成都市立足城市的良好基础和自然禀赋，着眼城市发展的长远目标，充分借鉴国内外先进城市的建设经验，提出了建设“世界现代田园城市”的目标和定位。“世界现代田园城市”的内涵主要包括：世界级国际化大都市、中国西部地区现代化特大中心城市、人与自然和谐相融的田园城市、城乡一体发展的人居城市。今后成都未来的发展的远景是一幅将形成“青山绿水抱林盘、大城小镇嵌田园”的美好图画。在成都市的引领下，全省各市（州）二三线城市也纷纷开启了“生态城市”建设步伐。雅安提出“建设成为经济持续发展、社会民主和谐、人民幸福安康、生态环境优良的资源节约型和环境友好型国际化区域性生态城市。”绵阳提出“努力将建成‘天蓝、地绿、水净、人和’的西部经济文化生态强市。”广元提出建设“山水特色的生态园林城市。”乐山、德阳、宜宾、自贡、西昌……四川各市（州）积极投入到建设生态城市的进程当中。四川城市也不断在国际国内评奖中荣获各种奖励，2011年泸州被全国绿化委员会、国家林业局命名为“国家森林城市”；在绿色中国2013环保成就奖颁奖中，绵阳荣膺杰出绿色生态城市奖；2014城市发展与生态平衡高层论坛暨首批创建生态文明典范城市发布会上，广元市利州区荣膺全国首批生态文明典范城市。归根结底，生态城市是一种新型城镇化发展理念，是人与自然和谐相处的自然精神所在，在这种精神的指导下，“以环境促增长”的可持续发展理念已逐步深入四川城镇化发展之中。

“十三五”期间，四川将依托成都、德阳、绵阳三市开展系统性、整体性、协同性改革的先行先试，加快以科技创新为核心的全面创新，以创新改革驱动转型发展，构建富有四川地方特色的现代化、资源节约化、高效产出化的产业体系；牢固树立生态文明和绿色发展理念，继续坚定不移地实施主体功能区分类管控制度，全省的国土开发要加快形成人口与经济、社会、资源、环境等协调融合的发展格局，围绕长江上游生态屏障的功能定位，全面推进生态大省建设步伐；推进产业结构和生产方式由低科技含量、高消耗、高污染向高科技含量、低消耗、低污染转变，尽快形成资源节约、绿色发展、低碳生活的消费模式与生活方式，切实全面解决四川城镇化进程中的环境改善问题，一系列举措的逐步落实都将进一步推进四川城镇化“以环境促增长”理念的巩固发展。

2. 空间格局上由“城市圈”向“城市群”加速转变

长期以来，受地理、政策等因素影响，四川城市的空间格局呈现严重的发展不平衡问题。一是四川长期存在成都一城独大的问题。2011 年成都市常住人口、地区生产总值、社会消费品零售总额、全社会固定资产投资总额、进出口总额占四川省相应指标总额的比重分别达到 17.5%、33.1%、35.7%、33.0%、79.3%，不仅影响了成都自身的城市发展质量，而且对四川省内其他城市而言，成都的“虹吸效应”远远大于“扩散效应”，影响了其他城市的发展。二是四川城市发展差异较大。全省 21 个市（州）分别处于工业化后期、工业化中期和工业化初期 3 个不同的工业化阶段，各城市发展差距较大和发展条件差异较大，且多数城市与成都空间距离较远，也难以有效分享成都的“扩散效应”。三是四川城市具有一定的区域共性。虽然四川各城市的发展差异较大，但是川中、川南、川东北、川西等不同区域在地理区位、资源条件等方面又具有一定的共性。由于长期以来实行以行政区为基础的“城市圈”发展策略，各个行政区都从自身利益出发，各行其是，由此产生了整体社会资源配置的低下，生产力布局不能合理化等问题，一定程度上影响了城市的健康发展。如何破解一城独大和区域失衡的问题成为四川推进城市化重要的瓶颈性问题。

在全球经济发展一体化进程加速发展的时代背景下，从全国城镇化发展的基本态势看，有资源条件、人口基础、潜力空间的城市群的快速发展已经成为全国城镇化进程中不可阻挡的主流趋势。中国未来经济增长最为活跃、最具潜力的核心区域就是若干城市群，城市群将是中国城镇化发展的主要方向。因此，顺应历史发展潮流和立足自身实际，四川省于2012年提出了实施多点多极支撑发展战略的构想，着力塑造要素有序自由流动、主体功能约束有效、基本公共服务均等、资源环境可承载的区域协调发展新格局。其中，加快推进成都平原城市群、川南城市群、川东北城市群、攀西城市群四大城市群发展是四川多点多极支撑发展战略的重中之重。

从单一的“城市圈”向合作的“城市群”空间格局的战略调整，为四川城镇化的可持续发展注入了新的活力。一是有利于提高城镇发展指数。通过明确四大城市群的发展定位和打破行政区划限制，实现了各城市群的错位发展与资源共享，通过多极竞争、多点协同可以逐步消除一极的“虹吸效应”，避免资源浪费和生产要素的低效利用，减轻一极承担的社会压力如人口、交通、环境、水电气、教育卫生等，从而提高四川整体城市发展水平，同时条件较好地区和贫困地区在这个过程中也逐步实现了互利共赢。二是有利于推进就地城镇化。四川的城镇化发展，有着一个与其他地区不一样的特点和优势，就是拥有人力资本。四川长期以来都是全国的劳务输出大省，每年都有大约2000万外出务工人员，每年往返其实造成很大资源浪费和经济代价。而四川城市群的建设有利于推进就地城镇化，为农民工提供了留在家乡就业的机会，相比其他地区，农民工在家门口打工会产生更多的社会效益，同时也会减少因在外地打工而产生的社会问题。

经过几年的发展，四川城市竞相发展的格局初步形成。一是全省城市发展质量稳步提升。2015年与2012年相比，四川省三次产业结构从14.4∶50.5∶35.1调整为12.2∶47.5∶40.3，城乡居民收入比从2.90∶1缩小为2.56∶1，城镇化率从40.2%提高到47.7%，科技创新对经济增长贡献率达50%，高新技术产业产值增长1.7倍，万人发明专利拥有量增长3.3倍，非公有制经济占地区生产总值比重达60.7%。二是成都现代化、国际化水平大大提升。2015年，成都地区生产总值突破万亿大关，达到10801亿元，占全省的35.8%，工业、投资、消费等主要经济指标占全省1/3左右，对全省政治经济文化等方面的影响甚大。世界500强企业落户268家，双流国际机场年旅客吞吐量突破4000万人次，排名国内机场第四，是第一个迈入“4000万俱乐部”的中西部机场。三是各地城市比较优势充分发挥。2015年，全省地区生产总值超过千亿元的市（州）有14个、比2012年增加5个，其中绵阳、德阳超过1500亿元；地区生产总值过百亿元的县（区、市）达110个，比2012年增加25个；绵阳、南充、泸州3个城市人口过百万；初步改变了多年来成都“一枝独秀”的局面。川南城市群白酒、煤炭、化工等产业调整升级有序推进；川东北城市群天然气、化工、机械汽配和农副食品加工等行业进一步壮大；攀西城市群通过多种方式促进战略资源创新开发和特色农业现代化发展：四大城市群竞相发展的格局初步形成。

“十三五”时期，四川将抓住国家设立天府新区、攀西战略资源创新开发试验区以及建设成都天府国际机场等机遇，继续深入实施多点多极支撑发展战略，以四大城市群为主体形态，逐步形成“一轴三带、四群一区”的城镇化发展格局，城镇布局与资源环境承载能力更加匹配，城镇等级规模结构更加完善、功能定位更加清晰，大中小城市和小城镇发展更加协调，城镇化布局和形态更加优化，“城市群”发展新格局将全面建成。

3. 城镇功能上由“低层次集聚”向“高层次宜居”加速转变

城镇是伴随人类社会分工深化与商品经济发展到一定历史阶段后应运而生，既是人口与经济活动在一定区域、空间、时间上积聚的必然结果，也是人口与经济活动在一定区域、空间、时间上积聚的客观需要。城镇的功能具有多样性，每个城镇的主导功能也不尽相同，但人和要素向城镇的集聚是所有城镇发展历程中的共同特征。然而，随着发展阶段的不同，城镇的主导功能理应有所变化，主导城镇功能异化是城镇发展过程中的一个重要规律。

四川的城镇化发展具有典型的“工业化和城镇化联动”的特征，即工业创造了城市，城市聚集了工业，极大地创造了财富。在此过程中，通过招商引资、园区开发、农民进城、新城崛起、老城改造等推进城镇建设，是四川大多数地区城镇化发展的基本模式。在城镇化快速推进的过程中，我们往往考虑的只是城市作为经济发展的载体，而没有想到城市作为一个人生活的环境的重要性所在，从而出现了“土地城市化”“工业城市化”“半城市化”等一系列问题。由于产业和城市盲目发展，部分城市盲目扩张导致没有产业支撑；部分城市虽有产业但留不住人才导致缺乏竞争力；部分城市包容性差导致外来人口难以融入；部分城市无序的人口集聚和城镇规划、建设、管理问题使得生产和生活越来越不便利；部分城市低质量的城镇生活让居民缺乏幸福感等。加快推进城市功能由“低层次集聚”向“高层次宜居”的转变，是四川城镇化发展到一定历史阶段的必然要求。近年来，随着“以环境促增长”理念的不断深入人心，四川在加强城镇生态建设的同时，逐步开始通过基础设施改善、公共服务供给、民生建设等加快宜居城市的建设步伐。

成都的“北改”工程是四川推进城市功能向“高层次宜居”转变的典型代表。成都市在城市发展的过程中，多种因素导致了城市内部“东穷西贵、南富北乱”的不平衡格局。自20世纪90年代以来，成都城市内部区域发展不平衡的现象不仅未消除，反而随着产业、人群的聚集愈发明显。直到2012年，成都启动了有史以来最大规模的民生工程——“北改”。按照规划，成都市将在195平方公里的土地上，改造片区老旧城市形态和落后生产力布局，总投资约3300亿元。经过4年的建设，成都市已累计投资2702亿元，占总投资的82%，城北城市功能和结构得到完善和优化。继城北之后，城东紧跟城西、城南步伐，涌现出一个又一个城市新地标，城市业态、形态、文态、生态均得以显著提升。如今的成都，已将“东穷西贵、南富北乱”的城市印象远远抛在历史的车轮后。“中产城东、人文城西、财富城北、国际城南”成为新的城市区域标签。成都的“北改”工程，表面上看是解决了城北脏乱差的问题，是解决了成都内部区域发展不平衡的问题，但本质上是对“宜居城市”可持续发展理念的诠释，是要让更多人享受到城市发展的成果。

“十三五”时期，随着四川省常住人口城镇化率达到54%左右，户籍人口城镇化率达到38%左右，基本完成城镇危旧房棚户区改造；农业转移人口随迁适龄子女义务教育需求得到满足，城镇失业人员、有培训意愿的农民工、新成长劳动力免费接受1次基本职业技能培训；城镇常住人口基本养老保险、基本医疗、保障性住房覆盖率分别达到90%、98%、23%以上；城市细颗粒物（PM2.5）年均浓度比2015年下降20%以上；城镇绿色建筑占新建建筑比重30%；市区人口300万以上城市公共交通占机动化出行比例达到60%；城市绿地率达到38%；城市燃气普及率、供水普及率、污水处理率、生活垃圾无害化处理率、社区综合服务设施覆盖率分别达到90%、95%、92%、90%、90%以上等一系列目标的实现，四川城镇化质量和水平将明显提升，城镇可持续发展能力将显著增强。四川城镇功能将实现由“低层次集聚”向“高层次宜居”全面转变。

4. 城市形态上由“千城一面”向“凸显个性”加速转变

四川在快速城镇化的过程中，一些地方大拆大建，文化遗产惨遭破坏，城市肌理千疮百孔，历史城市失去原貌，一些建筑设计过分强调体量、高度、规模等，外在形式过分追求个体的独特和差异，往往忽视个体与整体的关系，忽视与地方特色、历史文化、区域环境、民族特色的融合，导致单体建设设计虽然富有个性，但由于缺乏文化内涵而实则缺乏个性，造成了四川城镇化发展进程中“千城一面”的困局，也反映了四川城镇化发展还未能形成有效的文化融合。个性缺失是已成为当前城镇规划建设中的最大弊端。当前，文化竞争力对城镇发展的影响与作用越来越重要，成为推动城镇经济社会可持续发展的重要力量。基于城镇化可持续发展的需求，近年来四川很多城镇开始重视文化建设和保护，城镇规划建设逐步由钢筋水泥的“千城一面”向注重生态、文化的“凸显个性”转变。

在度过了早期相对比较无序的阶段后，当前四川城镇的发展逐步改变了过去“摊大饼”式的模式，主要体现在城镇规划理念的转变上。一是逐步破除了过去盲目追求城市功能“大而全、小而全”的倾向。四川在推进四大城市群的发展过程中，在考虑经济效益的基础上，更加注重对资源环境承载能力、对历史文化传承与保护的考虑，根据不同城市群的区位条件、资源禀赋和地方特色，科学明确了不同城市群的差异化的功能定位，进而引导人口和产业合理向城市群聚集，逐步形成差异化的城市群功能定位与发展格局。

二是城镇发展从“摊大饼”向“设边界”转变。四川在推进城镇扩张的过程中，逐步改变以往对规模的追求偏好，将开发边界、人口规模、土地利用等作为推进城镇化的前提条件，在规划中给予明确确定，进而沿着生态化、组团化的基本形态推进城镇化发展。

三是逐步形成“生态优先”的城镇规划理念。在划定生态红线和明确管控措施的基础上，逐步改变以往对经济效益的追求偏好，更加关注城镇形态的生态化，将更多的山水、绿地、森林等自然要素和农业、历史、文化等社会要素作为城镇建设的重要组成部分，“生态优先”“文化优先”“历史优先”等逐步成为城镇规划的基本理念。

四是加强历史文化的传承保护。在推进城镇化建设的过程中，逐步改变以往大拆大建的模式，更加重视对历史文化小镇和街区的保护与开发，更加注重对非物质文化遗产的保护和传承，更加注重历史文化、地方特色与现代文明的有机融合，避免对历史文化与地方特色的简单复古，在现代文明的进程中实现对历史文化的“原真性”与“融合性”发展。这方面成都市的发展尤具特色，锦里、宽窄巷子、琴台路、文殊院历史文化保护片区、“东郊记忆”、《金沙》音乐剧、“五朵金花”、地铁站等注入文化元素、各具特色的“博物馆”不断涌现，不仅凸显了成都的城市特色，而且最大限度地将历史文化融入人们的日常生活中。

“十三五”时期，在规划理念先导的指引下，在大力推进“四大城镇建设”“百万安居工程建设行动”“百镇建设行动”“幸福美丽新村建设”的过程中，四川必将会正确处理好城镇改造开发和历史文化遗产保护利用的关系，在加快城镇化进程的过程中保护和弘扬优秀传统文化，保留城市特色，彰显城市灵魂，有历史记忆、地域特色、民族特点的绿色美丽城镇将遍布四川大地。

5. 城乡关系上由“二元分隔”向“城乡一体”加速转变

城镇可持续发展，除了通过增强城镇自然资源和基础设施的承载能力来实现，还要与农村建立全面、稳定、牢固的联系，城乡差距太大、城乡关系长期失衡也会影响城镇化的可持续发展。四川省以成都市获批全国统筹城乡综合配套改革试验区为契机，根据四川平原、丘陵、山区相结合的特点，设立了德阳、自贡、广元 3 个统筹城乡综合配套改革试点市以及一批统筹城乡综合试点县。经过多年的探索实践，四川城乡关系日益密切一体，城乡要素配置更为优化，城乡关系由“二元分隔”加速向“城乡一体”转变，不仅提高了城镇化的可持续发展能力，而且积累了一批鲜活的案例。

成都的“三个集中”模式具有代表性。2003 年以来，成都市积极探索城乡统筹、城乡一体化发展的新道路，积极探索以城带乡、以工促农的有效路径，积累形成了“工业向集中发展区集中、农民向城镇集中、土地向规模经营集中”的“三个集中”模式，走出了一条城乡同发展共繁荣的新型城市化发展道路。“三个集中”从表面看是生产要素简单的空间集聚过程，其本质上反映的是城市化发展思维方式和理念的深刻转变，逐步改变了长期以来城镇化进程中“城乡二元分割”的思维模式，走出了一条“城乡一体化”发展的新型城镇化道路，表明在城镇化的过程中农村和城市发展具有同等重要的意义。城镇化不仅要发展城市，也不仅是简单地让更多的农民工进入城市，还要促进其生活方式的完全城市化；不仅要同步推出一整套制度改革和均等化的公共服务体系，还要重视农业生产能力的提高以及农村生产生活条件的改善。

“十三五”时期，随着农村危旧房改造 170 万户左右，公路通村率 100%，农村自来水普及率 75%，农村九年义务教育巩固率 95%，农村学前教育三年毛入学率 80%，新型农村合作医疗参合率保持在 95% 以上等一系列目标的完成和实现，四川城镇化发展“城乡一体”的局面将全面建成。一方面，城乡统筹发展将更加协调，通过推动“多规合一”有效确保县（市）域空间实现全域有序利用，城镇基础设施和公共服务有效改善，辐射带动农村发展能力明显增强，农村一二三产业融合发展，农村道路和水电通信等设施实现基本配套，幸福美丽新村建设水平大幅提高，城乡差距进一步缩小。另一方面，以秦巴山区、乌蒙山区、大小凉山彝区和高原藏区“四大片区”为主战场，通过精准实施扶贫攻坚行动计划，扎实推进扶贫搬迁，推进转移就业贫困人口在城镇落户，妥善解决搬迁群众的就医、上学等问题，实现贫困县脱贫摘帽、贫困人口脱贫致富，使城镇化发展成果更多、更公平惠及全川人民。

附　表：

城镇化发展水平综合评价指标体系

一级指标	分值	二级指标	分值	三级指标	分值
人口规模	17.5	城镇人口	10.5	城镇人口比重(%)	10.5
		建成区人口	7.0	建成区人口密度(人/平方公里)	3.5
				建成区人口增速/建成区面积增速	3.5
产业支撑	21.6	经济水平	4.7	人均 GDP(元)	4.7
		非农产业	5.2	每万人非农产业增加值(亿元)	2.6
				非农产业就业比重(%)	2.6
		科技研发	4.5	R&D 支出占 GDP 的比重(%)	4.5
		信息化水平	4.9	每百人互联网用户数(户)	4.9
		文化产业	2.3	每十万人文化产业增加值(万元)	2.3
基础设施	17.1	固定资产投资	4.0	人均固定资产投资(元)	4.0
		市政设施	9.4	建成区供(排)水管道长度(公里/平方公里)	3.0
				每十万人日供水综合生产能力(万立方米/日)	3.2
				燃气普及率(%)	3.2
		公共交通	3.7	十万人公交汽车、出租车、地铁拥有量(标台)	3.7
公共服务	15.4	文化生活	2.0	城乡居民教育文化娱乐支出(元)	2.0
		医疗卫生	4.7	每万人医疗卫生机构数(个)	1.2
				每万人床位数(张)	1.2
				千人口执业(助理)医师数(人)	2.3
		教育水平	4.5	万人拥有专任教师数(人)	2.1
				小学儿童净入学率(%)	1.2
				初中三年巩固率(%)	1.2
		社会保障	4.2	城镇基本医疗保险覆盖率(%)	4.2
资源环境	14.7	城市绿化	4.6	人均公园绿地面积(平方米)	2.3
				建成区绿地率(%)	2.3
		环境保护	5.3	污水处理厂集中处理率(%)	1.0
				生活垃圾处理率(%)	1.0
				空气污染综合指数(%)	1.1
				单位 GDP 能耗(吨标煤/万元)	2.2
		土地集约	4.8	亿元 GDP 建设用地规模(公顷/亿元)	4.8
协调发展	13.7	居民收入	4.0	城镇居民可支配收入增速与人均 GDP 增速之比	1.4
				农村居民人均纯收入增速与人均 GDP 增速之比	1.4
				城乡居民收入比	1.2
		居民消费	5.5	城乡居民人均消费性支出(元)	4.2
				城乡恩格尔系数	1.3
		社会管理	4.2	公众安全感指数	4.2

专栏1：四川特色小城镇发展模式*

通过近3年的探索实践，四川初步形成了6种特色小城镇的发展模式。

模式一：工业园区特色镇。突出发展以历史经典产业和新兴产业为主体的特色镇。泸州二郎镇和遂宁沱牌镇发掘川酒千年文化内涵，围绕一瓶名酒，建设一个园区，推动“名酒·名园·名镇”互动发展，使历史经典产业焕发青春，成为展示四川厚重白酒文化的特色名镇。新都区新繁镇大力发展“新繁泡菜”食品产业园和“西部家具之都”家具产业园，年实现总产值175亿元，转移农村劳动力3.1万多人。

模式二：旅游观光特色镇。发挥四川历史文化厚重，山川雄奇秀美，民族风情浓郁多姿的优势，积极发展旅游特色镇，做优历史文化名片。成都整合27个古镇文化资源打造“天府古镇”品牌；安仁镇打造川西庄园建筑文化旅游特色名镇；江油市借助“诗仙故里”深厚的文化积淀和丰富的古迹遗存，打造青莲国际诗歌小镇。四川省各个城市近郊发展形成了一批有地方特色、适合观光休闲的特色小镇，如南充搬罾镇建设“锦绣田园”发展农村观光旅游镇，德阳集凤镇依托名贵中药材种植优势建设农村体验旅游镇。

模式三：商贸物流特色镇。重点在区位和经济条件好、人口流动密度大的小城镇发展商贸物流特色镇。泸州九支镇地处川黔交界，物流、客流量大，通过引入6家大中型超市和7家知名商贸企业，发展家具、建材、农副产品等批发市场，成为川黔交界的商贸物流重镇。眉山青龙镇利用成都近郊优势建设大型综合物流园区，资阳贾家镇依托成渝三条国道交汇地理优势发展商贸物流产业。

模式四：生态宜居特色镇。其重点是在生态优良、气候宜人的地方，发展适宜居住、康养和观光的生态宜居特色镇。攀枝花红格镇利用冬季气候温和及盛产温泉的优势，大力发展阳光康养旅游业，形成了颇具特色和知名度的阳光旅游品牌小镇。眉山高庙镇依托峨眉山秀美风光和森林资源富集的优

* 摘自《特色小城镇建设大有可为》研究报告，四川省委政策研究室调研组，执笔：王整、蒲世阳、李文宇，《经济日报》2016年6月2日。

势，打造峨眉半山七里坪国际康养度假基地，现已成为国内知名度较高的夏避暑、冬赏雪的度假休闲养生精品小镇。同时，郫县友爱镇、合江福宝镇、温江永宁镇、前锋代市镇等一大批生态宜居小镇已经初具规模。

模式五：现代农业特色镇。挖掘四川省作为农业大省的优势，建设服务农村，带动农业，促进农民增收的特色小城镇。资阳龙台镇突出柠檬种植优势，加强农业、加工业和相关服务业联动，形成集生产、加工、销售、物流、研发为一体的柠檬集散中心，打造出“中国第一柠檬小镇”。内江镇西镇发展无花果、白萝卜、大头菜、花生糖等特色农产品；巴中驷马镇以生猪养殖推动农副产品加工；西充县多扶镇创建西部有机食品加工基地，发展有机农产品精深加工、产品展示和休闲观光等相关产业。

模式六：创新创业特色镇。随着创新创业活力不断释放和产业转型升级，一批以孵化+创投、互联网+、创新工场等新型业态的创新创业集聚区，如雨后春笋般应运而生，成为打破传统建制镇意义的新生园区镇、城中镇。郫县菁蓉镇是以“菁蓉创客小镇”品牌为导引，打造“产、镇、人”融合发展的创新型小镇，建成30万平方米的创业园区，2015年初开园以来，与8所高校签订合作协议，签约入驻创业项目823个，孵化器项目100个，集聚创业创新人才上万人。华蓥市在双河街道建成电子信息产业园，创办中小企业孵化中心，仅两年多时间入驻中小微企业30余家，吸引3000余人才创业就业，2015年产值达到95亿元。

主题报告篇

Theme Reports

B.2
四川未来人口发展展望

"四川未来人口发展展望"课题组*

摘　要：本报告通过建立人口发展预测模型，对未来人口发展情况，包括户籍人口总量、常住人口变化等进行预测，总结出未来四川人口总量呈小幅波动递减的态势、人口老龄化程度有望得到缓解、育龄妇女人数减少趋势逐步趋缓、劳动年龄人口呈减少趋势发展、人口负担程度减缓、学龄人数减少等显著特点，并针对劳动年龄人口老化、社会保障体系面临挑战、基础教育发展面临结构调整等问题提出了具体对策建议。

关键词：人口预测　人口发展特征　老龄化

---

* "四川未来人口发展展望"课题组领导小组：陈智、魏翰、康兰、杨璠、任利华。

2016年1月22日，四川省第十二届人民代表大会常务委员会第二十一次会议审议通过了关于修正《四川省人口与计划生育条例》的决定，明确了四川省实施一对夫妻可以生育两个孩子的政策。计划生育政策的调整对人口发展影响较大。“全面两孩”政策的实施将会直接影响四川未来人口变化的格局与发展走向，进而对未来经济社会发展带来相应的影响。为了准确把握四川未来人口发展趋势与特征，利用2015年1%人口抽样调查资料对“全面两孩”政策实施后的人口发展进行预测，并对人口构成及结构变化情况做出客观分析，针对出现的问题提出政策建议，为政府及相关部门制定人口和经济社会发展规划提供参考十分必要。

一　未来人口预测

（一）预测模型的确定

人口发展变化有其自身的内在规律，任何一个国家或地区某一时期的人口都是由不同时期出生的人口，即不同年龄组的人口累计所得的。人口的年龄是用时间来表示的，一年即为一岁，时间过一年，人的年龄也就增加了一岁。因此，随着时间的推移，人口的年龄在不断增加。在一定死亡水平下，人口数量随着人口年龄的增加而发生变化。据此原理，我们采用了年龄移算法预测模型对四川省2016~2050年的人口状况进行预测。

年龄移算法，是指以各个年龄组的实际人口数为基数，按照一定的存活率进行逐年递推来预测人口的方法。其公式如下：

$$P_{x+1,t+1} = P_{x,t} \times l_x \times M_x$$

式中，$P_{x+1,t+1}$为预测年度$x+1$岁的人口数；$P_{x,t}$为预测基年x岁的实际人口数；l_x为x岁人口存活率；M_x为x岁流动人口净流动率。

预测模型中的初始年份分年龄人口数采用2015年1%人口抽样调查资料推算所得，预测按男、女两性人口分别进行。

（二）生育参数的确定

我们将生育参数确定为育龄妇女总和生育率。总和生育率是分析研究平均每个妇女一生中生育了多少个孩子数的指标，它是各年龄别生育率相加之和。年龄别生育率为分年龄育龄妇女出生的孩子数除以相应年龄组妇女人数。可见，总和生育率与妇女生育孩子数密切相关。是一个反映某一时期妇女生育水平的综合指标，它不受人口年龄结构的影响，用其作为参数预测人口出生规模有较好的代表性。由于生育参数是预测模型中的重要参数之一，是直接关系到预测控制目标与预测结果的一个重要变量，所以对实际生育率水平的把握是预测的关键。

考虑到全面两孩政策实施后未来育龄妇女生育水平具有不确定性，因此预测模型将生育水平分为低、中、高三种方案。低方案是在保持现行计划生育政策不变的前提下，总和生育率至2050年保持1.55水平不变。中方案充分考虑了全面两孩生育政策的延续和四川人口发展中二胎率上升的特点，即总和生育率由2015年的1.41呈小幅上扬窄幅波动的态势，2022年达到1.65后保持不变。高方案则反映了在全面两孩政策条件下，两孩生育意愿随着经济发展水平、家庭收入增加而增强，育龄妇女生育水平提高。考虑到四川人口发展的内在规律及生育水平的历史发展趋势，又结合未来四川经济社会发展水平，将现有总和生育率由1.41逐步提高到1.75。

（三）死亡参数的确定

根据2010年人口普查资料分析，四川人口死亡率已处于较低水平。自2000年以来，四川人口死亡率大多保持在7‰以内，死亡模式也没有大的变化，死亡率的降低基本没有太多的空间。因此，预测模型将普查的年龄别死亡数据作为今后相应年度的死亡水平，并至2050年保持不变。

（四）迁移、流动参数的确定

人口迁移、流动是指人口的户籍变动和空间地域的移动。迁移和流动的空间范围为省，即预测的迁移和流动参数为省际人口净迁移和净流动。

1. 人口迁移参数的确定

根据2010～2015年公安年报资料计算，四川省迁出省外的户籍人口大于省外迁入的户籍人口，平均每年迁出省外的户籍人口比省外迁入的户籍人口多8.49万人，占年平均人口的0.09%。假如未来户籍人口的迁移稳定在现有水平上，则户籍人口预测的迁移参数确定为－0.09%。

2. 人口流动参数的确定

2015年1%人口抽样调查资料显示，在全省户籍人口中，流出省外半年以上的人口存量为1028万人，比2010年减少22万人，减少0.27%，年均减少0.05%。省外流入四川的人口存量为132.08万人，比2010年增加19.23万人，增长0.21个百分点，年均增长0.05%。流出省外人口存量减少，其主要原因，一方面是由于近年来流出省外人口减少，另一方面是由于流出省外存量人口回流所致。流出省外存量人口减少与省外流入人口增加都会增加本省常住人口数量。因此，可将两者相加作为人口流动的预测参数。

另外，根据2015年1%人口抽样调查全国机器汇总资料计算，居住在30个省（自治区、直辖市）由四川流入的半年及以上存量人口1028万人，占加权后的调查人口总数的10.30%，比2010年第六次全国人口普查低2.76个百分点，年平均下降0.46个百分点。

综上所述，考虑到抽样误差等因素对人口流动率计算的影响，将常住人口预测的流动人口参数确定为0.1%～0.3%。流动人口的年龄结构以2010年第六次全国人口普查流出省外人口和省外流入人口的年龄结构为基础，结合2015年1%人口抽样调查资料推算所得。

二　未来人口发展变化

（一）未来户籍人口总量变化

未来四川户籍人口规模主要受育龄妇女生育水平、人口死亡水平和省际人口迁移因素的影响。其中，在前述三种主要影响因素中，育龄妇女生育水平影响最大。尤其是在全面两孩政策实施后育龄妇女生育水平对人口规模的影响最为重要。如前所述，四川人口死亡率在没有发生特大突发事件的前提下是比较稳定的，而且已处于较低水平。根据公安年报统计，四川户籍人口省际迁移量很小，对人口总量影响不大。因此，四川户籍人口预测主要考虑育龄妇女生育水平的变化。

预测结果显示，三种预测方案下的人口规模都在2023年前后达到峰值，之后逐年下降。2016～2023年三种预测方案下的人口规模都表现为逐年增加，低方案人口规模增加较慢，高方案增加较快。2023年之后人口规模逐年缩减，低方案减速较快，高方案减速较缓。

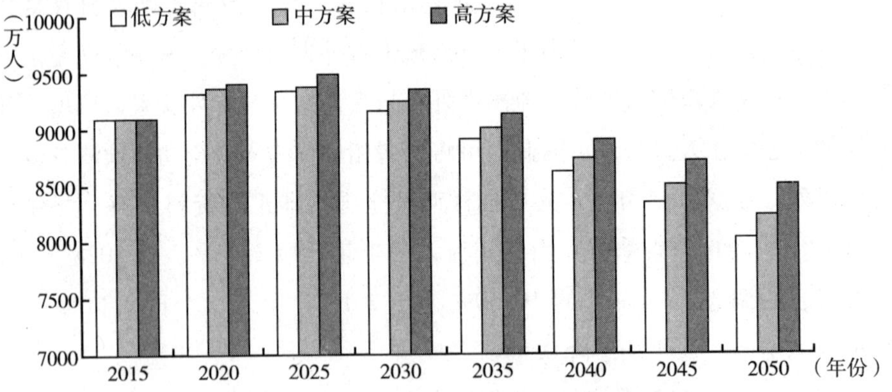

图1　四川省2015～2050年3种预测方案下的户籍人口规模

低方案人口规模从2015年的9102.04万人逐年增加到2023年的9380.02万人，达到峰值，平均每年增加34.75万人，年均增长0.38%；中方案人口规模逐年增加到2022年的9427.91万人，达到峰值，平均每年增加46.55万人，年均增长0.50%；高方案人口规模逐年增加到2023年的9489.35万人，达到峰值，平均每年增加48.41万人，年均增长0.52%。到2050年，低、中、高三种方案预测结果，人口总量分别减少到8043.50万人、8250.70万人和8498.69万人。低方案平均每年减少49.50万人，年均减少0.67个百分点；中方案平均每年减少42.04万人，年均减少0.48个百分点；高方案平均每年减少36.69万人，年均减少0.41个百分点（见表1）。

表1　四川省未来户籍人口规模及变动情况

单位：万人、‰

年份	低方案		中方案		高方案	
	总人口	自然增长率	总人口	自然增长率	总人口	自然增长率
2015	9102.04	1.76	9102.04	1.76	9102.04	1.76
2020	9320.99	3.12	9377.79	4.09	9406.83	4.54
2025	9346.73	-1.18	9401.82	-0.76	9485.67	-0.16
2030	9174.94	-3.91	9254.92	-3.37	9363.40	-2.83
2035	8909.27	-5.58	9011.57	-5.00	9141.86	-4.43
2040	8620.82	-5.78	8753.59	-4.91	8911.48	-4.14
2045	8347.66	-5.66	8518.40	-4.64	8718.16	-3.43
2050	8043.50	-7.25	8250.70	-6.18	8498.69	-4.84

（二）未来常住人口变化

1. 未来人口总量变化

未来常住人口规模取决于人口流动和出生两大因素的影响，其中又以出生率即育龄妇女的生育水平影响最为重要。在三种不同的生育水平下，四川省未来常住人口总量和人口自然增长率结果见表2。

表2　四川省未来常住人口数和自然增长率

单位：万人、‰

年份	低方案		中方案		高方案	
	总人口	自然增长率	总人口	自然增长率	总人口	自然增长率
2015	8204.00	3.36	8204.00	3.36	8204.00	3.36
2020	8681.28	3.49	8730.54	4.39	8756.53	4.87
2025	8708.81	-0.39	8782.94	0.01	8832.10	0.57
2030	8770.61	-2.47	8869.18	-1.90	8942.77	-1.34
2035	8681.64	-4.26	8804.67	-3.64	8902.35	-3.05
2040	8559.62	-5.29	8714.80	-4.53	8841.33	-3.78
2045	8308.88	-6.16	8506.80	-4.99	8670.67	-3.99
2050	8023.90	-7.68	8266.13	-6.42	8471.40	-5.30

预测结果表明，在低方案中，一孩家庭生育两孩意愿较低，两孩生育累积能量释放之后，育龄妇女生育水平逐步回归到总和生育率1.55，

并在今后相当长时期内保持不变。这样常住人口数由 2015 年的 8204.00 万人，缓慢波动减少到 2050 年的 8023.90 万人，比高峰期的 2022 年减少 781.67 万人，平均每年减少 27.92 万人。由于人口年龄结构变化，死亡人口增加，人口自然增长率逐年下降，在 2022 年出现负增长，到 2050 年人口自然增长率由预测初始年的 3.36‰逐年下降为 2050 年的 -7.68‰。

在中方案中，生育水平得到适度调整，总和生育率由预测初期 2015 年的 1.41 逐步提高为 1.65。在此生育水平下，常住人口数由 2015 年的 8204.00 万人，波动减少到 2050 年的 8266.13 万人。人口自然增长率在 2022 年出现负增长，到 2050 年下降为 -6.42‰。

在高方案中，考虑到四川人口的长远发展，育龄妇女生育水平作了较大调整，但仍低于“静止人口”状态下的生育水平。在这一生育模式下，常住人口数由 2015 年的 8204.00 万人，逐步增加到 2022 年的 8865.91 万人，之后震动减少，到 2050 年人口总量达到 8471.40 万人，比峰值年（2028 年）减少 511.61 万人，比 2015 年增加 267.4 万人，预测期间平均每年增加 7.64 万人。人口自然增长率由 2015 年的 3.36‰，波动下降到 2025 年的 0.57‰后出现负增长，2050 年下降为 -5.30‰（见图 2、图 3）。

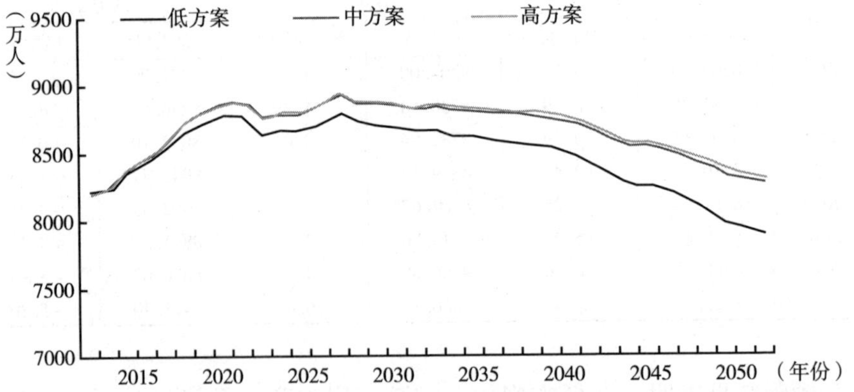

图 2　四川省三种预测方案下的常住人口变化情况

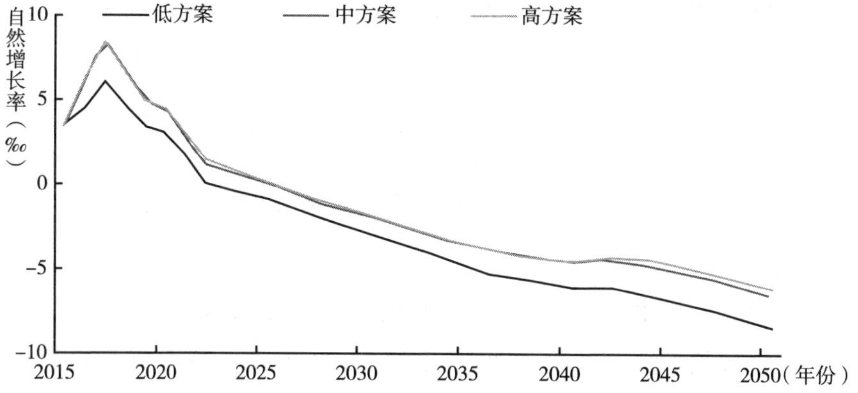

图 3　四川省三种预测方案下的人口自然增长率变化情况

2. 未来出生人口变化

在影响人口总量变化的因素中，除人口迁移、流动外，出生人数的多少是决定人口总量的一个重要因素。在给定人口流动率、育龄妇女总和生育率和死亡率参数下，未来各时期四川出生人口的规模及水平的变化如表 3 所示。

表 3　四川省未来出生人数及人口出生率

单位：万人、‰

年份	低方案		中方案		高方案	
	出生人数	出生率	出生人数	出生率	出生人数	出生率
2015	84.00	10.30	84.00	10.30	84.00	10.30
2020	101.23	11.66	109.30	12.52	113.61	12.97
2025	79.63	9.14	83.17	9.47	88.21	9.99
2030	75.32	8.59	80.17	9.04	85.03	9.51
2035	72.17	8.31	77.23	8.77	82.13	9.23
2040	74.28	8.68	80.20	9.20	86.30	9.76
2045	75.64	9.10	84.50	9.93	92.42	10.66
2050	69.49	8.66	78.16	9.46	86.52	10.21

从三个预测方案看，出生人口规模在未来 35 年的变化均呈现一起一落的态势。这主要是全面两孩政策实施后，由于累积生育能量的释放，预测初

期出生人口增多，人口自然增长率偏高所致。低方案 2015～2025 年小幅上升，出生人口由 2015 年的 84.00 万人增加到 2020 年的 101.23 万人，年均增加 3.45 万人；2021 年之后出生人口逐年减少，至 2050 年出生人口减少为 69.49 万人，年平均减少 0.76 万人；人口出生率由 2015 年的 10.30‰增长至 2020 年的 11.66‰，之后，缓慢下降，2050 年下降为 8.66‰，比预测初始年低 1.64 个千分点。

中方案出生人口由 2015 年的 84.00 万人，增加到 2017 年的 132.01 万人之后，以较快的速度减少为 2036 年的 77.14 万人。2037 年开始逐年增加，2044 年增加为 85.09 万人，然后开始逐年减少，到 2050 年减少为 78.16 万人。但比低方案多 8.67 万人，较出生人口最高的峰值 2017 年减少 53.85 万人；人口出生率由 2015 年的 10.30‰增长至 2017 年的 15.73‰，之后，逐年下降，2050 年下降为 9.46‰，比预测初期的 2015 年低 0.84 个千分点。

高方案出生人口由 2015 年的 84.00 万人，逐年增加，2017 年达到峰值，全年出生人口为 139.1 万人，分别比低方案和中方案的峰值年出生人口多 20.73 万和 7.09 万人。比该方案的预测初始年增加 55.1 万人，年均增加 27.55 万人，增幅在三种方案中处于最高水平。之后，与前两种方案一样，出生人口呈波浪式减少变化。2050 年出生人口减少为 86.52 万人，比预测初始年的 2015 年多 2.52 万人；人口出生率由 2015 年的 10.30‰增长至 2017 年的 16.55‰，之后逐年下降，2050 年下降为 10.21‰，比预测初始年低 0.09 个千分点，比中方案和低方案分别高 0.75 和 1.55 个千分点（见图 4）。

3. 未来死亡人口变化

死亡从负的方向影响着未来人口的发展变化。当前四川人口死亡率已处于较低水平，自 2000 年以来，四川人口死亡率大多保持在 7‰以内。因此预测方案对人口死亡率参数未作衰减处理，即假设未来 35 年四川人口死亡保持目前水平不变，预测中的死亡人口数量主要因人口年龄结构变化而变化（见表 4）。

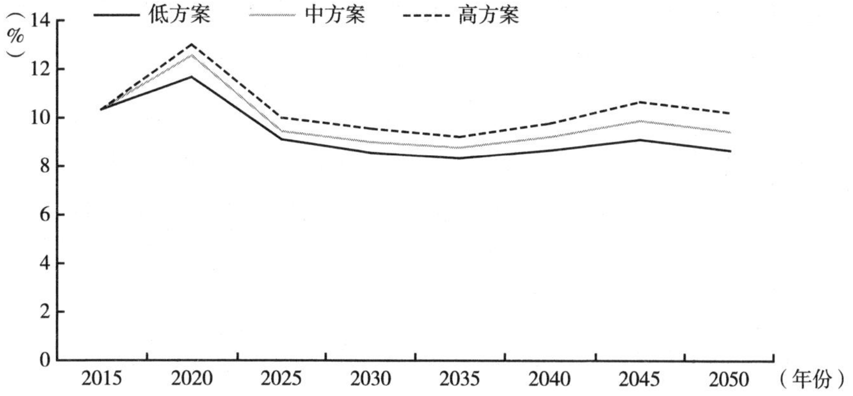

图4　四川省2015～2050年人口出生率

表4　四川省未来各时期的死亡人数和死亡率

单位：万人、‰

年份	低方案		中方案		高方案	
	死亡人数	死亡率	死亡人数	死亡率	死亡人数	死亡率
2015	56.60	6.94	56.60	6.94	56.60	6.94
2020	70.89	8.17	70.94	8.13	70.97	8.11
2025	83.06	9.54	83.11	9.46	83.15	9.41
2030	96.94	11.05	97.00	10.94	97.05	10.85
2035	109.20	12.58	109.27	12.41	109.33	12.28
2040	119.54	13.97	119.64	13.73	119.73	13.54
2045	126.79	15.26	126.94	14.92	127.05	14.65
2050	131.07	16.33	131.25	15.88	131.40	15.51

从三种方案的预测结果看，四川人口死亡率呈上升趋势变化，死亡规模也是逐年增加，增加的幅度低方案大于中方案和高方案。在低方案中，死亡率从2015年的6.94‰，增长到2050年的16.33‰，较2015年增长9.39个千分点，增长1倍多。死亡人口从2015年的56.60万人增加到2050年的131.07万人，比2015年增加74.47万人，增长1.32倍。中方案和高方案死亡人数增幅差异不大，由2015年的56.60万人分别增加到2050年的131.25万和131.40万人，比2015年分别增加74.65万和74.80万人，年均增加2.13万人。这主要是由于随着人口年龄结构发生变化，老年人口在人口总

量中的比例不断提高，从而推动死亡水平持续缓慢增长。也就是说，四川未来人口以当前的死亡模式，其死亡水平的演变将较为平缓，每年增加的幅度不大。这种数量特征符合人口死亡的内在规律，死亡水平的降低不会是无限制地发展，下降到一定程度，便呈胶着状。这是自然规律的作用，当一个社会中老年人的比例加大，死亡水平及规模自然也会上升，这是不以社会发达程度为转移的客观规律（见图 5）。

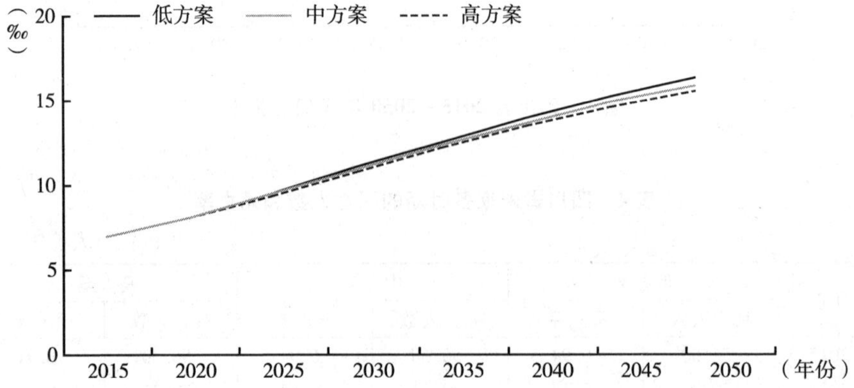

图 5　四川省 2015 ~ 2050 年人口死亡率

三　未来人口发展的主要特征

（一）人口总量呈小幅波动递减态势

无论采用哪种方案，四川 2015 ~ 2050 年人口总量最终都是逐步减少的，只是在不同的预测方案下，人口减少的速度不同。

分时期看，三种预测方案下人口总数都呈先扬后抑的态势。低方案下人口总量减少较多，低谷较中、高方案深；高方案人口总量波动幅度不大，下降的速度较平缓；中方案人口总量的波动较低方案小，接近高方案。2015 ~ 2022 年，人口总量小幅增加，但基本保持相对平稳的态势。2023 ~ 2028 年再次出现震荡上扬态势，之后小幅波动减少。这是由于全面两孩政策实施后，两孩生育累积能量释放所致，累积能量释放周期大约为6年。当累积生育能量释放期出生队列人口中的女性人口进入婚育期后，再次出现生育高峰期，相应地未来人口发展也会出现周期性的峰谷，这是四川人口总量未来发展的主要特点。

低方案人口总量由2015年的8204.00万人，增加到2022年的8805.57万人，然后震动增加到2028年的8830.24万人，达到最高峰之后，小幅震荡下行，2050年减少为8023.9万人，比预测初始年减少180.1万人，平均每年减少5.15万人。中方案人口总量在2022年出现第一次高峰，达到8865.91万人，比预测初始年增加661.91万人，平均每年增加94.56万人；2028年出现第二次高峰，人口总量增加为8919.12万人，比第一次高峰略多近53.21人；到2050年人口总量减少为8266.13万人，比2015年增加62.13万人，平均每年增加1.78万人。高方案人口总量在2022年达到第一次高峰后震荡增加到2028年的8983.01万人，形成预测期的最高峰。两次高峰的人口总量分别比2015年多695.79万和779.01万人，平均每年增加99.4万和59.92万人。之后，人口总量变化的轨迹与低、中方案相同，2050年人口总量达到8471.4万人，仍比预测基年多267.4万人。比预测高峰期人口总量减少511.61万人，平均每年减少23.26万人（见图6）。

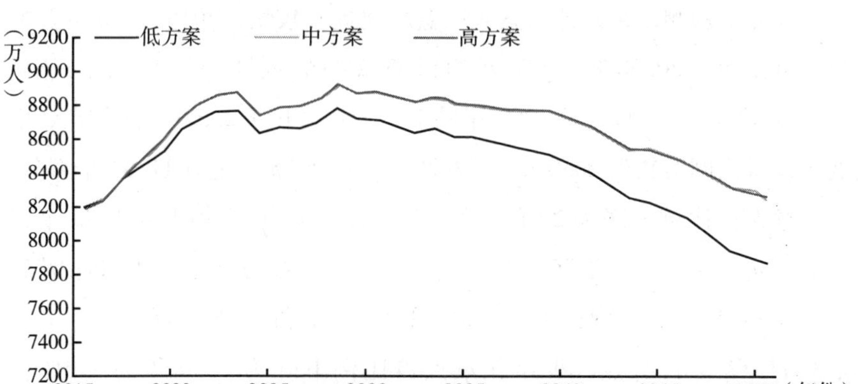

图6　四川省未来常住人口数

综上分析，在未来前10年人口总量呈缓慢波动增长的趋势，在各方案中都可明见。随着全面两孩政策的进一步贯彻执行及各级政府相关职能部门的通力协作，四川人口由过去的数量增长型，逐渐向总量减缓、人口构成变化加剧的格局转变。无论从低方案，还是中、高方案来看，到2022年，人口总量快速增长的势头得到明显扭转，虽然从数量上讲2022年前，三种预测方案下的人口总量仍在增加，但自然增长率已明显放缓，低、中方案在2022年，高方案在2027年出现负增长。如果按照人口发展的年自然增长率在±2‰之间即视为人口零增长，那么四川人口在2021年之后就迈入了人口零增长阶段，2027年之后迈入人口负增长阶段。人口实现零增长，是人口发展的必然趋势。在基本实现人口零增长后，四川人口高速发展的问题得到缓解。

（二）人口老龄化程度有望得到缓解

人口年龄构成是一个具有很强社会经济意义的统计指标，从预测结果计算的各项年龄构成指标来看，四川人口在预测期内的年龄结构类型已进入老年型，未来20年老年人口在人口总量中的比例逐年增长，之后逐年降低。少年儿童人口在人口总量中的比例逐年降低。低方案老年人口比例增长速度快于中、高方案，少年儿童比例较中、高方案下降速度稍快。

三种方案预测结果，低方案人口老龄化进程较快，2015年60岁及以上老年人口比例为20.38%，2050年达到33.26%，同期少年儿童人口比例则由2015年的16.2%下降为2050年的13.68%，下降2.52个百分点。中方案老年人口比例增长到2050年的32.29%，比2015年上升11.91个百分点；少年儿童人口比例下降为2050年的14.70%，比2015年下降1.50个百分点，少年儿童人口比例下降的速度慢于低方案。高方案老年人口比例2050年上升为31.51%，分别比中、低方案低0.78个和1.75个百分点，比2015年上升11.13个百分点。少年儿童人口比例下降为2050年的7.5%，比2015年下降8.7个百分点。可见，未来四川人口老龄化仍将继续发展，但中、高方案下2050年的人口老龄化程度较低方案轻。三种预测方案的结果表明，在2050年前，老年人口在人口总量中的比例大多在20%～32%之间，全面两孩政策条件下人口老龄化程度得到缓解（见图7、图8）。

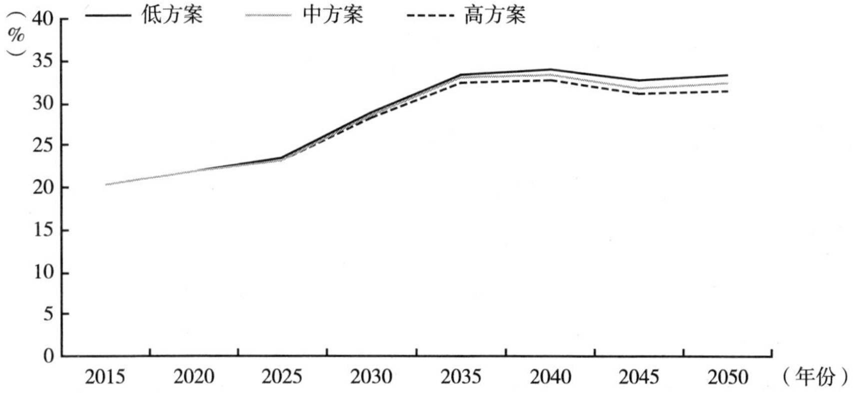

图7　四川省2015～2050年老年人口占比

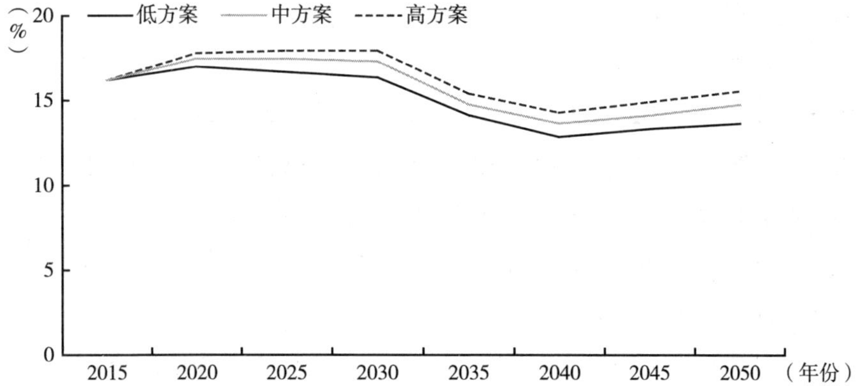

图8　四川省2015～2050年少年儿童人口占比

（三）育龄妇女人数减少趋势逐步趋缓

育龄妇女规模大小，很大程度上决定着人口生育水平的发展变化。在未来人口的发展变化过程中，育龄妇女数量及其年龄构成是一个重要的影响因素。

三种方案预测结果，未来15年育龄妇女人数均呈减少趋势变化，到2030年育龄妇女人数达到最低值1735.46万人，比2015年减少361.78万人，平均每年减少24.12万人，年均减少0.49个百分点。之后，逐年增加到2035年达到峰值。由于受全面两孩和不同预测方案假设的总和生育率的影响，2035年高方案育龄妇女人数为1828.81万人，比低方案和中方案分别多36.70万和12.67万人，比2015年分别减少305.13万、281.10万和268.43万人，平均每年减少15.26万、14.06万和13.42万人，年均减少0.78个、0.72个和0.68个百分点。之后，缓慢减少，2050年分别比2035年减少235.46万、198.92万和163.56万人，平均每年减少15.70万、13.26万和10.90万人，年均减少0.93个、0.77个和0.62个百分点。

育龄妇女占同期人口总数的比例在2030年前均呈下降趋势，下降的速度低方案较缓，中方案次之，高方案相对较快。低方案2030年育龄妇女占人口总数的比例由2015年的25.56%下降为2030年的19.79%，下降5.77个百分点，降幅分别比中、高方案小0.22个和0.38个百分点。

分年龄段看，生育旺盛期（20~29岁）育龄妇女人数呈减少趋势变化，三种方案生育旺盛期育龄妇女人数分别由2015的567.24万人减少到2035年的441.75万人，之后三种预测方案分别以不同的速度波动减少。到2050年生育旺盛期育龄妇女人分别比2015年减少145.68万、121.42万和98.00万人，平均每年减少4.16个、3.47个和2.80万人，年均减少0.84个、0.69个和0.54个百分点。

生育旺盛期育龄妇女人数占育龄妇女比例变化亦呈先增后减趋势变化，2030年前三种预测方案没有差别，2030后各种预测方案下降的速度发生变化。低方案生育旺盛期育龄妇女人数占育龄妇女比例，2050年分别比2015、2030年上升0.03个、0.11个百分点；中、高方案生育旺盛期育龄妇女占育龄妇女人数比例2050年分别比2030年上升0.59个、1.20个百分点。

（四）劳动年龄人口呈减少趋势发展

了解未来劳动年龄人口的规模和结构，对于制定经济社会发展规划具有重要的现实意义。按照我国现行标准（16 岁至 59 岁）计算的劳动年龄人口及相关指标，2015 年四川劳动年龄人口总数为 5099.02 万人，无论何种方案，在未来 15 年内，劳动年龄人口都呈先增后减趋势变化，2015～2022 年逐年增加，劳动年龄人口增加到 5261.47 万人，比 2015 增加 162.45 万人，增长 3.19 个百分点。之后逐年减少，2031 年减少为 4632.84 万人，比 2015 年减少 466.18 万人，减少 9.14 个百分点。从 2032 年开始三种预测方案下的劳动年龄人口以不同的速度减少。低方案 2050 年减少为 4185.80 万人，比 2031 年减少 419.88 万人，平均每年减少 22.1 万人。中、高方案下的劳动年龄人口 2050 年分别减少为 4305.53 万和 4399.60 万人。分别比 2031 年减少 327.31 万和 233.24 万人，平均每年减少 17.23 万和 12.28 万人。比 2015 年分别减少 793.49 万和 699.41 万人（见图 9）。

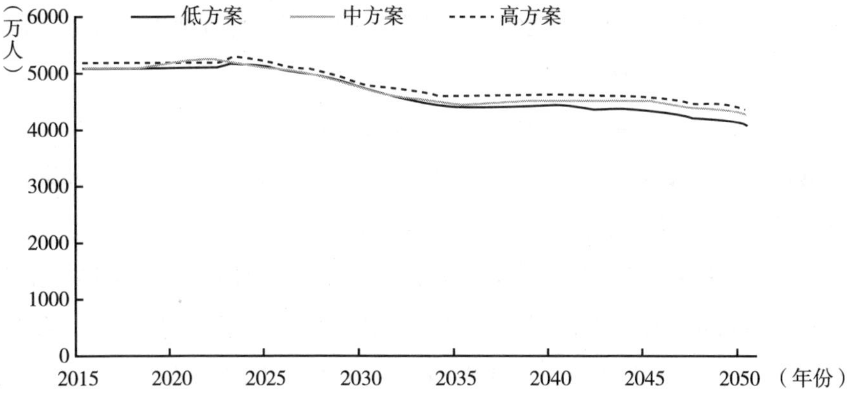

图 9　四川省 2015～2050 年劳动年龄人口变化

随着出生人数减少及平均预期寿命的提高，人口总量递减，老年人口比例不断上升，劳动年龄人口在人口总量中的比例呈波动减少。低方案劳动年龄人口占比由预测初始年的 62.15% 下降为 2050 年的 52.17%，下降 9.98 个百分点，平均每年下降 0.58 个百分点。高方案下降的幅度略快于低方案，到预测期末的 2050 年劳动年龄人口占人口总量的比例下降为 51.93%，比低方案低 0.24 个百分点，比 2015 年下降 10.22 个百分点，平均每年下降 0.42 个百分点。中方案2050年劳动年龄人口占人口总数的比例为52.09%，较低方案低0.08个百分点。由此可见，四川未来劳动年龄人口仍较充裕，除预测期前15年劳动年龄人口占比下降幅度稍大外，后20年基本保持在53%左右。这对于经济的发展，劳动生产率的提高是十分有利的。

（五）人口负担程度减缓

人口再生产要与社会经济发展相适应，人口总量中的被负担人口数量与规模会对社会经济的发展产生一定影响。因此，通过对人口负担系数的研究，可以观察社会对非劳动年龄人口的负担程度。在人口总量中除去劳动年龄人口，剩下的就是被负担人口，具体是指0～14岁少年儿童和60岁及以上老年人口的总和。

人口总负担系数呈先升后降趋势变化。总负担系数由2015年的60.89%波动上升至2035年达到最高，低、中、高三种预测方案峰值依次为95.8%、96.73%和97.95%，分别比2015年上升34.90个、35.84个和37.06个百分点。平均每年分别上升2.29个、2.34个和2.41个百分点；之后总负担系数呈波动缓慢下降趋势变化，2050年低、中、高三种方案依次比2035年下降4.11个、4.74个和5.40个百分点。

其中，少年儿童负担系数呈波动下降变化，预测期前16年逐年上升，2031年达到高峰，低、中、高三种预测方案的峰值分别为32.48%、34.71%和36.40%，分别比2015年上升3.91个、6.14个和7.83个百分点。之后，波动下降，2050年分别比2031年下降4.55个、4.71个和5.40个百分点；老年负担系数也呈波动下降趋势变化，预测期前22年先缓慢上升，后上升速度逐年加快，2037年达到高峰，峰值分别比2015年的31.73上升33.78个、32.97个和32.55个百分点，平均每年上升3.31个、3.25个和3.22个百分点。之后，缓慢下降，2050年分别比2037年下降2.35个、3.30个和4.21个百分点。可见，全面两孩政策实施后出生人口增加，当出生队列人口逐步进入劳动年龄后，抚养人口增加，被抚养的少年儿童人口减少，社会负担减轻。负担系数下降，社会负担减轻，有利于经济的发展（见图10、图11）。

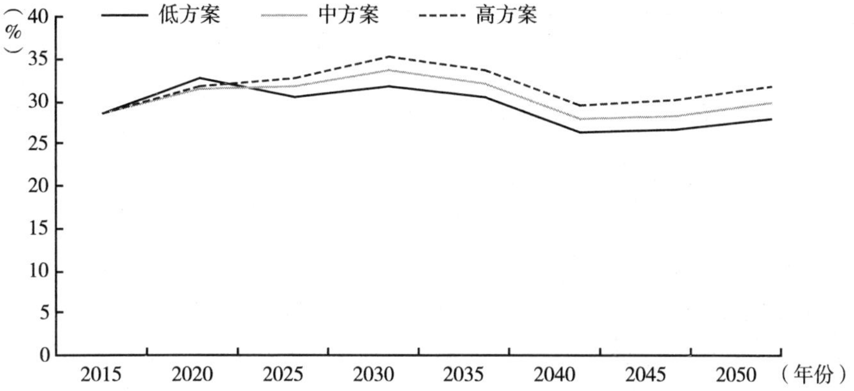

图 10　四川省 2015～2050 年少年儿童抚养系数

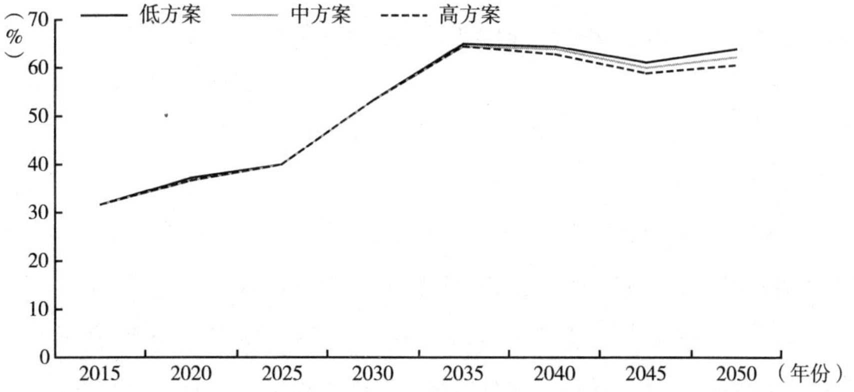

图 11　四川省 2015～2050 年老年人口抚养系数

（六）学龄人数减少

未来社会经济的发展，很大程度上取决于社会成员对科学技术的掌握程度及受教育程度的高低。因此，对未来各学龄组人口构成进行研究具有很强的实践意义。

通过预测可以看出，预测期各学龄组人数呈波浪式减少趋势变化。2015 年学龄前儿童为 276.76 万人，到 2050 年低、中、高预测方案分别减少为

222.50 万、248.94 万和 272.94 万人，平均每年分别减少 1.55 万、0.79 万和 0.11 万人。受人口发展惯性影响，学龄前儿童人数在 2024 年第一次出现波动，以后每隔 12 年出现一次波动。每经过一次波动之后，波动的幅度减弱；小学入学年龄的儿童人数由 2015 年的 682.57 万人分别减少为 2050 年的 520.51 万、574.37 万和 621.54 万人，平均每年减少 4.63、3.09 和 1.74 万人，减少的幅度略大于学龄前儿童。预测期内小学学龄儿童规模亦呈波浪式变化。低方案在 2022 年出现第一次低俗，最低值为 600.17 万人，比 2015 年减少 82.40 万人，平均每年减少 11.77 万人；中、高方案在 2021 年达到最低，分别比 2015 年减少 82.10 万人，平均每年减少 13.68 万人。之后呈波浪式减少变化，波动时间及波幅与学龄前儿童相似。初中组人数 2015 年为 277.29 万人，2050 年低方案减少为 214.61 万人，平均每年减少 1.79 万人；中、高方案人数分别减少为 230.70 万和 245.95 万人，平均每年分别减少 1.35 万和 1.39 万人。其间也有增减波动，但波动的时间比学龄儿童短，幅度也要小一些；高中年龄组人数 2015 年为 308.33 万人，2050 年低方案减为 219.80 万人，平均每年减少 2.53 万人；中、高方案人数 2050 年分别减少到 234.30 万和 248.68 万人，平均每年减少 2.12 万和 1.70 万人。其间人数也有波动，波动的时间及幅度与初中组大致相同。

综合分析结果表明，四川未来各学龄组人口增量总的来说压力较小，但因其总的规模起点高，且在不同时期各学龄组人数增减均有不同程度的波动，所以面临的求学就读压力在某些阶段依然存在，需适时调整各类学校网点及学校规模，以适应各年龄组学龄儿童及青少年的求学就读需求（见表 5）。

表 5　四川省未来学龄组人口

单位：万人

方案	年龄	2015 年	2020 年	2025 年	2030 年	2035 年	2040 年	2045 年	2050 年
低方案	3～5	276.76	285.80	356.24	231.86	222.69	214.46	224.11	222.50
	6～12	682.57	637.07	661.86	752.45	557.85	518.99	504.55	520.51
	13～15	277.29	297.93	278.84	286.55	356.49	232.02	222.84	214.61
	16～18	308.33	272.55	310.86	248.92	340.69	279.34	227.93	219.80

续表

方案	年龄	2015 年	2020 年	2025 年	2030 年	2035 年	2040 年	2045 年	2050 年
中方案	3~5	276.76	307.54	375.34	245.23	237.09	230.55	247.56	248.94
	6~12	682.57	637.07	703.14	801.27	591.17	552.79	543.45	574.37
	13~15	277.29	297.93	278.84	308.35	375.60	245.39	237.25	230.70
	16~18	308.33	272.55	310.86	248.92	373.94	294.85	242.64	234.30
高方案	3~5	276.76	318.96	387.51	260.09	251.48	245.79	267.89	272.94
	6~12	682.57	637.07	724.87	833.95	625.99	586.48	579.97	621.54
	13~15	277.29	297.93	278.84	319.79	387.77	260.26	251.65	245.95
	16~18	308.33	272.55	310.86	248.92	391.39	310.36	257.34	248.68

（七）劳动年龄人口老化现象显现

预测结果显示，不论哪种方案，未来四川劳动年龄人口总量均呈减少趋势变化，2023 年前小幅增长，之后逐年减少。这种现象既是人口发展自身规律的必然，也是过去几十年计划生育政策实施的必然结果。

如果将劳动年龄人口按不同年龄段进行分组，就劳动年龄人口的年龄结构变化进行剖析，可以看出以下三点。

1. 16~24 岁青年劳动年龄人口数量呈减少趋势变化。低、中、高方案的 16~24 岁劳动年龄人口均由 2015 年的 913.49 万人分别减少到 2050 年的 677.95 万、722.02 万和 765.96 万人，比 2015 年分别减少 235.54 万、191.47 万和 147.53 万人，平均每年减少 6.73 万、5.47 万和 4.22 万人，年均减少 0.85 个、0.67 个和 0.50 个百分点。

分时期看，2015~2031 年为缓慢减少时期，2031~2040 为快速增加时期，青年劳动力人数增加到 2015 年水平，之后为快速减少时期，2050 年青年劳动力人数分别比 2040 年减少 303.21 万、330.49 万和 331.09 万人，平均每年减少 8.66 万、9.44 万和 9.46 万人，年均减少 1.05 个、1.07 个和 1.02 个百分点（见图 12）

2. 25~44 岁中年劳动年龄人口数量，也呈现逐年减少趋势变化。低、

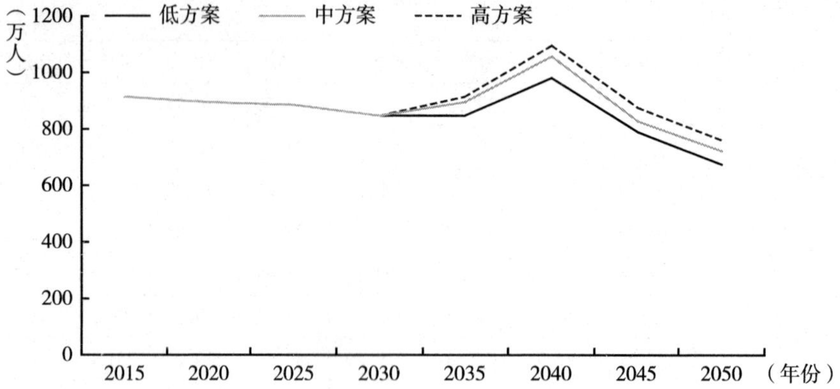

图12　四川省2015～2050年青年劳动力变化趋势

中、高方案的25～44岁中年劳动年龄人口均由2015年的2343.44万人，分别减少到2050年的2005.44万、2081.11万和2131.24万人，平均每年减少9.66万、7.50万和6.06万人，平均每年减少0.09个、0.20个和0.27个百分点（见图13）。

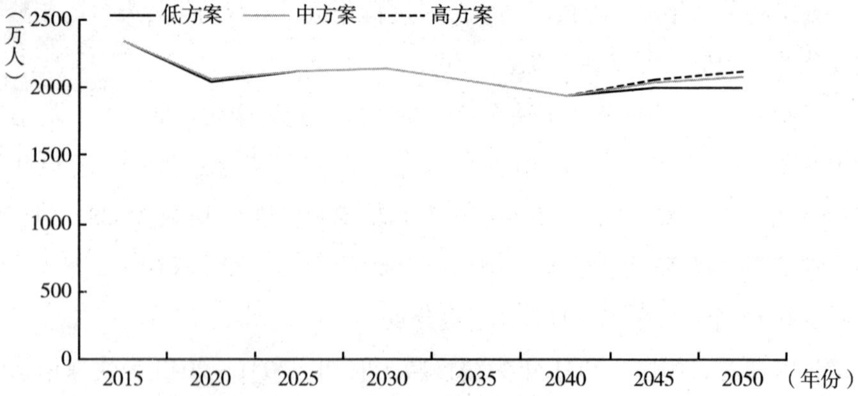

图13　四川省2015年～2050年中年劳动力变化趋势

3. 45～59岁老年劳动年龄人口呈先增加后减少趋势发展，老年劳动年龄人口占劳动年龄人口总数的比例由2015年的36.13%分别增长到2022年的45.61%、44.28%和40.06%；2022～2037年为快速减少时期，之后呈缓慢波动减少时期，2050 年老年劳动力人口数量与 2037 年基本持平，比 2015 年减少 339.69 万人，平均每年减少 9.71 万人，年均减少 0.58 个百分点（见图 14）。

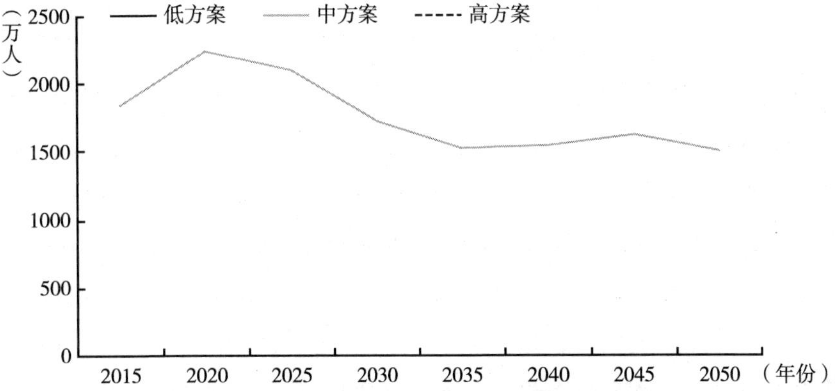

图 14　四川省 2015 ~ 2050 年老年劳动力变化趋势

从各劳动年龄人口占劳动年龄人口比例来看，青年和老年劳动年龄人口占比下降，中年劳动年龄人口占比上升。2050 年低、中、高三种预测方案青年劳动年龄人口占劳动年龄人口比例分别较 2015 年下降 1.05 个、1.07 个和 1.02 个百分点；中年劳动年龄人口占劳动年龄人口比例分别较 2015 年上升 0.09 个、1.07 个和 1.02 个百分点；老年劳动年龄人口占劳动年龄人口比例 2050 年低、中、高方案依次为 35.89%、34.89% 和 34.15%。虽然老年劳动年龄人口总量及占比均呈减少趋势，但减少的幅度远远低于中年劳动年龄人口增加的幅度，中年劳动年龄人口的增加，意味着未来老年劳动年龄人口的增加。随着延长退休年龄政策的实施，老年劳动年龄人口将会增加，占比也会提高，劳动年龄人口老化现象将会更加明显。

四　主要结论

通过对四川未来人口预测结果分析，到 2050 年四川人口发展存在显著的特点，产生一些新情况和新问题。未来在认真落实国家人口政策，适当调整劳动年龄人口的年龄结构，以适应经济发展对劳动力需求的同时，应重点关注人口老龄化和学龄人口波浪式递减态势。

一方面，四川人口发展趋势同全国一样，目前正面临人口老龄化问题。从预测结果看，未来20年四川人口老龄化呈现老年人口数量大、增长速度较快的特点。三种预测情况中，老年人口系数由2015年的20.09%分别增长到2050年的33.26%、32.29%和31.51%；老年人口性别比呈逐年降低趋势，由2015年的97.33下降为2050年的81.58，老年人口中由于男女死亡率的差异，女性平均预期寿命高于男性，女性存活人数明显多于男性，尤其是高龄组中，女性人口所占的比例逐年增高，致使老年人口性别比降低。但是，由于女性劳动参与率低于男性，因此在养老问题上，女性人口面临的问题将多于男性，这是社会养老保障体系应该重视并加以区别对待的问题。同时，未来35年低龄老年人口所占比例较大，2015年60~74岁低龄组老年人口占60岁及以上老年人口比例为77.08%，75~84岁中龄老年人口占60岁及以上老年人口比例为18.51%，85岁及以上高龄老年人口占老年人口比例为4.42。到2050年60~74岁低龄老年人口占60岁及以上老年人口比例为36.82%，75~84岁中龄老年人口和85岁及以上高龄老年人口占60岁及以上老年人口比例分别高达36.82%和12.18%，分别比2015年上升18.31个和7.76个百分点，年均上升3.93个和1.21个百分点。随着经济社会的发展，人们物质文化生活水平提高，平均预期寿命延长，高龄老年人口所占比例还将进一步增高，老年人口增多，老年人的社会保障体系面临严峻挑战。尤其是高龄和失能老年人、空巢和独居老年人、留守老年人、贫困家庭的老年人的养老问题更应引起各级政府高度重视，进一步健全社会保障机制，完善社会保障体系。

另一方面，未来35年四川各学龄组人口均呈波浪式递减趋势发展。值得注意的是下降过程较为复杂，小学、初中学龄人口减少并不同步，在减少过程中伴有很大波动和起伏；城镇和农村学龄人口规模变化的方向恰好相反，随着城镇化进程的加快，城镇学龄人口将呈现逐渐增加的趋势，而农村学龄人口将呈现逐渐减少的趋势。学龄人口规模变化的这种复杂性，无疑对学龄人口预测、学校规划布局和教育资源扩充都提出了新的更高的要求。

首先，科学预测学龄人口规模。由于学龄人口规模变化的复杂性，决定了准确把握区域学龄人口规模的变化趋势并非易事。从区域看，对于学龄人口规模变化的总体趋势预测、波动情况预测和城乡差异预测，都要充分考虑全面两孩政策执行情况，区域经济社会发展、城镇化进程和人口流动等因素，并在此基础上做出全面客观的分析。对小学学龄人口规模变化之后将会出现的初中、高中学龄人口规模的变化，提前进行预判，为及时调整相应的学校规划布局提供科学依据。

其次，学校规划布局应当更具前瞻性。在制定学校规划布局时，要充分考虑不可预知的因素，体现出一定的前瞻性。一般而言，在学龄人口低谷期撤并学校，在学龄人口高峰期新建学校，可以被视作一种顺势而为的举措。值得注意的是，任何过度撤并、过度新建的做法都不可取。昨天的过度撤并容易诱发今天的资源不足，而今天的过度新建可能导致明天的资源闲置。因此，无论是在学龄人口的低谷期还是高峰期，撤并学校与新建学校都始终要把握好一个“度”，为后续发展留下一定的空间，这是学校规划布局是否具有前瞻性的一个重要体现。

最后，教育资源扩充应当更具灵活性。在当前教育资源仍相对紧缺的情况下，可以依托现有的优质教育资源，通过与优质学校联合办学、举办分校等多种方式，使新建学校在较短时间内达到较高的办学水平。新建学校可以借助民间资本和社会力量，在学龄人口数量大幅增长的背景下，扩充教育资源更应强化政府与民间资本、社会力量的协同配合。实践表明，政府购买服务、支持和扶持民办学校等方式，对于满足不断增长的入学需求具有重要作用。

B.3

四川人口变化对城镇化发展的影响

“四川人口变化对新型城镇化发展的影响研究”课题组*

摘　要：本研究以新型城镇化发展的内在要求和相关文件精神为指引，着重考察“以人为核心”的新型城镇化重点领域和薄弱环节的发展现状及变化情况，充分利用1%人口抽样调查数据，开展大量横向和纵向比较，对四川城镇化基本情况、人口城镇化和户籍城镇化情况、城镇常住人口的农村土地承包权情况、人口年龄结构和性别结构、空间布局以及人口居住情况等进行客观分析，得出六个方面的基本判断，提出具有现实操作意义的对策建议。

关键词：人口变化　新型城镇化　人口学

本研究着重考察“以人为核心”的新型城镇化重点领域和薄弱环节的发展现状及变化情况，充分利用1%人口抽样调查数据，开展大量横向和纵向比较，对四川城镇化基本情况、人口城镇化和户籍城镇化情况、城镇常住人口的农村土地承包权情况、人口年龄结构和性别结构、空间布局以及人口居住情况等进行客观分析，得出六个方面的基本判断，提出具有现实操作意义的对策建议。

---

* “四川人口变化对新型城镇化发展的影响研究”课题组领导小组：陈智、魏翰、康兰、杨璠、任利华、张鸣鸣、张辉。

一　四川城镇基本概况

1. 城镇人口快速增加

根据四川省1%人口抽样数据，2015年四川省抽样人口为824184人。估算城镇常住人口数为3912万人，城镇化率为47.69%，较2010年普查数据[①]40.18%，提高了7.51个百分点。四川省城镇人口以成都最多，占四川省的28.80%；甘孜藏族自治州最少，占四川省的0.86%。（见图1）

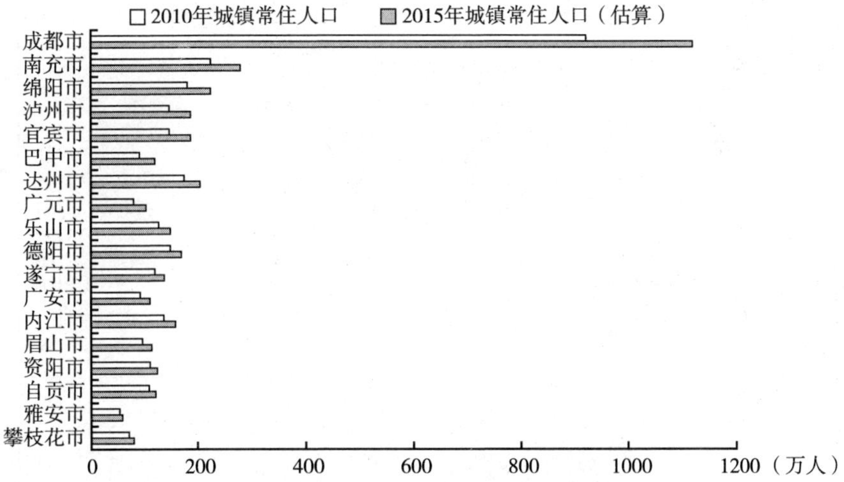

图1　四川省城镇常住人口（2010年和2015年）

2. 城市发展呈现两极化态势

根据国务院印发《关于调整城市规模划分标准的通知》，我国城市划分为五类七档。截至2015年末，四川省共有城市（含市辖区和不设区的市）34个，其中不设区的市16个，与2000年相比城市数量增加2个，分别为马尔康市和康定市。城市规模层级同时发生重大变化（见表1）。

① 如无特别说明，本研究中2000年、2010年数据来源于全国人口第五、第六次普查，2015年数据来源于1%人口抽样调查。

表 1　四川城市规模变化情况（2000～2015 年）

		2000 年			2010 年			2015 年			2015～2000 年	
		数量（个）	占全省城镇人口比重（%）	城市	数量（个）	占全省城镇人口比重（%）	城市	数量（个）	占全省城镇人口比重（%）	城市	数量（个）	人口比重（%）
特大城市	500 万以上	0	0.00	—	1	17.35	成都	1	20.28	成都	1	20.28
I 型大城市	300 万～500 万	1	17.73	成都	0	0.00		0	0.00	—	-1	-17.73
II 型大城市	100 万～300 万	0	0.00	—	0	0.00		2	5.47	泸州、南充	2	5.47
中等城市	50 万～100 万	6	17.62	自贡、攀枝花、泸州、绵阳、内江、南充	10	21.00	自贡、攀枝花、泸州、德阳、绵阳、遂宁、内江、乐山、南充、宜宾	11	19.97	绵阳、自贡、攀枝花、遂宁、内江、乐山、宜宾、达州、巴中、广元、眉山	5	2.35
I 型小城市	20 万～50 万	17	23.00	德阳、广元、遂宁、乐山、眉山、宜宾、广安、达州、巴中、资阳、都江堰、彭州、邛崃、广汉、江油、简阳、西昌	16	15.91	广元、眉山、广安、达州、雅安、巴中、资阳、都江堰、彭州、崇州、广汉、江油、峨眉山、阆中、简阳、西昌	16	12.66	德阳、广安、雅安、资阳、都江堰、彭州、邛崃、崇州、广汉、绵竹、江油、峨眉山、阆中、简阳、西昌、什邡	-1	-10.34
II 型小城市	20 万以下	8	5.43	雅安、崇州、什邡、绵竹、峨眉山、阆中、华蓥、万源	5	2.53	邛崃、什邡、绵竹、华蓥、万源	4	0.99	华蓥、万源、马尔康、康定	-4	-4.44
合计		32	63.78	—	32	56.79		34	60.46	—	2	-3.32

数据来源：2000 年、2010 年数据根据第五次、第六次人口普查数据计算，2015 年数据根据 1% 人口抽样调查计算。

如表1所示，相对于2010年，成都由I型大城市升级为特大型城市，但省内无I型大城市，与此同时，II型小城市中的5个向上升级，当前仅有3个。

从规模看，2015年全省城市人口①占城镇总人口比重为57.99%，比2000年降低3.32个百分点，除特大城市和II型大城市，其他类型城市人口占全省城镇人口比重均有下降。特大城市不断扩大、小城市减少甚至萎缩的两极化态势显现。

3. 城市人口密度偏低且增长趋缓

城市活动集聚度存在密度效应，Ciccone和Hall、Ciccone等学者对美国、欧洲等县级数据的实证研究表明，经济活动密度和劳动生产率之间存在极为紧密的正向相关性。多项研究同时表明，城市作为经济集聚载体，存在最优城市人口密度，因为人口密度会引起集聚经济效应，同时也存在拥挤效应，因此最优城市人口密度是在二者之间的权衡。分别用2010年和2015年城市人口数除以当年建成区面积估算人口密度②，比较其变化得图2。

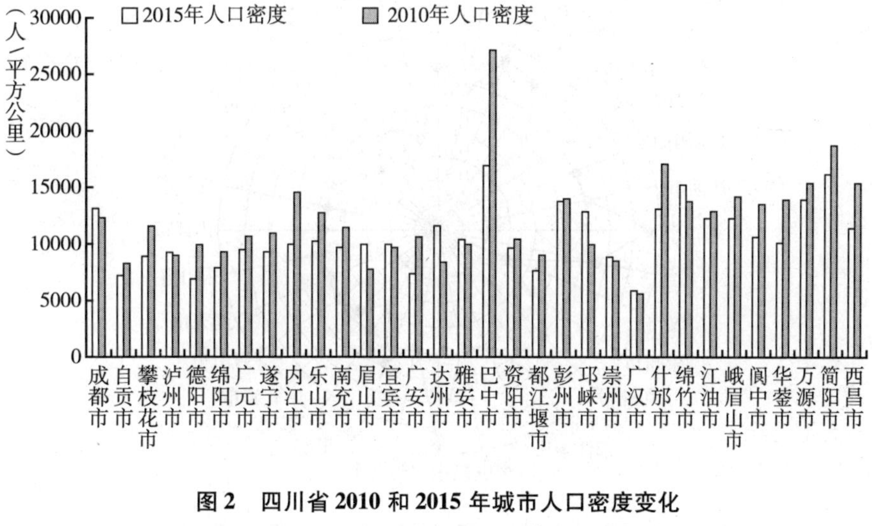

图2　四川省2010和2015年城市人口密度变化

① 城市人口包括市辖区城市常住人口和不设区的县级市城市常住人口。

② 2010年城市人口数来自第六次人口普查数据；2015年城市人口数、2010年和2015年建成区面积由四川统计局提供。

图2清晰展示出，全省不少城市人口密度均出现了不同程度降低，其原因主要在于土地城镇化速度快于人口城镇化速度。全省建成区面积从2010年的1629.73平方公里增加到2015年的2281.64平方公里，年均增加8.00%，同时城市市辖区人口从2010年的1836.56万人增加到2015年的2365.55万人，年均仅增加5.76%。

图3和表2显示了2010年和2015年四川省32个城市①的人口密度，根据学术界核算的最优城市人口密度1.3万人/平方公里，四川省城市大致可以界定为三类。一是人口密度在1万~1.4万/平方公里，接近最优城市人口密度型城市，包括成都、乐山、达州、都江堰市、彭州市、邛崃市、什邡市、江油市、峨眉山市、阆中市、万源市、西昌市等；二是人口密度超过1.4万/平方公里的人口过密型城市，包括巴中市、绵竹市、简阳市等；三是人口密度低于1万/平方公里，这些城市具有较大的人口增长潜力。

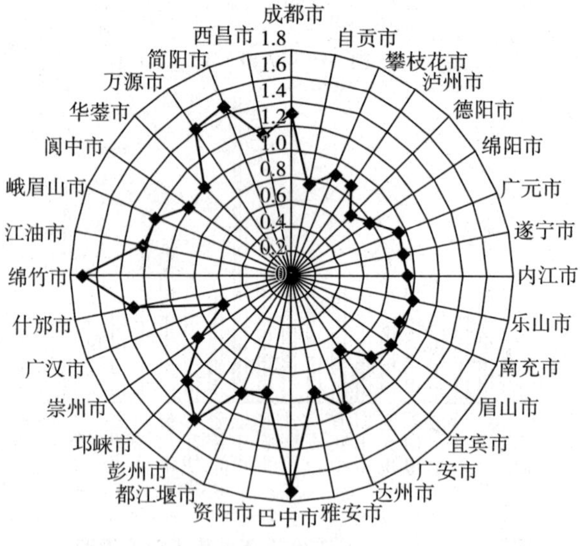

图3　2015年四川城市人口密度蛛网（单位：万人/平方公里）

注：康定和马尔康于2015年撤县设市，未计入统计。

① 康定和马尔康于2015年撤县设市，未计入统计。

表 2　四川省 2005～2010 年市镇人口吸纳情况（2005～2010 年）

	年份	市	镇	市镇合计
城镇人口(人)	2005	12210543	10099836	22310397
	2010	15915660	16428768	32344428
年均新增城镇人口(人)	2005～2010	741023	1265786	2006809
城镇人口吸纳比重(%)	2005	14.83	12.26	27.09
	2010	19.79	20.43	40.22

4. 镇成为人口吸纳的重要载体

根据第五和第六次人口普查数据，四川省 2005 年城镇化率为 27.09%，2010 年突破 40%，其中镇的崛起发挥了关键性作用。2005～2010 年间，四川省年均新增城镇人口 200.68 万人，其中市和镇年均新增人口数量比为 58.54∶100，这使得镇从 2005 年仅吸纳 12.26% 的城镇人口到 2010 年迅速超越市，达到 20.43%，成为城镇化的主力军。

近年来，在新型城镇化战略深入推进过程中，四川省高度重视小城镇建设。2013 年 5 月，省政府出台《关于 2013 年加快推进新型城镇化的意见》(川府发［2013］2 号)，提出“大力推进百镇建设试点行动，加快建设一批特色鲜明的经济强镇、区域重镇和文化旅游名镇。城镇道路桥梁、园林绿地、生活污水和垃圾处理及管网等市政公用设施、公共服务设施建设取得明显成效”。2013 年 9 月，省政府发出《关于印发进一步加快推进新型城镇化八条措施的通知》(川府发［2013］47 号)，提出要用 3 年时间，在全省推动 300 个试点镇建设发展。目标是加快扶持培育一批经济发展快、人口吸纳能力强的小城镇，为推进新型城镇化、促进县域经济发展和就地就近吸纳农村人口创造条件；措施包括试点镇遴选、加大建设投入、用地保障支持；要求试点镇在特色产业培育和发展、行政管理体制创新、基础设施建设、人才保障等方面。2013～2015 年，全省每年遴选 100 个试点镇，至今试点镇数量已达 300 个，其中设立 21 个重点镇以强化示范带动作用。仅仅 3 年时间，大量重点镇已经在人口集聚、产业发展、基础设施建设等方面取得了显著成效，在多个点上形成的经验经实践证明可在更广范围推广、实践。如达州宣汉南坝镇，目前已经集聚13万人口，其公共服务覆盖周边十多个乡镇；巴中平昌驷马镇已经成为秦巴山区脱贫攻坚的重要载体。2014年12月，四川省被列为全国首批建制镇示范试点省份，目前国家级的和省级的建制镇示范试点工作已全面展开。

二 “人户分离”情况

1.“人户分离”总量和占比扩大

全省常住人口中，居住地与户口登记地所在的乡镇街道不一致且离开户口登记地半年以上人口为1253万人，同2010年第六次全国人口普查相比，居住地与户口登记地所在的乡镇街道不一致且离开户口登记地半年以上人口增加79万人，增长6.73%。全省户籍人口中，流出省外半年以上的人口为1028万人。

2.“人户分离”呈现出显著区域性特征

21个市（州）中（见图4），成都“人户分离”率最高，达到48.20%，甘孜州同样有超过4成常住人口为非本街道户籍人口，而达州、雅安“人户分离”率最低，只有不到2成常住人口为非本街道户籍人口。

与2010年相比，“人户分离”人口增长最大的是成都市，达到111.72万人，而达州、雅安、阿坝则出现了“人户分离”减少的情况，三者分别减少12.69万人、3000人和430人。“人户分离”率增幅最大的是内江市，达到11.20%，达州、阿坝、雅安、宜宾、眉山、凉山等地“人户分离”率比2010年有不同程度下降（见图5）。

3.人口流动是“人户分离”变化的主要原因

按现住地和五年前常住地分的城镇人口中，根据1%人口抽样数据估算，2015年全省约有1030万人迁入居住地，占常住人口的27.91%。其中本县其他地区、本省其他县和省外迁入人口分别为4.8万人、4.2万人和1.2万人，分别占比46.80%、41.70%和11.50%。

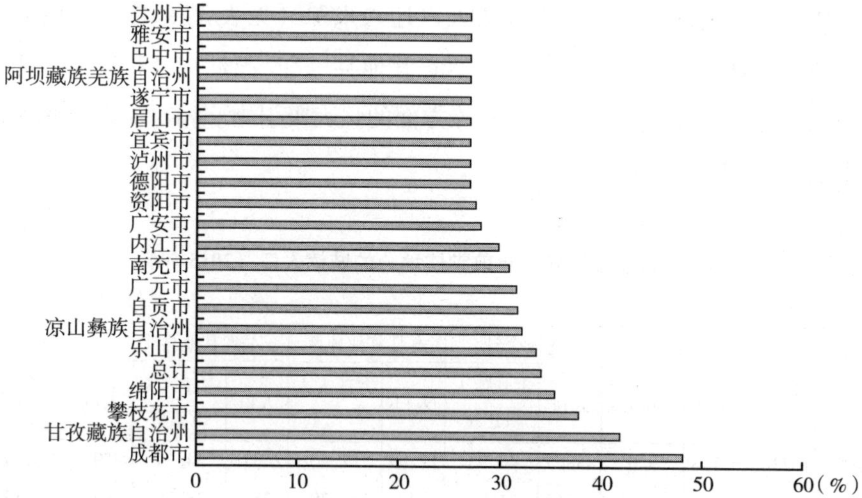

图4　四川省2015年市（州）城镇“人户分离”率

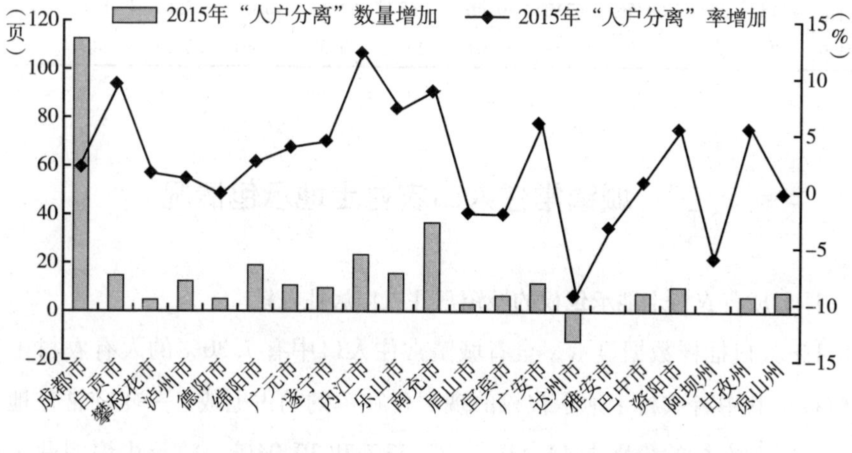

图5　四川省2015～2010年市（州）“人户分离”变化情况

空间分布上，在迁入人口中，超过四成发生在成都（42.58%），其次是绵阳（6.52%）、南充（6.51%）、泸州（4.54%）、乐山（4.18%）、宜宾（4.04%）等，这与“人户分离”变化情况高度一致。与此同时，阿坝（0.56%）、雅安（0.73%）、甘孜（0.9%）、达州（1.40%）等地的人口迁移情况相对较少。

进一步分析成都等五城市常住人口迁入来源（见表3），与其他城市不同，成都市迁入常主人口中主要是本省其他县（54.79%），17.31%的迁移人口为省外，可见成都在宜居就业等方面的强大吸引力。相对而言，其他市（州）迁入人口主要来自县内。

表3　按现住地和五年前常住地分的城镇人口（2015年）

单位：人、%

	合计	现住房		迁入合计		本县其他地区		本省其他县		省外	
		人口	占比	人口	占常住人口比重	人口	占迁入人口比重	人口	占迁入人口比重	人口	占迁入人口比重
成都市	107163	63298	59.07	43865	40.93	12239	27.90	24033	54.79	7593	17.31
绵阳市	21668	14954	69.01	6717	31.00	3479	51.79	2578	38.38	660	9.83
南充市	26789	20077	74.94	6711	25.05	3481	51.87	2831	42.18	399	5.95
泸州市	17834	13158	73.78	4675	26.21	2639	56.45	1681	35.96	355	7.59
乐山市	14152	9844	69.56	4310	30.46	2677	62.11	1452	33.69	181	4.20
宜宾市	17315	13156	75.98	4158	24.01	2927	70.39	991	23.83	240	5.77

三　城镇常住人口农村土地承包情况

1. 七成有农村土地承包权的城镇常住人口居住在镇

1%人口抽样数据显示，全省城镇常住人口中有7.30%的人有农村土地承包权。其中有农村土地承包权的现居住在镇的约占七成，一年前常住地是城市、镇和农村的分别占42.43%、27.53%和30.04%，这至少说明两个现象：一是大量农民由城返乡；二是由农村进入镇的农民依然较多。

2. 35%有农村土地承包权的城镇常住人口为一年内由农村进入城镇

近一年来，有大量农民带着承包权从农村进入城市。数据表明，有农村土地承包权的城镇人口中，一年前常住地是城市、镇和农村的比重分别为38∶27∶35（见图6），即有农村土地承包权的人口中35%是最近一年由农村进入城市的。

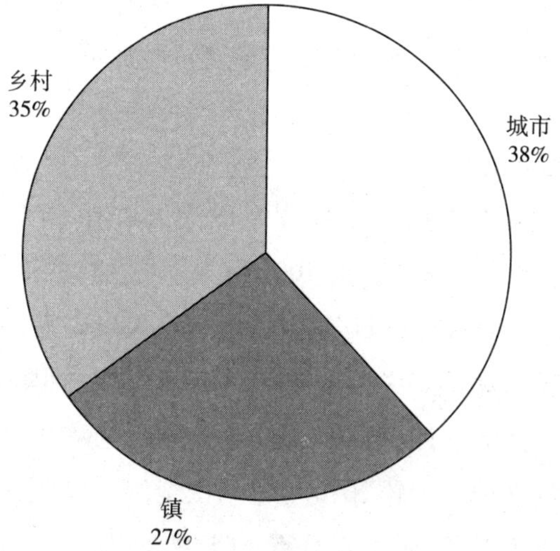

图 6　按一年前常住地类型分的有农村土地承包权的人口（城镇）

3. 镇是常住外省农民回川的重要载体

市和镇对于不同区域常住人口的吸引力存在差别。如图 7 所示，城市居住的有农村土地承包权的人口中，一年前在省内其他城市居住的人占比最高，达 30.53%，之后是县域、市域和省外，最后是镇域；而在乡镇居住的有农村土地承包权的人口中，则有 29.77% 来自省外，其次为省内、县域、市域和镇域。根据四川省人口净流出的现实，可以判断外省农民返川更倾向于到镇而非城市。

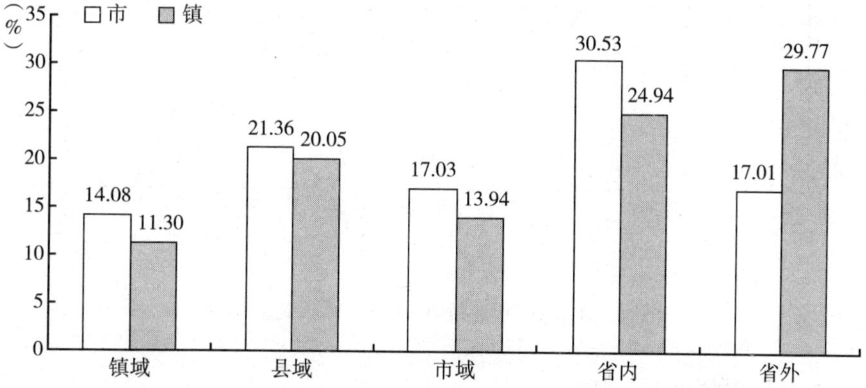

图 7　四川省有农村土地承包权的城镇常住人口一年前常住地

四　城市人口老龄化水平

1. 四川人口老龄化提速

根据四川省1%人口抽样，60岁及以上人口有1672万人，占总体的20.38%，其中65岁及以上人口有1094万人，占总体的13.33%。根据国际通行规则，当一个国家或地区60岁及以上老年人口占人口总数的10%，或65岁及以上老年人口占人口总数的7%，就意味着这个国家或地区的人口处于老龄化阶段。以此标准评价，四川整体上处于老龄化阶段，更为严峻的是，老龄化速度还在加快。较2010年第六次全国人口普查数据，四川省60岁及以上人口比重上升4.08个百分点，65岁及以上人口比重上升2.38个百分点。如图8所示，对比四川省2010年第六次全国人口普查的数据以及2015年1%人口抽样调查，两组数据展示各年龄段四川省人口变化总体趋势高度一致，整体年龄段人口比重的峰顶和峰谷都整体向年龄段增加5岁，也呈现出调查数据也随调查间隔相同的发展趋势。

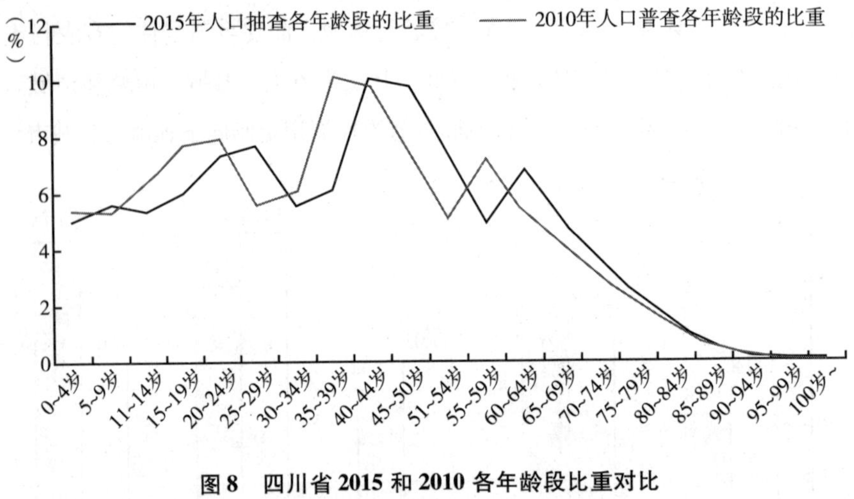

图8　四川省2015和2010各年龄段比重对比

2. 城区老龄化水平相对较低

对比2015年市辖区、县和县级市人口年龄段的比重发现，三者60岁及以上人口占比分别为 18.4%、20.09% 和 22.15%，市辖区老年人占比低于整体水平。进一步分析，三类地区劳动年龄人口（17～59 岁）占比分别为 66.44%、59.36% 和 64.05%，城市化程度较高的市辖区和县级市劳动年龄人口明显高于以农村为主的县。市辖区和县人口各年龄段占比对比图如下。

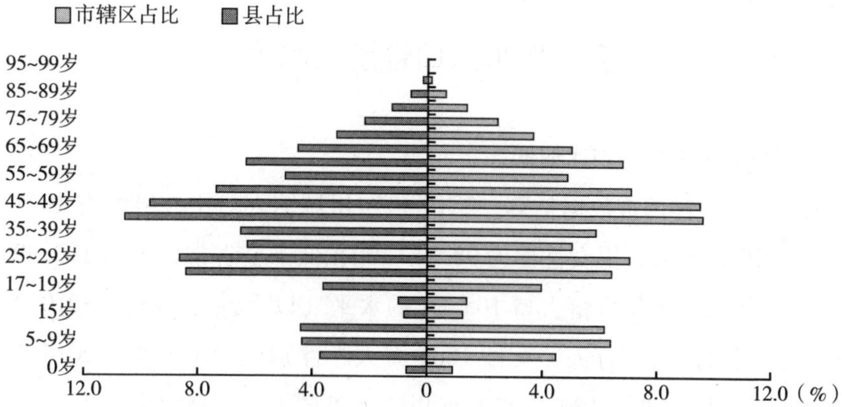

图 9　四川省 2015 年市辖区和县人口年龄段对比

3. 劳动力向中心城区流动趋缓

虽然四川省市辖区年龄结构与县和县级市相比具有一定优势，但通过对比五普、六普数据发现（见图 10），市辖区的年龄结构呈现出右移态势，从

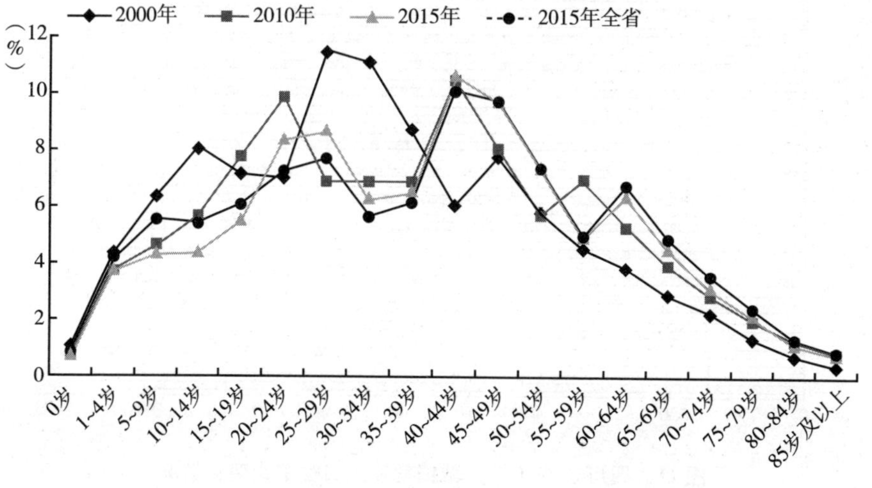

图 10　四川省 2000～2015 年市辖区人口年龄段变化情况

2000年到2015年，市辖区老年人占比持续增加，而劳动人口占比却不断减少，到2015年市辖区年龄结构与全省基本一致。结合四川省近年来劳务输出规模扩大但流向省内比重增加的现实情况，可以判断近年来劳动力流向更多地倾向于县和县级市而非市辖区。

五　城镇人口性别比水平

1. 全省城镇人口性别比偏低

根据1%抽样调查数据估算，2015年四川城镇人口中，男性有1928万人，女性1965万人，男女性比为98. 15∶100，低于全省常住人口100. 89的水平，也低于2015年户籍人口105. 84的水平（以女性为100）。2010年城镇人口中，男性1632万人，女性1603万人，性别比为101. 82。2015年城镇常住人口性别比低于100的城市有9个（见图11），分别为乐山、内江、广安、自贡、成都、宜宾、遂宁、眉山、资阳。

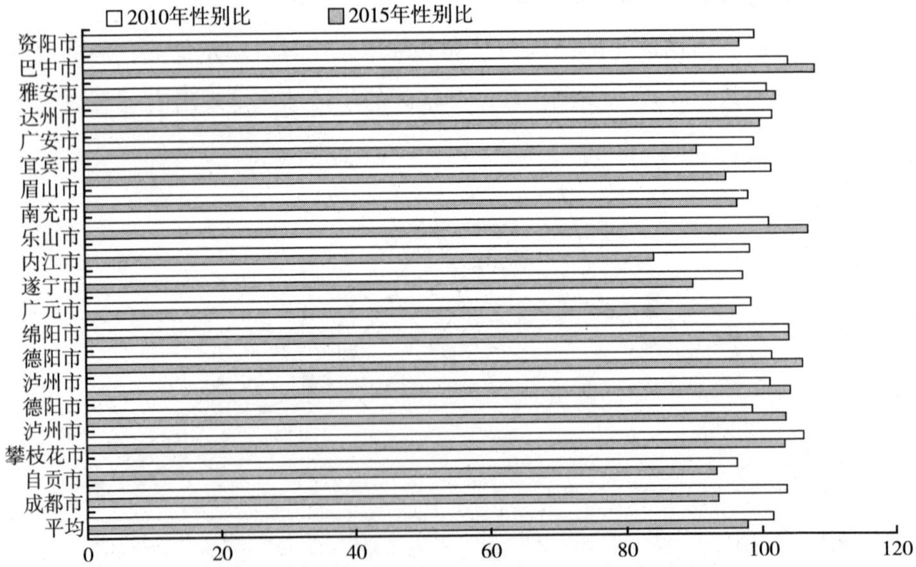

图11　四川省市（州）城镇常住人口性别比变化情况

从2010年到2015年，不同市（州）城镇人口性别比发生明显变化。其中成都性别比从2010年的103.82降为2015年的93.81，女性增幅达27.6%，这是成都市第三产业占GDP比重超过50%，服务业对女性就业吸纳能力更强的结果。此外，性别比下降的还有乐山、广安、内江、宜宾、达州、资阳、攀枝花等市，其原因在后文进一步分析。

2. 常住城镇人口性别比大幅低于户籍性别比

2015年四川省城镇常住人口比户籍人口的性别比低7.69，表明四川省有大量男性在省外或省内城镇以外居住。进一步看市（州）情况（见图12），二者之差为正的仅有绵阳和德阳2个市（州），城镇常住人口比户籍人口性别比分别高6.82和0.51，在一定程度上表明两市的城镇对男性有更大吸引力，这与非农产业吸纳就业人口能力的提升密不可分。值得注意的是，有8个城市城镇常住人口和户籍人口性别比之差超过10个百分点，从高到低依次为乐山、广安、内江、宜宾、资阳、遂宁、达州、自贡。

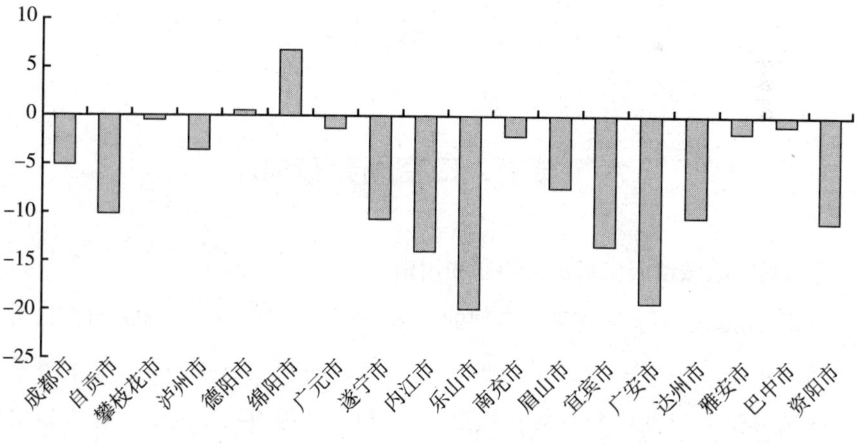

图12　四川省2015年城镇常住人口与户籍人口性别比之差（单位：100）

3. 丘陵地区城镇人口性别比严重失衡

性别比低于100、2015年性别比下降和性别比之差超过10个百分点的城市高度重合（见图13），集中于人口密集的丘陵地区，这不仅意味着这些城市女性在婚恋市场上处于弱势，更表明这些城市的产业结构亟待优化。这些城市均为第二产业主导型经济结构，一般情况下第二产业对男性的就业吸纳能力较强，而性别比的变化和现状均表明这些城市第二产业规模总体偏小，应进一步扩大工业和建筑业规模。

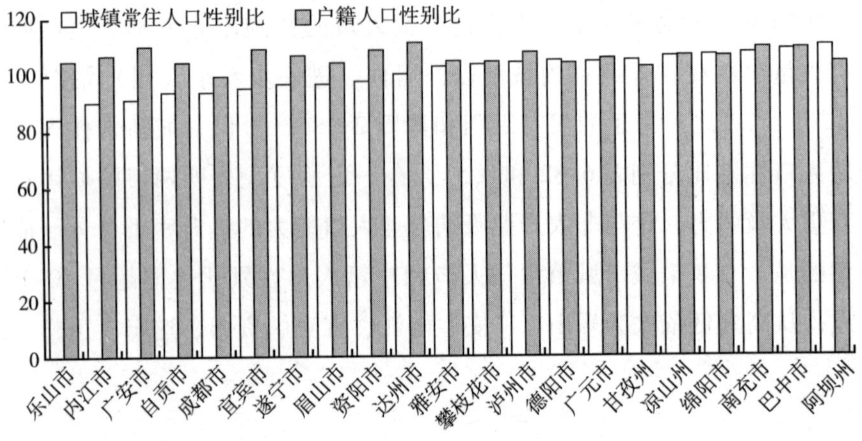

图13　四川省2015年市（州）城镇常住人口和户籍人口性别比

六　城镇人口空间分布情况

1. 98%的城镇人口集中在川东和川南

四川城镇人口分布呈现出典型的区域特征（见图14）。98%的人口分布在川东和川南，在川西和川北这四川近一半的面积上仅承载了2%的城镇人口。根据1%人口抽样调查数据推算，成都以1120.94万城镇常住人口高居榜首，占全省城镇人口的28.80%，是排名第二的南充城镇人口的4倍，相当于遂宁、资阳、自贡、巴中、眉山、广安、广元、攀枝花、雅安、阿坝、甘孜11个市（州）城镇人口总和。

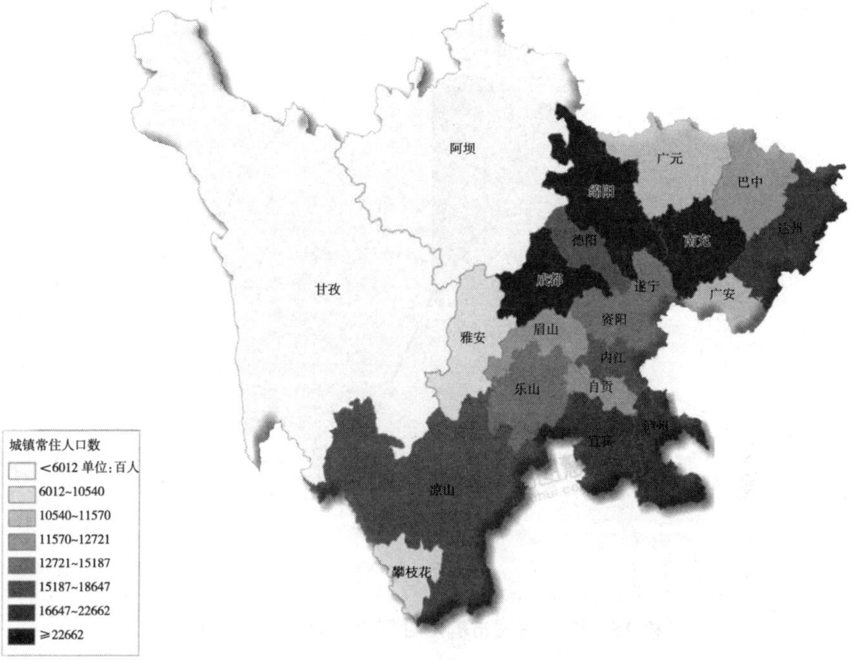

图 14　四川城镇人口分布

2. 成都平原城市群占全省常住人口四成以上

从城市群比较看（见图 15），成都平原城市群人口最多，根据 1% 人口抽样调查数据估算，约有 3665 万人，占全省常住人口的 42.57%。成都平原城市群包括成都市、德阳市、绵阳市、眉山市、资阳市以及乐山市主城区、夹江县、峨眉山市和雅安市主城区、名山县等。其次为川东北城市群，常住人口占总人口的 28.20%，包括广元市、遂宁市、南充市、广安市、达州市、巴中市。再次为川南城市群，常住人口占总人口的 18.86%。包括自贡市、泸州市、内江市、宜宾市，以及乐山市除主城区、夹江县、峨眉山市外的其余城镇。攀西城市群常住人口占总人口的 7.93%，包括攀枝花市、凉山州以及雅安市除主城区、名山县外的其余城镇。甘阿地区常住人口占总人口的比重最小，仅为 2.45%。

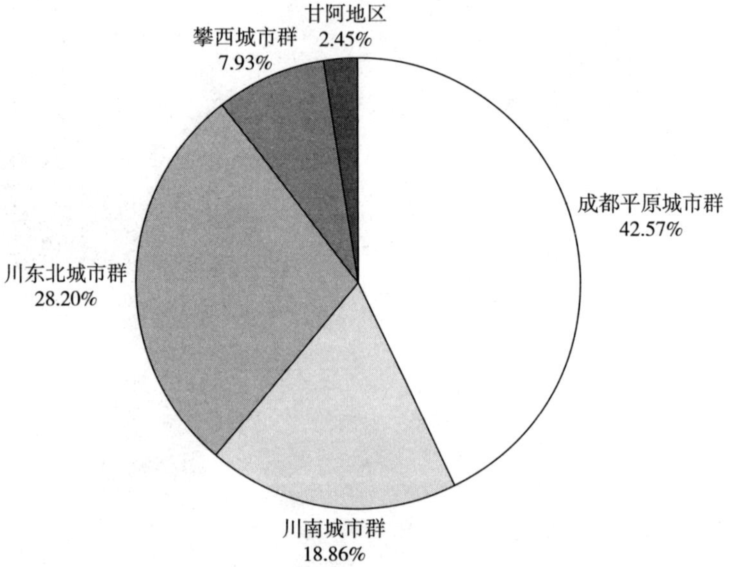

图 15　四川省城市群及甘阿地区常住人口分布

3. 城镇常住人口密度趋于分散

将四川区县按照城镇常住人口规模进行等个数分 8 段，2000 年四川省共有 181 个县（区、市），2015 年 184 个县（区、市）①，如图 16 所示，即便不考虑城镇常住人口总体规模增加了七成，城镇人口规模最大的前 20 个县，也由成都平原城市群向川东扩散，城镇人口规模排名前 40% 的县在四大城市群均有分布。

七　城镇居民住房情况

1. 租赁住房需求显著提升

四川城镇常住人口的住房来源中（见图 17），79.00% 为自有住房，13.00% 为租赁房屋，8.00% 为其他类型。2010 年城镇居民家庭中，自有住

① 新增巴中恩阳区和广安前锋区。

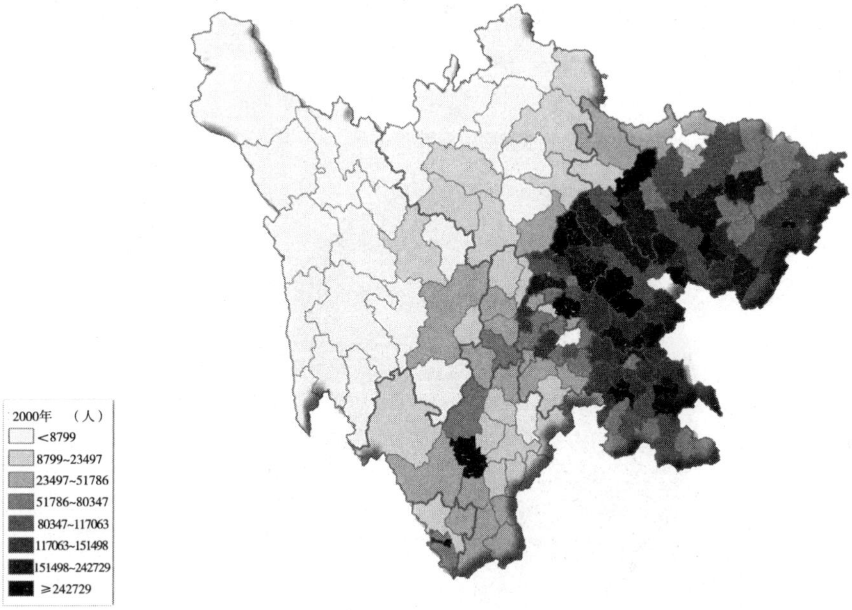

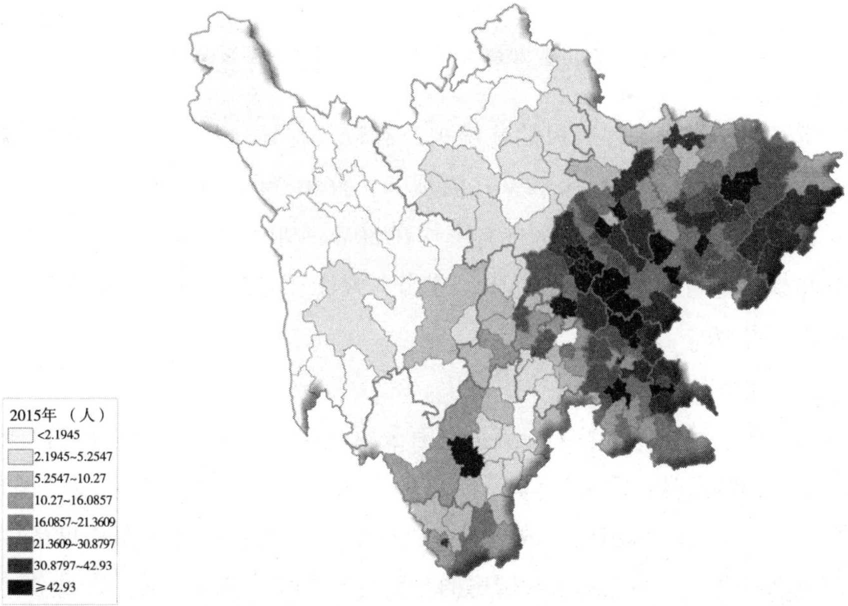

图 16　四川省城镇常住人口密度空间分布（上图：2000 年，下图：2015 年）

房中的商品房、房改私房、原有私房分别为35.00%、43.44%和10.40%，而租赁公房和私房的分别为5.15%和3.99%。①

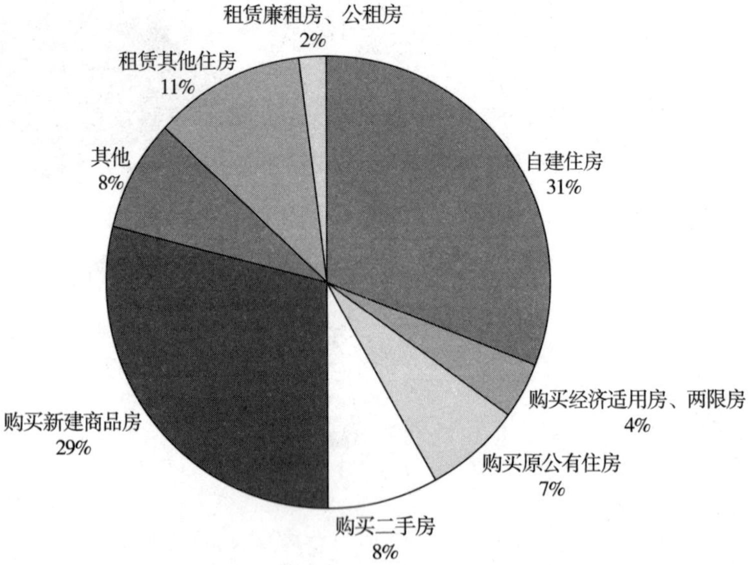

图17　四川省2015年城镇常住人口住房来源构成

市（州）城镇常住人口的住房来源有较大差异（见图18）。住房自有率最低的是成都，仅为65.82%；阿坝、甘孜和资阳住房自有率为78%左右；其余18个市（州）住房自有率均在80%～90%之间。租赁私房方面，成都和攀枝花均超过15%，资阳、凉山、内江、阿坝、自贡、乐山和绵阳等城市超过10%。

2. 住房质量相对较差

从住房来源看，7.00%为购买原有公有住房，31.00%为自建房，两类房屋的共同特点是，购买/建设成本低，房屋结构和功能不完善，缺乏配套环境等，大多会成为棚户区改造对象。从建筑层数来看，平房占11.84%；从房屋功能看，无独立厕所和厨房的分别占8.56%和4.14%。

① 《四川统计年鉴》（2011）。

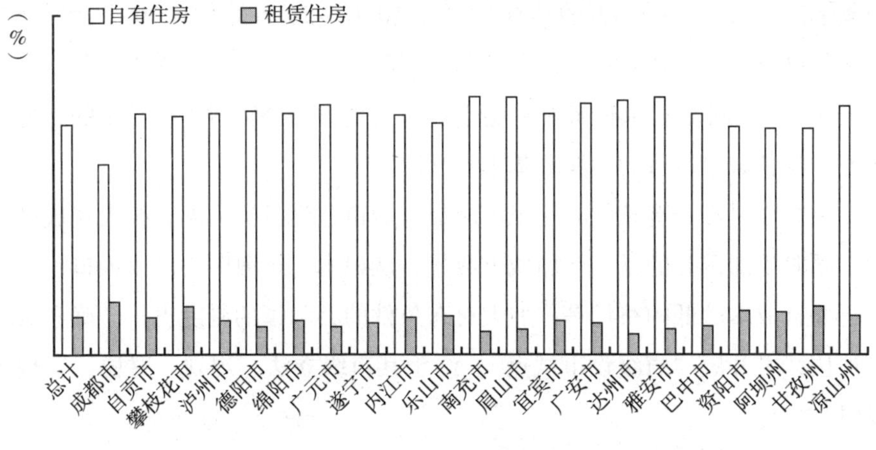

图 18　四川省市（州）城镇常住人口住房来源情况

分市（州）看，住房质量与城市经济发展水平密切相关。成都市购买原公有住房、自建住房的分别占 6.68% 和 16.77%；甘阿凉地区城市无独立厕所的住房均超过 20.00%，无独立厨房的住房也均超过 10.00%；平房占比超过 20.00% 的城市有凉山、巴中、阿坝、眉山、德阳和甘孜，乐山、宜宾、达州和南充四个城市平房占比超过 10.00%。

八　基本结论和对策建议

1. 部分地区人口过密导致"城市病"，应在扩大城市规模的同时增加城市数量

四川省城镇人口从 2000 年的 2231 万增加到 2015 年的 3912 万，增幅达 75%，但城市数量仅增加 2 个。四川有地级市 18 个，县级市 16 个[①]，每百万人拥有的城市数量从 0.14 个降到了 0.08 个，仅为全国平均水平的 1/4，日本的 1/40。城市数量严重不足使部分城市人口过密，造成大量的"城市病"。2015 年全省城镇常住人口超过 50 万的县有 1 个（郫县，已改为成都

① 2015 年新增马尔康市和康定市，达到 16 个县级市。

市郫都区），20 万～50 万的县有 27 个，10 万～20 万的县有 30 个，出现了人口超过 10 万的建制镇。不少县和建制镇的主要地区收入来源是第二、第三产业，其产业、公共服务和社会事业成为地方乃至辐射周边县镇的区域性中心，具备城市运行的功能和基本特征。

一方面对部分有条件的地级市应加大城市建设投资力度，扩大建成区面积，同时更加重要的是，增加城市数量，从根本上疏散中心城市人口，一条可行并且成本较低的路径是，加大对有条件的县和镇的制度支持，确立其城市地位，可开展“省级设市试点”，给予其市级立法、规划、财税、管理等权限。

2. 小城镇已经成为城镇人口重要载体，应大力推进小城镇建设

多项数据表明，小城镇已经成为城镇人口的重要载体，特别是对省外返乡的农民来说，小城镇对其的吸引力已经超过城市。从未来的发展方向来看，四川省仍有 6173 万农业人口，市民化的方向也应当是阶梯式的。但四川小城镇发展的实际情况并不乐观，规划、建设、管理以及产业和公共服务的集聚度都与人口规模不相适应，其原因主要有两点。一是改革开放 30 多年来，尤其是以 1994 年分税制改革为分水岭，我国的行政管理体制出现了从分权向集权的转变，作为行政管理体系最基层的乡镇一级，因构成其行政权基础的“七站八所”等职能部门被市县垂直领导而丧失了完整性。以财权上收、事权下放为特点的乡财县管制度则更是削弱了乡镇原本就不强劲的财政收支的自主能力，日益完善的人事考核制度则令乡镇政府越来越沦为上级政府的派出机构。二是塔式级别化行政体制下，产业布局往往优先考虑上级行政区需求，导致小城镇在上下级行政区的产业竞争中先天不足，其本身低水平的基础建设、以集体土地为主的土地性质、金融服务滞后等都会加大企业运营成本。

除前述开展“镇级市”的省级试点，扩大小城镇各项管理权限外，还应从三个层面加大对小城镇的支持力度。一是尽快形成农村资源资本化有效路径，深化农村土地制度改革，在风险可控、封闭运行的前提下，除扩大农村集体经营性建设用地入市外，探索农村宅基地使用权、土地承包经营权等在一定区域范围内有序流转，推动相关抵押融资等金融服务，激活农村要素市场，为农民转移市民化增加资本积累。二是加大小城镇建设力度，采取政府直接投资、PPP 等方式重点推进市政设施和公共服务设施建设。三是以功能完善、产业特色为标准，鼓励有条件的小城镇打破行政区划形成特色功能区，强化产业引领带动作用。

3. 部分人口密度过低型城市存在巨大节地潜力，应大力提高土地利用效率

2015 年四川省人口密度低于 1 万/平方公里的城市有 17 个，其中 14 个是地级市，3 个是县级市。人口密度最低的广汉市每平方公里仅有 5751 人。如果按照 1.3 万/平方公里的最优人口密度计算，这些城市的节地潜力高达 420 平方公里，超过现有建成区面积的 1/3。节地一方面是在我国资源约束趋强、建设用地资源利用已接近“天花板”的背景下的必然要求；另一方面，建成区面积与城市人口规模不相适应，城市人口过密会导致严重的“城市病”，但城市人口吸纳能力无法支撑建成区面积扩张，便会产生“鬼城”“空城”，大量土地低效利用甚至闲置与新型城镇化发展战略思路相悖。

对于人口密度过低型城市，一方面应严格土地督查，加大对闲置土地的处置和盘活利用，将收回的闲置土地及时供应给稳增长和惠民生的建设项目，同时严格控制各类开发区审批。另一方面，在对城市建设用地指标进行分配时，更多地向这些城市管辖的县镇倾斜，提高县镇建设水平。从长远看，提高城市土地利用效率在于建立并完善土地在全省城市和县镇之间优化配置的市场机制，压缩行政分配土地指标的范围和规模，建立和完善城乡统一的建设用地市场，形成双向要素流动机制，形成统一、灵活的用地价格机制。

4. “人户分离”存在负面影响，应加快居住证制度建设

除保障性住房以外，大多数城市基本公共服务和社会保障都已覆盖全体常住居民，四川从 2013 年起大力推动“农民工住房保障行动”，已有部分农民工被城市住房保障覆盖。从我国城镇化的发展方向看，城乡户口上附着的相关权利鸿沟正在快速填平，因此在部分地区出现了城乡户籍“倒挂”

现象——因土地承包权等农村权益附着在农业户籍上，不少农民不愿意放弃农业户口进城。在户口已经不是社会发展和城市建设的重要障碍的情况下，“人户分离”对个体并不存在十分显著的影响。但从城市发展整体来看，“人户分离”在社会管理、公共服务等公共产品的供给效率方面的负面影响不可小觑。

应加快落实户籍制度改革最新政策，取消农业与非农业户口性质区分和由此衍生的蓝印户口等户口类型，统一登记为居民户口，体现户籍制度的人口登记管理功能。进城落户农民是否有偿退出“三权”，应根据党的十八届三中全会精神，在尊重农民意愿前提下开展试点。

5. 丘陵地区性别比严重失衡，应加大第二产业投资力度

四川省整体上处于工业化加速时期，除成都已经进入服务经济时代外，其他市（州）均以第二产业为主导，但全省城镇常住人口性别比相对较低，丘陵地区、人口密集区性别比失衡更为严重，其中固然有女性寿命增长的原因，但更主要的原因可能是本地产业吸纳男性劳动力的能力不足，导致大量农民工外出务工。

丘陵地区应清醒地认识本地区所处的发展阶段，高度重视第二产业特别是劳动密集型产业发展，以工业化带动城镇化，吸引务工人员就地、就近务工，调节性别比例。在产业的选择上，一是注重发展建筑业，加大基础设施和房地产等固定资产投资力度；二是依托本地资源、能源，引进资源加工类产业；三是重点加大招商引资力度，积极承接东中部地区、成都平原区的产业转移，发展轻工业、农产品深加工业、纺织业等劳动密集型产业。

6. 城镇居民住房呈现四大特征，应进一步加大棚户区改造和旧城更新力度

数据表明，四川省城镇居民住房存在四个显著特征。一是四川省城镇住房自有率总体上处于较高水平，远超发达国家60%左右的水平。二是与2010年相比，住房自有率下降了约10个百分点，同时租赁自房比例显著提高，这与四川省最近五年流动人口快速增长有直接关系，流动人口住房自有率偏低，影响整体住房自有率水平。三是房改房购买比例大幅降低，表明住房市场化改革实现突破式进展。四是住房质量有较大改进空间，特别是民族地区和丘陵人口大市面临较大棚改和户改压力。

应进一步加大棚户区改造和旧城更新力度，在提高城镇居民住房质量的同时，扩大供应优质的租赁住房房源。建立城市改造的市场化机制，以项目为主体，以需求为导向，注重局部地块的改造更新，强调资金就地平衡。与此同时，注重政策分区引导，在更大范围内推动财税、规划、用地等优惠“政策包”，在实现企业商业利益的同时与完善公共服务、提升社会发展水平、完善地区功能等公共利益相结合。此外，还应加大住房保障力度，具体而言，在房源供应上，探索流动人口住房保障与棚户区和城中村等城市改造结合的方式和规模；构建社会资本投入激励机制，如探索政府与社会资本相结合（PPP 等）模式，给予社会资本以稳定的收益预期；针对困难群众，探索建立以居住地为核心的城镇人口住房保障模式，扩大公租房覆盖范围或提供一定的租金补贴。

B.4

四川婚姻与家庭状况

“四川婚姻与家庭状况研究”课题组*

摘　要： 本研究利用2015年1%人口抽样调查数据，对四川省人口的婚姻与家庭状况进行分析研究。首先，从整体上分析当前四川省婚姻和家庭的主要特征及表现形态。其次，以年龄、受教育程度、职业和民族为分析变量，针对不同人群进行分类研究。再次，对不同经济状况下的婚姻与家庭代际进行了描述性分析。最后，分析了不同地域空间下的婚姻状况和家庭状况。

关键词： 婚姻　家庭　人口学

一　婚姻和家庭整体分析

（一）婚姻现状与特征

1. 婚姻的表现形态

2015年四川的婚姻形态与2010年情况大致相同，婚姻形态较为稳定，整体上以有配偶为主，未婚、离婚和丧偶的占比较小。其中，2015年未婚人口占总人口的18.86%，比2010年下降0.85个百分点；2015年有配偶人口占总人口的72.38%，比2010年增加1.08个百分点；2015年离婚人口占

---

* “四川婚姻与家庭状况研究”课题组领导小组：陈智、魏翰、康兰、杨璠、任利华。

总人口的 2.19%，比 2010 年增加 0.43 个百分点；2015 年丧偶人口占总人口的 6.58%，比 2010 年下降 0.65 个百分点（见图 1a，图 1b）。

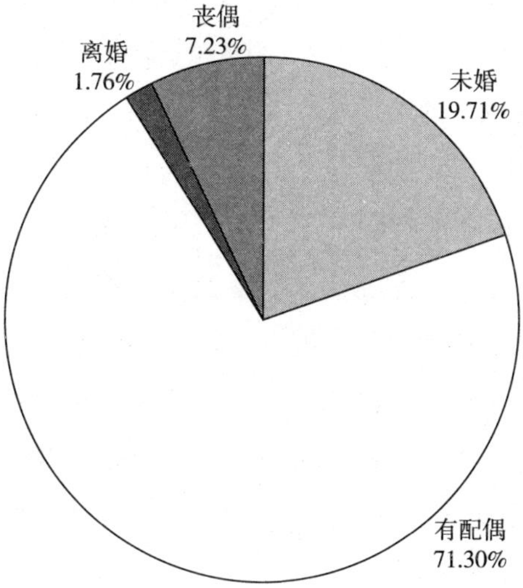

图 1a　2010 年四川整体婚姻状况

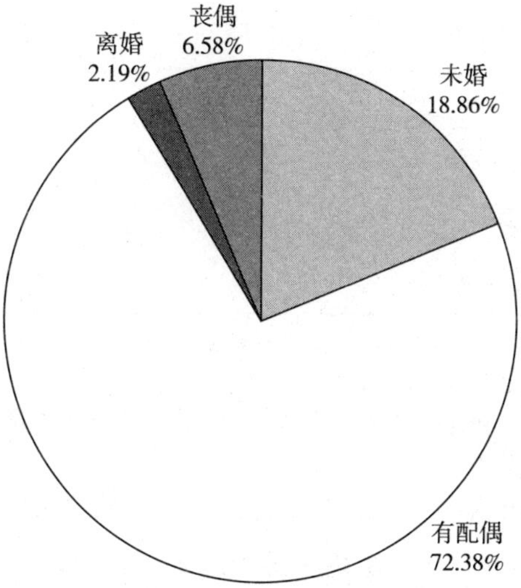

图 1b　2015 年四川整体婚姻状况

2. 婚姻的特征形态

一是晚婚趋势更加明显。晚婚是指在法定婚龄的基础上，适当推迟实际结婚年龄。我国现行计划生育政策规定，迟于法定婚龄（女20周岁，男22周岁）三年及以上结婚者（女23周岁，男25周岁），即为晚婚。2015年全省未婚人口中，法定年龄以上的未婚人口所占比重高达53.01%，比2010年提高了6.32个百分点。其中，25岁及以上的未婚人口占15岁及以上未婚人口的26.47%，比2010年提高了3.69个百分点，30岁及以上未婚人口占12.18%。晚婚人口规模持续扩大，不仅与男女青年受教育程度提高有关，更与社会经济发展以及个人婚姻价值观的改变相关。青年晚婚现象是我国社会开放和进步的产物，但大规模人口晚婚可能带来生育水平下降、人口结构老龄化的危机。

从2015年全国1%人口抽样调查的情况来看，四川省男性受教育程度越低越难成婚，相反女性受教育程度越高反而未婚率越高，形成了社会中的"甲女丁男"① 大龄未婚晚婚的局面。

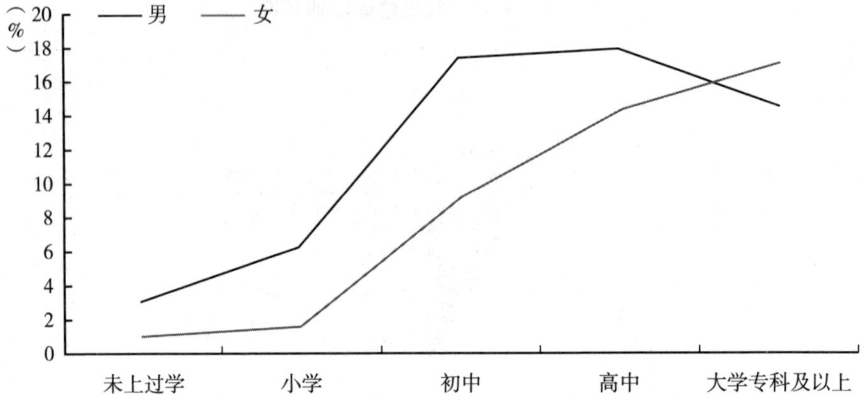

图2　2015年四川未婚人口分性别、受教育程度比例

二是婚姻市场面临挤压。从婚龄人口来看，2015年，婚龄人口性别比为99.03，比2010年（101.49）有所下降，在未婚人口中，法定婚龄（男22周

① "甲女丁男"：将男性和女性按照社会地位、经济收入、学历等分为甲、乙、丙、丁四个档次，那么未婚的大龄女青年属于"甲女"的居多，而未婚大龄男青年则大多是"丁男"。

岁，女20周岁）以上人口男性占53.5%，女性占46.5%，男性比女性高7个百分点，说明婚姻市场上的未婚人口中男性婚姻挤压现象严重。从婚育年龄阶段看，处于黄金婚姻年龄段（男22~31岁，女20~29岁）的男性占比为45.88%，女性占比为54.12%，女性比男性高8.24个百分点。从整个婚育阶段（男22~51岁，女20~49岁）来看，男性占比为49.5%，女性占比为50.5%，仍然是女性比男性的占比高，高出1个百分点（见表1）。

表1　2015年四川婚育阶段分性别占比情况

单位：%

		合计	未婚	已婚	离婚	丧偶
黄金婚育阶段	男	45.88	21.30	23.81	0.75	0.03
	女	54.12	25.41	28.07	0.60	0.04
整个婚育阶段	男	49.50	8.38	39.06	1.77	0.29
	女	50.50	8.35	40.50	1.21	0.45

根据图3可知，在黄金婚育年龄段，女性“可婚”①人群占比为26.05%，男性为22.08%，女性“可婚”人群比男性高3.97个百分点；在整个婚育年龄段女性“可婚”人群占比为10%，男性为10.44%，男性“可婚”人群比女性高0.44个百分点。

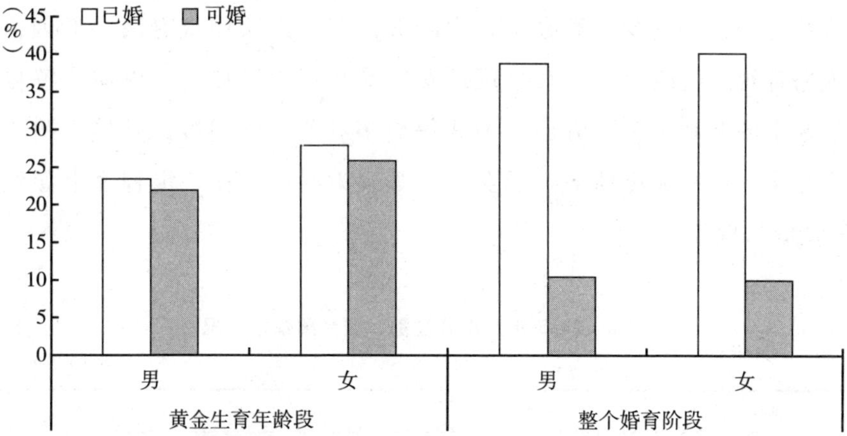

图3　2015年四川婚姻市场分性别占比情况

① 可婚人群：包括未婚、离婚、丧偶在内的所有可以结婚的人群。

在黄金生育年龄段的“可婚”女性虽然高于男性，但是这个婚育阶段的婚姻挤压并没有反映在女性身上，从整个婚育阶段的婚姻市场挤压状况来看反而转移到了男性身上，由于婚姻梯度选择的规律（即女性择偶在年龄、学历、社会地位、经济条件等方面一般选择“向上婚”，男性一般选择“向下婚”），黄金婚育阶段的女性“向上”选择年龄稍大的优秀男性的可能性增大，而黄金婚育阶段的男性却无法“向下”选择。从两个婚育阶段的“已婚”情况来看，都是表现出女性已婚率高于男性。

三是离婚率增长速度较快。2015 年 15 岁及以上人口的离婚率为 2.19%，比 2010 年增长了 0.43 个百分点，其中，男性离婚率为 2.53%，女性为 1.84%，男性较女性高 0.69 个百分点。分城乡看，城镇人口离婚率为 2.57%，其中，城镇男性为 2.58%，城镇女性为 2.55%，城镇男女两性离婚率差异不大，男性仅比女性高 0.03 个百分点；农村人口离婚率为 1.83%。其中，农村男性为 2.49%，农村女性为 1.16%，男性比女性高 1 倍多。数据显示，城镇离婚率比农村高，女性表现更为明显。一方面，从社会角度来说，现在的家庭不同于传统社会，传统社会中的家庭是一个封闭的自给自足的组织，而在今天高度分工的社会，人们对家庭的依赖变得越来越少，家庭聚合力减弱；在个人层面也有诸多原因，如个人婚育观念的改变，尤其是现代女性受教育程度提高，更加了解自己在婚姻中的权利；另一方面，为获得更多利益，利用拆迁补偿、购买二套商品房、逃避夫妻债务、子女上学等政策漏洞，在一定程度上导致了“假离婚”现象。

表 2　2015 年四川分性别、城乡离婚率情况

单位：%

地区	合计	男	女
全省	2.19	2.53	1.84
城镇	2.57	2.58	2.55
农村	1.83	2.49	1.16

四是婚姻同质性趋势明显。2015 年全国 1% 人口抽样调查资料中共有在婚夫妻样本 500831 对，为了简化分析，研究对象仅限于四川核心家庭[①]中的夫妻样本。通过整理资料，得到有效样本 21222 对夫妻。本文将受教育程度分为 5 级，得到婚姻双方教育匹配的频数列联表（见表 3），从表中可以清晰地呈现出以下特征：其一，婚姻双方教育同类匹配程度高。2015 年四川婚姻家庭中，教育程度相同的夫妻共有 8658 对，占总数的 40. 80%，说明教育同类是婚姻匹配的主要类型；其二，婚姻双方教育梯度匹配性强。妻子文化程度低于丈夫的“向上婚”占比为 36. 09%，高于“向下婚”12. 97 个百分点，后者仅占 23. 12%。总体来说，四川婚姻双方的受教育程度属于同类匹配和梯度匹配（妻子受教育程度低于丈夫）的情况合计达 76. 89%，符合婚姻双方教育匹配的主要形态。当今社会市场转型下婚姻双方的“匹配”程度仍为主流趋势，这表明在社会结构激烈变动与分化的现阶段，社会的开放性可能并非如市场化理论预期的那样明显。

表 3　2015 年四川婚姻双方教育匹配频数列联表

单位：人

妻子受教育程度	丈夫受教育程度					
	未上过学	小学	初中	高中	大专及以上	合计
未上过学	93	393	404	85	39	1014
小学	147	2240	3170	631	312	6500
初中	136	2299	5092	1376	727	9630
高中	29	367	1014	650	521	2581
大专及以上	13	164	414	323	583	1497
合计	418	5463	10094	3065	2182	21222

（二）家庭现状与特征

1. 家庭的表现形态

一是家庭类型仍以二代户为主，但面临复杂化的趋势。2015 年四川省

① 核心家庭：由已婚夫妻及其未成年子女组成的家庭。

家庭中一代户占 33.84%，比 2010 年下降 1.86 个百分点；二代户占 43.23%，比 2010 年下降 0.92 个百分点；三代户占 22.94%，比 2010 年占比上升 2.79 个百分点（见表4）。数据显示，四川的家庭类型仍以二代户为主，但三代户及以上的家庭有所增加。从家庭代际来说，四川的家庭类型趋于复杂化。四川家庭代际的变化与我国历年的生育政策密切相关以及社会经济发展相关，在 20 世纪 70 年代实施计划生育政策以前，我国对生育行为是鼓励的，一对夫妻可以生育多个子女，20 世纪 70 年代以前出生的人口在青壮年时期需要抚养的只有他们的下一代或几个家庭同时赡养一对父母，家庭代际结构简单。在 20 世纪 70 年代执行独生子女政策以后，倡导一对夫妻生育一个子女，这一代独生子女在成年以后不仅要抚养他们的子女还要负责赡养父母。而且，随着社会经济的发展，家庭逐渐具备了代际分居的物质基础，因此，生育政策以及社会经济的发展导致家庭代际的变动。

表 4　四川家庭代际变化

单位：%

地区	一代户		二代户		三代户及以上	
	2015 年	2010 年	2015 年	2010 年	2015 年	2010 年
全省	33.84	35.70	43.23	44.15	22.94	20.15

二是家庭户均规模有所扩大。2015 年四川家庭户平均规模为 3.03 人/户，比 2010 年增加 0.08 人/户。由数据可以看出，四川的家庭户平均规模已经开始超过 3 人/户，根据前文对家庭代际的分析，家庭的代际趋于复杂化，这将会带来家庭户均人数的增加，此外，“单独两孩”“全面两孩”生育政策的开放也可能导致家庭户均人数的上升（见表5）。

表 5　四川家庭户平均规模变化

单位：人

年份	2015 年	2010 年
全省	3.03	2.95

2. 家庭的特征

一是家庭规模面临扩大的趋势。2015 年，四川家庭户规模集中在二人户和三人户，二人户和三人户的占比超过 50%，达到 51.2%。2015 年四川家庭户平均规模为 3.03 人，比 2010 年增加 0.08 人（见图4）。这与2014 年以来，四川先后推行“单独两孩”政策“全面两孩”政策有关。

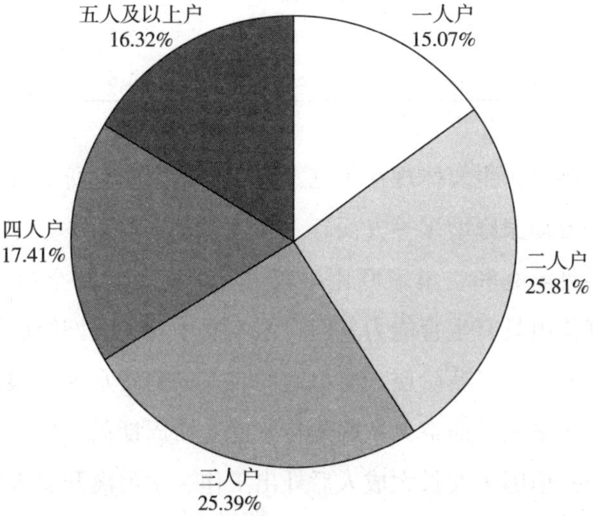

图4　2015 年四川省常住人口家庭规模

二是核心家庭仍居家庭结构的主导地位。家庭结构是家庭成员的组合情况，是家庭中的代际结构和人口结构的统一组合方式。家庭结构一般有四种基本类型，即核心家庭、主干家庭、联合家庭和其他形式的家庭。核心家庭是指由父母和未婚子女组成的家庭，而标准核心家庭主要表现为二代三人户的家庭结构。家庭结构核心化是指核心家庭的比例增加，并在家庭结构类型中逐渐占据主导地位。2015 年全国 1% 人口抽样调查资料显示，四川常住人口家庭中，二代三人户的家庭类型占比最大，达到 23%，四川家庭结构仍以核心家庭为主（见表6）。

三是家庭类型呈现多元化特点。随着经济社会的不断发展，产业经济结构的转型，城镇化进程的加快，城乡家庭不可避免地受到影响，使得家庭类

表 6　2015 年四川省常住人口家庭结构

单位：%

户规模	常住人口家庭			
	一代户	二代户	三代户	四代户
一人户	15.07	—	—	—
二人户	17.90	7.91	—	—
三人户	0.59	23.00	1.81	—
四人户	0.16	9.77	7.42	0.06
五人及以上户	0.12	2.55	12.60	5.55

型呈现多元化趋势，主要体现在丁克家庭和空巢家庭有所上升、农村留守家庭数量庞大、流动家庭增多等方面。

其一，丁克家庭和空巢家庭比重较大。丁克家庭和空巢家庭均属一代户。丁克家庭是由具有生育能力，但自愿不要子女的夫妇组成的家庭。丁克家庭的成员一般都是工薪阶层，有稳定的收入，消费水平也很高，他们一般是社会上的中产阶级。而空巢家庭是在家庭生命周期的最后一个阶段，无子女或虽有子女，但因子女长大成人后外出工作、学习离开老人生活，使老人独守“空巢”的家庭。2015 年全国 1% 人口抽样调查数据显示，四川省家庭中一代户的占比达到 33.84%。一代户中包括空巢家庭、丁克家庭以及单身家庭，由于单身家庭属于一人户，2015 年四川一人户家庭的占比为 15.07%，因此，可以看出空巢家庭和丁克家庭等由夫妻两人组成的家庭类型所占的比重更大，已成为重要的社会现象。

其二，农村留守家庭占比较大。农村劳动力的外流在增加农民收入、推动城市化进程、促进劳动力从农业向其他产业转移方面都发挥了积极的作用。在农村劳动力大量外出的过程中，一种新的社会现象表现得日益突出，那就是“386199”现象，这组数字分别用妇女、儿童、重阳三个节日代表了不同的群体，“38”代表妇女，“61”代表儿童，“99”代表老年人，这组数字的意指以男性为主的中青年劳动力的外出使得农村中留守的家庭成员主要由妇女、儿童和老年人构成，我们将这样的家庭称为“留守家庭”。2015

年全国1%人口抽样调查数据显示，2015年四川农村留守家庭占农村家庭的35.20%，也就是说农村家庭中超过1/3的为留守家庭。

其三，流动家庭增多。流动家庭在本文中主要指家庭中由一个或者部分家庭成员流动带动整个家庭的流动。据2015年全国1%人口抽样调查数据显示，流动家庭约占四川家庭总户数的14.74%。流动家庭给四川经济增长注入了活力，也使得四川省的城市承载力、社会管理、基本公共服务面临压力。

二　不同人群的婚姻与家庭特征

（一）不同群体婚姻的表现形态

影响婚姻状况主要有个人、家庭、社会等方面的因素，其中个人因素主要包括年龄、职业、民族、受教育程度等，下面将按照年龄、受教育程度、职业、民族将人口划分为不同群体，探讨不同群体的婚姻表现形态。

1. 不同年龄群体的婚姻表现形态

年龄与个人的身体发育状况、心理发展状况紧密相关，而个人的身体发育状况、健康程度以及心理发展状况影响着个人做出是否进入婚姻的抉择，同时也影响着婚姻的质量以及稳定性。而且，在法律上，年龄是个人进入婚姻的硬性约束条件。

本研究中将人口年龄阶段划分为青少年（15~19岁）、青年（20~29岁）、中青年（30~39岁）、中年（40~59）、老年（60岁及以上）五个群体。青少年群体未达到法定结婚年龄，且大部分还在上学，因此其婚姻的表现形态以未婚为主。青年群体初步涉入社会，在发展事业的同时也开始求偶，其有配偶的比例显著高于青少年群体。中青年群体面临着结婚、组成家庭、生育的任务，其婚姻表现形态以有配偶为主。中年群体的婚姻状况趋于稳定，但是由于承担着抚养子女、赡养老人的责任，生活压力大、夫妻冲突增加，可能导致离婚比例上升。老年群体的婚姻状况也较为稳定，但是随着年龄增加，身体机能逐步下降，易受疾病侵袭、因此丧偶风险增加。从2015年全国1%人口抽样调查的数据来看，五类群体的婚姻状况与上述分析一致，即青少年群体的未婚比例高（98.25%），中青年、中年群体虽然有配偶比例高，但是婚姻稳定性差，老年群体的丧偶比例高（24.02%）（见表7）。

表7　按年龄划分不同群体的婚姻表现形态

单位：%

	未婚	有配偶	离婚	丧偶
青少年(15~19岁)	98.25	1.72	0.02	0.01
青年(20~29岁)	54.12	44.77	1.06	0.05
中青年(30~39岁)	6.59	89.06	3.90	0.44
中年(40~59岁)	2.19	92.24	3.21	2.36
老年(60岁及以上)	2.37	72.59	1.01	24.02

除以上情况外，还应关注以下问题。

一是青少年群体的早婚现象仍然存在。因15~19岁青少年群体大部分正处于求学阶段，且未达到法定结婚年龄，故其未婚比例较高，属于正常现象。但在本该求学的阶段，仍有部分青少年步入婚姻（1.72%），可见早婚现象仍然存在。早婚可能会阻碍青少年群体的求学与深造，同时也不利于优生优育，因此应重视青少年群体的早婚现象。

二是青年群体有推迟结婚的趋势。青年群体的未婚比例达54.12%，比有配偶比例高9.35个百分点。青年群体初步涉入社会，在发展事业的同时也开始寻求配偶，组成家庭。青年群体的未婚比例高于有配偶比例，说明青年群体推迟结婚的人口增加，这种现象与整个社会的经济发展、教育事业的扩张、"晚婚晚育"计生政策的宣传及个人婚育观念的变化有关。由于这个年龄段处于黄金生育年龄阶段，因而未婚比例较高可能会降低总和生育率水平。

三是中青年、中年群体的婚姻稳定性差。中青年群体离婚比例为3.90%，中年群体的离婚比例为3.21%。虽然大部分中青年、中年群体处于有配偶状况，但是婚姻的稳定性相比其他群体较差。中青年群体易冲动离婚，而中年群体由于夫妻感情已由初期的浓烈转为平淡，且承担着抚养子女、赡养老人的责任，生活压力大，夫妻之间的冲突增加，容易出现婚姻危机，导致离婚。中青年、中年群体的离婚比例高，可能导致离婚后子女教育问题、重组家庭等社会问题。

四是老年群体的丧偶可能性大。老年群体的丧偶比例高达24.02%，虽然老年群体的婚姻状况较为稳定，但是随着年龄的增长，老年人的身体健康水平下降，丧偶的风险逐渐增多，与其他群体相比，老年群体的丧偶可能性更大。丧偶老人面临着心理、生活、身体健康等多方面的问题，需要引起社会的关注。

2. 不同受教育程度群体婚姻的表现形态

婚姻建立在一定的物质基础之上，同时也对精神层面的交流提出了要求。按受教育程度将人群划分为初中及以下、高中、大学专科及以上群体。从受教育程度来看，大学专科及以上的群体未婚比例最高，占47.72%；初中及以下的群体有配偶的比例最高，达79.28%。受教育程度为高中的群体离婚比例最高，达2.36%；初中及以下的群体丧偶比重最高，达8.78%。首先，受教育程度与年龄紧密相关，而年龄又是影响个人婚姻状况的重要因素。受教育程度较高的主要是青少年、青年群体，其本身未婚比例高，有配偶、离婚、丧偶比例低。而受教育程度较低的主要是中年、老年群体，其本身的未婚比例低，有配偶、离婚、丧偶比例高。其次，受教育程度影响人们的生活方式、就业方式、择业范围、职业层次、收入水平，也影响婚姻质量与婚姻稳定性，进而影响婚姻的状况（见表8）。

表8　不同受教育程度群体婚姻的表现形态

单位：%

	未婚	有配偶	离婚	丧偶
初中及以下	9.66	79.28	2.28	8.78
高中	39.60	57.03	2.36	1.01
大学专科及以上	47.72	50.44	1.41	0.42

从不同受教育程度群体的婚姻表现形态情况来看，可以发现以下问题。

一是伴随受教育程度的提高，未婚的比例上升、有配偶的比例下降。伴随受教育程度的提高，人们更有可能获得稳定、收入高的工作，在经济上具备独立性与自主性，对待婚姻的态度更加慎重。而且受教育程度较高的群体更容易接受“晚婚晚育”的观念，自愿晚婚的人口增加，因此伴随受教育程度的提高，未婚的比例上升、有配偶的比例下降。

二是伴随受教育程度的提高，离婚、丧偶的比例下降。在婚姻的稳定性方面，虽然受教育程度低的群体较早进入婚姻，但其婚姻的稳定性显著低于受教育程度高的群体。而受教育程度高的群体，进入婚姻的时候更为理性，加之婚姻的物质基础较好，维系婚姻的能力明显增强，婚姻的稳定性强，离婚的可能性降低。

三是受教育程度越高的群体，其工作的环境可能更加优越，遭受意外事故的可能性更小，且受他们具备足够的经济能力去获得更好的医疗服务，因此丧偶比例伴随受教育程度的提高而减少。

根据受教育程度与婚姻表现形态的关系，可以大致估测，未来随着四川人口受教育程度进一步提高，自愿晚婚的婚龄人口将逐渐增加，未婚比例上升、有配偶、离婚、丧偶比例下降。人们推迟进入婚姻的年龄，对待婚姻的态度更加慎重，婚后更加重视婚姻质量。

3. 不同职业群体婚姻的表现形态

不同的职业意味着拥有不同的社会地位与社会资源，可能会潜在影响个人的婚姻质量。从职业来看，不便分类的其他从业人员的未婚比例最高（47.77%），党的机关、国家机关、群众团体和社会组织、企事业单位负责人有配偶的比例最高（89.28%），办事人员和有关人员的离婚比例最高（3.47%），农、林、牧、渔业生产及辅助人员的丧偶比例最高（5.43%）（见表9）。

一是不便分类的其他从业人员的未婚比例高。不便分类的其他从业人员主要是灵活就业人员，或因为调查者填写的职业无法识别，所以将其归类为不便分类的其他从业人员。不便分类的其他从业人员主要集中青少年群体（20.74%）、青年群体（25.08%），这两个群体的未婚比例本身较高。同时不便分类的其他从业人员的工作不稳定、收入相对较低、社会地位相对低、择偶难度大，因此未婚比例较高。

表9　不同职业的婚姻表现形态

单位：%

	未婚	有配偶	离婚	丧偶
党的机关、国家机关、群众团体和社会组织、企事业单位负责人	7.99	89.28	2.32	0.41
专业技术人员	20.19	77.34	2.03	0.45
办事人员和有关人员	15.52	80.56	3.47	0.44
社会生产服务和生活服务人员	16.63	79.18	3.21	0.98
生产制造及有关人员	14.06	82.22	2.92	0.80
农、林、牧、渔业生产及辅助人员	9.80	82.87	1.91	5.43
不便分类的其他从业人员	47.77	50.64	0.64	1.27

二是办事人员和有关人员的婚姻稳定性差。办事人员和有关人员是指办事人员和安全、消防人员。办事人员和有关人员主要集中在青年群体（24.87%）、中青年群体（25.38%），中青年群体的离婚比例本身较高，同时由于办事人员和有关人员的职业关系，其工作接触的人群多、压力大，可能造成夫妻之间的交流少，从而影响了婚姻的稳定性。

三是农、林、牧、渔业生产及辅助人员的丧偶可能性大。第六次全国人口普查以及2015年全国1%人口抽样调查的数据均显示农、林、牧、渔业生产及辅助人员的丧偶比例最高。首先农、林、牧、渔生产及辅助人员主要集中在中年（49.38%）、老年群体（24.65%），老年群体由于身体机能下降，其本身的丧偶风险较高。另外，农、林、牧、渔业生产及辅助人员的丧偶可能性大还与该职业工作艰苦、收入不高、生活条件相对较差、社会保障状况相对较差等因素相关。根据四川省国民经济和社会发展“十三五”规划中关于未来的产业结构调整以及就业优先发展战略内容，可以预计未来农、林、牧、渔业生产及辅助人员的人数将减少，党的机关、国家机关、群众团体和社会组织、企事业单位负责人将小幅增加，专业技术人员、办事人员和有关人员、社会生产服务和生活服务人员、生产制造人员、不便分类的其他从业人员人数将显著增加。这一职业发展趋势使得未来四川的婚姻状况可能呈现出未婚比例上升、有配偶比例小幅降低、丧偶比例下降的态势。

4. 不同民族婚姻的表现形态

由于生产方式、生活方式、经济发展水平、地理环境、社会、文化、宗教、风俗习惯等方面的差异，使得汉族与少数民族的婚姻状况存在差异。按民族类别，将人口划分为汉族与少数民族群体来分析，不管是汉族还是少数民族，有配偶比例均为最高，离婚比例均为最低；与汉族相比，少数民族有配偶、离婚、丧偶的比例较低，分别低 9.82 个、0.84 个、0.14 个百分点；少数民族的未婚比例较高，比汉族高 10.81 个百分点。与少数民族相比，虽然汉族的有配偶比例较高，但是其婚姻的稳定性低于少数民族（见图 5）。

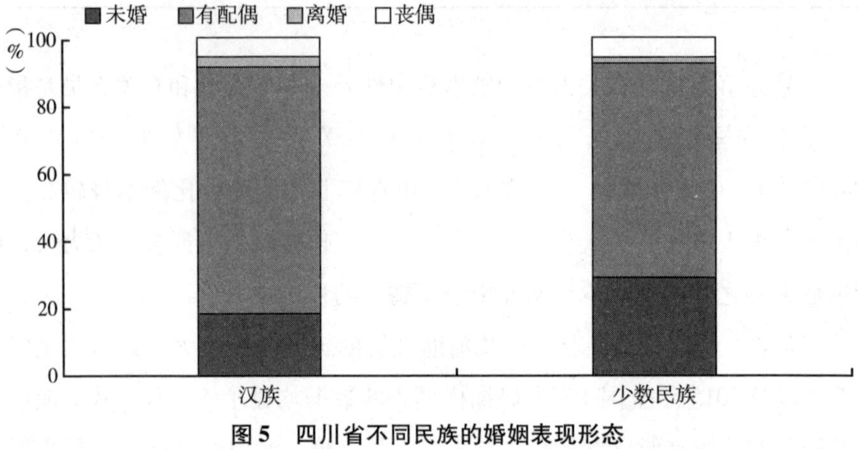

图 5　四川省不同民族的婚姻表现形态

（二）不同人群家庭的表现形态

随着社会的转型、低生育率的持续、家庭经济条件的改善，四川的家庭类型逐渐从“大家庭”裂变为“小家庭”。2015 年四川省家庭类型仍以二代户及以下户为主，占家庭户总数的 77.07%。其中一代户以夫妇户为主，二代户以标准核心家庭为主。家庭代际的减少，也意味着家庭结构的扁平化，代际间传统互哺功能和传承功能的弱化。影响家庭代际变动的因素主有个人、家庭经济状况、文化观念等因素。下面将按照年龄、受教育程度、职业、民族、健康程度将人口划分为不同群体，探讨不同群体家庭代际的表现形态。

1. 不同年龄群体家庭代际的表现形态

年龄对家庭代际的影响体现在，在家庭生命周期的不同阶段，家庭成员面临结婚、生子、子女上学、丧偶等重大事件，使得家庭代际发生变动。本报告按年龄将人口划分为0~19岁、20~49岁、50岁及以上三个群体。主要是因为年龄为0~19岁时，对父母的依赖较大，倾向于与父母同住；20~49岁开始恋爱、结婚，生子，造成家庭代际变动较大；50岁及以上，女性丧失生育能力，家庭代际变化趋于稳定。数据发现，当家庭成员年龄为0~19岁，其家庭为三代户的可能性更大；家庭成员中有人年龄为20~49岁，其家庭为二代户的可能性更大；户主年龄在50岁及以上，其家庭为三代户的可能性更大。说明随着户主年龄的增加，家庭代际的变动模式基本为“三代户—二代户—三代户”，即当户主未成年时，家庭代际为三代户的可能性更大，当户主成年后，家庭为二代户的可能性更大，当户主迈入老年，家庭代际为三代户的可能性更大。证实了家庭的代际变动与抚幼需求、养老需求紧密相关（见表10)。

表10　家庭成员年龄与家庭代际

单位：%

年龄	一代户	二代户	三代户及以上
0~19岁	11.83	18.58	69.59
20~49岁	6.73	76.04	17.23
50岁及以上	18.65	32.43	48.93

2. 不同受教育程度群体家庭代际的表现形态

按照受教育程度将人口划分为初中及以下、高中、大学专科及以上群体。从户主的受教育程度来看，当户主的受教育程度为大学专科及以上时，家庭为一代户的比例较高（17.49%)。当户主的受教育程度为初中及以下时，家庭为三代户的比例较高（34.86%）。可见当户主受教育程度较高时，受现代观念的影响，婚后追求独立、分居的意愿强烈，再加上该群体的经济状况相对较好，故选择一代户的可能性大，选择三代同住的可能性小（见表11）。

表11　户主受教育程度与家庭代际

单位：%

学历	一代户	二代户	三代户及以上
初中及以下	12.01	53.13	34.86
高中	15.00	58.89	26.11
大学专科以上	17.49	56.08	26.44

3. 不同职业群体家庭代际的表现形态

从户主的职业来看，户主职业为办事人员和有关人员的一代户的比例最高（16.32%），职业为生产制造及有关人员的二代户的比例最高（73.52%），职业为农、林、牧、渔业生产及辅助人员的三代户及以上的比例最高（34.94%）。由于农、林、牧、渔业生产及辅助人员多为农村户籍，而在当下农村，由于子女数量减少和社会化养老服务发展缓慢，使得老年父母多依赖子女养老，故而农、林、牧、渔业生产及辅助人员选择三代同居的可能性大（见表12）。

表12　户主的职业与家庭代际

单位：%

职业	一代户	二代户	三代户及以上
党的机关、国家机关、群众团体和社会组织、企事业单位负责人	13.48	63.35	23.17
专业技术人员	14.08	62.38	23.54
办事人员和有关人员	16.32	60.18	23.50
社会生产服务和生活服务人员	11.51	64.63	23.85
农、林、牧、渔业生产及辅助人员	10.27	54.80	34.94
生产制造及有关人员	6.96	73.52	19.52
不便分类的其他从业人员	13.51	59.46	27.03

4. 不同民族家庭代际的表现形态

按照民族将人口划分为汉族和少数民族群体。汉族与少数民族在思想观念、生活生产方式、风俗习惯等方面存在的差异，可能会影响到家庭的代际情况。从数据中可以发现，汉族与少数民族相比，其家庭为一代户的比例更大，为二代户的比例更小（见图6）。这主要是因为汉族受现代观念的影响较深，家庭成员追求私人空间的意愿强烈，而少数民族更倾向于家庭成员共同居住、共同参与生产，扩大式的家庭是其理想的家庭类型。

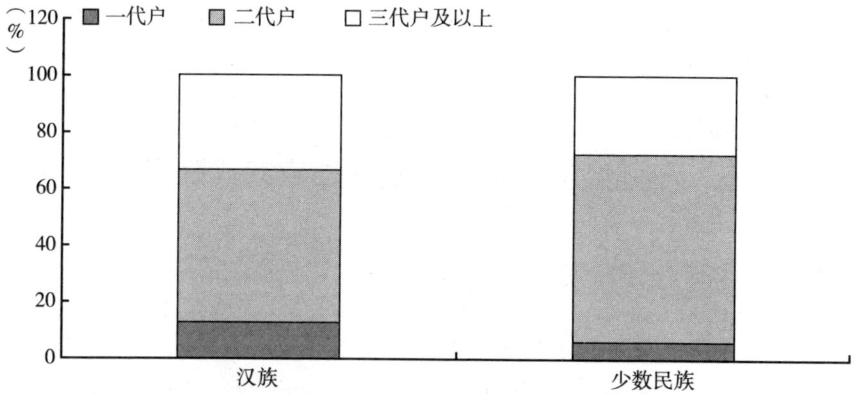

图6 户主民族与家庭代际

5. 不同健康水平群体家庭代际的表现形态

老年人的身体健康水平决定着其自理能力以及是否需要子女照顾，从而影响家庭代际状况。当家庭中老年人的健康状况较好、自理能力较强，老年人倾向于独自居住；而当老年人的健康状况较差，自理能力较弱时，需要子女照顾，多与子女共同居住。从生活不能自理到身体健康，可以认为身体健康水平是逐步提高的。数据发现，当老年人的健康状况较差时，家庭为二代户的比例较大；当老年人健康状况较好时，家庭为一代户的比例较大。证实了老年人的健康状况将影响家庭居住安排，进而影响家庭代际状况（见图7）。

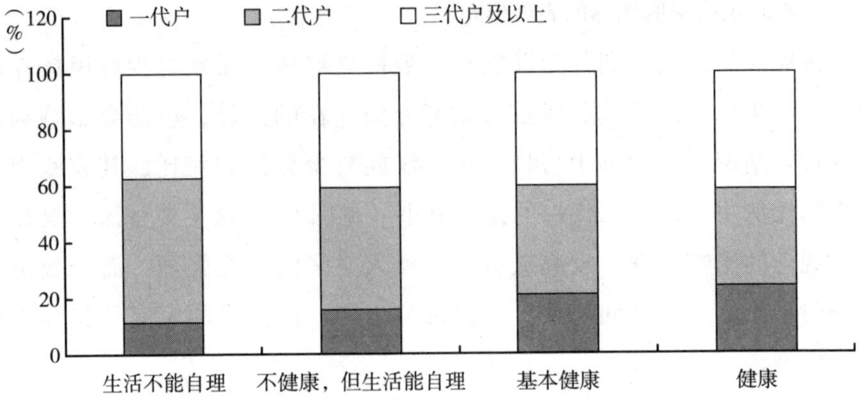

图7　60岁及以上老人身体健康水平与家庭代际

三　不同经济状况下的婚姻与家庭代际特征

（一）不同经济状况下的婚姻

婚姻建立在一定的物质基础之上，经济因素影响着婚姻的缔结与婚姻关系的维系。家庭的经济状况可以从家庭的住房来源、住房间数、住房设施来进行考察。

从住房来源、住房设施来看，婚姻的表现形态并无较大差异，但其中租赁住房的群体离婚比例较高（3.27%）。这是因为需要租赁住房的主要是流动家庭，而流动家庭婚姻的稳定性低于非流动家庭。家庭中无厨房或无厕所的群体家庭经济水平相对较低，而户主未婚的比例相对高。从住房间数来看，随着住房间数的增加，家庭的经济水平上升，同时婚姻状况呈现出未婚比例下降、有配偶比例增加、离婚比例下降、丧偶比例减少的趋势。这说明家庭的经济状况影响着婚姻的表现形态。从家庭的经济状况来看，可以发现经济状况较好的家庭成员在婚姻市场中择偶相对容易，并且丧偶的风险低，但是婚姻的稳定程度并未随着经济水平的提升而显著增强（见表13）。

表 13　家庭住房状况与婚姻状况

单位：%

项目		婚姻状况			
		未婚	有配偶	离婚	丧偶
住房来源	购买住房	14.49	77.93	2.89	4.68
	自建住房	18.92	72.07	2.06	6.95
	租赁住房	18.30	74.20	3.27	4.23
	其　他	17.13	73.40	3.11	6.36
住房间数	一　间	20.55	65.58	4.19	9.68
	二　间	17.31	71.74	3.68	7.26
	三　间	17.49	74.16	2.47	5.88
	四　间	18.38	73.45	1.97	6.20
	五间及五间以上	17.87	74.54	1.65	5.94
住房设施	有厨房	17.59	73.85	2.34	6.22
	无厨房	23.14	66.71	2.48	7.67
	有厕所	17.42	74.10	2.35	6.13
	无厕所	22.23	67.48	2.33	7.96

（二）不同经济状况下的家庭代际

经济因素是影响家庭代际变动的主要因素之一，家庭经济状况主要从住房来考察，因为住房状况是决定家庭成员居住安排的经济基础，可能会影响到家庭的代际状况。从家庭住房来源来看，家庭经济状况越好，其家庭为一代户、二代户的可能性增加，为三代户的可能性降低。从家庭住房间数、住房面积来看，家庭的住房间数越多、住房面积越大，其家庭为二代户的可能性越大，为一代户、三代户的可能性降低。从家庭住房设施来看，家庭中有厨房、有厕所，其家庭为一代户、二代户的可能性增加，为三代户的可能性降低；可以发现家庭经济状况较好时，家庭为一代户、二代户的可能性更大；而当家庭的经济状况较差时，其家庭主要依靠家庭成员之间的互帮互助实现养老、抚幼功能，所以三代同住的可能性更大（见表 14）。

表 14　家庭住房状况与家庭代际

单位：%

项目		一代户	二代户	三代户及以上
住房来源	购买住房	18.19	56.02	25.79
	自建住房	10.11	55.65	34.24
	租赁住房	17.95	40.43	41.62
住房间数	一　间	18.58	31.01	50.41
	二　间	19.89	48.47	31.64
	三　间	14.19	58.21	27.60
	四　间	10.22	58.91	30.88
	五间及五间以上	7.01	55.59	37.40
住房建筑面积	90 平方米及以下	18.32	48.02	33.66
	91~150 平方米	11.04	59.16	29.80
	151 平方米及以上	6.83	55.11	38.06
住房设施	独立使用厨房	12.86	54.70	32.44
	合用厨房	16.33	46.61	37.05
	无厨房	11.37	53.27	35.36
	独立使用厕所	13.05	54.81	32.14
	合用厕所	12.57	50.88	36.55
	无厕所	11.77	54.09	34.14

四　不同地域空间的婚姻状况和家庭状况

（一）婚姻状况的地区差异

2015 年，四川 15 岁及以上人口的性别比为 99.05，而 2010 年的性别比为 99.93，可见 15 岁及以上人口的性别比有所下降。在四川婚龄人口中，未婚的为 18.86%，有配偶的为 72.38%，离婚的为 2.19%，丧偶的为 6.58%。与 2010 年相比，未婚的和丧偶的比例分别降低 0.90 个和 0.65 个百分点；有配偶的和离婚的比例则分别增加了 1.08 和 0.43 个百分点（见表 15）。①

① 注：本节 2010 年的数据均来自四川省 2010 年人口普查资料。下同，不再赘述。

1. 市（州）之间的差异

2015 年，各市（州）15 岁及以上婚龄人口占全省婚龄人口的比重，最高的是成都市，达 16.80%，比排在第二位的南充市高 10.16 个百分点；最低的是阿坝州，仅占 0.93%。2015 年四川婚龄人口性别比最高的是阿坝州，为 105.50；最低的是乐山市，为 92.32。从未婚人口来看，2015 年四川未婚人口比重最高的仍是甘孜州，占 34.98%，比 2010 年的 33.56% 高 1.42 个百分点；最低的是眉山市，仅占 13.12%。而 2010 年未婚人口占全省比重最低的广元市，2015 年上升到 19.62%，比 2010 年高 3.51 个百分点。从离婚人口来看，离婚人口比重最高的是攀枝花市，为 3.51%；最低的是巴中市，为 1.18%。从丧偶人口来看，丧偶人口比重最高的是自贡市，为 8.57%；最低的是成都市，为 4.47%（见表 15）。

表 15　2015 年四川各市（州）人口婚姻状况

单位：%

地区	15 岁及以上人口			婚姻状况		
	占全省比重	性别比	未婚	有配偶	离婚	丧偶
全　　省	100.00	99.05	18.86	72.38	2.19	6.58
成 都 市	16.80	95.04	22.11	70.97	2.46	4.47
自 贡 市	2.70	97.67	13.22	75.63	2.58	8.57
攀枝花市	1.29	102.39	15.70	75.50	3.51	5.29
泸 州 市	4.12	100.53	17.99	72.61	2.14	7.26
德 阳 市	3.88	103.88	21.71	69.35	2.57	6.37
绵 阳 市	5.09	101.93	17.85	72.30	2.50	7.35
广 元 市	2.74	100.28	19.62	71.72	1.77	6.89
遂 宁 市	3.31	97.48	15.80	73.94	2.22	8.04
内 江 市	3.71	94.24	16.36	73.98	2.34	7.32
乐 山 市	3.42	92.32	14.94	75.25	3.08	6.73
南 充 市	6.64	105.28	19.28	71.85	1.80	7.06
眉 山 市	3.09	97.88	13.12	77.60	2.33	6.95
宜 宾 市	4.27	98.38	17.81	72.18	2.52	7.50

续表

地区	15岁及以上人口			婚姻状况		
	占全省比重	性别比	未婚	有配偶	离婚	丧偶
广安市	3.16	93.36	19.78	71.04	1.38	7.80
达州市	5.27	100.04	16.36	74.50	1.70	7.44
雅安市	1.55	102.85	16.28	74.74	2.80	6.18
巴中市	3.40	107.28	22.00	70.13	1.18	6.69
资阳市	3.46	98.76	14.07	75.70	2.22	8.01
阿坝州	0.93	105.50	26.70	65.85	1.60	5.86
甘孜州	1.11	101.14	34.98	56.63	2.15	6.24
凉山州	4.17	102.37	20.57	72.53	1.19	5.71

2. 经济区之间的差异

与2010年保持一致，2015年各经济区15岁及以上婚龄人口占全省婚龄人口的比重，最高的仍是成都经济区（48.26%），其次依次是川东北经济区（25.22%）、川南经济区（17.59%）、攀西经济区（6.49%），最低的是川西北经济区（2.44%）。其中，成都和川南两个经济区的婚龄人口以女性居多。从未婚人口情况看，2015年未婚人口比重最高的是川西北经济区（30.84%），其次依次是川东北经济区（18.81%）、成都经济区（17.77%）、攀西经济区（17.51%），最低的是川南经济区（16.06%）。从有配偶人口情况看，2015年有配偶人口比重最高的是攀西经济区（74.26%），其次依次是川南经济区（73.93%）、成都经济区（73.18%）、川东北经济区（72.20%），最低的是川西北经济区，仅为61.24%，远远低于全省平均水平。从离婚人口情况看，2015年离婚人口比重最高的为川南经济区（2.53%）；但相比2010年，成都经济区虽降至第二位，离婚人口的比重上升了0.39个百分点，川东北经济区的比重仍旧最低，但也上升了0.39个百分点。从丧偶人口情况看，2015年丧偶人口最高的是川南经济区（7.48%），其次是川东北经济区（7.32%）和成都经济区（6.63%），丧偶人口比重均高于全省平均水平；最低的是攀西经济区（5.73%），其次是川西北经济区（6.05%）（见表16）。

表16　2015年四川分经济区人口婚姻状况

单位：%

地区	15岁及以上人口			婚姻状况		
	占全省比重	性别比	未婚	有配偶	离婚	丧偶
成都经济区	48.26	97.48	17.77	73.18	2.42	6.63
川东北经济区	25.22	101.77	18.81	72.20	1.67	7.32
川西北经济区	2.44	103.09	30.84	61.24	1.88	6.05
川南经济区	17.59	97.79	16.06	73.93	2.53	7.48
攀西经济区	6.49	102.38	17.51	74.26	2.50	5.73

（二）家庭规模的地区分布

1. 成都家庭户数比重居全省首位

分市（州）来看，2015年成都家庭户数占全省家庭户总数的18.54%，位居全省首位；阿坝州的家庭户数最少，仅占0.91%。与2010年相比，泸州市、德阳市、南充市、眉山市、宜宾市、广安市、巴中市、资阳市、凉山州家庭户数所占比重有所减少，其他市（州）家庭户数所占比重均有所增加。其中，成都市的家庭户比重上升幅度最大，2015年比2000年增加了0.91个百分点；德阳市的家庭户比重减少最多，2010年比2000年下降了0.59个百分点（见表17）。

表17　四川分市、州家庭户分布和变动情况

单位：%

地区	2015年	2010年	较2010年±
成都市	18.54	17.63	0.91
自贡市	3.53	3.24	0.29
攀枝花市	1.54	1.47	0.07
泸州市	4.82	4.92	-0.10
德阳市	4.44	5.03	-0.59
绵阳市	6.54	6.48	0.06
广元市	3.28	3.22	0.06
遂宁市	4.24	3.98	0.26

续表

地区	2015 年	2010 年	较 2010 年 ±
内 江 市	4.98	4.66	0.32
乐 山 市	4.17	4.13	0.04
南 充 市	7.80	7.93	-0.13
眉 山 市	3.72	3.92	-0.20
宜 宾 市	5.21	5.50	-0.29
广 安 市	4.08	4.37	-0.29
达 州 市	6.59	6.49	0.10
雅 安 市	1.80	1.79	0.01
巴 中 市	3.71	3.72	-0.01
资 阳 市	4.64	5.07	-0.43
阿 坝 州	0.91	0.87	0.04
甘 孜 州	1.06	0.98	0.08
凉 山 州	4.40	4.59	-0.19

2. 川南和川西北经济区的家庭户数比重在下降

分经济区看，2015 年家庭户数占全省比重最高的是成都经济区，为 37.88%，其次分别是川东北、川南、攀西经济区和川西北经济区。与 2010 年比，川南经济区和川西北经济区的家庭户数占全省比重有所上升（见表 18）。

表 18 四川分经济区家庭户分布和变动情况

单位：%

地区	2015 年	2010 年	较 2010 年 ± 百分点
成都经济区	37.88	38.13	-0.25
川东北经济区	29.70	29.72	-0.02
川南经济区	22.71	22.46	0.25
川西北经济区	1.97	1.85	0.12
攀西经济区	7.74	7.85	-0.11

3. 家庭户规模市（州）分布差异较大

2015 年全国 1% 人口抽样调查的数据显示，四川家庭户规模的地区间差异较大。分市（州）看来看，2015 年家庭户规模最大的是甘孜州，其次是凉山州和阿坝州，户均人口在3.6人以上；家庭户规模最小的是绵阳，其次是成都、内江市，户均人口在2.9人以下。各市（州）之间户均人口规模差距最大达到1.25人，泸州、眉山等9个市（州）户均人口超过全省平均水平。与2010年相比，2015年自贡、攀枝花、遂宁、内江、巴中、甘孜6个市（州）家庭户规模均有所减少，其中，内江市下降最多，2015年比2010年下降了0.18人（见表19）。

表19　2015年四川分市（州）平均家庭户规模

单位：人/户

地区	2015年	2010年	较2010年±	与全省比较	在全省排名
全　省	3.03	2.95	0.08	—	—
成都市	2.81	2.72	0.09	-0.22	19
自贡市	2.94	3.09	-0.15	-0.09	13
攀枝花市	2.97	3.00	-0.03	-0.06	12
泸州市	3.30	3.20	0.10	0.27	5
德阳市	2.92	2.68	0.24	-0.11	16
绵阳市	2.69	2.62	0.07	-0.34	21
广元市	2.91	2.81	0.10	-0.12	17
遂宁市	2.93	3.06	-0.13	-0.10	15
内江市	2.83	3.01	-0.18	-0.20	20
乐山市	2.92	2.89	0.03	-0.10	14
南充市	3.02	2.94	0.08	-0.01	10
眉山市	3.04	2.82	0.22	0.01	9
宜宾市	3.21	3.07	0.14	0.18	7
广安市	2.98	2.77	0.21	-0.05	11
达州市	3.18	3.13	0.05	0.15	8
雅安市	3.26	3.11	0.15	0.23	6
巴中市	3.33	3.34	-0.01	0.30	4
资阳市	2.90	2.74	0.16	-0.13	18
阿坝州	3.69	3.67	0.02	0.66	3
甘孜州	3.94	4.00	-0.06	0.91	1
凉山州	3.94	3.72	0.22	0.91	2

4. 成都经济区家庭户规模低于全省平均水平

分经济区看，2015 年除成都经济区外，其他经济区的家庭户规模均高于全省平均水平，其中川西北经济区的户均人口最多，比全省平均水平多 0.79 人。与 2010 年相比，成都经济区、川东北经济区的家庭规模有所上升，而攀西经济区的家庭规模下降得最大（见表 20）。

表 20　2015 年四川分经济区平均家庭户规模

单位：人/户

地区	2015 年	2010 年	较 2000 年 ±	与全省比较
成都经济区	2.87	2.71	0.16	-0.16
川东北经济区	3.06	3.01	0.05	0.03
川南经济区	3.04	3.06	-0.02	0.01
川西北经济区	3.82	3.85	-0.03	0.79
攀西经济区	3.39	3.44	-0.05	0.36

（三）家庭结构的地区差异

1. 三州地区家庭类型以四人及以上户为主

2015 年全国 1% 人口抽样资料显示，四川地区间家庭类型差异较大。分市（州）看，除甘孜州、阿坝州和凉山州外，其他市与全省平均水平保持一致，主要集中在 2～3 户。从一人户看，排在前三位的依次是内江市（19.50%）、绵阳市（18.65%）和遂宁市（18.09%），所占比重均超过 18%；排在后三位的依次是凉山州（8.58%）、雅安市（10.74%）和巴中市（11.16%），所占比重均低于 9%。从二人户看，所占比重最大的是绵阳市，为 30.82%。从三人户看，排在前三位的依次是成都市（29.47%）、德阳市（29.02%）和眉山市（27.17%）；排在后三位的依次是甘孜州（15.99%）、凉山州（17.53%）和阿坝州（18.55%）。从四人户看，排在前三位的依次是巴中市（22.83%）、阿坝州（22.40%）和达州市（21.88%）；排在后三位的依次是绵阳市（13.63%）、成都市（14.37%）

和德阳市（15.23%）。从五人及以上户看，排在前三位的依次是凉山州（37.96%）、甘孜州（35.62%）和阿坝州（29.17）；排在后三位的依次是绵阳市（9.90%）、成都市（12.08%）和广元市（12.97%）（见表21）。

表21　2015年四川分市（州）家庭户规模

单位：%

地区	一人户	二人户	三人户	四人户	五人及以上户
全　省	15.07	25.81	25.39	17.41	16.32
成都市	16.78	27.30	29.47	14.37	12.08
自贡市	16.91	27.29	24.76	15.90	15.13
攀枝花市	16.44	25.02	26.74	16.66	15.14
泸州市	12.65	21.68	24.47	19.85	21.35
德阳市	13.83	28.36	29.02	15.23	13.55
绵阳市	18.65	30.82	26.99	13.63	9.90
广元市	14.52	28.92	26.46	17.14	12.97
遂宁市	18.09	27.13	22.64	16.89	15.26
内江市	19.50	27.06	24.63	15.74	13.07
乐山市	14.49	28.60	27.01	15.69	14.19
南充市	13.92	26.88	25.26	18.97	14.97
眉山市	12.96	26.27	27.17	18.19	15.42
宜宾市	14.77	22.70	23.14	18.87	20.52
广安市	16.14	27.31	22.21	18.72	15.62
达州市	11.74	24.34	24.41	21.88	17.62
雅安市	10.74	21.40	27.04	21.14	19.68
巴中市	11.16	23.32	21.30	22.83	21.38
资阳市	17.28	27.04	24.50	17.18	13.99
阿坝州	13.57	16.32	18.55	22.40	29.17
甘孜州	15.99	14.95	15.99	17.49	35.62
凉山州	8.58	14.91	17.53	21.02	37.96

2. 各市（州）有老年人的家庭户比重均有所提高

2015年，四川省有65岁及以上老人的家庭户数占家庭户总数的比重高达30.59%，比2010年的26.01%上升了4.58个百分点。从地区结构看，2015年，有65岁及以上老人的家庭户数占地区家庭户总数的比重位于前三位的依次是自贡市（37.19%）、眉山市（35.12%）和资阳市（34.52%），较2010年分别提高6.47个、5.29个和5.16个百分点；排在后三位的依次是甘孜州（23.86%）、凉山州（23.41%）和阿坝州（25.54%），比2010年分别提高1.75、1.90和2.81个百分点。除成都市、攀枝花市、广元市、宜宾市、雅安市、阿坝州、甘孜州和凉山州8个市（州）外，其他市（州）有65岁及以上老人的家庭户比重均高于全省平均水平（见表22）。

表22　2015年四川分市（州）有65岁及以上老人的家庭户状况

单位：%

地区	2015年	2010年	较2010年±
全　　省	30.59	26.01	4.58
成都市	25.49	22.23	3.26
自贡市	37.19	30.72	6.47
攀枝花市	29.40	22.55	6.85
泸州市	31.97	28.80	3.17
德阳市	31.00	25.20	5.80
绵阳市	31.05	24.90	6.15
广元市	29.54	25.74	3.80
遂宁市	32.51	27.60	4.91
内江市	31.78	28.25	3.53
乐山市	32.00	27.99	4.01
南充市	33.72	27.88	5.84
眉山市	35.12	29.83	5.29
宜宾市	30.55	26.24	4.31
广安市	33.03	26.89	6.14
达州市	31.86	26.44	5.42
雅安市	29.36	26.69	2.67
巴中市	34.21	26.47	7.74
资阳市	34.52	29.36	5.16
阿坝州	25.54	22.73	2.81
甘孜州	23.86	22.11	1.75
凉山州	23.41	21.51	1.90

3. 五个经济区的二人户比重均超过一人户

分经济区看，五个经济区的二人户比重均超过一人户，成都经济区、川东北经济区和川南经济区均表现为二人户所占比重最大，川西北经济区和攀西经济区的五人及以上户比重最大。从二人户及以下情况来看，除成都经济区和川南经济区的外，其他经济区一人户、二人户比重均低于全省平均水平。与2010年相比，除川西北经济区的一人户略有所上升，其他经济区的比重均下降，五个经济区的二人户比重均有所上升。从三人户情况看，除成都经济区外，其他经济区所占比重均低于全省平均水平。与2010年相比，成都经济区和川西北经济区的比重有所下降，前者2015年比2010年减少了1.02个百分点，后者减少了0.51个百分点。从四人户及以上情况看，仅成都经济区的比重略低于全省平均水平。与2010年相比，川南经济区和攀西经济区的比重有所上升，前者上升了1.01个百分点，后者上升了2.05个百分点（见表23）。

表23　2015年四川分经济区家庭户规模

单位：%

地区	一人户	二人户	三人户	四人户	五人及以上户
成都经济区	15.90	27.96	27.43	15.72	12.99
川东北经济区	14.26	26.32	23.71	19.41	16.31
川南经济区	15.66	25.47	24.80	17.21	16.85
川西北经济区	14.78	15.63	17.27	19.95	32.40
攀西经济区	11.92	20.44	23.77	19.60	24.26

（四）家庭状况的城乡差异

1. 城镇平均家庭户规模仍小于农村，但二者间差距在缩小

2015年四川城镇、农村平均家庭户规模仅为2.91人/户、3.13人/户，前者比全省平均水平低0.12个百分点，后者比全省平均水平高0.10个百分点。与2010年相比，2015年城镇和农村的平均家庭户规模均有所上升，只是变动幅度有差异，城镇上升了0.17个百分点，农村仅上升了0.03个百分点，可见，城乡间平均家庭户规模的差距在缩小。这表明，在社会转型时期诸多现代因素的冲击下，特别是随着“全面两孩”政策推进，出生人口规模将进一步扩大，家庭规模也将发生改变，但是“小家庭”仍是主要家庭类型（见表24）。

表 24　2015 年和 2010 年四川分城乡平均家庭户规模

单位：人

地区	2015 年	2010 年	较 2010 年 ±
全　　省	3.03	2.95	0.08
城　　镇	2.91	2.74	0.17
农　　村	3.13	3.10	0.03

2. 城镇居民家庭三人户及以下的比重高于农村

分城乡看，2015 年四川城镇居民家庭三人户及以下所占比重为 70.78%，比农村高 8.49 个百分点，比全省平均水平高 4.51 个百分点，其中，一人户、二人户和三人户所占比重分别为 15.08%、27.45% 和 28.25%，分别比农村高 0.02 个、3.08 个和 5.39 个百分点。此外，四人户、五人户及以上所占比重分别为 15.80%、13.43%，分别比农村低 3.04 个和 5.45 个百分点。与 2010 年相比，城镇三人户及以下家庭比例均在降低，四人户及以上家庭比例均增加；农村二人户及以下家庭比例均降低，三人户及以上所占的比例增加。这种现象可解释为农村家庭规模表现出一定的稳定性，但城乡间居民家庭户规模的差距在缩小。

表 25　2015 年四川分城乡家庭户规模构成

单位：%

家庭户规模	全省	城镇	农村
一人户	15.07	15.08	15.06
二人户	25.81	27.45	24.37
三人户	25.39	28.25	22.86
四人户	17.41	15.80	18.83
五人及以上	16.32	13.43	18.88

3. 农村有老年人的家庭户比重高于城镇

与2010年相比，2015年四川有65岁及以上老人的家庭户中，无论城镇还是农村，有一个老人的户数比重均在降低，有二个65岁及以上老人的户数比重均在升高，但变动幅度不同。分城乡来看，城镇有一个65岁及以上老年人的户的比例低于农村，有二个65岁及以上老年人户的比例高于农村。城镇有单身老人户占有65岁及以上老人的家庭户比重的13.00%，比农村的15.20%低2.20个百分点。在65岁及以上老人的家庭户中，城镇有一个老人的户数为63.12%，较2010年的67.98%下降了4.86个百分比；农村有一个老人的户数为68.07%，较2010年的72.58%下降了4.51个百分点。

表26　2015年四川分城乡有65岁及以上老人的家庭户占家庭户比重

单位：%

	一个65岁及以上老年人的户				二个65岁及以上老年人的户				有三个65岁及以上老年人的户
	小计	单身老人户	一个老年人与未成年的亲属户	其他	小计	只有一对老夫妇的户	一对老夫妇与未成年的亲属户	其他	
城镇	63.12	13.00	1.06	49.76	35.71	15.78	0.99	18.94	0.46
农村	68.07	15.20	1.68	51.18	31.51	12.79	1.50	17.21	0.43

4. 农村老年人以家庭成员供养和劳动收入为主要生活来源

四川60岁及以上人口主要生活来源排在前三位的依次是家庭其他成员供养（34.59%）、离退休金养老金（28.05%）、劳动收入（27.94%），这三类比例之和高达90.58%。从城乡差异看，四川城乡60岁及以上老年人的生活来源存在差异。2015年，在60岁及以上人口中，城镇人口以离退休金养老金为主要生活来源（58.75%），农村人口则主要依靠家庭其他成员供养（41.70%）和劳动收入（38.86%）维持生活，其中，农村人口靠劳动收入供养的比重高于城镇人口28.22个百分点，靠家庭其他成员供养的比重高于城镇人口18.36个百分点（见表27）。

表 27　2015 年四川 60 岁及以上人口分户口性质生活来源情况

单位：%

	劳动收入	离退休金养老金	最低生活保障金	财产性收入	家庭其他成员供养	其他
全省	27.94	28.05	4.73	0.32	34.59	4.36
城镇	10.64	58.75	3.29	0.38	23.34	3.61
农村	38.86	8.68	5.64	0.29	41.70	4.84

五　主要结论

（一）晚婚趋势明显，婚姻稳定性下降

从纵向来看，四川婚龄人口的晚婚趋势比以往更加明显，离婚率也逐渐上升，婚姻的稳定性下降。一方面，社会转型与经济发展使得更多的家庭成员为了职业而流动，从而冲击了婚姻关系、降低了情感凝聚力。同时由于生活方式和价值观念的改变，人们进入婚姻以及解除婚姻关系时缺乏理性考虑，再加上夫妻双方的经济更加独立，很少为了共用资源而勉强维持婚姻的情形。另一方面，当面临拆迁补偿、买二套房、逃避夫妻债务、孩子上学等问题时，夫妻便采用“假离婚”方式，来获取利益。婚姻稳定是家庭幸福和社会和谐的必要前提，婚姻的稳定性下降势必会给家庭和社会带来不和谐的因素。

（二）婚姻同质性趋势明显，婚姻挤压形势严峻

目前，四川的婚姻总体上以同类婚①为主。如在受教育程度方面，教育同类是婚姻匹配的主要类型，男女性别差异导致的婚姻双方教育梯度匹配同样存在，即男性在自己所处的社会阶层以外择偶时，常常是“向下婚”；而女性在自己所处的社会阶层以外择偶时，常常是“向上婚”。与此同时，人

① “同类婚”是指个体更愿意选择与自己处于同一社会阶层、拥有相同文化背景的人结婚。

口出生性别比失衡，以及城乡社会二元发展和农村贫困等问题，导致四川社会中“甲女丁男”的“剩男剩女”面临择偶难、结婚难的难题，婚姻市场挤压现象严重。婚姻挤压问题给社会带来极大的不稳定因素，尤其是农村男性的婚姻挤压问题，可能滋生买卖婚姻、拐卖妇女、卖淫嫖娼等犯罪行为，不利于整个社会的稳定。

（三）家庭呈现核心化、多元化趋势

与2010年相比，四川的家庭户规模有所扩大，家庭类型仍以二代户的核心家庭为主，不同区域的家庭户规模、家庭类型存在差异，且不同人群和不同经济状况下家庭代际形态不尽相同。家庭户规模、结构、类型的变动使得家庭关系、家庭功能、家庭发展能力发生改变。总体而言，四川家庭呈现出核心化、形态多元化的特征。2015年、2010年四川家庭均以核心家庭为主，家庭核心化的趋势使得家庭更加关注对子女的教育，夫妻关系更加民主、平等，但同时也造成家庭可利用的成员资源减少，家庭抵御外在风险的能力减弱，家庭的养老功能弱化。家庭形态多元化的趋势表现为，空巢家庭、单亲家庭、农村留守家庭、流动家庭、独生子女家庭等新的家庭形态不断涌现。家庭形态多元化的使得现有政策、制度、外在社会支持体系需要重新调整以适应不同类型家庭的特殊需要。

（四）婚姻家庭受个人、家庭以及社会因素的相互作用

影响婚姻与家庭变迁的因素主要有经济发展、社会变迁、生育政策的调整、人口迁移等。就婚姻状况而言，在人口学特征方面的性别、年龄、民族、受教育程度、所在地，家庭经济状况方面的本人上周工作情况、本人职业、住房状况（类型、建成年代、厕所类型、厨房类型）、家庭拥有汽车的情况，本人参加社会养老保险、社会医疗保险状况都是影响15岁及以上人口婚姻状况的关键因素。可见，婚姻是个人因素、家庭因素以及社会因素相互作用、逐渐积累而最终导致的结果。总体而言，影响四川省婚姻与家庭变迁的因素主要是经济因素。但值得注意的是，由于人们所处的社会环境条件

不同，尤其是价值观念、生活方式、从事职业和经济收入情况的特殊性，在很大程度上影响人们的婚恋态度，进而直接影响着人们的择偶观、成婚时间选择。因此，婚姻状况不仅受到物质条件的制约，还受到自身的教育程度、职业性质、社会阅历等因素的影响。而在这些因素中，除了性别之外，其他因素都是可以通过政府相关政策的制定、婚育的科学管理等措施加以改进的。

六　政策建议

（一）进一步规范、健全婚姻政策，避免冲动离婚、杜绝“假离婚”

“假离婚”现象的存在与蔓延，滋生于当前社会诚信水平不高、社会管理制度不完善等大背景之下。如果在制度设计与执行上充分考虑到各种可能性，出现类似现象的概率自然就会减少。在其他政策制定过程中也应考虑对婚姻家庭的影响，例如，在审查廉租房、低保或房贷资格中，应对离婚者进行“离婚期限”规定或增加事实调查，以杜绝“突击离婚”“假离婚”现象。另外，针对“假离婚”现象，人民法院应和民政部门、计生部门、基层群众组织共同防范和制裁“假离婚”行为，法院要及时做好司法建议工作。

（二）推动人口性别比平衡、缩小城乡经济差距，缓解婚姻挤压

要缓解婚姻挤压问题，可以从推动人口性别比和缩小城乡经济差距两方面入手。从人口学角度看，要积极推动人口性别比（包括出生人口性别比）平衡；从社会学的角度看，则要为“大龄未婚”人口创造更宽松、包容、理解的社会环境和氛围，尊重他们的选择，同时积极创造条件为非意愿性的“大龄未婚”男女创造择偶、结婚的机会。同时，贫困地区的结婚成本高，要解决“丁男”摆脱因婚致贫、因婚负债的问题，就要大力发展农村经济，缩小城乡经济差距。只有从根本上解决经济问题，才能缓解目前贫困地区“丁男”的婚姻挤压问题。

（三）建立符合家庭核心化趋势的外部支持体系

家庭核心化阻碍了部分家庭功能的实现，例如家庭养老、抚幼功能。这一变化亟待政府、社会、企业承接部分家庭功能，建立符合家庭核心化趋势的外部支持体系。在就业方面，鼓励企业实行弹性工作制度或家庭 - 工作平衡政策，或就近设置幼儿园、托儿所，帮助家庭成员平衡工作与家庭。在医疗方面，应完善公共卫生服务，合理分配医疗资源，稳步推进大病医疗救助制度，避免家庭因病致贫。在教育方面，政府应继续加大教育方面的财政投入，开展多样化、多层次的文化活动满足家庭的学习需求，提高家庭成员的受教育程度。在社会保障方面，政府应切实落实医疗保险、养老保险参保问题，探索建立并落实各类各层次的社会救助制度，提高家庭应对风险的能力。在社会服务的供给方面，政府应联合企业、社会组织，整合社会服务资源，解决家庭服务碎片化问题。积极探索多元主体共同参与提供有效、优质的服务，拓展家庭服务内容，积极回应家庭变化后出现的新需求，其中政府主要通过资金转移支付方式，支持和引导居民购买养老、家庭护理、托幼等服务。可以尝试在社区成立家庭支持与服务中心，购买专业社工服务，预防与协助处理家庭危机。

B.5
四川少数民族人口变化对城镇化发展的影响

"四川少数民族人口变化研究"课题组*

摘　要：　四川省少数民族数量多，人口规模差异大，人口分布不均衡。全省有1000人以上少数民族22个，其中彝族、藏族和羌族三个少数民族占全省少数民族总人口的91.3%。在居住方式上，彝族聚居程度最高，其次是藏族、羌族、土家族、纳西族等，而壮族、回族、白族等则以散居为主，与汉族的居住融合度也更高。少数民族的城镇化发展也呈现出不均衡性。彝族、藏族和羌族三大少数民族城镇化发展滞后，显著落后于全省平均水平。城镇化发展较为落后的还有苗族、纳西族、傈僳族和土家族。白族、回族、壮族和满族城镇化率均高于汉族，人口发展较好。为此，应着眼于人口分布，促进人口发展，在民族地区加快推进新型城镇化建设，为城市迁移人口提供服务与管理等。

关键词：　少数民族　人口分布　人口发展　城镇化

一　四川少数民族人口规模

四川是一个以汉族为主的多民族省份。从人口构成上看，汉族人口占绝

---

* "四川少数民族人口变化研究"课题组领导小组：陈智、魏翰、康兰、杨璠、任利华、曾旭晖。

对多数，人口比重约为94%；但是少数民族人口持续增加，且增速超过汉族人口。全省少数民族人口总数在过去15年间从411.9万人增加到518.2万人，增加了106.3万人，增长25%；少数民族人口占全省总人口的比重也由2010年的5.00%提升到6.29%。同时，虽然四川省少数民族人口在全国少数民族总人口中的比重较低，但是总体上也呈上升趋势，四川少数民族人口比重从2000年的3.91%提升到2015年的4.42%（见表1）。

表1　四川省少数民族人口总计

单位：万人，%

类　别	2000年	2010年	2015年
四川省总人口	8234.8	8041.8	8241.8
其中：少数民族人口	411.9	490.8	518.2
少数民族比重	5.00	6.10	6.29
全国少数民族总人口	10522.6	11196.6	11735.0*
其中：四川省少数民族比重	3.91	4.38	4.42

注：全国少数民族总人口2015年数据来自国家统计局发布的《2015年全国1%人口抽样调查主要数据公报》。

数据来源：全国“五普”和“六普”数据汇总表，四川省2015年1%人口抽样汇总表。

四川省有甘孜、阿坝、凉山三个自治州，还有4个自治县和98个民族乡①。四川民族自治地区面积为30.49万平方公里，占全省总面积的62.9%。四川的少数民族构成以彝族、藏族和羌族为主，是全国最大的彝族聚居区、第二大藏族聚居区和唯一的羌族聚居区。截至2015年，四川有彝族人口274.4万，藏族人口163.8万，两者共计438.2万，占全省少数民族总人口的84.5%。全国有30.3%的彝族和23.8%的藏族人口分布在四川省。此外，四川有羌族人口35万，排在全省少数民族第三位，占全国羌族总人口的95.9%（见表2）。

① 参见四川省民族宗教事务委员会发布公告《四川省的少数民族乡》和《四川省少数民族县、自治县和享受少数民族待遇县》，http：//www. scmzw. gov. cn/，最后访问日期：2017年3月15日。

表 2　四川省 5000 人以上的少数民族人口数

民　族	2000 年（万人）	2010 年 全省人口（万人）	全国人口（万人）	占全国人口比重（%）	2015 年（万人）	15 年间人口增长率（%）
彝　族	212.2	264.4	871.4	30.3	274.4	29.3
藏　族	126.9	149.7	628.2	23.8	163.8	29.0
羌　族	30.1	29.7	31.0	95.9	35.0	16.3
苗　族	14.8	16.5	942.6	1.7	13.3	-9.6
回　族	11.0	10.5	1058.6	1.0	11.1	1.0
土家族	4.1	5.9	835.4	0.7	5.1	23.5
蒙古族	4.2	3.7	598.2	0.6	4.0	-5.7
纳西族	0.9	1.0	32.6	3.1	1.9	120.7
壮　族	0.7	1.0	1692.6	0.1	1.7	143.5
满　族	1.4	1.6	1038.8	0.2	1.5	7.2
傈僳族	1.9	2.1	70.3	3.0	1.3	-28.3
白　族	0.7	0.9	193.4	0.5	1.2	64.4
傣　族	0.7	0.8	126.3	0.6	0.7	4.5
布依族	0.8	0.9	287.0	0.3	0.6	-30.5
侗　族	0.2	0.2	288.0	0.1	0.6	229.9
其他少数民族	1.4	2.0	—	—	2.1	51.9

注：由于 2015 年全国 1% 人口抽样资料中暂缺分民族人口构成数据，故以 2010 年为准对四川省民族人口和全国民族人口进行比较。表中列出总人口 5000 人以上的少数民族是以 2015 年 1% 抽样数据为依据。

资料来源：全国“五普”和“六普”数据汇总表，四川省 2015 年 1% 人口抽样汇总表。

除了这三个主要的少数民族以外，其他少数民族在四川的人口较少，占全国本民族人口比重也较低。四川省人口超过 10 万的民族还有苗族和回族，人口分别是 13.3 万和 11.1 万，分别占全国本民族人口比重的 1.7% 和 1.0%。四川省人口在 10 万以下 1 万以上的民族依次有土家族、蒙古族、纳西族、壮族、满族、傈僳族和白族；在 1 万以下 5000 以上的民族依次是傣族、布依族和侗族；人口在 5000 以下 1000 以上的民族依次有瑶族、哈尼族、仡佬族、朝鲜族、维吾尔族和佤族。除了傈僳族和纳西族在全国本民族中人口比重达到 3% 以外，其他少数民族的人口比重均不到 1%。

从 2000 年到 2015 年之间，各少数民族人口增长率差异较大。全省彝族和藏族两大少数民族人口均稳步增长，人口增长率达到29%。羌族人口从2000年到2010年略有下降①，到2015年有了较快增长，累计增长率为16.3%。此外，在人口较多的少数民族中，苗族人口略有下降，回族人口基本保持不变。其他少数民族在15年间的三次调查中，人口数据均存在一定的波动。个别少数民族（如纳西族、壮族和侗族）的人口数出现剧增现象，可能存在多种因素的影响②。

二　四川少数民族的空间分布

四川省有3个自治州，分别是阿坝藏族羌族自治州、甘孜藏族自治州、凉山彝族自治州；有4个自治县，分别是凉山州的木里藏族自治县，乐山市的马边彝族自治县、峨边彝族自治县，绵阳市的北川羌族自治县。此外，四川省还有少数民族地区待遇县共16个（见表3）。

表3　四川省少数民族地区待遇县

市　名	区县名	市　名	区县名
攀枝花市	米易县、盐边县、仁和区	绵 阳 市	平武县
乐 山 市	金口河区	达 州 市	（宣汉县）
雅 安 市	石棉县、汉源县、宝兴县、（荥经县）	泸 州 市	（叙永县、古蔺县）
宜 宾 市	兴文县、（珙县、筠连县、屏山县）		

注：括号中的7个县为2014年新增。

表4和表5分别显示2010年和2015年主要少数民族在各市（州）的分布比重。总体上看，人口基数较大的三个少数民族在省内各区域的分布相对稳定，其他少数民族在2010年和2015年这两次调查点之间的人口分布有不同程度的变动。

① 我们推测羌族人口的减少与2008年5·12汶川地震有关，汶川一带是羌族的主要聚居区。

② 四川省内部分少数民族聚居区与云南和贵州交界，人口跨省流动是一个重要原因。此外，民族身份变更也会在短期内对人口数量产生较大的影响。

表 4　四川省主要少数民族分市（州）人口比重（2010 年）

单位：%

地　区	彝族	藏族	羌族	苗族	回族	土家族	蒙古族	纳西族	壮族	满族	傈僳族	白族	傣族	布依族	侗族	其他少数民族
成都市		2.2	4.6	3.5	20.0	16.1	11.3	3.0	39.2	52.4	1.2	19.1	5.4	14.6	46.7	41.7
自贡市									1.6	1.3				1.2	2.1	2.3
攀枝花市	5.4			2.4	3.3	2.8	1.5	31.0	8.6	8.9	48.2	28.8	47.7	2.9	8.1	5.3
泸州市				35.3	1.1	1.1			3.3	2.0			1.3	6.2	3.5	5.0
德阳市					1.9	1.0			3.0	4.2				1.7	1.3	2.3
绵阳市		1.2	39.7		7.0	1.3			5.8	6.8		1.0	1.7	2.2	5.3	6.1
广元市					7.1				2.1							1.5
遂宁市									1.7				1.2			3.2
内江市					2.4				2.0			1.0		1.6	1.6	3.3
乐山市	5.8			1.1	1.5				2.9	2.7			1.1	1.3	1.1	2.6
南充市					4.0				2.8					1.4	4.4	3.0
眉山市					2.5				3.4	1.1		2.5			3.5	3.5
宜宾市				47.2	2.2				3.0	1.4		1.9		1.7	3.2	2.2
广安市									1.7				1.2	2.1	3.2	3.4
达州市						68.6			1.4						2.0	1.0
雅安市	1.8	1.9					4.1		2.0	4.8		4.6				2.4
巴中市																
资阳市									1.4			1.1		1.1	1.0	1.5
阿坝州		32.7	53.2		25.7				1.1	4.2		3.2			2.1	3.8
甘孜州	1.1	57.1	1.0		2.1		1.3	7.6		2.0		8.5			1.6	2.1
凉山州	84.2	4.2		7.3	17.0	1.9	77.1	55.6	12.0	4.8	46.7	23.6	34.2	57.7	7.1	3.9
人口数(万人)	264.4	149.7	29.7	16.5	10.5	5.9	3.7	1.0	1.0	1.6	2.1	0.7	0.7	0.8	0.2	2.0

数据来源：根据全国“六普”数据汇总表整理（仅显示数值大于1%的数据）。

表5　四川省主要少数民族分市（州）人口比重（2015年）

单位：%

地　区	彝族	藏族	羌族	苗族	回族	土家族	蒙古族	纳西族	壮族	满族	傈僳族	白族	傣族	布依族	侗族	其他少数民族
成都市		2.3	4.4	4.4	15.9	11.6	18.8	3.6	31.5	66.9	8.2	15.0	17.4	49.1	51.6	42.6
自贡市						1.6		1.0	1.8	2.0		1.7	1.4	1.8	6.3	2.0
攀枝花市	5.5			1.4		1.2	3.0	8.9	10.1	6.8	79.9	23.3	47.8	3.5	4.7	2.0
泸州市				24.6	1.2	2.9	3.0		1.8	1.4		3.3	1.4	3.5	6.3	3.5
德阳市			1.0		1.1	2.2	3.5	1.6	14.9	11.5			2.9	3.5	6.3	6.9
绵阳市			42.1	1.1	24.2	1.6	2.3		3.6	5.4			2.9	12.3		6.9
广元市					3.1							1.7	1.4			1.0
遂宁市						1.4	1.8						7.2			5.0
内江市				1.1		1.0	1.0		3.0						3.1	5.4
乐山市	5.0					1.0	2.0		3.0	1.4					3.1	0.5
南充市					1.0	2.2	2.5		4.2				1.4	7.0		2.0
眉山市				1.0			1.0		6.0						1.6	7.9
宜宾市				57.3	1.1	2.2	1.3		2.4			1.7		5.3	4.7	3.5
广安市							3.0		1.2			2.5	1.4	8.8	4.7	2.0
达州市						66.2	1.0		2.4		1.5				1.6	1.5
雅安市	1.6	1.4					1.5			1.4		1.7				0.5
巴中市																1.5
资阳市						1.6	1.5		1.8		2.2		1.4		1.6	1.5
阿坝州		33.2	51.3		33.5							5.0				0.5
甘孜州	1.4	57.8			2.6											1.0
凉山州	83.8	3.2		4.9	11.6		51.1	83.9	11.3	2.7	6.0	40.8	11.6	7.0	4.7	3.5
人口数(万人)	274.4	163.8	35.0	13.3	11.1	5.1	4.0	1.9	1.7	1.5	1.3	1.2	0.7	0.6	0.6	2.1

数据来源：根据四川省2015年1%人口抽样汇总表整理（仅显示数值大于1%的数据）。

彝族：彝族人口中有84%居住在凉山州，另有稍高于5%的人口分布在乐山市（集中在马边和峨边自治县）和攀枝花市。

藏族：藏族人口中有33%居住在阿坝州，57%居住在甘孜州，另有3%居住在凉山州，2.3%居住在成都。值得注意的是虽然藏族人口分布在成都的比例很小，但是考虑到藏族人口基数较大，按2015年163.8万人计算，成都的藏族流动人口仍然达到37000多人，是常住成都的第一大少数民族。

羌族：羌族人口中约有42%居住在绵阳市（包括北川、盐亭和平武），约51%居住在阿坝州（包括汶川、理县和茂县）。

苗族：有约82%的苗族人口分布在泸州和宜宾两地，但是在过去5年，苗族人口在两地的分布比重有所变化，居住在泸州的苗族人口减少，而居住在宜宾的苗族人口则相应增加。

回族：回族人口分布较为分散，且流动性较大，主要散居在成都、绵阳、阿坝、凉山等地。近5年来，回族人口从成都和凉山州流出，有很大一部分流入到绵阳，回族人口分布在绵阳的比重从2010年7%迅速增加到2015年24%；也有部分回族人口进一步向阿坝州（松潘县是传统的回族聚集区）流动，致使阿坝州回族人口比重从2010年的26%增加到2015年的34%，成为回族人口主要聚居点。

土家族：在两次人口调查中均有约2/3的土家族人口居住在达州市（主要集中在宣汉县），另有部分居住在成都。数据显示土家族人口分布近5年来呈现扩散趋势，分布在达州和成都之外的土家族人口比重从2010年的15%增加到2015年的22%。

蒙古族：2010年全省有77%的蒙古族人口分布在凉山州（主要集中在盐源县和木里县），有11%居住在成都；到2015年，蒙古族人口呈现出明显的扩散趋势，只有51%的蒙古族人口分布在凉山州，有19%居住在成都，剩下的人口散居在省内各市（州）。

纳西族：纳西族人口主要集中在攀枝花的盐边县和凉山州的盐源和木里县。近5年，人口在两个聚居区之间的流动较大，主要是从攀枝花流向凉山州，纳西族在攀枝花的人口比重从2010年的31%下降到2015年的9%，而凉山州的人口比重从2010年的56%上升到2015年的84%。

壮族：壮族人口分布一直都比较分散，人口在省内的流动性较高。

满族：满族是在省内本民族人口中，居住在成都的比重最大的少数民族，2010年有52%的满族常住成都，到2015年这个数字达到了67%。满族人口在省内的流动性较高，并且主要居住在大城市。

傈僳族：傈僳族是四川的世居少数民族，人口主要集中在分布攀枝花市的米易县和凉山州的德昌县，近5年来大量人口从凉山州流动到攀枝花，导致傈僳族在攀枝花的人口比重从2010年的48%上升到2015年80%。

白族：白族人口分布在攀枝花市、凉山州德昌县和成都市，近5年来人口流动的趋势主要是从各居住地向凉山州聚集，居住在凉山州的白族人口从2010年的24%增加到2015年的41%。

傣族：傣族人口分布在攀枝花市和凉山州，人口流动性较大。近5年来，居住在凉山州的傣族人口有所减少，部分人口向成都流动。

布依族：布依族人口分布分散，流动性大。近5年来，居住在凉山州的布依族人口逐渐向成都流动，凉山州的布依族人口比重从2010年的58%下降到2015年7%，而成都的人口比重相应在从15%上升到49%。

侗族：侗族人口分布分散，流动性大。人口流动趋势是从三州或边远地区逐渐向大城市聚集。

其他少数民族：人口基数很小，主要人口常住在成都。

本研究以市（州）为单位，着重分析在少数民族人口较多或某些少数民族比重较大的市（州）中，各少数民族的分布情况。各市（州）内主要少数民族的比重见表6。

凉山州：凉山州的少数民族人口数最多，达到约242万，占全省少数民族总人口的46.7%。州内少数民族人口中的95%为彝族，还有少量的藏族、回族、蒙古族和纳西族，人口均超过1万人。

甘孜州：甘孜州少数民族人口比重最高，达到85%。州内少数民族人口中的95.5%为藏族，此外还有3.8%的彝族人口。

表6　四川省少数民族集中市（州）中主要民族人口比重（2015年）

单位：百人、%

地　区	少数民族人口	人口比重Ⅰ	人口比重Ⅱ	主要少数民族人口所占比重															其他少数民族
				彝族	藏族	羌族	苗族	回族	土家族	蒙古族	傈僳族	满族	纳西族	壮族	白族	布依族	傣族	侗族	
总　计	51817	6.3	100.0	53.0	31.6	6.8	2.6	2.1	1.0	0.8	0.3	0.3	0.4	0.3	0.2	0.1	0.1	0.1	0.4
分市(州)																			
凉山州	24180	51.7	46.7	95.1	2.2		0.3	0.5		0.8			0.7	0.1	0.2				
甘孜州	9913	84.9	19.1	3.8	95.5	0.3		0.3											
阿坝州	7623	80.9	14.7		71.4	23.5		4.9											
绵阳市	1943	4.1	3.7	0.9	5.9	75.7	0.7	13.8											0.7
攀枝花	1804	14.4	3.5	84.3	0.9		1.0			0.7	5.9	0.6	0.9	0.9	1.6		1.8		
乐山市	1419	4.4	2.7	96.0	1.1														
成都市	1411	0.9	2.7	12.0	26.4	10.8	4.1	12.5	4.2	5.3	0.8	7.0		3.8	1.3	2.0	0.9	2.3	6.1
宜宾市	964	2.2	1.9	15.4			79.3	1.2	1.1										
雅安市	681	4.5	1.3	64.3	33.0														
泸州市	638	1.5	1.2	37.0	1.9		51.4	2.0	2.4	1.9									
达州市	359	0.7	0.7						93.9										

注1：各市（州）按照少数民族人口数从大到小排序；人口比重Ⅰ＝各市（州）少数民族人口/各市（州）总人口；人口比重Ⅱ＝各市（州）少数民族人口/全省少数民族总人口。

注2：分市（州）数据中仅显示人口数值大于1000的百分比；百分比数值大于20%的数据用黑体标示；人口数值大于10000的数据用下划线标示。

数据来源：根据四川省2015年1%人口抽样汇总表整理。

阿坝州：阿坝州的少数民族人口主要由藏族和羌族组成，分别占71.4%和23.5%，此外还有约5%的回族人口。

三州少数民族人口累计占全省少数民族总人口的80%。其他少数民族人口超过10万的城市有绵阳、攀枝花、乐山和成都。

根据2010年和2015年的分市（州）统计结果，并结合关于四川省少数民族分布特征的文献资料，本研究大致整理出各主要少数民族分布地区的名单，多数区域可以直接定位到区县一级（见表7）。

表7　四川省5000人以上少数民族地区分布

单位：万人

民　族	人口	分布地区
彝　族	274.37	凉山,乐山(马边、峨边),攀枝花(仁和、米易、盐边)
藏　族	163.76	甘孜,阿坝
羌　族	34.97	阿坝(汶川、理县、茂县),绵阳(北川、盐亭、平武)
苗　族	13.33	泸州(叙永、古蔺),宜宾(兴文、筠连、珙县)
回　族	11.11	成都,阿坝(松潘),凉山(西昌),绵阳(盐亭),广元(青川)
土家族	5.09	达州(宣汉),成都
蒙古族	3.99	凉山(盐源、木里),成都
纳西族	1.92	凉山(盐源、木里),攀枝花(盐边)
壮　族	1.68	成都,凉山(宁南、木里、会东)
满　族	1.48	以成都主散居
傈僳族	1.34	凉山(德昌),攀枝花(米易)
白　族	1.20	凉山(德昌),攀枝花,成都
傣　族	0.69	攀枝花,凉山(会理)
布依族	0.57	凉山(会理),成都
侗　族	0.64	以成都为主散居
其他少数民族	2.02	以成都为主散居

数据来源：四川省2015年1%人口抽样汇总表。

三　四川少数民族的人口聚集

为了进一步分析少数民族人口的空间分布和人口聚集情况，本研究引入人口离散指数和居住隔离指数两个指标来进行量化测量。人口离散指数又称为地理差异性指数（Geographical Differentiation Index），用来测定人口分布的集中或离散趋势，当人口绝对均匀分布时数值为1，当人口高度集中于很小的区域时数值接近于0，这里用来分析某少数民族在全省范围内的分布情况。该指数的定义如下：设离散度为 L，则 $L = 1 - \Sigma X_i^2 / X^2$，式中 X_i 表示某民族在各地区的人口数；X 表示在全范围内该民族总人口数，i 表示某个地区［这里的分析单位为市（州）］。

居住隔离指数又叫分离指数或相异指数（Residential Segregation Index of Dissimilarity），可以测量少数民族比之于汉族的居住分布情况。居住隔离指数变化在0到100之间，为0时表示某少数民族与汉族的居住分布达到完全均衡，而100时表示两个民族的居住分布完全隔离。计算方式为 $D = 1/2\Sigma | M_i/M - H_i/H |$，式中 M_i 和 H_i 分别为某个少数民族和汉族在某一市（州）的人口数，M 和 H 分别为两个民族在全省范围内的总人口数。

表8展现了根据2015年1%人口抽样数据得出的人口聚集程度（详细数据见附表1）。总体上看，少数民族作为一个整体在省内分布的离散程度较高，分布较为均匀，达到0.72，但是与汉族的隔离程度较高，达到79.2%①，表明有79.2%的少数民族人口需要在省内各市（州）之间重新分配，才能实现与汉族同样的人口分布。从单个少数民族来看，相互之间的离散指数差异较大。人口基数大的彝族、藏族和羌族的分布较为集中，离散指数相对较低，特别是彝族的离散指数仅为0.29，明显低于其他少数民族。回族、壮族、白族等少数民族的离散指数较高，接近或超过80%，表明这些少数民族在省内主要以散居方式居住。彝族、藏族和羌族三大少数民族的隔离指数均较高，达到87以上，表明约有87%的人口需要迁移到其他市（州）以达到与汉族同样的人口分布。前面离散指数较高的壮族、回族、白族等少数民族的隔离指数相应较低，表明这些少数民族散居的特征，与汉族的融合度也更高。

① 一般情况下，居住隔离指数如果超过80就算隔离程度非常高。

表 8　四川省 5000 人以上少数民族人口空间分布指数（2015 年）

民　族	人口离散指数(L)		居住隔离指数(D)		人口聚集程度
	分值	分类	分值	分类	
少数民族总体	0.72		79.2		
彝　族	0.29	+	87.1	*	高
藏　族	0.55	++	90.9	*	高
羌　族	0.56	++	87.7	*	高
苗　族	0.61	++	72.9	**	中
回　族	0.79	+++	62.6	**	低
土家族	0.54	++	59.8	**	中
蒙古族	0.70	++	49.9	**	中
纳西族	0.29	+	88.7	*	高
壮　族	0.84	+++	41.2	***	低
满　族	0.53	++	59.6	**	中
傈僳族	0.35	+	81.1	*	高
白　族	0.75	+++	65.2	**	中
傣　族	0.72	+++	58.9	**	中
侗　族	0.71	+++	42.5	***	低
布依族	0.72	+++	45.5	***	低

注：+ 表示低离散度（L≤0.5），++ 表示中等离散度（0.5 < L < 0.7），+++ 表示高离散度（L≥0.7）；

* 表示高隔离度（D≥80），** 表示中等隔离度（50 < D < 80），*** 表示低隔离度（D≤50）。

数据来源：四川省 2010 年人口普查资料、四川省 2015 年 1% 人口抽样汇总表。

综合人口分布离散指数和居住隔离指数，本研究区分出高人口聚集度的少数民族，分别为彝族、藏族、羌族、纳西族和傈僳族，这 5 个少数民族分布在特定的民族地区，与汉族的居住隔离程度也高。低人口聚集度的少数民族，包括壮族、侗族、回族和布依族，这些少数民族人口在全省范围内的分布较为分散，与汉族混居的情况也较多。其他主要少数民族如苗族、土家族、蒙古族、满族、白族和傣族等则处于中间水平。

为了直观呈现主要少数民族在离散指数和隔离指数这两个指标上的分布和变动情况，本研究首先做出 2015 年包含两个指数的象限图（见图 1）。可以看到，人口离散指数与居住隔离指数大致呈现出一个线性的趋势，彝族、纳西族和傈僳族处于左上象限，属于低离散度、高隔离度区域；而壮族、侗族、布依族和蒙古族处于右下象限，属于高离散度、低隔离度区域，这与前面的分析一致。

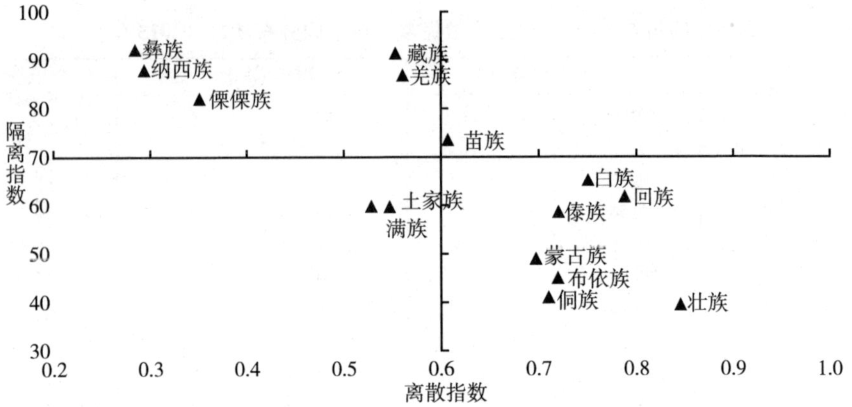

图 1　主要少数民族人口分布隔离指数与离散指数（2015 年）

结合 2010 年人口普查数据，进一步把握主要少数民族近 5 年来在空间分布上的变化。图 2 是 2010 年主要少数民族人口分布隔离指数与离散指数的象限图，与图 1 比较，研究发现彝族仍然处于低离散、高隔离的位置；藏族和羌族的变化不大，壮族和侗族也保持在原来高离散、低隔离的位置。其他少数民族有不同程度的调整，特别是蒙古族的变化非常大，从 2010 年的左上象限跳跃到 2015 年右下象限。其他出现象限变动的民族还有傣族（2010 年是右上象限）和满族（2010 年是右下象限）。

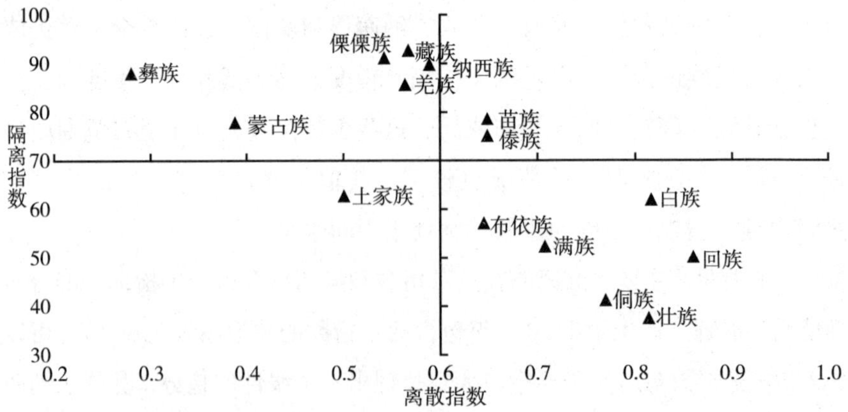

图 2　主要少数民族人口分布隔离指数与离散指数（2010 年）

通过计算各民族在两个指标上的数值变化来更具体地分析不同的变化趋势（见表9）。从整体变化趋势来看，人口最多的三个少数民族（彝族、藏族和羌族）基本保持稳定，其中彝族的人口离散度略有上升（从0.28上升到0.29），居住隔离指数略有下降（从87.9下降下87.1），从而体现了彝族人口的流动和迁移，以及向汉族地区逐渐扩散的现象。但是考虑到彝族过低的离散度和过高的隔离度，这个变化率还是非常小，不足以带来实质性的变化。值得注意的是藏族和羌族的离散度略有下降，而隔离度有所上升，尽管变化率很小，这表明两大主要的少数民族在人口迁移和与汉族的融合方面并不顺利。

表9　四川省2010～2015年5000人以上少数民族人口分布趋势

民族	离散指数			居住隔离指数			人口融合趋势
	2010年	2015年	变化率%	2010年	2015年	变化率%	
彝族	0.28	0.29	4.2	87.9	87.1	-0.9	+
藏族	0.56	0.55	-1.2	90.6	90.9	0.3	-
羌族	0.56	0.56	-0.3	87.5	87.7	0.2	-
苗族	0.65	0.61	-6.8	76.6	72.9	-4.8	+/-
回族	0.85	0.79	-7.3	49.9	62.6	25.4	---
土家族	0.50	0.54	8.9	63.4	59.8	-5.7	++
蒙古族	0.39	0.70	78.6	77.7	49.9	-35.8	+++
纳西族	0.59	0.29	-51.3	89.7	88.7	-1.1	---
壮族	0.81	0.84	4.3	38.6	41.2	6.8	+/-
满族	0.70	0.53	-24.3	52.8	59.6	13.0	---
傈僳族	0.55	0.35	-36.2	90.8	81.1	-10.6	+/-
白族	0.81	0.75	-7.3	62.7	65.2	4.0	--
傣族	0.65	0.72	10.7	77.8	58.9	-24.3	+++
侗族	0.76	0.71	-6.5	42.4	42.5	0.2	-
布依族	0.64	0.72	12.4	57.2	45.5	-20.4	+++

注：+表示正向人口融合，-表示反向人口融合，符号个数代表正向或反向融合的相对强度；+/-表示人口融合方向不确定。

数据来源：四川省2010年人口普查资料、四川省2015年1%人口抽样汇总表。

在其他少数民族中，近5年来呈现出人口进一步扩散与融合趋势的有蒙古族、傣族和布依族，特别是蒙古族的离散指数从0.39跃升到0.70，而居住隔离指数则下降了36%（见表9），这与本研究根据象限分析的结论一致。在5年中出现与人口融合相反的趋势少数民族有回族、纳西族、满族和白族，回族与汉族的居住隔离指数从50上升到63，上升了25个百分点；纳西族则在离散指数从0.59下降到0.29，下降了50个百分点。具体原因还有待进一步分析①。

四　四川少数民族的城镇化趋势

人口的分布和流动有多种形式，从农村向城市迁移是本研究关注的重点。人口城镇化就是这一过程的体现。本研究用常住人口城镇化率来评估四川少数民族城镇化发展趋势。人口城镇化率的计算依据为：四川各民族人口城市化指数=单个少数民族省内城镇总人口/单个民族省内总人口×100%。

为了分析少数民族城镇化的发展趋势，本研究同时计算了2010年和2015年这两个时间点上主要少数民族的城镇化率（见表10）。

表10　四川省1万人以上少数民族城镇化率

民　族	2010年		2015年		按2015年排序	增加值（%）
	城镇人口（万人）	城镇化率（%）	城镇人口（万人）	城镇化率（%）		
汉　族	3152.95	41.8	3771.15	48.8	5	7.0
彝　族	31.07	11.8	46.03	16.8	12	5.0
藏　族	24.96	16.7	41.89	25.6	9	8.9
羌　族	8.62	29.0	13.57	38.8	7	9.8
苗　族	2.02	12.2	2.69	20.2	10	8.0

① 如果有县一级层面的统计数据，我们有可能对人口变动的原因进行更为精确的评估。

续表

民族	2010年		2015年		按2015年排序	增加值（%）
	城镇人口（万人）	城镇化率（%）	城镇人口（万人）	城镇化率（%）		
回族	6.80	65.0	7.99	71.9	3	6.9
土家族	1.82	30.8	1.41	27.7	8	-3.1
蒙古族	1.34	36.6	1.86	46.6	6	10.0
纳西族	0.15	15.2	0.28	14.6	13	-0.6
壮族	0.67	66.2	1.22	72.6	2	6.4
满族	1.41	88.4	1.45	98.0	1	9.6
傈僳族	0.13	6.1	0.23	17.2	11	11.1
白族	0.54	57.5	0.70	58.3	4	0.8
其他少数民族	1.90	61.8	2.25	57.4	—	-4.4

注：2015年1%人口抽样数据缺各民族分行业和分职业汇总数据。

数据来源：四川省2010年人口普查资料。

先看彝族、藏族和羌族这三大少数民族的城镇化发展情况。首先，这三个民族的城镇化率都很低，显著落后于全省平均水平。彝族人口的城镇化发展严重滞后，2015年城镇率只有16.8%，仅比2010年增加了5个百分点；藏族人口的城镇化率较彝族高一些，但是到2015年也只有25.6%；羌族人口的城镇化率在三个少数民族中最高，但是仍然比汉族城镇化率低了10个百分点。其次，三个少数民族城镇化发展趋势存在一个马太效应，即城镇化率最高的羌族发展最快，而城镇率最低的彝族发展最慢。总体上看，彝族人口的城镇化发展不容乐观，若没有更大力度的社会经济促进措施，其城镇化水平与四川全省的差距可能会越来越大。

在其他少数民族中，城镇化发展较为落后的还有苗族、纳西族、傈僳族和土家族，其城镇化率均在30%以下，特别是纳西族的人口城镇化率不到15%，而且近5年没有提高的趋势，甚至还降了0.6个百分点。城镇化率出现下降的民族还有土家族，下降了3.1个百分点。由于这两个少数民族的城镇化率基数就非常低，城镇化发展出现阻滞甚至倒退会严重影响其社会经济生活，要实现到2020年同步小康的难度会非常大。值得注意的是傈僳族城镇化率有了大幅度的提高，从前面人口分布的空间分析中可以看到，傈僳族人口在2015年统计中居住在成都的比重增加较大[①]。

蒙古族城镇化程度近5年也有很大提升，城镇化率提高了10个百分点，达到46.6%，已非常接近汉族。

白族、回族、壮族和满族城镇化率均高于汉族。根据2015年的数据，白族要高出10个百分点，回族和壮族均高出约23个百分点，而满族人口的城镇化率从2010年的88.4%进一步提高到2015年98.0%，基本上实现了完全的城镇化。

五　讨论与政策建议

四川省少数民族数量多，并且在人口规模和人口分布上差异很大。根据2015年人口统计数据，四川省有1000人以上的少数民族22个，其中彝族和藏族构成了全省少数民族的主体，占84.5%。排在第三位的羌族人口相对较少，但是构成了全国几乎所有的羌族人口。如果加上羌族，这三个少数民族占全省少数民族总人口的91.3%。在地域分布上，彝族、藏族和羌族构成了四川省最主要、最集中的民族自治地区。其他少数民族或者居住在特定的民族县或乡镇，或者居住在与云南和贵州交界的地区，或者散居在成都等中心城市。

综合来看，四川省少数民族人口分布表现出不均衡性。人口基数较大的三个少数民族在省内各区域的分布相对稳定，其他少数民族在2010年和2015年这两次调查点之间的人口分布有不同程度的变动。在人口空间分布上，彝族聚居程度最高，其他聚居度较高的少数民族还有藏族、羌族、土家族、纳西族、傈僳族等；而壮族、满族、回族、白族、瑶族、哈尼族等民族

① 傈僳族从2010年到2015年有较大的人口波动，总人口从21082人减少到约13400人，减少的主要是农村人口，这是导致城镇化率突然跃升的原因。

则以散居为主，聚居度较低、人口流动性较大。聚居度较低的少数民族与汉族的居住融合度也更高，而三个主要少数民族由于主要分布在民族自治区内，与汉族的居住融合度也更低。在其他少数民族中，近5年来呈现出人口进一步扩散与融合趋势的有蒙古族、傣族和布依族。在5年中出现与人口融合相反的趋势少数民族有回族、纳西族、满族和白族。

四川省少数民族的城镇化发展极不均衡。彝族、藏族和羌族三大少数民族城镇化发展滞后，显著落后于全省平均水平。彝族人口的城镇化率最低，且近5年来的发展也最慢；而城镇化率相对较高的羌族发展最快，三个少数民族在人口城镇化发展方面呈现出马太效应。在其他少数民族中，城镇化发展较为落后的还有苗族、纳西族、傈僳族和土家族，其城镇化率均在30%以下，特别是纳西族的人口城镇化率只有不到15%，而且近5年出现阻滞甚至倒退的趋势。白族、回族、壮族和满族城镇化率均高于汉族，特别是满族人口基本上实现了完全城镇化。

以彝族、藏族和羌族为代表的世居少数民族与汉族的人口融合程度较低，人口流动性差，传统的居住区域集中在连片特困地区。与此同时，以彝族、藏族为代表的少数民族城镇化发展严重滞后，且发展趋势缓慢，不容乐观。从人口均衡分布、促进人口发展的角度出发，未来应在以下四个方面加大政策支持力度。

一是推动少数民族地区城镇化发展。加强四川藏区和彝区的新型城镇化建设，推进民族县的城镇化发展。培养一批有适度人口规模的城镇，能够为城镇居民和周边农村居民提供较为完善的基本公共服务，并能带动周边农村发展。二是通过成人教育、技能培训和职业教育，增强少数民族地区劳动力的就业能力，促进劳动人口向周边城镇和大中城市流动，促进民族之间的社会融合。三是在少数民族迁移人口居住较为集中的大中城市，为各少数民族提供有针对性的公共服务，帮助迁移人口更好地适应新的生活环境，特别是在大城市形成的民族聚居区，更需要当地政府提供配套的服务和管理。四是结合四川省精准扶贫战略，促进民族地区（特别是弱势少数民族聚居区）的社会经济协调发展。

附表1

四川省1000人以上少数民族空间分布指数

民　族	2015年人口（1000人）	离散指数		居住隔离指数	
		2010年	2015年	2010年	2015年
汉族	77236.7	0.92	0.92	—	—
少数民族合计	5181.7	0.71	0.72	79.2	79.2
其中：					
彝　族	2743.7	0.28	0.29	87.9	87.1
藏　族	1637.6	0.56	0.55	90.6	90.9
羌　族	349.7	0.56	0.56	87.5	87.7
苗　族	133.3	0.65	0.61	76.6	72.9
回　族	111.1	0.85	0.79	49.9	62.6
土家族	50.9	0.50	0.54	63.4	59.8
蒙古族	39.9	0.39	0.70	77.7	49.9
纳西族	19.2	0.59	0.29	89.7	88.7
壮　族	16.8	0.81	0.84	38.6	41.2
满　族	14.8	0.70	0.53	52.8	59.6
傈僳族	13.4	0.55	0.35	90.8	81.1
白　族	12.0	0.81	0.75	62.7	65.2
傣　族	6.9	0.65	0.72	77.8	58.9
侗　族	6.4	0.76	0.71	42.4	42.5
布依族	5.7	0.64	0.72	57.2	45.5
瑶　族	3.2	0.80	0.84	37.7	29.6
仡佬族	3.1	0.79	0.48	44.7	58.8
哈尼族	3.1	0.89	0.87	28.0	54.6
朝鲜族	2.7	0.57	0.37	54.0	68.0
维吾尔族	1.6	0.51	0.60	53.0	63.7
佤　族	1.1	0.91	0.43	29.1	87.3
其他少数民族	5.2	0.82	0.80	36.3	42.0

数据来源：《四川省2010年人口普查资料》、《四川省2015年1%人口抽样汇总表》。

B.6
四川人口老龄化区域差异

"四川人口老龄化问题研究"课题组*

摘　要：本研究用常住人口中老年人口占总人口的比重表示人口老龄化水平（程度）。以 2015 年全国 1% 人口抽样调查四川省数据为基础，以全省 183 个县级行政区作为研究对象，通过相关分析找出影响老龄化区域差异的主要原因，并以此为依据，从影响因素角度出发，对人口老龄化的区域差异、城乡差异进行量化分类研究，揭示区域老龄化发展的基本特点与演变规律，为合理制定区域人口政策提供科学依据。

关键词：老龄化　区域差异　城乡差异

当前四川人口老龄化进入加速期，家庭结构小型化背景下的少子老龄化、老年高龄化深刻影响经济社会的发展。在全省总体人口老龄化不断加深的同时，老龄化区域差异也在逐步加大。以往的研究多聚焦于人口老龄化的总体发展趋势及其对经济社会发展的影响，很少关注人口老龄化地区分布的内在规律，更少对人口老龄化地区差异作量化分析。事实上，因区域经济社会发展不平衡导致的人口老龄化地区差异问题正在凸显，例如未富先老问题，老龄化城乡倒置问题，已经影响到不同区域社会保障水平、老年福利设施和服务供给。通过对四川人口老龄化区域差异作分解研究，研判人口老龄化水平的区域差异状况及其发展趋势，可以为制定区域人口政策提供参考依据。

---

* "四川人口老龄化问题研究"课题组领导小组：陈智、魏翰、康兰、杨璠、任利华。

一　研究思路与数据预处理

（一）基本思路与方法选择

目前，针对老龄化区域差异的研究，国内学者采用了多种方法和视角。在定性的分析中，现有文献多采用老年人口比重、老年人口密度、老年人口年龄集中率和地理集中率等指标对区域人口老龄化速度与老年人口空间分布变化进行描述，发现我国各地区人口老龄化在时间起始上不同步，在空间分布上不均匀，区域差异格局明显。在定量研究中，主要分为四个方向。一是分类研究，研究学者采用区域划分、经济区划分以及聚类分析，依据不同的指标将全部地区划分为不同类型，分析出人口老龄化分布的区域差异性，同时凭借地理分布示意图直观表示老龄化演变历程的地域推移与地域集聚现象。二是地区差异的测算以及动态变化研究，通常采用泰尔指数及泰尔指数贡献率、基尼系数分解方法、方差分解法来测算区域内、区域间的差异变化规律及地区差异的主要原因。三是老龄化差异影响因素的研究，利用回归分析，空间计量误差模型等对影响老龄化地区差异的因素作用方向和大小进行实证研究。四是对未来人口老龄化趋势的预测分析，常用方法为马尔可夫过程，研究得出我国人口老龄化程度将不断加深。此外，袁俊、吴殿廷、吴铮争等学者还将城乡老年人口进行了划分，指出我国农村人口老龄化现象普遍且区域差异显著，空间分布上呈现近似环形的农村人口快速老龄化带。

从文献梳理可以发现，现有关于人口老龄化区域差异问题的定性或定量研究中，大多以全国或某省的数据为基础，从时间维度出发，运用聚类分析法及分解方法，探讨人口老龄化区域差异演变的特征和趋势，或直观描述人口老龄化空间分布特征。但是现有研究更多从结果出发，通过老年人口比例、老年抚养系数、GDP 比重等指标进行聚类分析，对经济非均衡发展情况下的老龄化区域差异问题探讨较少，对数据的使用也很少细分到县级行政区域，像人口普查这样的大样本抽样个体资料几乎没有涉及。

本研究将老年人口的标准界定为65岁及以上，用常住人口中老年人口占总人口的比重表示人口老龄化水平（程度）。以2015年全国1%人口抽样调查四川省数据为基础，以全省183个县级行政区作为研究对象，通过相关分析找出影响老龄化区域差异的主要原因，并以此为依据，从影响因素角度出发，运用聚类分析和人口地理学的研究方法，对人口老龄化的区域差异、城乡差异进行量化分类研究，揭示区域老龄化发展的基本特点与演变规律，为合理制定区域人口政策提供科学依据。研究技术路线图如下所示：

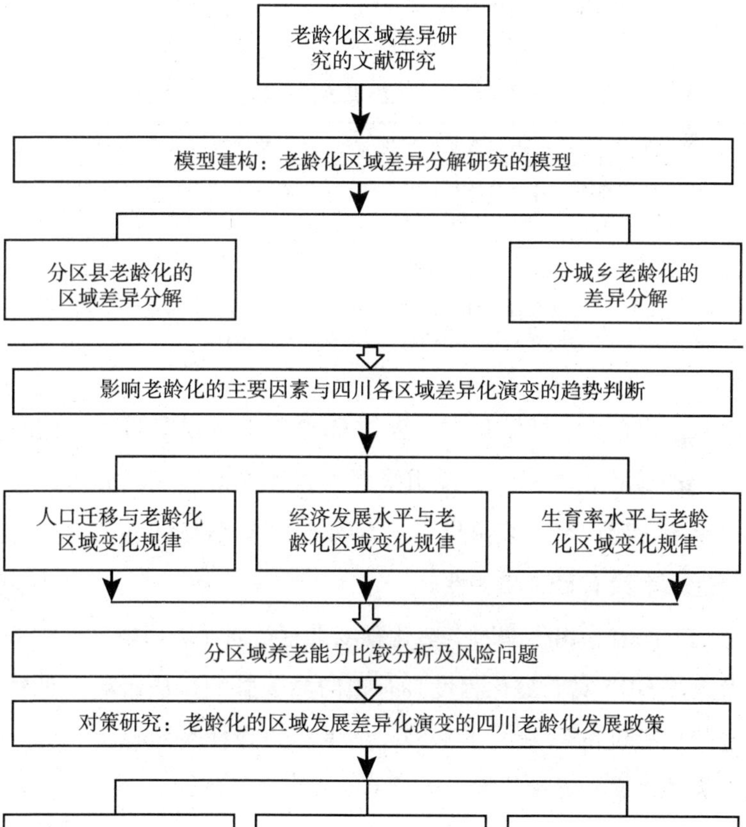

图1　研究技术路线

（二）相关性分析及区域聚类处理

1. 人口老龄化区域差异影响因素分析

影响人口老龄化的因素众多，现有文献主要集中在教育、公共健康、养老服务业、生活水平和人口结构等因素的分析。基于文献梳理和数据可得性，本文选取人口密度、出生率、死亡率、人口迁入率、城镇化率和人均GDP变量对四川183个县（区、市）人口老龄化程度进行相关分析。通过SPSS软件进行数据处理，结果如表1所示。

表1　人口老龄化相关因素的简单相关系数矩阵

相关分析		人口密度	出生率	死亡率	城镇化率	人均GDP	人口迁入率
老龄化	Pearson相关性	0.031	-0.509**	0.284**	0.253**	0.204**	0.062
	显著性(双侧)	0.676	0	0	0.001	0.006	0.408
	N	183	183	183	183	183	183

注：**在.01水平（双侧）上显著相关；*在0.05水平（双侧）上显著相关。

数据来源：《2015年全国1%人口抽样调查主要数据公报》。

出生率、死亡率、城镇化率、人均GDP四项的显著性概率值较高，并且有（**）的显著相关标识，说明根据以调查数据作统计分析，人口老龄化率与出生率、死亡率、城镇化率、人均GDP有明显的相关性，与人口密度、人口迁入率没有显著相关性。

从影响方向看，出生率对老龄化程度具有负向显著影响；死亡率、城镇化率以及人均GDP对老龄化程度具有正向显著影响。从影响大小看，各因素在对老龄化程度的影响大小不一，出生率的弹性系数最大，为-0.509，其次依次为死亡率、城镇化率、人均GDP。

值得一提的是，理论上讲人口老龄化率应该与人口迁移率具有较强的相关性，但统计分析的结果并没有支持这一假设，原因在于1%人口抽样调查资料中只有迁入人口指标，没有迁出人口指标，因此得不到净迁入人口指标，而影响人口老龄化率的更主要是净迁入人口。尽管如此，本文仍然接受人口迁移对老龄化率影响显著这一理论，并在无法得到净迁入人口数的情况下，选择迁入人口占常住人口比例这一替代指标。

2. 县级行政区按经济发展水平聚类的结果

利用经济发展水平对四川省183个县级行政区进行聚类。经济发展水平所选指标为城镇化率和人均GDP，由于数据存在数量级上的差异，因此先进行标准化处理。然后利用SPSS Q型聚类对数据进行分析处理，其中个体距离采用平方欧式距离，类间距离采用平均组建连锁距离，聚类结果如表2所示。

表2　四川183个县级行政区按经济发展水平的聚类分析结果

聚类	县级行政区
Ⅰ	锦江区、青羊区、成华区、武侯区、金牛区
Ⅱ	自流井、东区、西区
Ⅲ	双流县、温江区、西昌市、郫县、新津县、新都区、涪城区、旌阳区、江阳区、翠屏区、龙马潭区、青白江区、金口河区、仁和区、龙泉驿区、沙湾区
Ⅳ	巴州区、乐山市市中区、顺庆区、通川区、利州区、船山区、纳溪区
Ⅴ	金堂县、大邑县、蒲江县、彭州市、邛崃市、崇州市、贡井区、沿滩区、荣县、富顺县、泸县、江县、叙永县、古蔺县、广汉市、什邡市、中江县、罗江县、游仙区、安县、梓潼县、北川县、平武县、江油市、昭化区、朝天区、旺苍县、青川县、剑阁县、苍溪县、蓬溪县、射洪县、大英县、东兴区、威远县、资中市、隆昌县、犍为县、井研县、夹江县、沐川县、峨边县、马边县、高坪区、嘉陵区、南部县、营山县、蓬安县、仪陇县、西充县、阆中市、东坡区、仁寿县、彭山县、洪雅县、丹棱县、青神县、南溪区、宜宾县、江安县、长宁县、高县、珙县、筠连县、兴文县、广安区、岳池县、武胜县、邻水县、达川区、宣汉县、开江县、大竹县、渠县、万源市、雨城区、名山区、荥经县、汉源县、天全县、芦山县、宝兴县、通江县、南江县、平昌县、雁江区、安岳县、乐至县、简阳市、茂县、马尔康县、会理县
Ⅵ	恩阳区、三台县、盐亭县、安居区、屏山县
Ⅶ	松潘县、金川县、小金县、黑水县、壤塘县、阿坝县、若尔盖县、红原县、泸定县、丹巴县、九龙县、雅江县、道孚县、炉霍县、甘孜县、新龙县、德格县、白玉县、石渠县、色达县、理塘县、巴塘县、乡城县、稻城县、得荣县、木里县、盐源县、德昌县、会东县、宁南县、普格县、布拖县、金阳县、昭觉县、喜德县、冕宁县、越西县、甘洛县、美姑县、雷波县
Ⅷ	理县、盐边县、前锋区
Ⅸ	九寨沟、都江堰市、康定县、峨眉山市、绵竹市、华蓥市、米易县、内江市市中区、汶川县、五通桥区、大安区、石棉县

注：其中聚类Ⅷ与聚类Ⅸ不具备经济代表性，故在下文的研究中不做具体分析。

二 四川人口老龄化现状和区域特征

（一）人口老龄化现状

通过对2015年1%人口抽样数据和第六次人口普查数据进行比较，目前四川人口老龄化程度较2010年进一步加深，总的说来，具有以下三个特点。

1. 老年人口比重大，老龄化速度进一步加快

2015年，四川65岁及以上老年人口达1075.8万人，较2010年增加195.2万人，5年间的增长规模是2000～2010年间增长量的75.3%，年均增速4.09%，高于2000～2010年（3.52%），老龄化速度进一步加快。2015年，四川省老年人口比重达13.11%，高于全国平均水平2.56个百分点。其中，成都市以243.1万人的老年人口规模排名第一，自贡市以16.96%的老年人口比重居于首位，与2000年相比较而言，21个市（州）65岁及以上人口数量均有所增加（见表3）。

2. 老年人口抚养比大幅提高，少子老龄化显著

2015年，四川总抚养比为55.08%，较2010年上升了5.22个百分点。其中，少儿抚养比为24.63%，较2010年下降了0.80个百分点；老年抚养比较2010年则提高了6.02个百分点，为30.45%。分市（州）看，老年抚养比最高的是自贡市，为45.31%；最低的是甘孜州，为14.75%。21个市（州）老年抚养比较2010年均有所上升，其中，自贡市增长最为迅速，较2010年上升了16.39个百分点。

3. 高龄老年人口规模持续增长，高龄化趋势明显

2010～2015年，四川80岁及以上老年人口从151.3万人增加到183.2万人，年均增速为3.9%，较2000～2010年增速（5.8%）有所放缓，但仍高于同期全国平均水平。相较老年人口的快速增长，四川高龄老年人口增速相对放缓，老年人口的大规模增加降低了高龄化老年人口比例。近五年，高龄老年人口占65岁及以上人口的比重从2010年的17.18%下降为17.03%。但预计四川高龄老年人口规模与增速均将持续增大，并将于2021年过渡为高龄型老年人口类型。

表3　2000~2015年四川省老年人口与高龄人口数和比重

单位：万人、%

年龄组	2000年		2010年		2015年		2015年较2000年	
	人口	比重	人口	比重	人口	比重	净增人口	年均增速
65岁及以上	622.9	7.56	880.6	10.95	1075.8	13.11	452.9	3.71
80岁及以上	86.07	1.05	151.3	1.88	183.2	2.23	97.13	5.17

数据来源：四川省2000年人口普查资料、四川省2010年人口普查资料、《四川省2015年全国1%人口抽样调查主要数据公报》。

4. 老龄化城乡倒置现象越来越明显

2015年，四川农村老年人口总数达661.87万人，较2010年增加72.4万人，占全省老年人口的61.3%。城镇老年人口总数达417.86万人，较2010年增加127.04万人（见表4）。

表4　2000~2015年四川省城乡老年人口数量和占比变化情况

单位：万人、%

年份	城镇老年人口			农村老年人口		
	人口数	占老龄人口比重	占总城镇人口比重	人口数	占老龄人口比重	占总农村人口比重
2000	152.42	24.47	6.83	470.52	75.53	7.84
2010	290.82	33.04	6.64	589.47	66.96	10.83
2015	417.86	38.70	10.93	661.87	61.30	15.11

数据来源：四川省2000年人口普查资料、四川省2010年人口普查资料、《四川省2015年全国1%人口抽样调查主要数据公报》。

2000~2015年四川农村老年人口规模大于城镇，然而随着城市化进程的推进和农村剩余劳动力转移速度的放缓，城镇人口老龄化进程开始加速，从而出现城镇老年人口比重上升而农村老年人口比重下降的趋势，城镇与农村老年人口规模正在不断接近，但比例变化较大。2000 年，四川省农村老年人口比重仅比城镇高 1.01 个百分点，到 2010 年这一差距扩大到 4.19 个百分点，2015 年仍然高出 4.18 个百分点。

总之，未来 10 年，在老年系数波动上升过程中，四川省将进入深度老龄化社会，并将伴随一系列社会管理问题。同时由于各级地方老龄化程度、地理条件、财政收入、公共政策等差异，社会养老也将面临不同的问题。为深入分析老龄化的区域差异，下文将按聚类分析的结果对老龄化区域差异作比较分析。

（二）分区域人口老龄化发展比较分析

区域人口老龄化发展差异是多方面因素综合作用的结果。区域经济发展非均衡性是造成各地区老龄化分化的主要原因之一，且经济发展水平决定着区域养老负担能力。

1. 基于经济发展水平划分的区域类型特征

工业化和城市化水平是衡量经济发展的两个重要指标，国际国内学者对其进程进行了阶段性划分。根据美国城市地理学家 R. 诺瑟姆的理论，当城市化水平低于 30%，城市化发展处于平缓时期；城市化水平介于 30% ~70% 之间，城市化进入快速发展阶段；城市化水平高于 70%，则进入城市化成熟阶段。而工业化进程除了以人均 GDP 作为参考标准外，美国经济学家西蒙·库茨涅兹认为，工业化的演进阶段可以通过产业结构的变动过程表现出来。在工业化起点，第一产业的比重较高，第二产业比重低；随着工业化的推进，第一产业的比重持续下降，第二产业的比重迅速上升，而第三产业的比重只是缓慢提高。当第一产业的比重降低到 20% 以下、第二产业比重上升到高于第三产业而在 GDP 结构中占最大比重时，工业化进入中期阶段；当第一产业的比重再降低到 10% 左右、第二产业的比重上升到最高水平时，工业化就到了结束阶段。

表 5　不同聚类城镇化率、人均 GDP 与产业结构情况

聚类	城镇化率(%)	人均 GDP(元)	A	I	S
Ⅰ	100.00	78357.7	0.03	19.70	80.28
Ⅱ	94.33	80611.5	0.75	64.61	34.65
Ⅲ	62.95	65161.6	5.01	64.12	30.87
Ⅳ	71.29	31611.6	8.16	52.43	39.41
Ⅴ	39.62	27443.1	18.52	54.05	27.43
Ⅵ	30.28	16132.5	36.00	29.56	34.44
Ⅶ	26.78	19181.8	26.27	46.49	27.24

注：根据人均 GDP、城镇化率聚类分析分为了七类，再以产业结构作为工业化进程判断标准并结合人均 GDP 水平对个别县作微调。A 为第一产业比重，I 为第二产业比重，S 为第三产业比重。

根据聚类结果，本文将 183 个县级行政区分为九个聚类，其中聚类Ⅷ与聚类Ⅸ典型性不强，区域代表性不强，故本文中略去不作分析。其他七类的基本特征如下。

聚类Ⅰ：后工业化阶段和城市化成熟阶段。聚类Ⅰ包含成都市五个中心城区，所有人口已全部转变为城镇居民，人均 GDP 高达 78357 元，且第三产业产值比重达到 80%，已进入后工业化阶段。

聚类Ⅱ：工业化实现阶段后期和城市化成熟时期。自流井区，攀枝花东区、西区同属于第二聚类，城镇化率为 94.3%，是四川传统的工业城市，第二产业的比重上升到最高水平，人均 GDP 居全省首位，达 80612 元，处于工业化实现阶段后期。

聚类Ⅲ：工业化实现阶段后期和城市化快速发展阶段。聚类Ⅲ包含 16 个县级行政区域，它们或属于成都市近郊区，或属于经济发展水平相对较高的德阳、绵阳、乐山等市辖区，区位条件较好，经济发展较为迅速。

聚类Ⅳ：工业化实现阶段后期和城市化成熟阶段。这些区域属于发展水平相对低的地级城市辖区，城市化程度较高，平均城镇化率达到 71.3%，常住人口规模多在 60 万人左右，第二产业产值占比约为 50%，但缺少比较有影响力的工业企业，工业基础薄弱，服务业发展缺乏支撑，因此人均

GDP偏低。

聚类Ⅴ：工业化实现阶段中期和城市化快速发展阶段。聚类Ⅴ包括绝大部分县（区、市）和三州地区发展相对较好的个别县，经济发展水平较低，人均GDP仅为27443元，第一产业比重仍然较高，城镇化率为39.6%。

聚类Ⅵ：前工业化阶段和城市化快速发展阶段。恩阳、三台、盐亭、安居、屏山等5县（区）同属第六类，农业仍为其主要产业，比重高达36%，人均GDP在全省排名靠后，城市化进程刚刚迈过平缓阶段。

聚类Ⅶ：工业化实现初期阶段和城市化平缓阶段。甘孜州、阿坝州和凉山州绝大部分县级行政区域都属于这一类。这些县地处四川盆地向青藏高原过渡地带，位置偏僻，面积广阔，人口密度低，交通发展严重滞后，几乎没有规模以上工业企业，城市化水平低，经济以农牧业为主，发展基础非常薄弱。

2. 分区域老龄化水平比较

表6显示，七个聚类区域中人口老龄化水平均高于7%，表明四川省已普遍进入人口老龄化社会。各聚类区域老龄化与高龄老龄化差异显著。

表6　各区域人口老龄化比较

单位：元，%

区域	Ⅰ	Ⅱ	Ⅲ	Ⅳ	Ⅴ	Ⅵ	Ⅶ
人均GDP	78358	80612	65162	31611	27443	16133	19182
城镇化率	100	94.33	62.95	71.29	39.62	30.28	26.78
65+	10.78	15.35	12.29	11.87	14.16	15.42	7.64
80+	2.09	2.58	1.89	1.85	2.49	2.60	0.92

数据来源：《四川省2015年全国1%人口抽样调查主要数据公报》，其中老年人口为65岁及以上，高龄老年人口为80岁及以上。

人口老龄化程度前三位的依次是聚类Ⅵ、Ⅱ和Ⅴ，老年人口比重分别高达15.42%、15.35%和14.16%，可归为老龄化程度第一梯队，但三类地区经济发展水平却位列两端，尤其是聚类Ⅵ，经济发展水平最低，而人口老龄化程度最高；聚类Ⅱ虽然人口老龄化程度也很高，但其人均GDP是聚类Ⅵ

的近5倍。

处于老龄化程度第二梯队的是聚类Ⅲ、聚类Ⅳ，这些地区同处于工业化实现阶段后期，城市化快速发展，老年人口比重在12%左右。

处于老龄化程度第三梯队的是聚类Ⅰ，成都市这五个中心城区经济发展水平最高，而人口老龄化程度比较起来反而不算高，老年人口比重为10.78%，但其老年人口高龄化严重，80岁及以上老年人口占比为2.09%。

老龄化程度最轻的是聚类Ⅶ，主要是甘孜、阿坝和凉山这三州的县级行政区，老年人口比重为7.64%，刚迈入老龄化社会，老年人口高龄化并不突出，然而其经济与城市化发展均处于较低水平。

3. 分区域城乡老龄化水平比较

整体来看，四川省农村人口老龄化程度高于城镇人口，人口老龄化城乡倒置现象明显。

表7　各区域人口老龄化比较

单位：%

	区域	Ⅰ	Ⅱ	Ⅲ	Ⅳ	Ⅴ	Ⅵ	Ⅶ
城镇	65+	10.94	15.52	10.79	10.54	11.06	11.31	7.06
	80+	2.19	2.45	1.79	1.74	1.86	1.95	1.02
农村	65+	/	12.26	12.02	12.23	12.74	13.41	6.94
	80+	/	3.17	2.03	1.72	2.25	2.28	0.93

数据来源：《四川省2015年全国1%人口抽样调查主要数据公报》，采用原始未加权数据，与前文加权数据有出入，仅作城乡分析，其中老年人口为65岁及以上，高龄老年人口为80岁及以上。

分区域来看，聚类Ⅱ的农村地区是老龄高龄化最为严峻的地区。其农村老龄化程度较城镇更低，但高龄老年人口占比却大幅上升，高达3.17%。

随着经济发展水平的下降，农村地区老龄化程度逐步增加，且比城镇老龄化水平增加的幅度更大。其中，聚类Ⅵ最为显著，农村65岁及以上老年人口占比较城镇增加2.1个百分点，为13.41%。

在城乡老龄化差异中，农村高龄老年人口整体比重高于城镇0.69个百分点，80岁及以上老年人口规模是城镇的1.5倍。由于高龄人口是病残率高发人群，需要更多的医疗保障和日常生活照料，农村面临的人口压力大于城镇，是其应对人口老龄化问题的难点。

（三）人口老龄化区域差异分解的主要结论

第一节中通过相关性分析已经得出出生率、死亡率、城镇化率和人均GDP是影响人口老龄化的重要因素，且出生率对老龄化程度具有负向显著影响，死亡率、城镇化率以及人均 GDP 对老龄化程度具有正向显著影响，本节进一步探讨人口老龄化区域差异的发展规律。

表 8　2015 年四川省各区域各要素与老龄化情况

单位：%，元

聚类	城镇化率	人均 GDP	人口迁入率	出生率	死亡率	老龄化
Ⅰ	100.00	78357.7	49.03	8.39	4.52	10.78
Ⅱ	94.33	80611.5	35.42	5.78	4.34	15.35
Ⅲ	62.95	65161.7	26.87	7.82	4.84	12.29
Ⅳ	71.29	31611.6	25.15	6.26	3.76	11.87
Ⅴ	39.62	27443.1	11.75	7.68	5.21	14.16
Ⅵ	30.28	16132.5	7.78	6.89	4.63	15.42
Ⅶ	26.78	19181.8	8.94	35.46	11.86	7.64
全省	45.14	35704.4	\	10.27	5.80	13.16

数据来源：《2015 年全国 1% 人口抽样调查主要数据公报》。

1. 经济发展水平对区域人口老龄化程度的影响具有不确定性

经济因素作用于人口老龄化的传导机制比较复杂。表面上看，表 8 中经济发展水平与人口老龄化之间没有明确的关系，这是由于两方面因素相互作用抵销了影响。一方面，经济发展提高居民生活质量，改善医疗卫生条件，老年人口寿命延长，从而引起老年人口比重上升。同时经济发展会改变人们的生育观念，出生率下降是普遍规律，这也会导致老年人口比重上升。另一方面，劳动人口总是向经济发达地区流动，经济越发展越是吸纳年轻劳动人口的大规模净流入，从而延缓流入地常住人口老龄化进程。

将四川省各区域分类与老龄化程度进行阶段划分研究发现，经济发展水平与区域人口老龄化程度并非呈显著规律性变化，其影响具有不确定性（见表9）。

表9　四川省各区域分类与老龄化情况

单位：类，%

城镇化率	工业化进程				
	前工业化	初期	中期	后期	后工业化
平　缓		Ⅶ(7.64)			
快速发展	Ⅵ(15.42)		Ⅴ(14.16)	Ⅲ(12.29)	
成熟				Ⅱ(15.35) Ⅳ(11.87)	Ⅰ(10.78)

聚类Ⅰ与聚类Ⅱ之间老龄化差异主要是由产业结构不同导致的。聚类Ⅰ中的成都市五个城区，第三产业占比达80%，用工倾向于年轻化，吸纳了大量年轻人口流入。而处于相似经济发展水平的攀枝花和自贡自流井区，属于老工业区，以重化工业为主，产业工人老龄化严重。这一特征与聚类Ⅳ比较更为突出。

聚类Ⅳ与聚类Ⅴ的经济差异体现在城镇化水平上，聚类Ⅳ已进入城镇化成熟阶段。高达25.15%的人口迁入率和大量年轻劳动力迁入，导致老龄化程度较聚类Ⅴ低2个百分点。

总之，在同一人均GDP水平下，产业结构的差异会导致工业化进程的不同，进而影响就业人员构成，而对处于同一工业化发展阶段的老龄化差异主要源于城市人口聚集作用力的大小。经济指标对于人口老龄化的发展同时具有正向和负向作用，在不同的时期，处于不同经济发展水平下综合作用力不同，但整体呈现出经济与老龄化呈波动式发展。

2. 人口迁移是目前导致区域人口老龄化差异的首要因素

随着区域经济差异的逐步增大，人口迁移对人口老龄化差异的贡献率正在逐步上升。近三次人口普查资料表明，人口迁移的作用使得我国生育率水平较高、人口结构相对年轻的农村地区的老龄化程度反而高于生育率水平很低、老龄化出现较早而且人口年龄结构相对老化的城镇地区。人口迁移已成为影响老龄化区域差异的重要因素。

从目前的发展趋势来看，人口迁移尤其是年轻劳动力的迁移，使得在相似经济发展水平下，人口净迁移率较高区域老龄化程度相对较低。同时人口迁移与经济发展水平显著相关。聚类Ⅰ、聚类Ⅱ的老龄化程度差异充分证明了不同产业结构下就业人员的年龄结构和人口迁移对老龄化的作用；同时聚类Ⅵ与聚类Ⅳ比较可知，迁入人口规模较小的区域老龄化程度较高。

但是，随着人口迁移作用的不断加强，未来随着迁移人口的年龄增长和经济发展，单个年轻人的迁移可能会带动整个家庭的迁移，这意味着未来将有老年人口的大规模迁移，即目前人口老龄化程度低的区域并不代表着未来养老问题的解决。

3. 人口自然增长率高的地区人口老龄化速度相对较慢

比较同处于经济较低水平区域聚类Ⅵ、聚类Ⅶ，这两类区域人口迁移率相似，但聚类Ⅶ老年人口比重仅为7.64%，与聚类Ⅵ相比低7.78个百分点。这是由于在三州地区多孩政策的开放使其出生率高达35.46‰，且少数民族区域人口迁出规模也相对较低，高人口自然增长率使三州地区的老龄化速度相对缓慢。但其增长的人口规模将使未来老年人口规模迅速扩张，人口增长速度减缓时将面临不合理的人口结构。

总之，人口自然增长是影响人口老龄化的重要因素，出生率对于人口老龄化具有正向作用，死亡率具有负向作用。

三　人口老龄化区域差异产生的问题

本节进一步从老龄负担水平、老龄家庭经济能力以及社会保障覆盖水平三个方面比较不同区域的养老能力，进而发现区域养老风险问题，并为老龄化发展提出预防和改善建议。

（一）人口老龄化区域差异下的经济负担风险

1. 经济落后地区未富先老更严重，经济负担能力非常弱

一般情况下，经济发展、出生率下降和人口老龄化三者大致是同步的。发达国家进入老龄社会时人均 GDP 一般都在 5000～10000 美元以上，而四川省在 1997 年 65 岁及以上老年人口比例超过 7% 时，人均 GDP 仅为 4032 元。2015 年全省人均 GDP 仅仅只有 35704 元（约 5300 美元），而老年人口比例已经高达 13.16%，未富先老问题非常严重，经济发展滞后于老龄化水平成为困扰四川经济社会发展的一大难题。

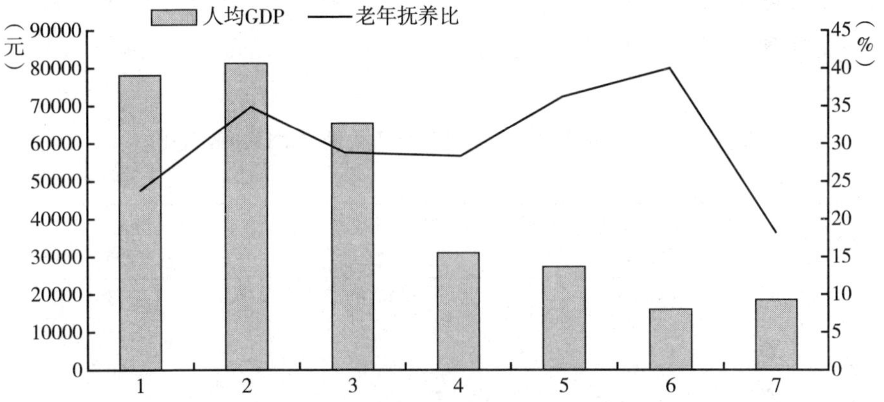

图 2　2015 年四川省各区域老年抚养比情况

从地区分类来看，各区域老龄负担水平差异极大。经济较为发达的地区老龄化程度相对较低，而经济落后区域养老负担水平相对更重。尤其聚类Ⅴ（内地县）和聚类Ⅵ（恩阳区、三台县、盐亭县、安居区、屏山县）未富先老特征最为突出这些区域人均 GDP 分别只有 27443 元和 16132 元，而老年抚养比分别高达 35.88% 和 40.04%，经济发展水平低增加了解决养老问题的难度。

分城乡来看，2015 年四川农村老年抚养比为 39.19%，比城镇老年抚养比高 13.65 个百分点，老龄负担水平城乡差异显著。同时，四川省农村居民可支配收入仅为城镇居民的 1/3，在城乡收入差距较大背景下，农民家庭的养老负担进一步加重。

总之，经济发展的非均衡性是导致老龄化区域差异和养老经济负担不均的根本原因。目前，四川省经济落后地区未富先老特点显著，且经济越落后地区老龄化程度越深，进一步导致经济发展困难，形成恶性循环，最终将导致这些地方的老年人口被边缘化。

2. **部分地区财政保障能力较弱**

地方财政的一般预算收入减去一般预算支出得到的差额虽然没有实际意义，但是能够大致反映一个地区财政自给率的高低。整体来看，不同聚类的人均地方财政收支赤字随着人均 GDP 的减少而递增，即越是贫困地区，人均地方财政保障能力越弱，这些地区在解决老龄化相关问题方面缺乏相应的经济支撑。

表 10　2012～2014 年四川省各区域人均地方财政净收入比较

单位：元

聚类	2012 年人均地方财政净收入	2013 年人均地方财政净收入	2014 年人均地方财政净收入
Ⅰ	-142.0	-113.8	-423.3
Ⅱ	-1866.5	-2389.5	-2691.5
Ⅲ	-1972.6	-1783.6	-2180.2
Ⅳ	-1988.3	-2447.6	-2340.4
Ⅴ	-3300.8	-3843.5	-4339.4
Ⅵ	-6631.4	-6581.6	-5721.6
Ⅶ	-3829.6	-4424.2	-4902.2
全省	-2938.2	-3389.0	-3715.0

数据来源：《四川统计年鉴》（2013～2015）。

其中，在聚类Ⅴ、Ⅵ、Ⅶ地区，人均财政支出远超人均地方财政收入，差额超过全省平均水平。尤其是聚类Ⅶ，近 3 年地方财政收入呈负增长而地方财政支出逐年增加，差额增长迅速，地方财政负担水平加剧。同时，此类地区养老公共服务的需求激增，现有资源匮乏，地方财政难以支撑养老需求，老龄化负担水平更为沉重。

老龄化负担水平与财政保障能力的区域差异要求国家及地区在财政预算过程中综合考虑区域差异，平衡财政收支，加大财政转移支付力度。

（二）人口老龄化区域差异下的社会保障风险

1. 越是经济落后的地区养老保障水平越低，老年贫困风险越高

目前，在中国现有的三种养老保险（城镇职工基本养老保险、城乡居民社会养老保险和机关事业单位养老保险）中，城乡居民社会养老保险保障水平最低。据2015年《四川省人力资源和社会保障事业发展统计公报》数据显示，参保城乡居民社会养老保险的老年人口，全年月人均领取基础养老金75元，仅为城镇职工基本养老保险待遇（月人均1790元）的1/23。

表11　2015年四川省各区域参加养老保险情况

单位：%

聚类	城镇职工基本养老保险	城乡居民社会养老保险	机关事业单位养老保险	未参保率
Ⅰ	54.38	18.67	2.83	24.12
Ⅱ	59.07	14.92	1.87	24.14
Ⅲ	32.51	34.89	1.61	30.99
Ⅳ	27.10	32.03	2.25	38.62
Ⅴ	11.87	54.23	1.38	32.53
Ⅵ	7.62	52.91	1.18	38.30
Ⅶ	5.88	57.67	1.64	34.81
全省	16.82	49.10	1.55	32.53

数据来源：《2015年全国1%人口抽样调查主要数据公报》。

分区域来看，各区域中三项养老保险各自所占比例参差不齐。随着经济发展水平的降低，参加城乡居民社会养老保险的人口占比不断上升。其中，经济发展最为落后的聚类Ⅴ、聚类Ⅵ、聚类Ⅶ区域，一半以上的参保人口都是参加的城乡居民社会养老保险，养老金水平低，老年人发生贫困的风险更大。

2. 人口回流将进一步加大主要劳务输出县养老保障体系的压力

从前文的分析中可以看出，在四川经济发展落后的地方，外出务工人员所占的比重往往比较高，而人口老龄化也更严重。随着这些外出务工人员年龄的增长，在异地城市中继续找到工作的难度加大，他们之中很大一部分群体将选择回到户籍所在地。据国家统计调查，近年来农民工总量增速逐渐回落，且农民工年龄结构趋向老龄化，2014 年 41 岁及以上农民工占比已高达 43.5%。聚类Ⅴ和Ⅵ作为全省农民工输出的主要区域，未来几年将出现大规模的人口回流现象，大龄劳动力人口回流将进一步加深这些地区的老龄化程度，同时对社会养老保障体系带来更大的压力。这些地区农民工把青春贡献给了沿海或者发达地区，返乡后他们的基本公共服务和养老靠谁来承担将是一个亟待解决的问题。

（三）人口老龄化区域差异下的家庭负担风险

家庭养老模式是我国长期以来的传统养老方式，但随着家庭结构小型化和老年人口平均期望寿命延长，家庭养老基础有所削弱，家庭在经济供养和生活照料两个方面功能均有所不足。

1. 经济越落后的地区家庭养老负担越重

四川省仍以家庭养老为主。调查数据显示，2015 年四川老年人口主要收入来源是家庭其他成员供养的占 34.87%，虽然较 2010 年下降 5 个百分点，但仍占据主导地位（见表 12）。

表 12　2010 年与 2015 年四川省各主要生活来源的老年人所占比例

单位：%

	劳动收入	离退休金养老金	最低生活保障金	财产性收入	家庭其他成员供养	其他
2010 年	36.04	17.94	3.98	0.28	39.80	1.95
2015 年	27.43	28.59	4.73	0.30	34.87	4.08

数据来源：《四川省 2015 年全国 1% 人口抽样调查主要数据公报》，其中抽样调查为 60 岁及以上老年人口。

分区域来看，经济越落后的地区家庭养老负担越重。从图 3 可以发现，从聚类Ⅰ到聚类Ⅵ，区域经济发展水平递减，然而老年人生活来源对家庭的依赖程度递增。聚类Ⅰ和聚类Ⅱ老年人生活主要来源于养老金的分别占

86.34%和82.57%，远高于聚类Ⅴ、聚类Ⅵ的22.19%和11.41%。而这两类区域数据老龄化程度最严重地区，依靠社会养老金作为生活来源的老年人所占比例最小，表明这两类地区依靠家庭的现象非常普遍，家庭养老的负担最重。

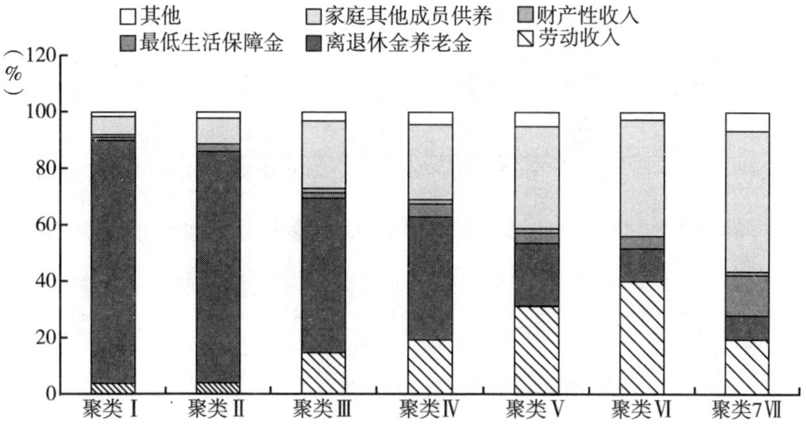

图3　2015年四川省各区域老年人口生活来源比例

数据来源：《四川省2015年全国1%人口抽样调查主要数据公报》，其中抽样调查为60岁及以上老年人口。

其中，生活不能自理的老年人口家庭负担最为突出。2015年抽样数据显示，全省平均65.11%的失能老人的主要生活来源为家庭供养，而经济发展水平较低区域占比最高（见图4）。在聚类Ⅵ，家庭其他成员供养是72.27%老人的主要生活来源；在聚类Ⅶ，还有0.32%的生活不能自理的老人需要依靠自己劳动生活，老年人口贫困风险较其他地区更为显著。

分城乡来看，农村家庭养老负担更重。调查数据显示，农村老年人把养老金作为主要生活来源的所占比例仅为8.26%，远低于城市居民的55.59%。据统计，农村老年人主要依靠自己干农活以及成年子女来养老（见表13）。

分城乡分区域来看，随着经济发展水平下降，劳动收入和家庭供养逐步占据城镇老年人口收入来源的主导地位；而在农村地区，劳动收入与家庭供

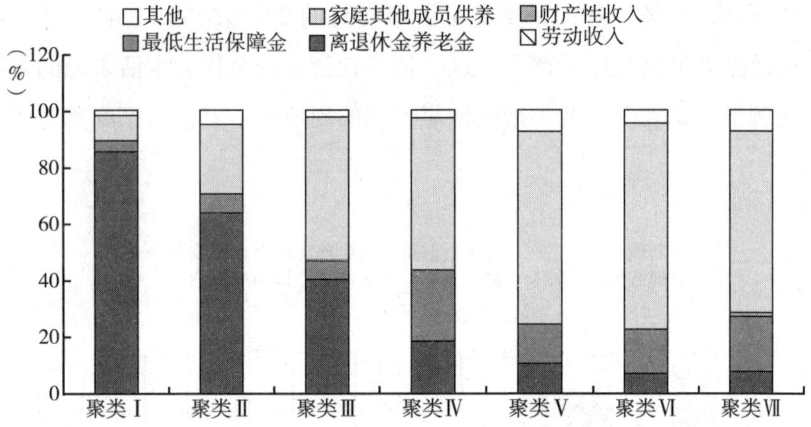

图4　2015年四川省各区域生活不理自理老年人口主要生活来源

数据来源：《四川省2015年全国1%人口抽样调查主要数据公报》，其中抽样调查为60岁及以上老年人口。

表13　2015年四川省城乡老年人口收入来源比较

单位：%

	劳动收入	离退休养老金	最低生活保障	财产性收入	家庭其他成员供养	其他
城镇	11.66	55.59	3.20	0.38	25.46	3.71
农村	39.31	8.26	5.89	0.24	41.95	4.36

数据来源：《四川省2015年全国1%人口抽样调查主要数据公报》，其中抽样调查为60岁及以上老年人口。

养是所有老人的主要生活来源。因此，可以判断，城乡差异是决定老年人口生活来源结构的主要因素。在经济落后的农村地区，家庭负担和老人劳动强度最为突出。在聚类Ⅶ农村地区，养老金作为老年人口生活主要来源占比仅为3%，超过一半以上的老人依靠家庭供养。

2. 农村老人健康状况更差，贫困地区家庭不堪重负

分城乡来看，农村老人健康状况更差。调查数据显示，农村有23.68%的老年人处于不健康状态，较城市高12.25个百分点，且生活不能自理老人比例较高。同时，随着农村劳动力不断输出，空巢家庭越来越多，这部分人群对经济支持、生活照料和心理慰藉的需求更加强烈。

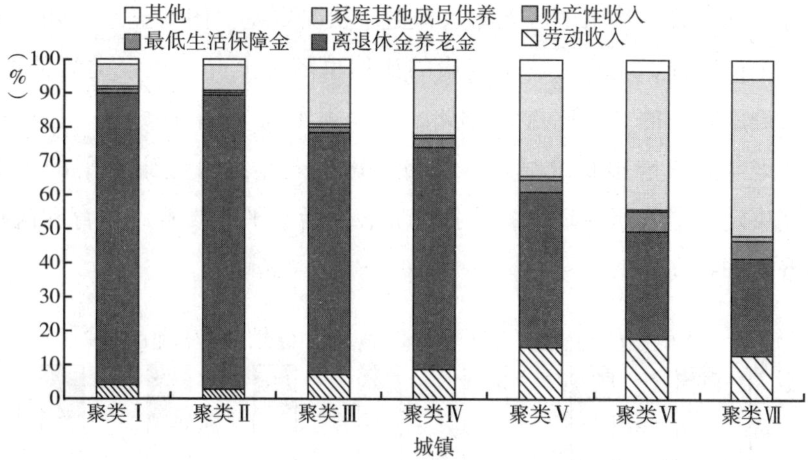

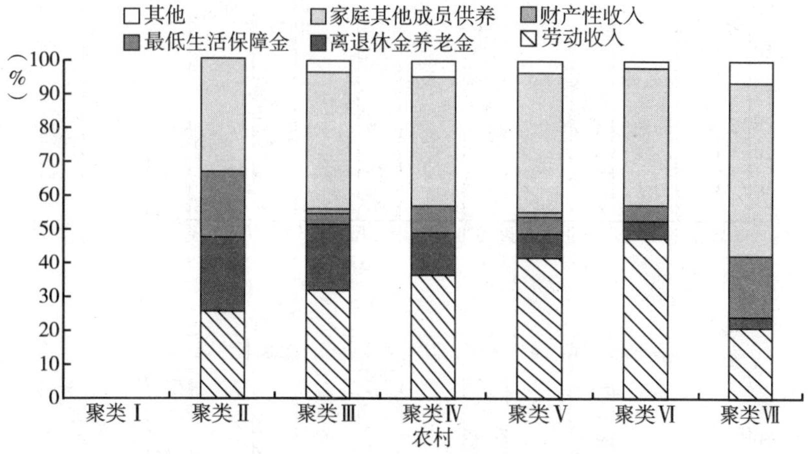

图5　城乡老年人口收入来源比较

说明：聚类Ⅰ城镇化率达100%，不包含农村老年人口数据。

表14　2015年四川省城乡老年人口健康状况比较

单位：%

	健康	基本健康	不健康，但生活能自理	生活不能自理
城镇	47.11	41.46	9.17	2.26
农村	31.43	44.90	20.62	3.04

数据来源：《四川省2015年全国1%人口抽样调查主要数据公报》，其中抽样调查为60岁及以上老年人口。

分区域来看，贫困地区老年人口健康状况更差。图6显示，随着经济发展水平的下降，老年人口不健康的比例也随之上升，在聚类Ⅵ的城镇，处于不健康状态的老人比重为18%，较聚类Ⅰ高13个百分点。按区域分城乡的老年人口健康状况显示，经济是影响老年人口健康水平的重要因素，其决定了老人所处环境，包括营养、生活水平的改善，教育和医疗卫生的普及和提高。

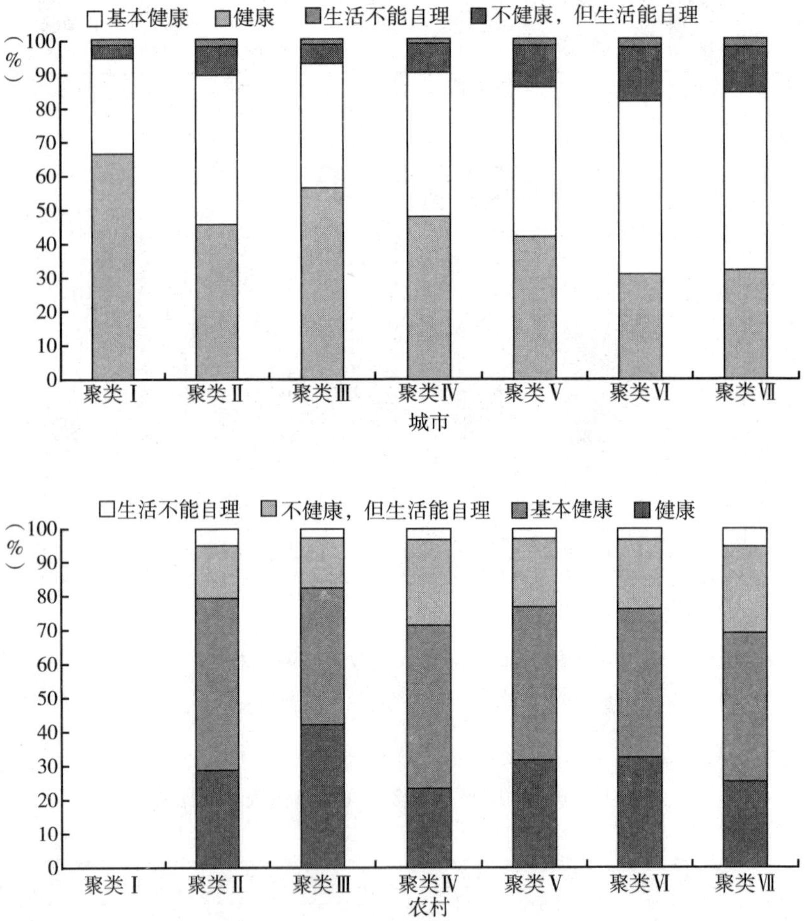

图6　城乡老年人口健康状况比较

说明：聚类Ⅰ城镇化率达100%，不包含农村老年人口数据。

综上所述，在经济发展水平低的贫困地区，尤其是农村区域，养老保障水平低、家庭养老负担重，同时不健康老年人口所占比例高，发生贫困风险极大，最需社会关注。而在这些区域，地方政府财政保障能力较弱，重点依靠国家财政扶持和社会支持，在地区养老公共服务需求增长过程中，需加大地区的财政转移支付力度。

四 对策建议

四川省各区域经济与社会发展水平不一，养老保障模式的区域适应性和不同区域居民的养老模式选择意愿也有很大差别。结合四川省区域差异变动特征、演化规律以及未来发展趋势，本章针对四川省老龄化区域差异提出了以下几点建议。

（一）推动区域经济均衡化发展

贫困县经济发展落后主要是因为区位条件差、资源贫乏和产业基础薄弱。区域经济均衡化发展需兼顾效率与平等，即在遵循经济发展规律的同时，政府采取一系列政策工具进行调控，给予贫困地区更多关注，弥补市场机制的不足。应依据资源禀赋原则进行生产力布局，避免违背市场规律进行投资；深挖区域内资源潜力，延长产品价值链，积极培植特色产业；进一步加大农业富余劳动力转移力度，加快城镇化进程，减少贫困地区的人口对有限资源的压力，依靠人均资源占有率的提高来推动人均收入的增长；寻求区域间合作，解决资金、技术和项目方面的短缺问题。

（二）继续加大对经济落后地区的财政转移支付力度

加大中央和省级财政对贫困县的转移支付力度，帮助贫困地区提高公共服务均等化水平，改善生活条件。一是加大社会保障方面的财政转移支付力度，提高城乡居民养老保险和城乡居民医疗保险待遇水平，尤其应该对老年抚养比高而经济发展十分落后地区的社会保险基金缺口问题给予更大支持。

二是加大养老服务设施方面建设方面的转移支付力度，推进居家养老服务，增强社区照料功能，实现城乡社区日间照料中心的全覆盖。三是加大对贫困地区生态补偿的力度，将生态补偿政策和扶贫工作紧密结合起来，充分发挥贫困地区的生态优势，给予适当的政策支持，扶持和推动旅游、贸易等富民产业发展，进一步加快脱贫致富进程。

（三）对贫困地区老年人口实施精准扶贫

区域养老负担水平的差异决定了在养老服务的资源投入与养老保障制度的建设过程中，应引导资源向重点地区和重点人群倾斜。通过深入调查，建立养老服务体系信息化网络，精准识别老年人口中的低保对象、“三无”老人和失能人员，并根据其需求及情况选择相应的供给主体，建立政府供给、市场供给、社会组织供给交叉运行的帮扶体系，确保养老服务供给的精准性和高效性。探索“智慧养老”，试行“虚拟养老院”，构建新型养老环境。同时，对扶持老人进行全方位、全过程检测，对扶持工作的开展情况进行量化考核，保证各项扶贫政策落到实处，切实保障老年人口的健康养老生活。

（四）提升家庭养老功能

贫困地区青壮年劳动力多处于迁出状态，留守老人、空巢老人比例高，家庭养老功能弱化。政府应加强家庭经济发展能力建设，建立家庭创业与就业支持体系，加大对创办专业合作社、社会化服务组织的创业者的创业扶持力度，加大对就业困难家庭、流动人口家庭重点扶持；提高家庭照护能力，建立健全扶持家政服务业的政策体系，培育和完善家政服务业市场，落实六类家庭服务业的就业补贴和岗位奖励；积极构建以家庭为核心的社区服务体系，发展涵盖劳动就业、社会保险、医疗卫生、文体教育、便民利民服务等多层次、多样化的社区服务；大力传播新型家庭人口文化，加大对家庭美德的宣传力度和舆论引导，推动文明家庭建设，形成敬老爱老的社会风尚。

附　表

附表 1　2015 年四川省各区域不同健康状况老年人口的收入来源

单位：%

聚类	收入来源	健康	基本健康	不健康，能自理	不能自理	合计
聚类Ⅰ	1	4.66	2.31	2.58	0.00	3.85
	2	86.42	86.67	82.58	85.96	86.34
	3	1.36	0.43	2.58	3.51	1.17
	4	0.33	0.43	0.00	0.00	0.34
	5	5.62	9.06	12.26	8.77	6.89
	6	1.62	1.11	0.00	1.75	1.41
	总计	100.00	100.00	100.00	100.00	100.00
聚类Ⅱ	1	6.17	2.73	0.39	0.00	3.99
	2	86.55	82.01	69.92	63.89	82.57
	3	0.67	2.43	7.42	6.94	2.18
	4	0.07	0.15	0.00	0.00	0.10
	5	5.42	11.14	20.70	25.00	9.74
	6	1.11	1.55	1.56	4.17	1.42
	总计	100.00	100.00	100.00	100.00	100.00
聚类Ⅲ	1	20.47	9.94	2.22	0.00	14.67
	2	58.01	56.76	32.59	40.93	55.25
	3	1.13	2.29	7.27	5.91	2.14
	4	0.30	0.45	0.20	0.00	0.34
	5	17.41	27.92	54.09	51.05	24.87
	6	2.68	2.64	3.63	2.11	2.73
	总计	100.00	100.00	100.00	100.00	100.00
聚类Ⅳ	1	24.17	14.71	2.89	0.39	16.34
	2	57.21	47.05	24.40	27.80	47.50
	3	3.36	3.24	11.82	9.27	4.47
	4	0.37	0.15	0.00	0.39	0.21
	5	12.24	32.19	58.50	57.92	28.81
	6	2.65	2.66	2.38	4.25	2.67
	总计	100.00	100.00	100.00	100.00	100.00

续表

聚类	收入来源	健康	基本健康	不健康,能自理	不能自理	合计
聚类Ⅴ	1	49.96	28.96	4.17	0.00	31.38
	2	28.50	22.61	9.75	11.13	22.19
	3	1.20	4.15	11.55	13.27	4.62
	4	0.30	0.36	0.21	0.13	0.31
	5	16.20	39.22	69.50	68.55	37.03
	6	3.85	4.69	4.82	6.92	4.47
	总计	100.00	100.00	100.00	100.00	100.00
聚类Ⅵ	1	67.76	38.11	5.76	0.00	40.21
	2	14.66	12.09	5.04	7.03	11.41
	3	1.72	3.39	11.26	16.02	4.76
	4	0.12	0.27	0.13	0.00	0.19
	5	13.26	43.90	74.74	72.27	40.88
	6	2.50	2.24	3.08	4.69	2.56
	总计	100.00	100.00	100.00	100.00	100.00
聚类Ⅶ	1	44.69	13.25	3.88	0.32	18.97
	2	14.01	9.50	2.72	7.96	9.11
	3	8.39	14.65	21.81	20.06	14.84
	4	0.44	0.60	0.19	0.32	0.45
	5	25.56	55.80	65.11	63.69	50.15
	6	6.92	6.20	6.28	7.64	6.48
	总计	100.00	100.00	100.00	100.00	100.00
聚类Ⅷ	1	48.48	21.21	2.03	0.00	23.76
	2	14.75	15.17	16.52	9.62	15.17
	3	1.64	3.23	9.28	7.69	4.30
	4	0.00	0.14	0.00	0.00	0.07
	5	34.19	56.88	67.25	82.69	53.78
	6	0.94	3.37	4.93	0.00	2.93
	总计	100.00	100.00	100.00	100.00	100.00
聚类Ⅸ	1	24.28	21.00	3.76	0.00	19.28
	2	58.87	41.65	15.41	18.95	43.95
	3	0.83	4.24	16.17	24.84	5.12
	4	0.36	0.16	0.38	0.00	0.26
	5	11.57	28.60	59.21	53.59	27.07
	6	4.09	4.36	5.08	2.61	4.33
	总计	100.00	100.00	100.00	100.00	100.00

其中，1~6分别表示劳动收入、离退休金养老金、最低生活保障金、财产性收入、家庭其他成员供养、其他。

附表 2　2015 年四川省各区域不同收入来源老年人口的健康状况

单位：%

聚类	收入来源	健康	基本健康	不健康,能自理	不能自理	合计
聚类Ⅰ	1	80.38	17.09	2.53	0.00	100.00
	2	66.40	28.60	3.61	1.38	100.00
	3	77.08	10.42	8.33	4.17	100.00
	4	64.29	35.71	0.00	0.00	100.00
	5	54.06	37.46	6.71	1.77	100.00
	6	75.86	22.41	0.00	1.72	100.00
	总计	66.34	28.49	3.77	1.39	100.00
聚类Ⅱ	1	68.60	30.58	0.83	0.00	100.00
	2	46.56	44.44	7.15	1.84	100.00
	3	13.64	50.00	28.79	7.58	100.00
	4	33.33	66.67	0.00	0.00	100.00
	5	24.75	51.19	17.97	6.10	100.00
	6	34.88	48.84	9.30	6.98	100.00
	总计	44.42	44.75	8.45	2.38	100.00
聚类Ⅲ	1	72.99	25.84	1.17	0.00	100.00
	2	54.92	39.16	4.56	1.37	100.00
	3	27.74	40.88	26.28	5.11	100.00
	4	45.45	50.00	4.55	0.00	100.00
	5	36.61	42.79	16.80	3.79	100.00
	6	51.43	36.86	10.29	1.43	100.00
	总计	52.31	38.12	7.73	1.85	100.00
聚类Ⅳ	1	53.56	44.25	2.13	0.06	100.00
	2	43.60	48.68	6.17	1.55	100.00
	3	27.17	35.62	31.74	5.48	100.00
	4	61.90	33.33	0.00	4.76	100.00
	5	15.38	54.91	24.39	5.32	100.00
	6	36.02	49.04	10.73	4.21	100.00
	总计	36.20	49.14	12.01	2.65	100.00

续表

聚类	收入来源	健康	基本健康	不健康,能自理	不能自理	合计
聚类Ⅴ	1	56.51	41.20	2.28	0.00	100.00
	2	45.60	45.51	7.55	1.35	100.00
	3	9.19	40.16	42.93	7.72	100.00
	4	34.54	52.65	11.70	1.11	100.00
	5	15.52	47.29	32.22	4.97	100.00
	6	30.50	46.83	18.51	4.16	100.00
	总计	35.49	44.65	17.17	2.69	100.00
聚类Ⅵ	1	53.94	43.33	2.73	0.00	100.00
	2	41.14	48.47	8.42	1.97	100.00
	3	11.55	32.55	45.14	10.76	100.00
	4	20.00	66.67	13.33	0.00	100.00
	5	10.38	49.10	34.87	5.65	100.00
	6	31.22	40.00	22.93	5.85	100.00
	总计	32.01	45.72	19.07	3.20	100.00
聚类Ⅶ	1	63.17	32.13	4.62	0.08	100.00
	2	41.25	47.99	6.74	4.01	100.00
	3	15.17	45.42	33.20	6.21	100.00
	4	25.81	61.29	9.68	3.23	100.00
	5	13.67	51.18	29.32	5.83	100.00
	6	28.67	44.02	21.90	5.42	100.00
	总计	26.82	46.00	22.58	4.59	100.00
聚类Ⅷ	1	56.71	41.37	1.92	0.00	100.00
	2	27.04	46.35	24.46	2.15	100.00
	3	10.61	34.85	48.48	6.06	100.00
	4	0.00	100.00	0.00	0.00	100.00
	5	17.68	49.03	28.09	5.21	100.00
	6	8.89	53.33	37.78	0.00	100.00
	总计	27.80	46.35	22.46	3.39	100.00
聚类Ⅸ	1	48.63	48.49	2.88	0.00	100.00
	2	51.72	42.19	5.18	0.92	100.00
	3	6.23	36.86	46.61	10.30	100.00
	4	52.63	26.32	21.05	0.00	100.00
	5	16.50	47.03	32.27	4.20	100.00
	6	36.54	44.87	17.31	1.28	100.00
	总计	38.61	44.52	14.76	2.12	100.00

其中，1~6分别表示劳动收入、离退休金养老金、最低生活保障金、财产性收入、家庭其他成员供养、其他。

专题调研篇

Special Survey

B.7

四川城市可持续发展水平评价

冉敏　刘伟　高洁*

摘　要：随着近年来经济发展和城镇化速度的加快，一些城市的发展面临了一些崭新的问题，如人口拥挤、资源枯竭、贫富加剧、产业衰落、环境污染严重……理论界认为这本质上就是城市可持续发展问题。对于城市如何才能实现可持续发展目标，本报告认为应该处理好两种关系（人与城市的关系、人与自然的关系），从而实现人类自身发展、城市发展和生态环境改善三者之间的协调一致，形成良性互动循环。依据这一理论构思，本报告设计了基于四川城市发展特征的可持续发展指标体系，并以此对四川18个城市进行了测评。根据测评结

* 冉敏，博士，四川省社会科学院区域经济所助理研究员，研究方向为产业经济学；刘伟，硕士，四川省社会科学院社会学所助理研究员，研究方面为应用社会学；高洁，博士，四川省社会科学院区域经济所助理研究员，研究方向为城乡统筹。

果，本报告归纳了四川城市发展的四种模式，即高发展高生态模式、高发展低生态模式、低发展高生态模式和低发展低生态模式。

关键词： 可持续发展 城镇化 生态模式

自1987年联合国环境与发展委员会首次提出了“可持续发展”的概念后，城市的可持续发展迅速成为城市研究与实践的热点：如何在促进城市繁荣的同时，减少人口剧增带来的过度拥挤、贫富差距现象的发生？如何减轻资源过度利用带来的环境承载压力？作为资源、人口与人类活动的中心，从某种程度上说，只有城市走上了可持续发展的道路，才会真正有区域、国家乃至全球的可持续发展。那么，作为西部经济与人口大省的四川，其城市可持续发展水平如何？

一 城市可持续发展内涵

（一）城市可持续发展的内涵

从城市的过去和现在可以看出，城市已经成为人与自然、个体与群体等可持续性问题的矛盾集中地，人、人类、自然是其中三大要素。城市可持续发展的核心是人，因此与每一个人和每一类人密切相关的生存、生活、工作以及发展前途是城市发展的首要选择。人类作为人的共同体，是从具体的个体人中抽象出来的，代表整体发展方向和需求的表征；自然是人得以诞生并赖以生存的环境，是人类共同体持续进步的基础和保障。

因此，本报告认为，城市可持续发展实质上包括了两个基本的关系。

1. 人与自然的关系。人来源于自然，又将自身从自然中抽离出来，在与自然关系的调整演化中谋求更高层级的发展。人从缺乏对自然规律的认识、受制于自然，到逐步掌握自然规律的知识、开发利用自然，再到有了科学技术，认识自然和改造自然的能力大大提升，似乎在人与自然的关系中人的主动权越来越大，但工业化所带来的资源消耗、环境污染等问题使得人们不得不重新思考这一关系。与工业化早期相比，当前的生产力和技术水平为形成人与自然和谐关系提供了条件，需要重点考虑的是如何达成两者的互促共赢：人类如何让生态更有效率地为人类发展服务，而不是采取对资源环境掠夺性开发的城市发展模式；人类如何通过更加科学推进城市发展为生态做出贡献，例如以建设紧凑型城市最大限度降低对生态环境的破坏，强化对城市绿地等生态功能的重视和投入等。

2. 人与城市功能的关系。人与城市功能的关系是人与人类关系在城市中的集中体现。城市的出现，无论是源于防御、交易还是宗教，其共同指向都是人与人更加频繁密切的交往和联系。这种交往和联系不仅仅基于物质交换的需要，还有更高层级的精神层面需求，是人的社会属性的必然结果。刘易斯·芒福德在分析城市起源时认为："这类地点除具备各种优良的自然条件外，还具有一些'精神的'或超自然的威力，一种比普通生活过程更高超、更恒久、更具有普遍意义的威力"①。城市不仅为人类公共事务的开展提供了物质载体，也为精神层面公共生活的展开提供了平台。城市可持续发展不仅要关注城市中人与自然关系的和谐，人作为人类的个体独立与公共生活需求的满足状况也是需要关注的部分。城市公共产品如何满足人的发展需要；个体人的价值实现如何与城市发展更好的结合，如通过更长的寿命、更高的受教育程度以及更高的收入为城市持续发展做出贡献；城市如何在共同生活和个体独立之间找到平衡：这些都是决定城市可持续发展的重要内容。

（二）城市可持续发展的目标

城市可持续发展是一项系统性战略，其目标不是社会、经济、环境等各

① 刘易斯·芒福德：《城市发展史——起源、演变和前景》，宋俊岭、倪文彦译，中国建筑工业出版社，2005，第9页。

个方面的简单结合，而是各个子系统之间由于良性互动而达成的高水平关联协调发展状态，为区域可持续发展提供有效支撑（见图1）。

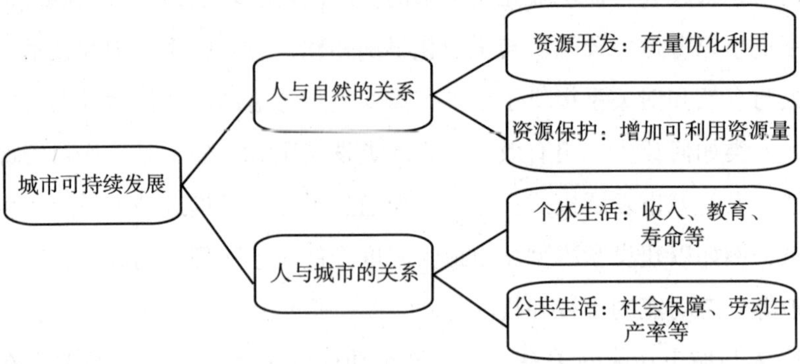

图1　城市可持续发展的目标

1. 人与自然关系的可持续。从资源开发来看，要转变掠夺式的资源开发模式，实现存量资源的优化利用；从资源保护来看，要加大对资源保护、生态修复、生态功能建设等方面的投入，增加可利用资源量。尤其对承担重要生态保护功能的西部来说，人与自然关系的可持续是实现城市可持续发展总体目标的基础。

2. 人与城市关系的可持续。从生活在城市中的个体人的角度来看，要在城市中充分实现个人价值，包括收入水平的提高、受教育程度的提升以及寿命的延长等；从作为人类在城市的公共需求来看，城市要为公共事务提供充分的保障，包括劳动生产率的进一步提升以实现城市财富创造能力的提升、社会保障和公共服务的全面覆盖和质量提升等。

二　四川城市可持续发展评价指标体系

城市发展过程是一个复杂的系统演变过程，其包含了自然环境、经济增长、社会发展等各个子系统要素之间此消彼长的关系。因此，要评价一个城市的发展是否可持续，也是一项比较复杂的系统过程，国内外学者们通常用

“城市可持续发展指标”来评价。城市可持续发展指标主要包括城市经济发展水平、社会公共资源分配与服务水平、城市环境质量等方面，是衡量城市是否能够长久健康发展的标尺。因此，通过建立一套科学的城市可持续发展指标体系对于系统地评价和调控城市可持续发展具有非常重要的理论和现实意义。

（一）四川城市可持续发展评价特征

为了能够客观评价四川各个地级市可持续发展的演进过程，本报告认为其空间尺度和指标选择相对于其他城市可持续评价而言，具有以下特征。

1. 城市可持续发展的空间尺度性差异

本报告采取省域视角、以地级市为主体进行评价，与国际或全国视角、以特大城市为主体进行评价有所差别。一是省域视角与国际或全国视角相比，空间尺度更小，城市间的差异性更为细微，需要从更微观的操作层面选取更能突出差异性的指标。二是地级市与特大城市相比，城市规模和发展水平有明显的区别，在指标的选择上也必须从其城市规模和发展阶段性进行考虑。

2. 城市可持续发展的阶段性特征

到目前为止，众多学者从不同的角度针评价城市可持续发展，提出了不同的指标体系，但城市可持续发展是一个动态发展的过程，随着发展阶段的不断变化，关注的重点也有所变化。基于对城市可持续发展的阶段性特征的认识，我们认为城市可持续发展的评价应该依据城市所处的特定阶段，通过横向对比区域内各个城市的可持续发展水平来进行。

（二）评价要素

在本报告所构建的城市可持续发展理论框架中，四川城市可持续发展的内涵应当覆盖两重关系与三项要素。

1. 人与城市的关系

“人”是营造或改变城市空间的主体，也是城市发展的最大受益者。不论单个人的个体发展，还是城市人群的整体福祉提升，都是城市发展的核心议题。每一天，城市中的人都在通过与城市公共事务之间的依赖关系，发生着与城市之间的互动关联，从而实践着对城市空间的不断改造。而城市公共空间是否良性运行与协调发展又反过来深刻影响着城市中人类福祉的实现质量。本研究认为，城市的可持续发展，首先是人类发展与城市公共事务之间的相互优化与协调，这包括了两个相互关联的要素。

要素1，人的福祉。城市的可持续发展，首先体现为人类福祉的不断增加，也即“人类发展”。诚然，城市的经济发展，尤其是作为宏观指标的经济进步，对满足人类的基本目标来说是绝对必要的。但经济增长和人类发展之间的优化连接，却不一定能够自然而然地发生。因此，需要观察和探索在不同类型的城市中，经济发展转变为人的福祉的各类路径，寻求经济发展与人类福祉提升之间公平与效率的均衡。这成为城市可持续发展的首要前提。

要素2，城市公共系统。人类依“群”而繁衍生息，于是公共性成为人类生活空间的必然属性。在城市空间，公共性的主要载体为各类公共事务与城市公共产品所构成的城市公共系统。实际上，这一系统由人类研发和生产，且始终处在受人类生产、生活影响而随时可能发生转变的动态变化当中。其大致可分为两个相互竞争与协同的子系统，即经济系统与社会系统，这两个子系统的可持续状况，直接反映城市公共系统在供给人类服务时的稳固性与可持续性。而相对稳固地满足人们不断增长的发展诉求，需要社会系统与经济系统实现协调运行与均衡发展。这成为城市可持续发展的基础保障。

2. 人与自然的关系

可持续发展的前提是发展，是满足人们不断增长的各项诉求。作为资源大省和相对落后的地区，四川的城市发展在未来的一段时期内，都无法绕开、更不可能停止对自然资源的开发与利用，因而也就不可避免地会对自然资源和环境造成破坏，而城市可持续发展应以实现人口、经济、社会、环境以及资源之间的协调发展为目标。因此不论城市还是城市中的人，都必须尊重自然，与自然之间进行有效合作，从与自然的对立走向与自然的协调共生，促成自然保护与自然环境价值扩容并举，实现人类与自然的相互照顾与互相成全。本研究认为，人类与自然的相互利用与彼此保护，是城市可持续发展的另一重要议题。从城市的角度出发，这指向“生态改善”这一具体要素。

要素 3，生态改善。就四川而言，对自然资源有序和高效的利用既是城市发展的重要保障，又是城市可持续发展亟待破解的难题。如何在必然消耗自然资源的城市发展进程中，使资源利用更加优化？如何在人类福祉提升、城市公共事务不断进步的同时，持续改善生态，扩大环境承载能力，为城市可持续发展提供动能？这些发端自如何平衡人类向自然与生态索取与人类如何为生态做贡献之间关系的问题，既是四川当前城市可持续发展的现实境遇，也是本报告力图通过指标体系的建构而做出的导向与倡议。无论如何，生态改善应当成为城市可持续发展的保障。

（三）评价模型

从系统论的角度来说，城市可持续发展的各维度、各要素并非孤立前行，而是通过彼此间的互动联系，排列组合成一个个大大小小的子系统。这些大大小小的子系统之间并存着竞争与协同的双向关系。竞争与协同是具有矛盾特征的相互作用、相互影响的一对作用力。竞争导致双方相互制约、相互抑制；而协同促进双方相互合作、协调发展。在城市空间系统的演化过程中，城市各子系统通过竞争达到协同，协同引发高一级的新的竞争，形成螺旋上升的发展模式。若不考虑国家自上而下的动员因素，城市的发展正是在各系统的竞争与协同中自然而然地实现从无到有，从简单到复杂，从低级向高级的过程。

我们认为，城市发展的可持续，正是“人与自然”“人与城市”双维度之间以及人、城市、自然三要素之间在合理范围内不断竞争、不断找寻相互协调与平衡的动态过程。这一过程可以用城市可持续发展中的协调度来进行测度。

（四）四川城市可持续发展测评指数

1. 测评指数

“人与城市”“人与自然”的双维度以及人、城市、自然三要素之间的关系，可通过构建分别指向人类福祉、城市公共系统与生态建设的三个指数，实现对西部城市可持续发展现状的测评结果来考察。

（1）人类发展指数（HDI，Human Development Index）

《1990年人类发展报告》提出以人类发展指数来测评人类福祉。

“人类发展是一个不断扩大人们选择权的过程。而拥有健康长寿、良好教育和体面生活的权利则是其中最重要的几个方面。”

1990年，联合国开发计划署（UNDP）提出了人类发展指数的概念，主张从收入、教育、健康三个维度，对各国的人类发展情况进行衡量。具体而言，以“出生时预期寿命”为指标构建预期寿命指数，以“平均受教育年限”和“预期受教育年限”为指标构建教育指数，以“人均国民收入”为指标构建收入指数，而人类发展指数即由这三项指数共同组成。尽管人类发展指数包含的指标数量较少，但在突破过往仅聚焦收入这个单一维度，建构从多角度理解发展这一理念上的作用是十分显著的。

（2）城市功能指数（UFI，Urban Function Index）

在测评城市共建共享方面，本报告构建了“城市功能指数”。

我们主张，可持续的城市应当转变唯经济总量论，不断优化城市中经济与社会两个领域的公共事务环境，促使城市的经济系统与社会系统供给人类更为优质的公共服务。一方面，城市应当具有充沛的未来经济发展的活力、较高的经济发展效率和与时俱进的创新能力；另一方面，城市还应该在社会公平公正、关注弱势群体、提供高效城市公共空间等方面做足努力。城市功能指数强调经济系统与社会系统相互平衡，倡导可持续发展城市的经济与社会面向。

（3）生态改善指数（EII，Ecological Improvement Index）

在测评城市资源环境方面，本报告构建了“生态改善指数”（EII）。

我们主张，在可持续的城市中，人与自然的关系应当是互促共建的。即便不能转变对资源存量的开发与利用，也当着力改变和提升资源的利用效率；即便做不到理想程度的生态建设与自然营造，也当着力对城市生态进行扩大扩容。简言之，一座可持续的城市，应当从资源利用效率和生态扩容方面做出富有成效的努力。生态改善指数（EII）正是基于这一考量而设置的。

2. 运行模式

我们将 HDI（人类发展指数）与 UFI（城市功能指数）综合起来作为“人与城市”关系的实证载体，与 EII（生态改善指数）进行“协调度”计算，最终呈现如图 2 所示的高发展高生态、高发展低生态、低发展高生态、低发展低生态四类城市可持续发展模式（见图 2）。

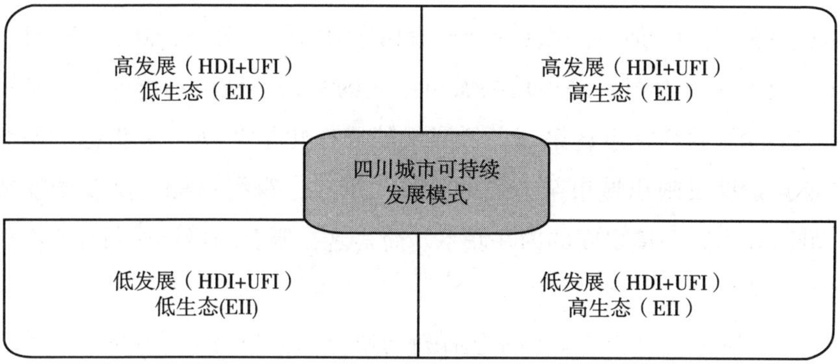

图 2　四川城市可持续发展模式

（五）四川城市可持续发展评价指标体系

我们以人与城市和人与自然两个方面的互动关系为视角来衡量城市可持续发展程度，主张当城市中人的发展、城市功能、城市生态三个系统在竞争与协同中实现均衡、形成良性的循环互动时，城市便处在一种可持续发展的状态中。基于四川现实和城市发展阶段，我们构建了四川城市可持续发展评价指标体系。

1. 评价目标

本报告对四川城市可持续状况的评价目标主要有三个：一是从可持续视角客观反映城市发展水平，二是以指标体系及评价结构形成对与四川相似地区的城市可持续发展的理论和实践导向，三是为各级政府、企业和个人在城市可持续发展领域开展工作提供科学依据。

2. 指标选取原则

指标选择既是理论概念的操作化过程，又是搭建理论范式、测评方法与现实数据之间桥梁的实践过程。在具体构建指标体系时，我们遵循了如下原则。

导向性原则。一方面体现从中央到地方各级党委政府对城市可持续发展的政策导向以及联合国开发计划署对城市可持续的倡导立场，另一方面体现本报告所构建的四川城市可持续发展理论的实践主张。

系统性原则。指标体系应当系统性地考察和客观评价四川各个城市的可持续发展水平，评价结果包括综合指数和分项指数。第一，高层级的理论指标（二级指标）力图系统地反映城市中人的福祉、城市功能、生态环境状况及三个方面的均衡度；第二，低层级的操作化指标（三级指标、四级指标）必须能够反映出城市某方面的特征；第三，跨级指标之间要能反映出人、城市和生态环境之间的内在联系。简言之，所有的指标必须具有有机统一的系统关联。

一致性原则。评价指标体系应保持与研究目标和测量目标的一致性。每一项操作化指标，都应当明确地从某一个特定具体方面度量城市可持续发展水平。最终使得各项组成指标能够多角度、全方位地反映不同城市可持续发展水平的差异。

独立性原则。指标体系中同级的各个指标之间应该尽量保持相互独立性。这一方面要求指标之间没有显著的相关关系，另一方面要求每个指标能够反映不同的问题或者同一问题的不同方面。

可度量性原则。指标体系应能够充分反映城市可持续发展的内涵，能够揭示所评价城市目前的发展现状，并且能够对城市各个方面的未来发展提供建议。因此，在指标体系的构建过程中，应该尽量选择那些能够获得和量化的指标，或者能够定量化衡量比较的定性指标。

可比较性原则。在四川城市可持续发展指标的选取过程中应保持参数的统计范围和口径前后一致；同时，还应满足指标体系能够进行横向和纵向可比。

可操作性原则。指标设置力求简单、适用，充分考虑数据采集可行性、时间成本、经济成本以及持续采集的可能性，并且与国家现有统计指标体系有效衔接。

3. 评价指标体系

四川城市可持续发展评价指标体系包括人类发展指数（HDI）、城市功能指数（UFI）、生态改善指数（EII）3 个二级指标，7 个三级指标和 18 个四级指标（见表 1）。诚如前文所述，我们将以观察人类福祉、城市公共事务、生态建设这三个系统之间的协调程度来测度城市发展的可持续性水平。

表 1　四川城市可持续发展的评价指标体系

一级指标	二级指标	三级指标	四级指标	关系指向
城市可持续发展水平（协调度指数，UCI）	人类发展指数（HDI）	预期寿命指数（LEI）	出生时预期寿命（岁）（X_1）	人与城市
		教育指数（EI）	平均受教育年限（年）（X_2）	
			预期受教育年限（年）（X_3）	
		收入指数（II）	人均国民收入（美元）（X_4）	
	城市功能指数（UFI）	经济质量指数（EQI）	第三产业占 GDP 比重（%）（X_5）	
			万人专利授权量（件）（X_6）	
			建成区经济密度（亿元/平方公里）（X_7）	
		社会状况指数（SCI）	城镇化率（%）（X_8）	
			就业率/新增岗位数（%）（X_9）	
			保障性住房覆盖率（%）（X_{10}）	
			建成区人口密度（人/平方公里）（X_{11}）	
	生态改善指数（EII）	资源利用效率指数（RCI）	单位 GDP 能耗值（元/千瓦时）（X_{12}）	人与自然
			单位 GDP 的三废排放量（元/吨）（X_{13}）	
			废水处理率（%）（X_{14}）	
			生活垃圾处理率（%）（X_{15}）	
		生态扩容指数（ECI）	空气质量优良率（%）（X_{16}）	
			人均公园绿地面积（%）（X_{17}）	
			城市建成区绿化覆盖率（%）（X_{18}）	

4. 指标说明及测度方法

（1）人类发展指数（HDI）

人类发展指数是由联合国开发计划署提出的，而且从 1990 年开始就每年发布《人类发展报告》。人类发展指数是对人类发展情况的一种总体衡量，从人类发展的三个基本维度来探讨人类幸福感和社会的公平程度，即健康长寿、受教育程度和收入水平。

人类发展指数（HDI）由预期寿命指数（LEI）、教育指数（EI）和收入指数（II）的几何平均数计算而成。即：

$$\mathrm{HDI} = \sqrt[3]{LEI \times EI \times II} \tag{1}$$

其中，预期寿命指数（LEI）用极值标准化后的出生时预期寿命 (ZX_1)①衡量；

教育指数（EI）分别由极值标准化后的平均受教育年限（ZX_2）和预期受教育年限（ZX_3）的算术平均数计算。② 即：

$$\mathrm{EI} = \frac{1}{2}(ZX_2 + ZX_3) \tag{2}$$

收入指数（II）用购买力平价美元折算后（PPP）的值取对数再进行极值标准化之后（ZX_4）计算。即：

$$\mathrm{II} = ZX_4 = \frac{LOG(X_4 \times PPP) - LOG(100)}{LOG(123124) - LOG(100)} \tag{3}$$

表 2　维度指数标准化所使用的极值

平均预期寿命	84(中国香港)	20
平均受教育年限	13.1(德国)	0
预期受教育年限	20.2(澳大利亚)	0
综合受教育指数	16.6(澳大利亚)	0
人均收入(PPP $)	123124(卡塔尔,2011)	100

数据来源：UNDP《2015 年人类发展报告：公平而体面的工作》。

① 本研究采用 2010 年第六次人口普查时的平均预期寿命计算而成。

② 平均受教育年限，由于年鉴中无直接数据，本研究采用平均受教育程度来衡量，即根据各地级市统计年鉴数据中的每万人中各种学生人数占比与各级教育年限的乘积计算而成。计算公式如下：

（1）平均受教育年限（X_2）＝小学生人口比重×6＋初中生人口比重×9＋高中生人口比重×12＋大专及以上人口比重×16；（2）预期受教育年限（X_3）＝小学毛入学率×6＋初中毛入学率×9＋高中毛入学率×12＋高等教育毛入学率×16。

（2）城市功能指数

城市功能指数由经济质量指数（EQI）和社会状况指数（SCI）两个部分构成。经济质量指数（EQI）体现了城市的经济发展水平和潜力，其用来衡量城市经济发展水平、产业结构高级化和发展潜力；社会状况指数体现了城市能否给城市中的人提供所需的生存生活资源、工作计划，以及城市的聚集资源能力。

具体而言，城市功能指数（UFI）是由经济质量指数（EQI）和社会状况指数（SCI）的几何平均数构成。即：

$$\mathrm{UFI} = \sqrt[2]{EQI \times SCI} \tag{4}$$

其中，经济质量指数（EQI）由极值标准化之后的第三产业占 GDP 比重（ZX_5）、万人专利授权量（ZX_6）和建成区经济密度（ZX_7）三个指标的算术平均数计算而成。即：

$$\mathrm{EQI} = \frac{1}{3}(ZX_5 + ZX_6 + ZX_7) \tag{5}$$

社会状况指数（SCI）则由极值标准化之后的城镇化率（ZX_8）、就业率/新增岗位数（ZX_9）、保障性住房覆盖率（ZX_{10}）和建成区人口密度（ZX_{11}）四个指标的算术平均数计算而成。即：

$$\mathrm{SCI} = \frac{1}{4}(ZX_8 + ZX_9 + ZX_{10} + ZX_{11}) \tag{6}$$

（3）生态改善指数（EII）

生态改善指数用来衡量在一定时期内在一定人口、技术水平和经济规模下，城市发展所消耗的资源、污染排放，以及人类为了弥补对生态环境造成的伤害，增强城市宜居性，改善生态环境所采取的一系列措施。生态改善指数由资源利用效率指数和生态扩容指数的几何平均数构成。

即：生态改善指数（EII）等于资源利用效率指数（RCI）和生态扩容指数（ECI）的几何平均数。即：

$$\mathrm{EII} = \sqrt{RCI \times ECI} \tag{7}$$

其中，资源利用效率指数（RCI）是由极值标准化之后的单位 GDP 能耗值（ZX_{12}）、单位 GDP 的三废排放量（ZX_{13}）、废水处理率（ZX_{14}）和生活垃圾处理率（ZX_{15}）的算术平均数构成。

$$\text{即}:RCI = \frac{1}{4}(ZX_{12} + ZX_{13} + ZX_{14} + ZX_{15}) \tag{8}$$

生态扩容指数（ECI）是由极值标准化之后的空气质量优良率（ZX_{16}）、人均公园绿地面积（ZX_{17}）和城市建成区绿化覆盖率（ZX_{18}）的算术平均数构成。

$$\text{即}:ECI = \frac{1}{3}(ZX_{16} + ZX_{17} + ZX_{18}) \tag{9}$$

（4）城市发展可持续发展水平：协调度（UCI_1）

本研究认为，衡量一个城市能否可持续发展下去，关键在于城市中人的发展、城市自身的发展和生态环境的发展相互协调一致，形成良性循环的互动系统。概而言之，一个城市能否可持续发展，关键在于人、城市与生态三个系统之间的协调。由此，本研究用协调度指数（UCI_1）来衡量。

协调度指数（UCH_1）由人类发展指数（HDI）、城市功能指数（UFI）和生态改善指数（EII）的几何平均数而构成。即：

$$UCH_1 = \sqrt[3]{HDI \times UFI \times EII} \tag{10}$$

（5）城市发展可持续发展模式：协调度（UCI_2）

在城市追求可持续发展的过程中，人类自身发展和城市自身发展实际上体现了人与人之间的关系，由此本研究定义其为发展指数（DI），生态改善指数则体现了人与自然之间的关系，由此本研究定义其为生态指数（EI）。而只有人类社会经济发展与生态文明建设之间形成良性的互动协调关系，那么这样的城市发展模式才是可持续的发展模式。

协调度指数（UCI_2）由发展指数（DI）和生态指数（EI）的几何平均数构成。

$$\text{即}:UHI_2 = \sqrt{DI \times EI} \tag{11}$$

其中，发展指数 DI 是由人类发展指数（HDI）和城市功能指数（UFI）的几何平均数构成。即：

$$\mathrm{DI} = \sqrt{HDI \times UFI} \tag{12}$$

生态指数则用生态改善指数来定义。即：

$$\mathrm{EI} = \mathrm{EII} = \sqrt{RCI \times ECI} \tag{13}$$

三　四川城市可持续发展评测评分析

本报告运用四川城市可持续发展评价指标体系，将四川省地级市作为评价对象。18 个地级城市分别为：成都、自贡、攀枝花、泸州、德阳、绵阳、广元、遂宁、内江、乐山、南充、眉山、宜宾、广安、达州、雅安、巴中、资阳。

本报告评价数据均为 2014 年数据，数据来源有：2015 年《四川统计年鉴》、四川各地市 2015 年统计年鉴和统计公报、2015 年《中国城市统计年鉴》以及其他公开数据。

（一）总体特征

我们以城市可持续发展水平的协调度（UCI_1），作为四川城市可持续状况的测度指标。总的而言，四川省城市可持续发展呈现如下特征。

1. 四川城市可持续发展水平总体不高，城际差异显著

表 3 展示了四川城市可持续发展水平。首先，四川城市可持续发展水平总体处在中游偏低水平。18 个地市的平均得分为 0. 440（标准差为 0. 790），分值处在得分全距的中游偏下。其次，四川各市际间的城市可持续发展水平差异较大。用于观测城市可持续发展水平的测度指标“协调度（UCI_1）”的变异系数达到 7. 8%，其极差亦高达为 0. 340，意味着最高得分城市与最低得分城市之间的分差占整个得分全距（得分范围 0 ~ 1）的 1/3 之多，四川城市可持续发展水平的市际差异相对较大。

表3　四川城市可持续发展水平协调度（UCI_1）统计

地区	协调度（UCI_1）	成都平原城市群	川东北城市群	川南城市群	攀西城市群
成　都	0.700	◆			
攀枝花	0.541				◆
德　阳	0.499	◆			
雅　安	0.466	◆			
巴　中	0.454		◆		
资　阳	0.439	◆			
自　贡	0.431			◆	
内　江	0.427			◆	
绵　阳	0.417	◆			
广　安	0.417		◆		
眉　山	0.411	◆			
南　充	0.410		◆		
乐　山	0.408	◆			
泸　州	0.407			◆	
广　元	0.403		◆		
达　州	0.367		◆		
宜　宾	0.364			◆	
遂　宁	0.360	◆			
平均值	0.440				
极　差	0.340				
变异系数	0.078				

2. 各城市之间人类发展水平相对均衡

首先，四川各地市的人类发展指数相对均衡，构筑了四川城市可持续发展的基础。数据显示，四川省人类发展指数在三大指数的走势上最为平稳（变异系数为3%，极差为0.174），各城市之间的差异并不显著，发展步调相对平稳，这将成为四川城市可持续发展相对坚实的基础。

其次，必须看到，四川城市人类发展水平尚需提升。根据联合国2015年人类发展报告关于人类发展指数的分类标准（0.800以上为极高人类发展区，0.700～0.799为高人类发展区，0.550～0.699为中人类发展区，低于0.550为低人类发展区），四川2014年度18个地市缺乏极高人类发展区城

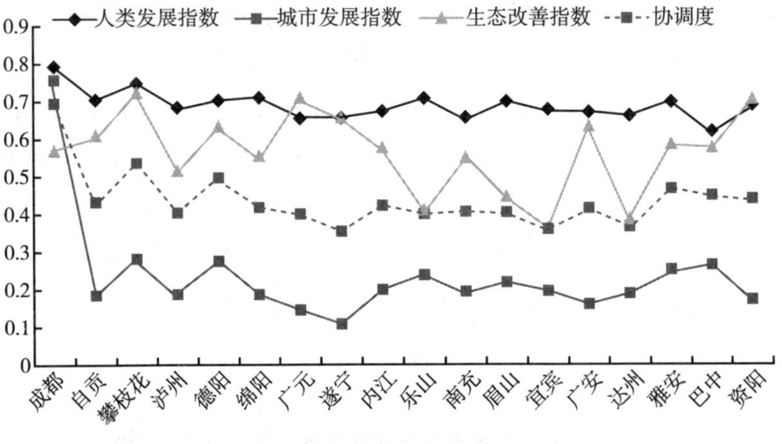

图3　2014 年四川城市可持续发展水平状况

市。以成都、攀枝花为代表的 7 个地市处于高人类发展区，其他的 11 个地市则处于中人类发展区（见表 4）。

表 4　四川城市人类发展指数分类

序号	分类	阈值	地区
I	极高人类发展区	HDI > 0. 800	
II	高人类发展区	0. 700 < HDI < 0. 799	成都,攀枝花、绵阳、乐山、自贡、德阳、眉山
III	中人类发展区	0. 550 < HDI < 0. 699	雅安、资阳、泸州、宜宾、广安、内江、达州、遂宁、南充、广元、巴中
IV	低人类发展区	HDI < 0. 550	

3. 城市功能与人类发展呈现三类关系

城市可持续发展是人、城市、自然（生态）三大系统间在竞争与协同的互动中寻求均衡的动态发展过程。按照三大发展要素自身的属性特征，一般的城市可能会历经“人类发展掣肘—城市发展掣肘—生态建设掣肘”的阶段。在城市可持续发展二级指标的三大指数中，人类发展指数变异系数为 3%，极差为 0. 174；城市功能指数的变异系数为 14%，极差为 0. 659；生态改善指数的变异系数为 3%，极差为 0. 377。可见，城市功能的差异是导致四川城市可持续发展水平差异的首要原因（见表 5）。

城市的本质是经济集聚，其可持续发展的动力来自人类创新。人类发展水平越高，城市发展动力更强；而城市发展动力越强，反过来又能为人类发展水平提供更好的条件和保障。现阶段四川在城市发展与人类发展的互动中，呈现三类特征。一是部分城市已经呈现出人类发展和城市发展的良性互动，如成都、攀枝花、乐山、眉山等地。二是部分地区二者均偏低，在人类发展指数保持相对平衡的状态下，需要加强城市建设，如德阳、广元、遂宁等。三是部分地区二者不协调，如巴中需要更加重视人类发展，而资阳应加快城市发展。

表 5　2014 年四川城市可持续发展协调度（UCI_1）状况

地区	协调度(UCI_1)	人类发展指数	城市功能指数	生态改善指数
成　都	0.700	0.793	0.766	0.565
攀枝花	0.541	0.753	0.289	0.728
德　阳	0.499	0.703	0.282	0.626
雅　安	0.466	0.696	0.248	0.584
巴　中	0.454	0.619	0.263	0.576
资　阳	0.439	0.695	0.175	0.697
自　贡	0.431	0.708	0.184	0.614
内　江	0.427	0.671	0.200	0.582
绵　阳	0.417	0.713	0.184	0.552
广　安	0.417	0.676	0.168	0.638
眉　山	0.411	0.700	0.225	0.440
南　充	0.410	0.659	0.191	0.549
乐　山	0.408	0.710	0.235	0.408
泸　州	0.407	0.688	0.192	0.509
广　元	0.403	0.654	0.142	0.706
达　州	0.367	0.668	0.193	0.383
宜　宾	0.364	0.685	0.200	0.351
遂　宁	0.360	0.664	0.107	0.658
极　差	0.340	0.174	0.659	0.377
变异系数	0.078	0.030	0.140	0.032

数据来源：本课题组依据收集数据测算而得。

（二）人类发展指数评价

1. 四川城市人类发展指数排名

基于前述的测算方法和指标体系，对四川省18个地级市的人类发展指数进行了测算与排名（见表6）

表6　2014年四川城市人类发展指数状况

地区	人类发展指数	预期寿命指数	教育指数	收入指数
成　都	0.793	0.892	0.755	0.739
攀枝花	0.753	0.864	0.667	0.740
绵　阳	0.713	0.862	0.663	0.635
乐　山	0.710	0.856	0.643	0.649
自　贡	0.708	0.864	0.625	0.657
德　阳	0.703	0.865	0.600	0.670
眉　山	0.700	0.856	0.638	0.627
雅　安	0.696	0.858	0.635	0.620
资　阳	0.695	0.858	0.616	0.635
泸　州	0.688	0.849	0.621	0.618
宜　宾	0.685	0.850	0.601	0.630
广　安	0.676	0.855	0.591	0.612
内　江	0.671	0.857	0.565	0.624
达　州	0.668	0.854	0.592	0.590
遂　宁	0.664	0.863	0.573	0.592
南　充	0.659	0.856	0.577	0.580
广　元	0.654	0.852	0.569	0.577
巴　中	0.619	0.852	0.546	0.510
极　差	0.174	0.042	0.209	0.229
变异系数	0.030	0.010	0.050	0.050

从人类发展指数的测算结果来看，排名第1位的是成都，得分0.793；排名最后的是巴中市，得分0.619。成都以预期寿命指数排名第1、教育指数排名第1和收入指数排名第2的显著优势位列全省18个地市的第1名；

攀枝花则因收入指数排名全省第 1 位、教育指数排第 2 位和预期寿命指数排第 3 位的优势排到了 18 个地市的第 2 名。

从人类发展指数的三个细分指数得分与排名来看：预期寿命指数：排名第 1 的是成都，得分 0.892；排名最后的是泸州，得分 0.849。两者相差 0.043。由此可以看出，四川 18 个市的预期寿命差异并不大。教育指数：排名第 1 的是成都，得分 0.755，排名最后的是巴中，得分 0.546，两者相差 0.209，变异系数达到了 5%。而从成都与排名第 2 的攀枝花两市来比较，成都也远远超越了攀枝花，两者相差 0.088，成都占据了全省较多较好的资源。收入指数：排名第 1 的是攀枝花，其得分为 0.740，排名最后的是巴中，其得分为 0.510，两者相差 0.230，变异系数达到了 5%。这表明四川发达地区与欠发达地区之间的居民收入差异较大（见图 4）。

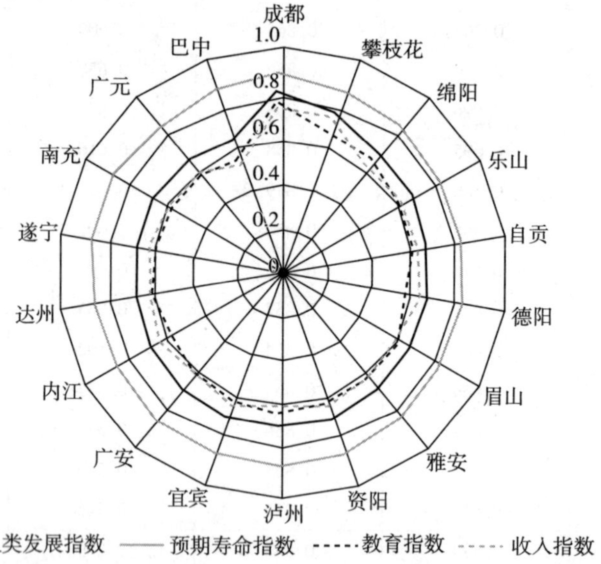

图 4　2014 年四川城市人类发展指数分项指标

从人类发展指数及各细分指标的变异系数来看，四川各市人类发展指数的变异系数为 0.030，极差为 0.174；预期寿命指数的变异系数为 0.010，极差为 0.042；教育指数的变异系数为 0.005，极差为 0.209；收入指数的变异系数为0.050，极差为0.229。由此可以看出，四川18个市人类发展指数的差异主要是由教育指数和收入指数差异而致（见图5）。

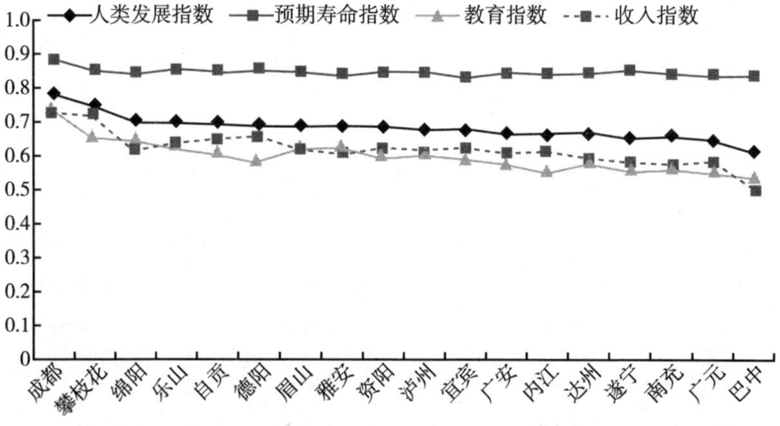

图5　2014年四川城市人类发展指数状况

2. 四川城市人类发展指数评价

四川城市人类发展指数排名表明以下三个问题。第一，四川各市人类发展水平相对均衡，可持续发展基础相对牢固。第二，教育水平与个体收入的差异依然存在，走向更加均衡还是落入分化陷阱的可能性并存。在政策研究上，需警惕、预防这一趋势的进一步扩大。第三，18个市的人均预期寿命是74.97岁，高于全国人均预期寿命（约74.8岁）。

（三）城市功能指数评价

1. 四川城市功能指数排名

基于前述的测算方法和指标体系，本报告对四川省18个地级市的城市功能指数进行了测算与排名（见表7）。

从城市功能指数的测算结果来看，排名第1位的是成都，得分0.766；排名最后的是遂宁市，得分0.107，两者相差0.659。成都以经济质量指数和社会状况指数均排名第1位的绝对优势领先其他17个市，排在了第1位；而遂宁则以经济质量指数排名第18和社会状况指数排名第14的明显劣势垫底。

表 7　2014 年度四川城市功能指数状况

地区	城市功能指数	经济质量指数	社会状况指数
成　　都	0.766	0.861	0.681
攀 枝 花	0.289	0.192	0.435
德　　阳	0.282	0.328	0.243
巴　　中	0.263	0.223	0.310
雅　　安	0.248	0.202	0.305
乐　　山	0.235	0.241	0.230
眉　　山	0.225	0.185	0.273
内　　江	0.200	0.165	0.241
宜　　宾	0.200	0.235	0.171
达　　州	0.193	0.210	0.177
泸　　州	0.192	0.089	0.414
南　　充	0.191	0.100	0.362
自　　贡	0.184	0.101	0.335
绵　　阳	0.184	0.224	0.152
资　　阳	0.175	0.351	0.087
广　　安	0.168	0.296	0.096
广　　元	0.142	0.149	0.134
遂　　宁	0.107	0.075	0.154
极　　差	0.659	0.786	0.594
变异系数	0.140	0.175	0.146

从城市功能指数及各细分指标的变异系数来看，四川城市发展的变异系数为 14%，极差为 0.659；经济质量指数的变异系数为 0.175，极差为 0.786；社会状况指数的变异系数为 0.146，极差为 0.594。由此可以看出，四川 18 个市城市功能指数的差异较大，尤其是经济质量指数差异更加突出（见图 6）。

经济质量指数：排名第 1 的是成都，其得分为 0.861；排名最后的是遂

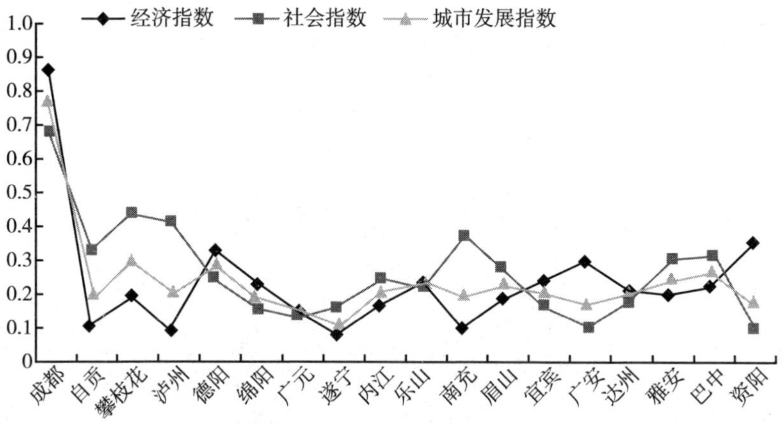

图 6　2014 年四川城市功能指数状况

宁，其得分为 0.075。两者相差 0.786，成都与排列第 2 的资阳差距也达到了 0.510。这表明，四川 18 个市的城市经济发展质量并不平衡，且差异较大。由于本研究的经济指数由第三产业占 GDP 比重、万人专利授权量和建成区经济密度构成，其目的在于衡量各个城市的经济发展质量。在四川省 18 个市中，除了成都的经济发展越来越轻型化、高端化和智能化之外，其他市还尚处于工业化的中期乃至初期阶段。遂宁经济发展质量排名情况与其经济整体发展质量有关，在三项指标中，遂宁均排名靠后。

社会状况指数：排名第 1 的是成都，得分为 0.681；排名最后的是资阳，得分 0.087，两者相差 0.594，变异系数达到了 0.146%。而成都与排名第二的攀枝花比较，成都也远远超越了攀枝花，两者相差 0.246（见图 7）。

2. 四川城市功能指数评价

综上所述，四川各城市的城市发展水平分化明显。如前所述，城市功能的发展状况已成为四川城市可持续发展的首位要素，而数据分析进一步提示，四川各城市在城市功能方面的作用发挥，包括经济效益、社会事业等差异显著。不论是经济指数还是社会指数均提示四川城市发展水平存在显著的分化，而经济质量的城际分化更为突出，表明四川省各城市在经济供给条件和经济供给能力上的表现不尽如人意。

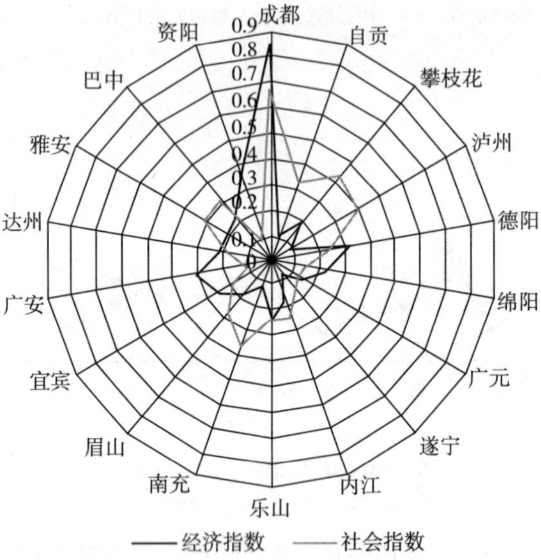

图7 2014 年度四川城市功能指数分项指标状况

（四）生态改善指数评价

1. 四川城市生态改善指数排名

总体情况：基于前述的测算方法和指标体系，对四川省 18 个地级市的生态改善指数进行了测算与排名（见表 8）。

从生态改善指数的测算结果来看，排名第 1 的是攀枝花，得分为 0.728；排最后的是宜宾，得分为 0.351，两者相差 0.377。攀枝花以生态扩容指数的绝对优势领先其他 17 个市，排名第 1 位；而宜宾则以资源利用效率指数排第 17 名和生态扩容指数排在第 16 名的明显劣势而垫底。

表8 2014 年四川城市生态改善指数状况

地区	生态改善指数	资源利用效率指数	生态扩容指数
攀 枝 花	0.728	0.566	0.937
广 元	0.706	0.865	0.576
资 阳	0.697	0.850	0.572

续表

地区	生态改善指数	资源利用效率指数	生态扩容指数
遂　宁	0.658	0.785	0.553
广　安	0.638	0.717	0.568
德　阳	0.626	0.736	0.532
自　贡	0.614	0.799	0.472
雅　安	0.584	0.742	0.461
内　江	0.582	0.602	0.563
巴　中	0.576	0.793	0.418
成　都	0.565	0.974	0.328
绵　阳	0.552	0.704	0.433
南　充	0.549	0.721	0.418
泸　州	0.509	0.560	0.462
眉　山	0.440	0.649	0.298
乐　山	0.408	0.329	0.506
达　州	0.383	0.481	0.305
宜　宾	0.351	0.392	0.314
极　差	0.377	0.645	0.639
变异系数	0.032	0.185	0.043

从生态改善指数及各细分指标的变异系数来看，四川生态改善指数的变异系数为0.032，极差为0.377；资源利用效率指数的变异系数为0.185，极差为0.645；生态扩容指数的变异系数为0.043，极差为0.639。由此可以看出，四川18个城市的生态改善指数的差异是由于各个城市之间资源利用效率差距所致（见图8）。

资源利用效率指数：排名第1的是成都，得分为0.974；排名最后的是乐山，得分为0.329，两者相差0.645。这表明，四川18个市的资源利用效率相差较大，成都市在资源利用效率方面远远把其他市抛在了后面。而达州、宜宾、乐山这三个传统的老工业城市的资源利用效率较低，说明其耗费了巨大的资源却获得了较少的经济产出。

生态扩容指数：排名第1的是攀枝花，得分为0.937；而排最后的是眉山，得分为0.298，两者相差0.639。由此可以看出，攀枝花市这个传统重工业城市在改善城市生态环境，追求生态文明的过程中走在了前列。

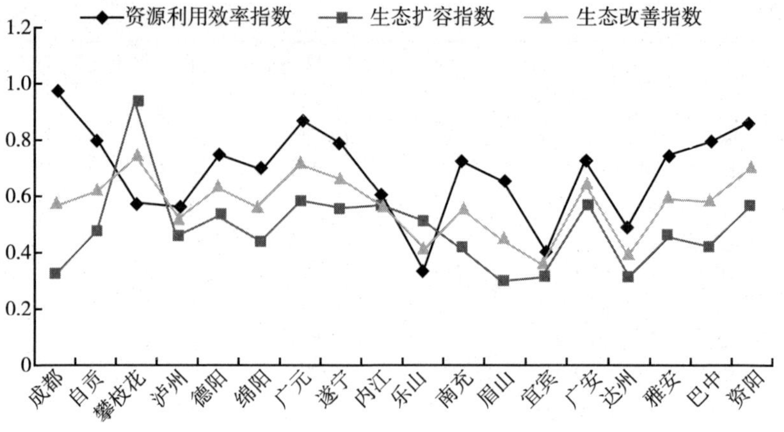

图 8　2014 年四川城市生态改善指数状况

2. 四川城市生态改善指数评价

四川城市生态改善现状呈现路径探索多元分化的特征。资源低消耗和生态高容量是城市健康发展乃至城市生命系统可维持的保证。但是并不意味着在每个阶段都必须是低生态投入的。低生态投入，在不同的发展阶段可能会是低人类发展和低城市发展的结果。作为发展相对滞后的省份，四川更应寻求城市发展和资源环境承载能力之间的平衡。在生态指数方面，我们看到四川各市正视自身资源状况，寻求自身生态建设发展路径的积极力量。一些城市如攀枝花，能够直面不足，在克服短板上积极作为。作为传统的重工业城市，攀枝花在资源利用效率排名较靠后的情况下，却在生态扩容方面有突出作为，生态改善指数综合排位第 2，体现出在城市可持续发展方面的积极态度。而一些城市，如广元，本身生态条件就比较好，更加注重低碳发展，并未以生态为代价去追求经济效益。

四　四川城市可持续发展模式研究

（一）四川城市二分类协调度（UCH_2）排名

为了解析四川城市在追求城市可持续发展道路过程中所展现出来的特

征，本研究进一步分析人类经济社会发展与自然生态文明保护之间的协调和平衡情况。如前所述，本研究将人类发展指数和城市功能指数的几何平均数构造成为发展指数（DI），将生态改善指数构造成为生态指数（EI），将发展指数与生态指数的几何平均数构造成解析可持续发展模式的测量指标——协调度（UCH_2）（见表9）。

表9　2014年四川城市发展与生态建设状况

地区	协调度(UCH_2)	发展指数	生态指数
成　都	0.664	0.779	0.565
攀枝花	0.583	0.466	0.728
德　阳	0.528	0.445	0.626
雅　安	0.493	0.415	0.584
资　阳	0.493	0.349	0.697
巴　中	0.482	0.403	0.576
自　贡	0.471	0.361	0.614
广　元	0.464	0.305	0.706
广　安	0.464	0.337	0.638
内　江	0.462	0.366	0.582
绵　阳	0.447	0.362	0.552
南　充	0.441	0.355	0.549
泸　州	0.430	0.363	0.509
遂　宁	0.419	0.267	0.658
眉　山	0.418	0.397	0.440
乐　山	0.408	0.408	0.408
达　州	0.371	0.359	0.383
宜　宾	0.360	0.370	0.351
极　差	0.306	0.512	0.377
变异系数	0.298	0.385	0.032

表9和图9清晰展示出，四川18个市发展指数的变异系数为0.385，这是造成四川各地市可持续发展水平不一的主要原因，其导致二分类协调度的差异系数达到了0.298。成都市的发展指数为0.779，排名第1，而遂宁市的发展指数仅为0.267，排名最末。

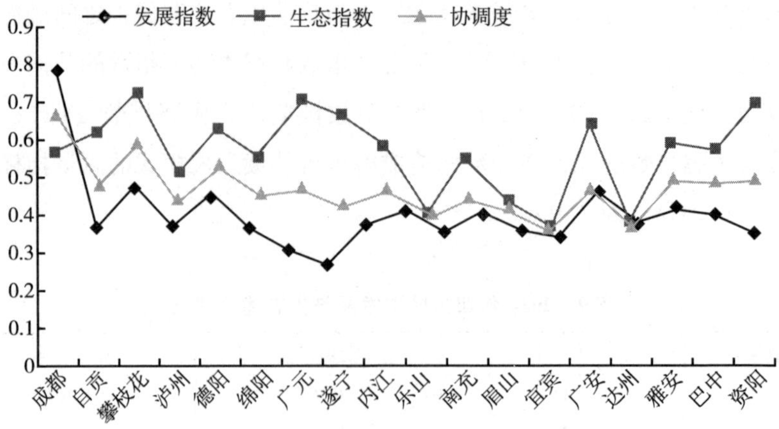

图9 2014年四川城市发展与生态建设状况

（二）四川城市二分类协调度（UCH_2）下发展模式

为了解析四川各城市在追求城市可持续发过程中所展现出的不同模式，本研究以不同DI和EI的各自的均值作为坐标轴，将18个地市根据其各自的DI和EI值形成各自的坐标，归入到不同的象限中，由此我们可以得到四种不同的城市可持续发展模式（见图10）。

高发展高生态模式：第一象限是高发展高生态，表明发展与生态之间取得了相对协调。在18个市中，攀枝花、德阳、巴中、雅安属于这种相对协调的发展模式。而成都由于其生态指数为0.565，刚好落在了Y轴上，与其发展指数高度不协调，这表明成都是牺牲环境换来了如今的发展水平，尚需要进一步加强生态文明建设。巴中市因为其发展指数刚好越过了平均线，而处于了第一象限中，但其发展水平相对较差，因而其人类发展和城市发展都需要进一步改善。

高发展低生态模式：第二象限是高发展低生态，表明城市发展水平较高，但生态保护能力较差，甚至可能是用牺牲环境质量来换取了社会经济发展水平。在18个地市中，乐山和眉山属于被归入这一象限，表明这两个城市生态文明建设需要进一步加强。

低发展低生态模式：第三象限是低发展低生态，表明无论城市的社会经

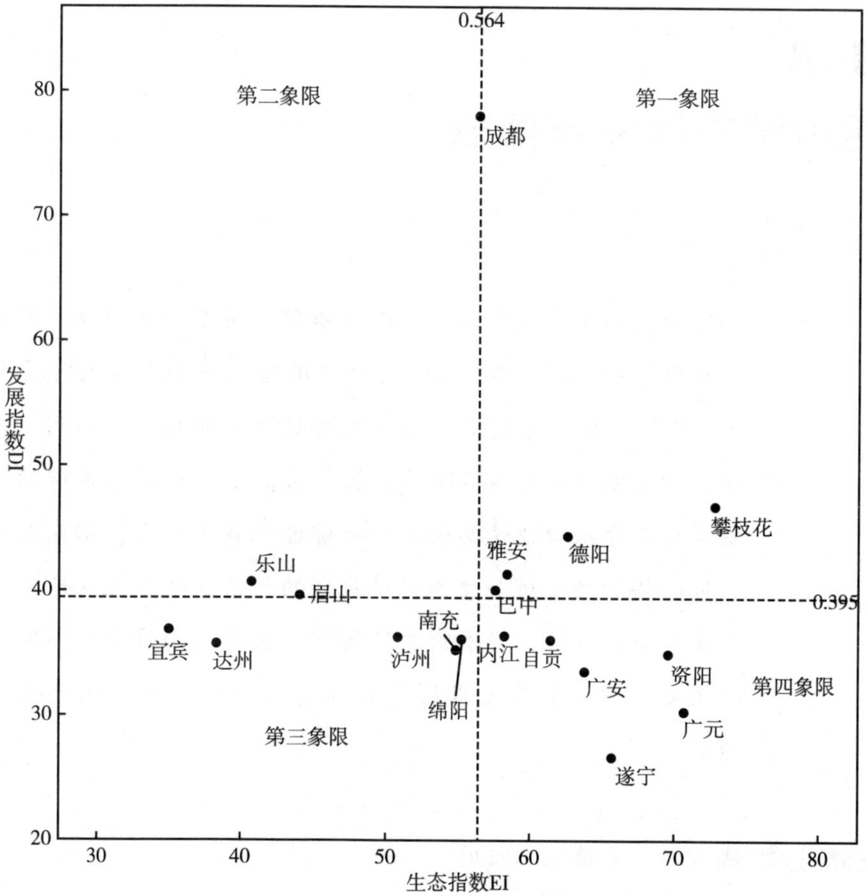

图 10　2014 年四川城市可持续发展模式

济发展水平，还是生态文明建设，都处于相对较低的水平，一方面说明其城市发展水平较为落后，而另一方面表明即使其现有发展水平较低，但也是用牺牲环境质量才获得的。在 18 个地市中，绵阳、南充、泸州、达州和宜宾 5 市被归入这一象限。

低发展高生态模式：第四象限是低发展高生态，其表明城市的社会经济发展水平不高，但其生态文明建设水平较高，可能这样的城市还处于城市发展的初步阶段。在 18 个地市中，广元、广安、资阳、内江、遂宁和自贡 6 市被归入这一象限。

B.8

四川城市群发展报告

吴振明*

摘 要： 四川的成都平原城市群、川南城市群、川东北城市群、攀西城市群等四大城市群①已经成为四川省经济和人口的主要载体，“十三五”时期将对四川发展起到重要的支撑作用。当前，四大城市群面临不同的发展矛盾，成都平原城市群的主要矛盾在于人口快速集聚与城市综合承载力不足，川东北城市群面临加快发展与生态环境脆弱的矛盾，老工业基地城市发展形成的产业问题和历史遗留问题成为川南城市群新时期的主要矛盾，攀西城市群则面临资源可持续开发的严峻问题。

关键词： 城市群 城镇化 四川

一 四大城市群发展基本情况

城市群是世界城镇化发展的主体形态，成为全球经济、城市人口的主要

---

* 吴振明，博士，四川省社会科学院区域经济和城市发展研究所助理研究员，研究方向为区域经济。

① 按照四川省委九届四次全会报告，四川省四大城市群分别为：成都平原城市群，包括成都市、德阳市、绵阳市、眉山市、资阳市、乐山市、雅安市；川南城市群，包括自贡市、泸州市、内江市、宜宾市；川东北城市群，包括广元市、遂宁市、南充市、广安市、达州市、巴中市；攀西城市群，包括攀枝花市、凉山州。

空间载体。四川省的城市经过多年的城镇化发展，城市间的相互联系日益紧密，初步具备了城市群的雏形。根据四川省城市分布的地理位置、资源环境条件、发展阶段等因素，在《四川省国民经济和社会发展第十一个五年规划纲要》中，首次提出了成都平原城市群、川东北城市群、川南城市群等三大城市群。2007 年，四川省委九届四次全会提出成都平原城市群、川东北城市群、川南城市群和攀西城市群四大城市群。至此，四大城市群成为四川省推进城镇化发展的主体形态。《四川省“十二五”城镇化发展规划》对四大城市群的范围和城市进行了划分，并沿用至今①。

表 1　四川省四大城市群概况

城市群	范围和城市	面积(万平方公里)
成都平原城市群	成都市、德阳市、绵阳市、眉山市、资阳市以及乐山市主城区、夹江县、峨眉山市和雅安市主城区、名山县等	5.82
川南城市群	自贡市、泸州市、内江市、宜宾市，以及乐山市除主城区、夹江县、峨眉山市外的其余城镇	4.42
川东北城市群	广元市、遂宁市、南充市、广安市、达州市、巴中市	8.20
攀西城市群	攀枝花市、凉山州以及雅安市除主城区、名山县外的其余城镇	6.70

资料来源：《四川省“十二五”城镇化发展规划》。

经过多年的发展，四川省形成了成都平原城市群、川南城市群、川东北城市群、攀西城市群四大城市群。四大城市群已经成为四川省经济和人口的主要载体，以全省 52% 的土地面积集聚了 97% 的人口，创造了 99% 的地区生产总值。

1. 全省人口进一步向城市群集聚

2010 ~ 2015 年，四大城市群常住人口从 7842.7 万人增长至 7994.6 万人，占全省人口比重达到了 97.45%。其中，攀西城市群人口增长速度最快，年均增长 0.6%，共增加 16.6 万人。

① 受统计数据限制，本报告将乐山市、雅安市整体计入成都平原经济区。

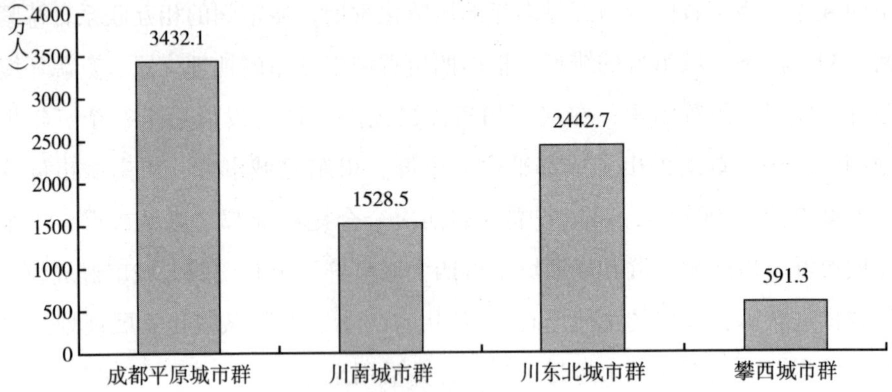

图1　2015年四大城市群常住人口

2. 经济总量快速提升

2010～2015年，四大城市群地区生产总值由17187.51亿元增长至31566.77亿元，年均增速为12.93%（按当年价格计算），高于同期全省平均增速。成都平原城市群经济总量和增长速度均保持首位，占全省经济总量比重由56.29%提高至60.59%。

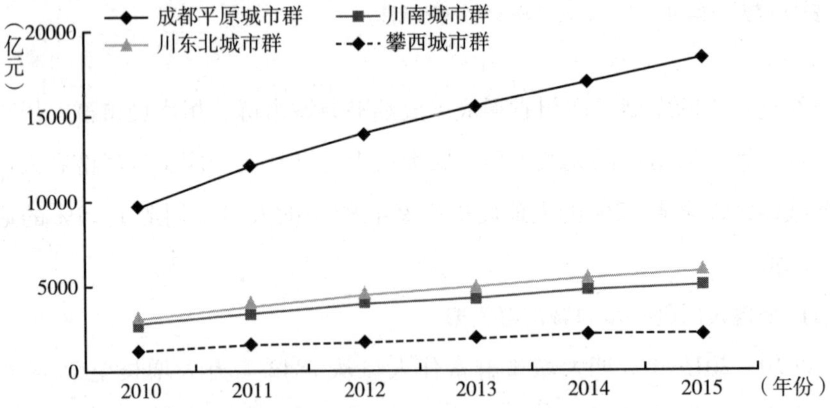

图2　2010～2015年四大城市群地区生产总值

3. 城市群整体功能初步显现

城市群的整体功能是各城市间有机联系的重要体现，四川省四大城市群的整体功能正逐步显现。四大城市群在全省发展中承担的产业发展、生态保护、社会进步等功能更加明确，以城市群为对象的规划、政策更加完善，以城市群为整体在国家区域发展战略中的地位更加凸显。如成都平原城市群、川南城市群、川东北城市群的主要城市作为成渝城市群的组成部分上升成为国家战略，川南城市群作为整体被纳入国家长江经济带发展规划。

二　“十三五”时期四大城市群对四川发展的作用

“十三五”时期是四川省积极主动适应经济新常态，加快实施多点多极支撑发展战略，缩小区域差距、加快推进新型城镇化，与全国同步全面建成小康社会的关键时期。城市群作为四川省人口和经济的主要载体，加快城市群建设和发展对于四川省“十三五”时期的发展具有重要的战略意义。

1. 城市群建设是实施多点多极支撑发展战略的重要举措

城市群的基本功能在于加强城市间的联系，促进资源在更大空间范围内的合理配置，进而实现城市和区域的发展。四川省为解决区域差距过大问题，实施多点多极支撑发展战略，并将城市群发展作为这一战略的重要举措。加快城市群建设，可以充分发挥中心城市的辐射带动作用，促进要素资源自由流动，加快欠发达地区的发展。同时，城市群建设将有利于强化各城市的职能和分工，加快形成功能互补、产业协作的发展格局。城市群的建设不仅能缩小区域间的经济发展差距，还能缩小区域间的公共服务的差距。通过城市群的建设和发展，将公共服务从发达地区向欠发达地区、从城市向农村延伸。因此，城市群建设是实施多点多极支撑发展战略的举措。

2. 城市群建设是四川探索新型城镇化道路的重要手段

城市群是城镇化发展的高级形态，是当今世界城镇化发展的主要潮流。四川省城镇化率接近50%，以单个城市为主导的城镇化发展模式已经难以适应未来城镇化的实际需求，也不符合新型城镇化道路的发展要求。四川省城镇化发展面临人口多、发展相对滞后、城乡二元结构突出等难题，必须坚持以城市群为主体形态、大中小城市和小城镇协调发展的新型城镇化道路。

因此，城市群建设是四川探索新型城镇化道路的重要手段。

3. 城市群建设是四川实现经济平稳较快增长的重要支点

城市群是产业高度密集的区域，代表了一个区域的发展水平和竞争力。四川省城市群已经是全省经济的支撑，将区域发展战略与城市群建设相结合，以城市群为依托，综合解决产业转型升级问题、有效需求不足问题、基础设施建设与环境整治问题，可以有效促进经济增长、提升区域竞争力，为四川经济平稳较快增长提供可靠的支撑作用。

三　四大城市群发展面临的主要矛盾

1. 成都平原城市群

成都平原城市群是四川省城镇最密集、产业最集中、人口最多的城市群。2015 年，成都平原城市群总人口 3525.2 万人，其中地级以上城市市辖区人口 1155.1 万人。近年来，成都平原城市群城镇人口快速增加，人口向中心城市集聚的趋势明显，2008～2014 年间，成都平原城市群地级以上城市市辖区人口增长了 115.6 万人，年均增长 1.77%，同期总人口增长率仅为 0.58%。成都平原城市群人口向中心城市的快速集中，给城市可持续发展带来了诸多问题，其问题的根本在于人口集聚与城市综合承载力之间的矛盾（见图 3）。

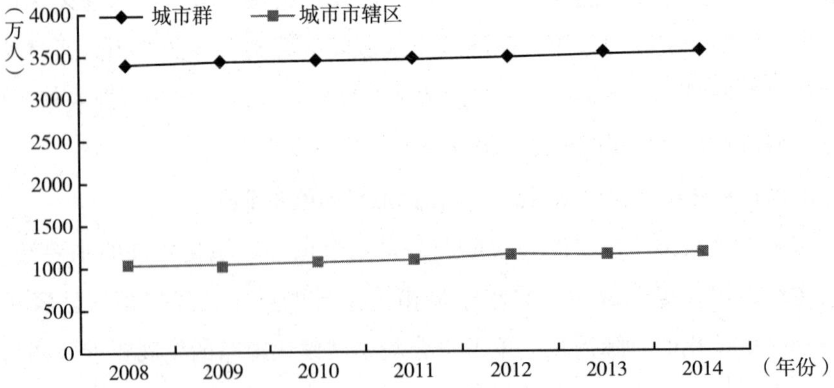

图 3　2008～2014 年成都城市群人口变化情况

（1）区域和城乡差距大

从经济总量来看，成都平原城市群地级以上城市中，成都市经济总量位居第一位，约占全省经济总量的1/3；居第二位的绵阳市经济总量约为成都市的1/6，成都作为首位城市，与其他城市间的经济总量差距较大。从人均地区生产总值来看，2015 年成都市人均地区生产总值达到了 7.4 万元，其他城市约为成都市的一半。从城乡差距来看，成都平原城市群城乡居民收入相对差距呈现缩小趋势，但是绝对差距仍在扩大，以成都市为例，城乡居民收入比由 2013 年的 2.31∶1 缩小为 2014 年的 2.26∶1，但是绝对差距由 2013 年的 16983 元扩大至 2014 年的 18187 元。

表 2　2014 年成都平原城市群地区生产总值情况

城市	地区生产总值（当年价格）（亿元）		人均地区生产总值（元）	
	全市	市辖区	全市	市辖区
成都市	10056.59	7332.65	70019	88114
德阳市	1515.65	437.10	43091	58838
绵阳市	1579.89	764.08	33558	56469
眉山市	944.89	323.07	31664	38715
雅安市	462.41	185.99	30052	29740
资阳市	1195.60	386.97	33592	44165
乐山市	1207.59	585.20	37125	47616

（2）城市资源环境承载力趋紧

随着人口的集聚和城市规模的扩张，成都平原城市群的资源环境承载力逐步趋紧，环境污染、耕地减少、生态恶化等问题未得到根本解决。受自然地理环境和城市活动的双重影响，成都平原城市群大气污染问题较为突出，以成都市为例，2013～2015 年，成都市空气质量为优的天数分别为 13 天、14 天和 27 天，重污染天数分别为 62 天、37 天和 22 天[①]，情况不容乐观。

① 《2015 年成都市环境质量公报》。

从水环境来看，成都平原城市群岷江水系、沱江水系两大水系均出现不同程度的污染；从水资源情况来看，成都平原城市群人均水资源量仅为2176立方米/人，其中成都、德阳、资阳低于1000立方米/人，属于严重缺水地区。从耕地情况来看，成都平原城市群人均耕地仅为0.64亩，低于人均0.7亩的国际警戒线。

（3）城市基础设施和公共服务不足

目前，成都平原城市群各城市仍然存在基础设施和公共服务不足的问题。以城市交通为例，成都平原城市群各城市都存在不同程度的交通拥堵问题，这一方面是由交通量的增加引起的，另一方面是城市公共交通发展不足、交通基础设施规划建设不合理、土地利用和路网布局不协调等原因造成的。另一方面，在公共服务方面，各城市教育、医疗资源分布不均衡，“看病难”“上学难”现象仍然存在。成都平原城市群各中心城市都是农业转移人口集中的城市，市民化进程滞后，在平等享有基本公共服务方面还有较大很长的路要走。

2. 川东北城市群

川东北城市群位于川陕甘渝四省结合部，这里人口密集、基础设施薄弱、经济发展水平相对较低，是全省革命老区、贫困地区、边远山区较为集中的欠发达地区。同时，川东北城市群又是生态脆弱地区，资源环境综合承载力较弱，自然灾害频发、水土流失严重，大部分区域属于国家限制开发区。如何处理好川东北城市群加快发展与生态环境脆弱的关系，是其面临的主要矛盾。

（1）经济发展水平相对滞后

2014年，川东北城市群地区生产总值为5531.87亿元，占全省的19.55%，其中地区生产总值超过千亿的市仅有南充市和达州市，与川南城市群和成都平原城市群相比，城市经济实力普遍较弱。从人均地区生产总值来看，川东北地区各城市均低于全省平均水平，与全省其他地级以上城市也有较大差距，人均地区生产总值最高的广安市也仅为成都市的40%、德阳市的65%（见表3）。

表 3　2014 年川东北城市群地级以上城市地区生产总值情况

城市	地区生产总值(当年价格)(亿元)		人均地区生产总值(元)	
	全市	市辖区	全市	市辖区
广 元 市	566.19	267.35	22117	29699
遂 宁 市	809.55	326.27	24691	24747
南 充 市	1432.02	510.54	22639	26546
广 安 市	919.61	270.27	28489	31229
达 州 市	1347.83	416.54	24411	23041
巴 中 市	456.66	158.76	13756	13946

川东北城市经济水平滞后的主要原因还是在于产业发展不足。从三次产业结构来看，川东北城市群第一产业比重普遍较高，均在 15% 以上，远高于全省平均水平；第三产业比重普遍较低，比全省平均水平约低 5 个百分点，反映出川东北城市群工业化进程相对滞后、服务业发展不充分，仍处于由传统经济向现代经济转型的过程中。目前，川东北地区以农产品加工、汽车摩托车配件制造、天然气和盐卤化工、建材制造等产业为主导，产业发展水平总体不高，同时各城市间产业同质化问题较为突出，整体产业竞争力不足（见表 4）。

表 4　2014 年川东北城市群地级以上城市三次产业结构情况

单位：%

城市	第一产业占 GDP 的比重		第二产业占 GDP 的比重		第三产业占 GDP 的比重	
	全市	市辖区	全市	市辖区	全市	市辖区
广元市	16.93	10.17	47.67	53.66	35.4	36.17
遂宁市	17.2	17.08	55.5	49.71	27.3	33.21
南充市	21.65	14.55	50.5	52.22	27.85	33.24
广安市	16.94	13.57	52.51	53.44	30.56	32.99
达州市	20.59	15.51	52.35	54.2	27.06	30.29
巴中市	17.66	17.12	46.04	36.5	36.3	46.37

（2）城市基础设施薄弱

基础设施仍然是制约川东北城市群可持续发展的重要瓶颈问题。川东北城市群远离全省经济中心，目前对外交通大通道不足，城市群内部路网技术等级偏低、中心城市之间联系通道不足、农村公路建设质量不高；水利基础设施薄弱，防洪减灾能力严重不足、水资源开发利用水平偏低，城市内涝、干旱问题频发；能源基础设施仍需加强，川东北城市群丰富的天然气资源开发仍然受管道运输能力的制约，电网对外输送通道仍然不足；市政基础设施普遍滞后，川东北城市群城市污水处理站、污水管网、垃圾处理、信息服务设施以及停车泊位、公共厕所等市政基础设施建设不足，造成城市环境和人居环境恶化。

（3）公共服务发展欠缺

川东北城市群作为革命老区、贫困山区，公共服务发展历史欠账较多，随着城镇人口的快速增加，公共服务不足的问题愈加凸显。川东北城市群城市教育资源紧缺，尤其是学前教育和优质教育资源分布不均衡；医疗卫生资源不足，公共卫生服务体系亟待健全；公共文化体育基础设施和服务薄弱，如市辖区每百人公共图书馆藏书除广安市外，均低于全省平均水平，巴中市仅为11.98册，难以满足居民需求。另外，社会保障体系不够完善，就业、养老、住房等方面还存在一些突出矛盾。

表5　2014年川东北城市群地级以上城市公共文化基础设施情况

城市	剧场、影剧院数（个）		公共图书馆图书总藏量（千册）		每百人公共图书馆藏书（册）	
	全市	市辖区	全市	市辖区	全市	市辖区
广元市	32	6	1100	436	35.47	46.44
遂宁市	15	7	1714	877	45.05	57.60
南充市	3	2	1085	501	14.3	25.43
广安市	9	3	1705	1213	36.15	95.28
达州市	13	4	1828	260	26.56	14.37
巴中市	11	5	663	165	17.32	11.98

（4）生态环境脆弱

川东北城市群人口密度大、城镇化水平低，目前仍处于城镇人口快速增长阶段，快速推进的城镇化进程将进一步加剧生态环境压力，城镇生活污水、生活垃圾、城市机动车数量级污染物排放都将大幅度增长，使得城市环境改善的难度更大。同时，产业发展是川东北城市群提升发展水平的必然选择，大规模的基础设施、工业项目建设将对原本脆弱的生态环境带来严重影响，一段时间内工业污染物排放量增加是必然趋势，城市发展与生态环境保护间的矛盾更加突出。

3. 川南城市群

川南城市群是典型的老工业基地城市群，泸州、内江、自贡、宜宾均被列为国家老工业基地调整改造城市。老工业基地城市发展形成的产业问题和历史遗留问题，成为川南城市群新时期的主要矛盾。

（1）产业发展结构性矛盾明显

川南城市群主导产业形成于“三线”建设时期，在空间布局上呈现“大分散、小集中”的特点。在行业上，主要集中于能源、原材料、国防科技研究等，总体门类齐全；在产权上，以国有企业为主。这些特点使得川南城市群在市场经济环境下，出现了经济效益差、产品核心竞争力不强、不能适应市场需求等问题。川南城市群产业发展总体上未能适应我国经济发展方式调整的节奏和需要，存在较为突出的结构性矛盾。

（2）资源环境问题突出

川南城市群受产业结构和技术水平的制约，高耗能、高排放产业所占比重较高，污染物排放削减的空间有限。同时，川南城市群城市拥有的一些不可再生资源已逐渐枯竭，产业发展与资源的矛盾也更加突出。例如，自贡市市区盐卤资源基本枯竭，已经不能提供开采；天然气也仅剩极少的浅层天然气可供开采，自给率不足5%；原煤自给率仅50%左右。

（3）社会发展历史欠账较多

由于经济体制改革和经济转轨给川南城市群的社会发展留下了较为沉重的社会负担，需要补齐的历史欠账较多，主要表现为公共服务供给不足。在教育事业方面，随着国有企业子弟校停办后，企业职工子女就学由当地政府负责，随着城市人口和进城务工农民的增加，城市教育资源日趋紧张。在卫生事业方面，医疗资源主要集中于城市和大医院，基层卫生事业发展较为薄弱。在文体事业方面，文体基础设施的建设普遍较为滞后，无法满足群众开展文体活动的需求。社会保障资金方面，老工业城市企业改制造成的资金缺口较大、各项社会保险历史欠费多。这都严重影响了城市发展的可持续性。

4. 攀西城市群

攀西城市群已探明的钒钛磁铁矿储量约为90亿吨，其中钛资源储量约占全国储量的87%、居世界第1位；钒资源储量约占全国储量的40%，居全国第1位、世界第3位；稀土资源储量约175万吨，资源量居全国第2位；水能资源丰富，技术可开发量超过8000万千瓦，约占全省水能资源技术可开发量的78%。经过50多年的开发，攀西城市群形成了以矿产资源开发利用为基础的产业体系。然而，在传统的发展理念和模式下，资源开发也给攀西城市群带来了较为严峻的生态环境问题。

（1）资源开发综合利用水平较低

目前，攀西城市群资源开发方式较为粗放，对伴生矿综合利用程度较低，以钒钛磁铁矿为例，攀西城市群的钒钛磁铁矿钒资源综合利用率仅为47%、钛资源回收率不足14%，甚至存在将钒钛铁精矿作为铁精矿用于冶炼钢铁的情况；同样，如石煤等矿产中，伴生稀有金属都还未实现规模化回收利用。从资源加工情况来看，攀西城市群仍以初级产品为主，如矿石、钛原料、钛白粉等，而在钛合金、钒钛新材料等方面较为欠缺。从资源加工工艺来看，装备水平和生产工艺较为落后，如还使用敞口式高钛渣电炉、硫酸法钛白粉生产线等，资源综合利用率难以提升。

（2）资源开发和城市发展导致的环境问题较为突出

攀西城市群所在区域地形起伏大、山高坡陡，生态环境复杂多样，资源开发和城市发展导致的环境问题尤为突出。一是水土流失严重，攀西城市群是长江流域水土流失最为严重的区域之一，水土流失面积巨大、治理进展缓慢。根据全国第二次遥感调查，这一区域水土流失面积约占总面积的50%

左右，城市建设、工矿区开采、矿渣堆积等进一步加剧了这一问题。二是干热河谷气候正在发生改变、生物多样性保护面临重大挑战，攀西城市群范围内的金沙江流域具有独特的干热河谷气候，受全球气候变化以及森林砍伐、大规模水电站建设等人类活动的影响，干热河谷气候正在发生改变，生物多样性受到威胁。该区域有各类生物6000多种，目前有部分物种已经绝迹。三是工业污染问题突出，攀西城市群工业废气、固体废弃物等污染物排放总量大，造成了严重的大气污染、重金属污染等问题，以攀枝花市为例，2014年全市固体废弃物综合利用率仅为20%，污水集中处理率仅为26.92%。

（3）科技支撑能力不足

在资源综合开发利用方面科技支撑能力的不足，是造成攀西城市群发展不可持续问题的关键。从矿产资源的采选、冶炼、综合利用，到高端产品开发制造、市场化推广等各个环节都不具备关键技术，缺少能够将资源优势转化为竞争优势的研发平台。目前，攀西城市群在钒钛、稀土等资源综合利用和高端产品开发方面的关键技术未取得实质性突破，如高炉渣回收钛资源技术、直接还原工艺、钛材料加工等，都存在严重的技术制约。从产业链来看，攀西城市群产业主要集中在初级产品的产业链低端，受技术制约，产业链无法进一步延伸，整体产业链短、产品附加值低。

四　“十三五”时期加快城市群发展的建议

面向“十三五”，四川省四大城市群发展可以从以下几个方面推进。

1.加强一体化的综合交通运输体系建设

抓住国家建设成渝城市群和长江经济带的战略机遇，围绕成渝城镇发展轴、成绵乐城镇发展带、达南内宜城镇发展带和沿长江城镇发展带等重点区域，加快完善铁路、高速公路等陆路通道和长江黄金水道；在现有高速公路、铁路的基础上，加快城市群间的大通道和快速通道建设；完善城市间的交通基础设施，推动城市群内交通基础设施共享和交通运输管理一体化，提高交通运输服务水平。

2. 推动产业结构优化升级

依托各城市群的发展条件和比较优势，按照主体功能区发展要求，确定城市群的产业发展方向，确定重点产业在不同城市的主攻方向，积极引导形成若干具有鲜明发展特色和竞争力的产业集群。成都平原城市群重点发展现代装备制造、IT 制造以及现代服务业；川南城市群、川东北城市群依托特色资源，重点发展油气化工产业、特色资源加工产业；攀西经济区推进国家战略资源创新开发试验区建设，重点发展钢铁、钒钛资源综合开发等产业。

3. 加强公共事务合作

加强资源环境保护合作，积极开展区域生态环境联防联控联治，推进水资源统筹开发利用，尤其是涉及跨界河流和水源地保护的区域；探索建立城市群内人口合理流动机制，实行均等、统一互通的医保、社保、户籍等社会管理制度；构建区域信息平台，推动区域创新与知识共享。

4. 建立城市群合作治理体系

组建由政府、社会组织、企业和居民等多方主体共同组成的共同治理组织；倡导多主体广泛参与、自下而上的治理活动，大力发挥民间力量的潜能、政府和市场之间桥梁纽带作用，形成多元主体共同参与的治理结构。

B.9
四川城市基础设施建设报告

肖华堂*

摘　要： 城市是经济、政治、文化、社会等活动的中心，城市基础设施建设又和经济、政治、文化、社会等发展相辅相成，是城市中心功能有效发挥的重要保障。2014年四川省出台并实施《关于加快城镇基础设施建设实施意见》，加快城镇基础设施建设步伐。2015年，四川省又以开展“城市基础设施建设年行动”为重要举措，围绕城市道路交通、市政管网、防洪排涝、污水、垃圾处理、生态园林等基础设施建设，继续加大对全省主要城市基础设施建设投入，分重点、分领域、分区域特色，梯次有序推进全省主要城市基础设施建设，全面提升全省城市基础设施建设水平，加快新型城镇化建设进程。

关键词： 城市　基础设施　城镇化

城市形成的重要原因之一就是人口在地域上的集聚，城市会产生规模效应，创造更多就业机会、更多获取财富的机会，但如果城市基础设施建设配套不完善，则会产生诸如人口膨胀、交通拥堵、环境污染、生态破坏等现实问题，从而造成人居环境恶化、效率降低、社会财富损失、能源浪费、人才流失等，影响人口在地域上的集聚，影响城市自身发展。因此，城市发展必

---

* 肖华堂，四川省社会科学院区域经济与城市发展研究所助理研究员，研究方向为中小城镇建设、县域经济关系问题研究。

然要求不断加强基础设施建设，化解城市发展过程中产生的一系列问题，为城市自身发展拓展空间。2015 年，四川省以开展“城市基础设施建设年行动”为契机，不断加大城市基础设施建设投入力度，完善全省主要城市基础设施。全省城市基础设施建设质量和水平明显提升，城市发展中产生的诸如人口拥挤、交通拥堵、环境恶化等城市问题得到一定程度缓解，城市基础设施保障作用进一步增强。同时，在省内外经济增长动能下行压力继续增大的环境下，加快城市基础设施建设对全省拉动基础设施投资、提升城市化水平、健全经济发展基础、促进经济协调发展①等也有重要作用。

一　2015年四川省城市概况

四川是我国西部地区的资源大省、人口大省、经济大省，辖区面积 48.6 万平方公里，人口密度 169 人/平方公里。2015 年末，全省城镇常住人口达到 3912.5 万人，较上年增加 143.6 万人；城镇化率达到 47.69%，较上年提高 1.39 个百分点。全省形成设市城市 34 个，较上年增加 2 个②；其中，地级市 18 个，县级市 16 个。

2015 年，全省新增城区面积 4351.45 平方公里，城区面积达到 10777.66 平方公里；其中，地级市城市城区面积达到 7531.64 平方公里，县级市城市城区面积达到 3246.02 平方公里。全省设市城市新增建成区面积 65.08 平方公里，设市城市建城区面积达 2281.64 平方公里；其中，地级市城市建成区面积达 1900.42 平方公里，县级市城市建城区面积 381.22 平方公里（见图 1）。

当前，四川省以成都、德阳、绵阳等为代表的 15 个城市已纳入国家成渝城市群发展规划，作为国家重点发展的城市群——成渝城市群的核心区域。同时，四川省内部也已培育形成成都平原城市群、川南城市群、川东北

① 相关研究显示，城市人口每增加 5 个百分点，人均经济活动增长 10%。

② 增加的两个设市城市均为县级市，分别为甘孜藏族自治州的康定市和阿坝藏族羌族自治州的马尔康市。本报告如无特别说明，城市包括地级市和县级市。

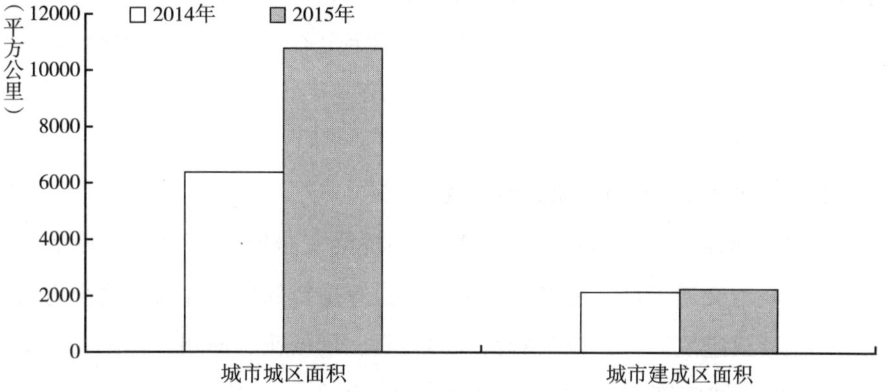

图 1　2014、2015 年四川省城市基本情况

城市群、攀西城市群四大区域性城市群，四川省城市发展也从“点”“点－线”的初级、中级发展水平逐渐成长发育为“点－线－面”“极核－核心－次级”的中级、高级发展阶段。

二　推进城市基础设施建设主要举措

四川省以“城市基础设施建设年行动”为契机，围绕城市道路交通、市政管网、生活垃圾处理设施、生态园林等重点领域基础设施建，分层次、分重点区域、分重要领域、分区域特色，不断加快主要城市基础设施建设进度，进一步提高城市基础设施建设水平①。

1. 不断加大城市基础设施建设投入力度

城市基础设施作为城市公共服务的重要内容，在城市发展过程中体现出越来越重要的作用。2015 年，四川省围绕“明显提升全省城市基础设施建设质量和水平，进一步完善城市基础设施体系”的“城市基础设施建设年

① 本部分内容，主要参考《四川省“城市基础设施建设年行动”实施方案》，http：//www.sc.gov.cn/10462/10883/11066/2015/7/28/10346140.shtml，最后访问日期：2017 年 3 月 15 日。

行动”重要目标，根据全省主要城市发展现状、发展特色，按照全省重点城市区域、城市基础设施建设重点领域，确定全省城市基础设施建设投资力争完成1500亿元的目标①，进一步加大城市基础设施建设投入力度，不断完善城市基础设施建设。

2. 分层次分领域推进城市道路建设

围绕区域性中心城市重点区域和市政桥梁安全监测、运行监控信息系统、城市轨道交通、城市交通试点示范建设等重要领域，加快推进全省城市基础设施建设进度。一是以天府新区和自贡、攀枝花、泸州、德阳、绵阳等9个区域中心城市新区为重点，加快城市快速路、主次道路和支路路网建设，加快市政道路建设改造。二是重点围绕城市既有市政桥梁安全检测和市政桥梁运行监控信息系统建设，抓紧加固、维修和改造有安全隐患的市政桥梁，加快市政桥梁建设改造。三是重点推动成都市有序实施地铁3号线、4号线、5号线、6号线、7号线等线路建设；同时做好天府新区地铁18号线项目的前期工作，加快地铁1号线南延线工程建设。四是在内江、南充、雅安、眉山和阆中开展全国第三批城市步行和自行车交通系统示范工程建设试点，建设城市慢行系统，构建绿色出行条件，改善城市出行状况。

3. 有序推进市政管网设施建设

按照同步规划、统筹建设的原则，全面加强全省城市地下管网建设力度。一是积极开展全省城镇地下管线普查、地下管线综合规划编制和地下管线信息管理系统平台建设，在城市新区统筹安排市政道路建设和地下管线建设工程。二是开展城市地下综合管廊试点建设，加快推进在成都、自贡、绵阳、南充试点开展城市地下综合管廊建设。三是加快推进城镇排水管网建设，促进城市“雨污分流”，同时注重堤防工程建设，增强城市防洪能力，并在部分区域性城市试点推进海绵城市建设，提高城市市政防洪排涝设施建

---

① 四川省“城市基础设施建设年行动”实施方案中提出目标，由于具体落实投资资金未单独统计出来，本文仅从完成投资任务数据估计当年城市基础设施建设投入力度。另外，在该实施方案中，还明确提出2016年、2017年四川省城市基础设施建设投资增速力争高于全省全社会固定资产投资增速的目标。

设水平。四是加快实施全省污水处理厂“提标升级”工程，重点针对去除污染物的不同需求进行技术改造，同时在甘孜、阿坝、凉山等尚未建设污水处理厂的地区，因地制宜建设城镇生活污水集中处理设施等，提升城市生活污水处理水平。

4. 加快推进城市生活垃圾处理设施建设

城市生活垃圾处理设施建设是有效处理城市生活垃圾，避免城市生活垃圾对城市内部及周边环境造成再次污染的重要基础保障。2015 年四川省重点围绕城市生活垃圾收运系统、处理设施建设，国家试点建设，生活垃圾分类体系建设等项目，在全面提高城市垃圾综合收储处理能力的同时，不断加强从源头减少城市生活垃圾处理量。一是推进国家试点工作，在成都、绵阳、自贡、攀枝花、泸州、德阳、广元、内江、乐山、南充、宜宾、达州、资阳等城市加快餐厨垃圾收运处理系统建设，提高餐厨垃圾资源化利用水平。二是加快生活垃圾分类体系建设，推进设市城市开展城镇生活垃圾分类试点，提高城市生活垃圾循环利用效率。

5. 加快推进生态园林城市建设

随着城市规模扩大、人口集聚，生态园林型城市建设逐渐成为城市发展的重要方向。为全面推进四川生态园林城市建设，四川省按照省级、国家级园林城市建设标准，加快推进生态园林城市建设，明确要求各城市在 2015 年底前完成绿地系统规划的编制或修订工作，并结合各地实际，推广建设下沉式绿地及湿地公园，逐渐提升城镇绿地汇聚雨水、蓄洪排涝、补充地下水、净化生态等功能。重点围绕城镇湿地公园、山体公园、绿道绿廊、道路绿化等园林景观建设工程。大力实施城镇生态园林基础设施建设，加强城镇建设项目配套绿地管理，持续推进省级、国家级园林城市建设，不断改善城市生态环境。

三　城市基础设施建设取得的主要成效

2015 年四川省深入开展“城市基础设施建设年”行动，不断完善主要城市基础设施建设，取得了重要成绩。全省主要城市基础设施建设水平明显提高，对全省城市承接产业转移、调整产业结构、集聚人口以及推进新型城镇化建设等起到重要支撑作用。

1. 城市道路交通建设稳步推进

2015 年，四川新增城市道路 889.83 公里，全省城市道路①总里程达到 13377.83 公里，较上年提高 7.1%。其中，地级市道路总里程达到 11085.57 公里，县级市道路总里程达到 2292.26 公里，分别较上年增加 667.27 公里、222.56 公里，分别增长 6.4%、10.9%。全省地级市城市道路里程最大的为成都市，达到 2738.67 公里，较上年增加 106.07 公里，成都市城市道路总里程占全省城市道路总里程比例达到 20.47%；全省城市道路里程最少的地级市也达到 109.5 公里。全省县级市城市道路最长的为都江堰市，达到 279.29 公里；最低的县级市城市道路总长度达到 47.3 公里（见图 2）。

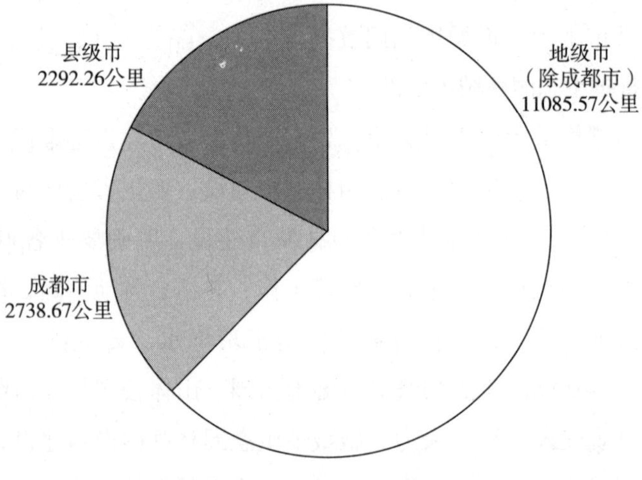

图 2　2015 年四川省城市道路里程

2015 年四川全省城市道路面积达到 27937.49 万平方米，较上年增加 1672.99 万平方米，增长 6.37%，人均城市道路面积达到 13.63 平方米。

① 本部分道路指全省地级市、县级市中心城区道路。

其中，地级市人均城市道路面积达13.39平方米，县级市人均城市道路面积达14.87平方米。全省有2个地级市、3个县级市城市人均城市道路面积超过20平方米。人均城市道路面积最高的地级市为遂宁市，达到29.01平方米；人均城市道路面积最高的县级市也达到24.32平方米（见表1）。

表1　2015年四川省城市人均道路面积情况

单位：平方米、个

年份	全省人均城市道路面积	地级市城市人均城市道路面积	县级市城市人均城市道路面积	人均城市道路面积超过20平方米的地级市城市个数	人均城市道路面积超过20平方米的县级市城市个数
2014	13.32	13.14	14.24	2	2
2015	13.63	13.39	14.87	2	3

2015年四川省城市道路照明灯盏数达到984428盏，较上年增加55011盏，增长5.9%；其中，地级市城市道路照明灯768688盏，县级市城市道路照明灯215740盏。全省每万人城市道路照明灯盏数达到203.1盏[①]，其中，地级市城市每万人城市道路照明灯盏数达到175.12盏，县级市城市每万人城市道路照明灯盏数达到377.61盏。地级市城市每万人道路照明灯盏数最高的为眉山市，达到404.23盏；县级市城市每万人道路照明灯盏数最高的是峨眉山市达到958.6盏。

全省城市桥梁数量达到2081座，较上年增加54座；其中，地级市城市桥梁数达到1634座，较上年增加1座；县级市城市桥梁数达到447座，较上年增加53座。全省地级市城市中，桥梁数最多的成都市达到661座，县级市最多的都江堰市达到101座。

2. 市政地下管网建设有序推进

截至2015年末，四川省城市供水管道长度达到30058.17公里，较上年

① 人均城市道路照明灯盏数是按照城市道路照明灯盏总数同城市年末就业人口比计算得出。

增加2597.37公里，增长9.46%；地级市城市供水管道长度达到24565.08公里；地级市城市供水管道长度占全省城市供水管道总长度的比例达到81.73%，较上年提高1.6个百分点。县级市城市供水管道长度达到5493.09公里，分别较上年增加2565.98公里、31.39公里。

全省城市供水综合生产能力达到969.96万立方米/日，比上年增长2%，年供水总量达到220009.5万立方米。其中，地级市城市供水综合生产能力达到815.05万立方米/日，年供水总量达到189249.93万立方米；县级市城市供水综合生产能力达到154.91万立方米/日，年供水总量达到30759.57万立方米。全省城市用水人口达到1907.23万人，较上年增加110.94万人，全省城市用水普及率达到93.05%，较上年提高1.93个百分点。其中，地级市城市用水普及率达到93.33%，县级市城市用水普及率达到91.59%（见表2）。

表2　2015年四川省城市供水情况

年份	城市供水管道长度(公里)	较上年增长(%)	城市供水综合生产能力(万立方米/日)	较上年增长(%)	城市人口用水普及率(%)	较上年提高(%)
2014	27460.80	10.6	950.54	9.1	91.12	-0.64
2015	30058.17	9.46	969.96	2.04	93.05	1.93

2015年全省天然气供气管道长度达到39839.2公里，较上年增加8456.8公里，增长26.95%。其中，地级市城市天然气供气管道长度达到32016.98公里，县级市城市天然气供气管道长度达到7822.22公里，分别较上年增加6648.48公里、1808.32公里。全省城市天然气供气总量达到627975.71万立方米，较上年增加17926.11万立方米；城市天然气用气人口达到1702.89万人，较上年增加107.7万人，增长6.75%。全省城市燃气普及率达到92.46%，较上年提高1.57个百分点，其中，全省地级市城市燃气普及率达到93.87%，县级市城市燃气普及率达85.18%。

全省城市排水管道长度达到22486.37公里，较上年增加1879.93，提高9.1个百分点。其中，地级市城市排水管道长度达到18605.57公里，县级市城市排水管道长度达到3880.8公里，分别较上年增加1553.76公里、326.17公里（见表3）。

表3　2015年全市排水管道长度增长情况

年份	全省城市排水管道长度(公里)	较上年提高(%)	地级市城市排水管道长度(公里)	较上年增加(公里)	县级市城市排水管道长度(公里)	较上年增加(公里)
2014	20606.44	5.57	17051.81	1365.31	3554.63	277.74
2015	22486.37	9.10	18605.57	1553.76	3880.80	326.17

3. 城市污水、生活垃圾处理明显提高

2015年，全省城市新配备市容环卫专用车辆423辆，城市市容环卫专用车辆设备总数达到4859辆。其中，地级市城市新配备市容环卫专用车辆242辆，地级市城市市容环卫专用车辆达到4064辆；县级市城市新配备市容环卫专用车辆181辆，县级市城市市容环卫专用车辆达到795辆。全省生活垃圾清运量达到823.61万吨，其中，地级市城市达到701.40万吨，县级市城市达到122.21万吨。全省城市生活垃圾处理率达到97.28%，较上年提高0.04个百分点，其中，地级市城市生活垃圾处理率达到96.89%，较上年降低0.20个百分点，县级市城市生活垃圾处理率达到99.48%，较上年提高1.41个百分点。全省城市新建公厕103座，城市公厕数达到4383座，其中，地级市城市新建30座，地级市城市公厕数达到3499座；县级市城市新建73座，县级市城市公厕数达到884座。全省城市污水排放量达到186332万立方米，较上年增加13440万立方米，增长7.7个百分点。城市污水处理率达到88.52%，较上年提高3.16个百分点。其中，地级市城市污水处理率达到90.75%，较上年提高3.51个百分点；县级市城市污水处理率达到74.07%，较上年降低0.15个百分点。

4. 园林城市建设成效显著

全省围绕城镇湿地公园、山体公园、绿道绿廊、道路绿化等园林景观建设，不断推进园林城市建设步伐。2015年，全省城市建城区新增城市绿化面积5034.66公顷，城市建城区绿化覆盖面积达到88179.66公顷，较上年增长6%。其中，地级市建城区新增绿化面积4652.64公顷，建城区绿化覆盖面积达到73312.64公顷；县级市建城区新增绿化面积382.02公顷，建城区绿化覆盖面积达到14867.02公顷。全省城市建城区新增园林绿地面积4423.31公顷，城市建城区园林绿地面积达到78858.31公顷，较上年增长5.9%。其中，地级市城市建城区新增园林绿地面积3940.74公顷，建城区园林绿地面积达到65761.74公顷；县级市城市新增园林绿地面积482.57公顷，建成区园林绿地面积达到13096.57公顷（见表4）。

表4　2015年全省建成区城市绿化覆盖面积增长情况

年份	城市建城区绿化覆盖面积(公顷)	增长(%)	建城区园林绿地面积(公顷)	增长(%)
2014年	83145.00	5.2	74435.00	5.4
2015年	88179.66	6.0	78858.31	5.9

全省城市新建公园42个，全省城市公园达到508个，公园面积达到13342.52公顷，城市公园绿地面积达到24512.19公顷。其中，地级市城市新建公园30个，地级市城市公园达到400个，公园面积达到10706.62公顷，地级市城市公园绿地面积达到20419.65公顷；县级市城市新建公园12个，县级市城市公园达到108个，公园面积达到2635.9公顷，县级市城市公园绿地面积达4092.54公顷。全省人均公园绿地面积达到11.96平方米，较上年增加0.70平方米。其中，地级市城市人均公园绿地面积达到11.9平方米，较上年增加0.59平方米；县级市城市人均公园绿地面积达到12.28平方米，较上年增加1.31平方米。

四　存在的问题及建议

当前，四川省城市基础设施综合建设水平上升到新的台阶，圆满完成“十二五”城市基础设施建设各项主要任务。城市交通、市政管网、生活垃圾处理等基础设施建设，对保障全省城市居民交通出行、生活、健康、城市经济社会发展等起到了重要的支撑作用。但从全省基础设施综合建设水平看，虽然全省城市基础设施建设投入大、推进速度快，取得了重要成效，但仍然存在城市基础设施供给不足的矛盾，尤其是在全省人口集聚的几个主要城市。另外，全省大中小城市之间，以及城市内部不同区域间基础设施建设水平也存在一定差距，不同城市之间基础设施使用效率差异也较大。

一是全省城市基础设施建设地区差距大，供需矛盾突出。受地理、人口和经济发展水平等综合因素影响，当前全省城市之间基础设施建设存在较大差距。如 2015 年，在全省地级市（除成都市外）中，公园最多的达到 69 个，最少的仅有 4 个；人均城市道路面积最多的达到人均 29.01 平方米，而最少的仅为人均 8.13 平方米；人均公园绿地面积最多的达到人均 20.14 平方米，最少的城市仅为人均 9.26 平方米。另外，在全省县级市城市中，城市人均城市道路面积最大的达到人均 20.75 平方米，而最小的仅为 4.71 平方米，相差 4 倍多；人均公园绿地面积最大的达到人均 25.12 平方米，而最小的仅 3.33 平方米，相差 7 倍多。全省主要城市之间基础设施差异明显，在全省更为广泛的县域中小城镇区域，相关基础设施配套建设差距可能更大，供需矛盾更为突出。

二是城市基础设施建设硬件设施水平提升快，但相关公共服务配套软件水平有待提高。当前，四川省主要城市基础设施建设速度同城市人口增加、城市规模扩张基本平衡，四川省城市基础设施建设硬件设施水平得到明显提高。但就近两年来看，四川全省主要城市基础设施建设同相关公共服务配套水平之间形成一定差距，基础设施硬件成效未能得到充分发挥，不能有效满足城市扩张对基础设施建设的需求。如 2015 年，全省城市生活垃圾处理设施建设水平相对 2014 年有较大提升，但基础设施建设水平的提高并未带来全省城市生活垃圾处理效率的有效提高，虽然 2015 年全省生活垃圾处理率提高 0.04 个百分点，但在全省地级市中城市生活垃圾处理率下降了 0.20 个百分点。

三是城市名义扩张速度（占地）同城市建设本身规模扩张不匹配。城市化是一个农村人口向城市集聚、农业用地按相应规模转化为城市建设用地的过程。因此，城市人口和用地规模要匹配，城市规模要同资源环境承载能力相适应①。如果城市人口（规模）和用地规模不匹配，则会产生土地等资源浪费，城市基础设施建设投入使用效率低、规模经济难以发挥、城市效率降低等问题，让城市集聚资源、发挥规模效应等优势难以发挥。如2015年四川全省城市城区面积较上年新增4351.45平方公里，较上年增加67.71%，但同时，全省城市建城区面积仅增加65.08平方公里，较上年仅提高2.9%，新增建城区面积仅占新增城区面积的1.5%，城市扩张同城市建设（城市用地）速度严重不匹配②。

针对上述问题，四川省应充分把握国家“长江经济带”“一带一路”“成渝城市群”等战略机遇，进一步加快城市主次道路交通、地下管网、生活垃圾处理、生态园林等基础设施建设进度，全面落实《四川省新型城镇化规划（2014～2020年）》各项主要任务，继续加大城市基础设施建设投入力度，尤其要加大对各市（州）重点中小城市的基础设施建设投入，将基础设施建设投入适当向除成都市以外的地区倾斜，逐渐缩小全省主要城市之间以及重点城市内部区域之间的基础设施建设差距，协调提高全省主要城市基础设施建设水平。同时，还应不断创新城市基础设施建设体制机制，优化城市基础设施硬件建设同城市基本公共服务的匹配水平，协调好城市扩张和城市基础设施建设配套的匹配度，加快提升全省城市基础设施硬件建设、基础设施软实力服务综合水平，全面提高全省城市基础设施配套功能。

---

① 《以“五大统筹”开创城市发展新局面》，http：//news. xinhuanet. com/politics/2015－12/24/c_ 128564006. htm，最后访问日期：2017年3月15日。

② 这一点虽然受“天府新区”建设影响，但四川城市区域扩张同城市建设、城市发展速度不匹配的问题依然相当突出。

B.10
四川流动人口现状与特征

"四川流动人口变化研究"课题组*

摘　要：本报告总结分析了四川人口总体状况和流动人口现状，全省流动人口以省内流动为主，主要是青壮年，受教育水平高于全省平均水平。工作就业是四川省流动人口迁移的最主要原因，呈现出人口流动就近化、向区域中心城市集聚、外省流动人口以西南地区为主的发展态势。报告还对流动人口的婚姻特征、就业流向、社会保障情况进行了深入分析，为政府决策提供参考依据。

关键词：流动人口　人口学　城镇化

一　四川省人口总体状况

2015 年末，四川省常住人口为 8204 万人。自 2010 年以来，四川省常住人口一直稳步上升，年均增长率为 0.47%，低于同期全国 0.50% 的年均增长率。在全省常住人口中，男性人口占比为 50.22%，女性人口占比为 49.78%，比男性人口低 0.44 个百分点。男女性别比为 100.89，低于全国 105.02 的性别比。其中，四川省家庭户中男女性别比为 100.07，集体户性别比为 115.27。在四川省各市中，巴中市的性别比最高，为 107.81；乐山市的性别比最低，为 94.14；其次是成都市，为 96.25。由于各个地区社会

* "四川流动人口变化研究"课题组领导小组：陈智、魏翰、马本昌、杨璠。

经济发展水平差异较大，导致性别比有所不同。总体来说，城镇男女性别比较低，为98.15；农村男女性别比较高，为103.41。

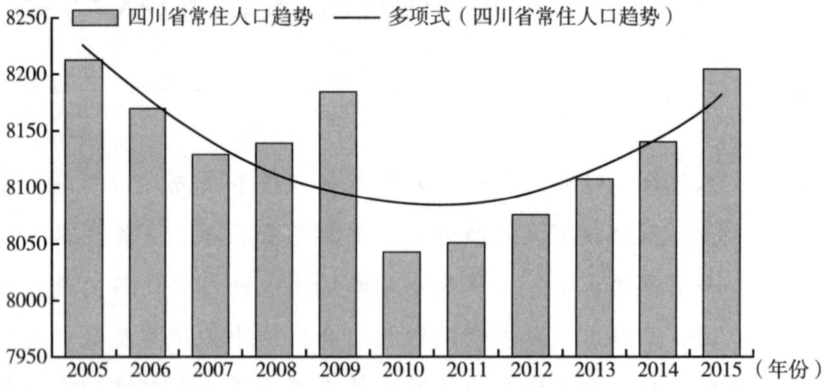

图1　四川省常住人口趋势

四川省人口年龄结构以中年人口为主。2015年末，四川省年龄段在1～9岁的人口占比为10.51%，10～19岁占比为11.36%，20～29岁占比为14.88%，30～39岁占比为11.60%，40～49岁占比为19.77%，50～59岁占比为12.24%，60～69岁占比为11.56%，70～79岁占比为5.89%，80岁及以上占比为2.18%。其中40～49岁年龄段人口占比最大，15～64岁劳动年龄人口占比为71.18%，低于2014年78%的全国劳动力总体水平。国际上通常认为，当一个国家或地区60岁及以上老年人口占人口总数的10%，就意味着这个国家或地区处于老龄化社会。而四川60岁及以上人口占人口总数的10.51%，说明四川已经跨过老龄化的门槛，处于老龄化逐步加深的阶段。

四川省人口受教育程度结构以义务教育为主。2015年末，四川省6岁及以上人口未上过学的人口占比为8.15%，小学人口占比为33.30%，初中人口占比为33.91%，普通高中人口占比为10.27%，中职人口占比为3.38%，大学专科人口占比为5.59%，大学本科人口占比为4.77%，研究生人口占比为0.27%。其中，受教育程度集中在小学、初中、高中三个阶段，说明义务教育对于四川省人口来说还是最基本的。教育水平的差异是导致目前我国城乡之间、地区之间和个人之间收入差距不断拉大的一个重要原因。在未上过小学的人口中，女性人口数量远高于男性，是男性的2.24倍，说明在四川省，女性受到婚姻、性别歧视等因素影响，受教育程度低于男性。在普通高中人口中，男性人口比女性多17.72个百分点；但在大学本科人口中，女性人口比男性多9.86个百分点，相比女性来说，更多的男性人口是中职或大学专科学历；而在研究生人口中，男性人口所占比重明显高于女性（见表1）。

表1　四川省按性别、受教育程度人口

受教育程度	合计(人)	男(人)	女(人)	男女比
未上过学	63104	19465	43640	44.60
小　学	257884	127566	130318	97.89
初　中	262618	140763	121855	115.52
普通高中	79529	43631	35898	121.54
中　职	26202	13667	12535	109.03
大学专科	46107	24267	21840	111.11
大学本科	36964	17522	19442	90.12
研究生	2082	1174	908	129.30
总　计	774490	388054	386435	100.42

二　四川省流动人口现状

1. 流动人口总体结构

2015年末，现居于四川省的流动人口中，户口所在地在省内的人口占比为87.56%①，其中市区内人户分离的人口占比为15.36%，省内－市区内

① 本次报告关于流动人口的数据来源均为《四川省2015年全国1%人口抽样调查主要数据公报》。

人户分离的人口占比为84.64%；户口所在地在省外的人口占比为12.44%。其中在省内的流动人口中，女性人口略多于男性；而在省外流入的移动人口中，男性人口略多于女性。现居于四川省的流动人口大部分是省内流动，也有少部分是从省外流入的。而在省内流动的人口中，大部分是跨市区的流动，也有少部分是市区与郊区之间的流动（见表2）。

表2　四川省按户口所在地、性别的流动人口

单位：人

户口登记地	合计	男	女
省内	209037	101502	107535
其中:市区内人户分离	32101	14964	17137
省内-市区内人户分离	176936	86538	90398
省外	29704	15631	14074

四川省流动人口年龄结构中男性多于女性。男性人口占流动人口的比例为52.62%，女性人口占比为47.38%，男女性别比为111.06，比全省人口性别比高10.17个百分点，比全国人口高6.04个百分点。进一步分析则会发现，在不同的年龄阶段，男性、女性流动人口的比例是不一样的，女性流动人口比重主要在20~29岁这个年龄段高于男性（见图3），可以推测导致女性流动人口比重高的主要原因可能是婚姻嫁娶、随同迁移等。现居于省会成都的流动人口与总人口一致，女性明显多于男性，男女性别比为95.65，比总人口性别比低0.6个百分点。而流动人口男女性别比严重失衡的地区有阿坝藏族羌族自治州、甘孜藏族自治州、凉山彝族自治州、德阳市、宜宾市和乐山市，性别比分别为312.21、209.09、173.41、294.19、67.83、55.42（见表3）。

四川省流动人口年龄结构以青壮年为主。2015年末，四川省年龄段在0~9岁的流动人口占比为7.59%，10~19岁占比为12.07%，20~29岁占比为27.71%，30~39岁占比为15.17%，40~49岁占比为18.93%，50~59岁占比为9.10%，60岁及以上占比为9.58%。20~29岁年龄段人口占比

表3　四川省按现住地、性别的流动人口

单位：人

现住地	合计	男	女	男女比
成都市	13569	6634	6936	95.65
自贡市	851	452	399	113.28
攀枝花市	774	418	356	117.42
泸州市	1484	781	703	111.10
德阳市	1289	962	327	294.19
绵阳市	1900	1148	752	152.66
广元市	540	304	236	128.81
遂宁市	543	298	245	121.63
内江市	985	484	501	96.61
乐山市	516	184	332	55.42
南充市	1607	924	684	135.09
眉山市	492	267	225	118.67
宜宾市	767	310	457	67.83
广安市	627	315	312	100.96
达州市	1112	603	509	118.47
雅安市	135	67	68	98.53
巴中市	915	505	410	123.17
资阳市	414	204	209	97.61
阿坝州	136	103	33	312.12
甘孜州	103	69	33	209.09
凉山州	945	600	346	173.41
总计	29704	15631	14074	111.06

最大，且15～64岁劳动力年龄人口占比83.1%（见图2）。流动人口的劳动力结构优于同期71.18%的四川省总体水平，同时优于2014年78%的全国劳动力水平。流动人口中青壮年多，一方面对流入地的经济发展非常有利；但另一方面，也会给流出地带来一些消极影响。

四川省流动人口大多接受过义务教育，大学及以上学历水平的流动人口占流动人口总数的26.21%，比四川省总人口大学及以上学历水平人口占比高10.53个百分比。省外流动人口受教育程度高于省内流动人口水平，省内流动人口有76.48%接受过中学教育，大学及以上高等教育人才已成规模，

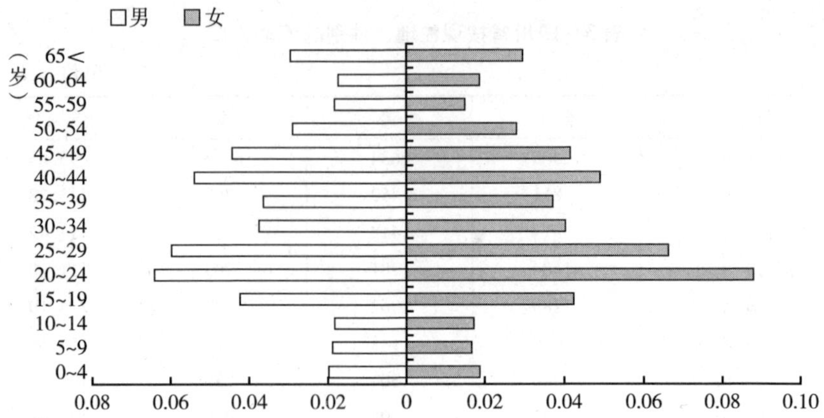

图 2　四川省流动人口性别年龄金字塔

达到 25. 08%；省外流动人口有 82. 46% 接受过中学教育，接受过高等教育的人口数量比省内流动人口高 10 个百分点。五年来流动人口受教育水平有所提高，流动人口的受教育水平远高于四川省（小学及以下 41. 25%，大学及以上 10. 63%）及全国平均受教育水平（小学及以下 30. 86%，大学及以上 8. 93%），流动人口已渐渐摘去“没文化”“低素质”的标签。随着高等教育的普及，未来高学历流动人口将是整个流动人口群体中不容忽视的一部分（见图 3）。

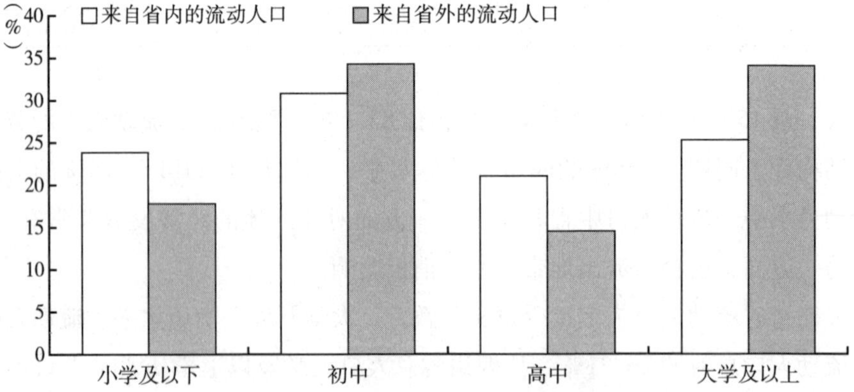

图 3　流动人口受教育程度

2. **流动人口成因分析**

工作就业是四川省流动人口迁移的最主要原因。2015年末，在四川省户口登记地在省内的流动原因中，占比例最大的分别有：工作就业迁移占35.15%，学习培训占16.93%，随同迁移占15.08%，改善住房迁移占11.02%，婚姻嫁娶迁移占6.68%，为子女就学迁移占2.66%，因房屋拆迁迁移占2.35%，寄挂户口占0.36%。因婚姻嫁娶的迁移人口中，女性数量明显多于男性，是男性的3倍以上（见表4）。

表4 四川省按户口所在地、性别流动人口（省内）

迁移原因	合计(人)	男(人)	女(人)	占比(%)	男女比
工作就业	73483	41558	31925	35.15	130.17
学习培训	35390	16435	18955	16.93	86.71
随同迁移	31517	13453	18064	15.08	74.47
房屋拆迁	4910	2446	2464	2.35	99.27
改善住房	23033	12154	10878	11.02	111.73
寄挂户口	758	350	408	0.36	85.78
婚姻嫁娶	13957	3447	10510	6.68	32.80
为子女就学	5570	2104	3466	2.66	60.70
其　他	20420	9555	10865	9.77	87.94
总　计	209037	101502	107535	100.00	94.39

同年，四川省人口从外省流入的原因中，占比例最大的分别有：工作就业占50.93%，学习培训占22.83%，随同迁移占9.03%，改善住房占1.47%，为子女就学占0.71%。同省内流动人口一致，在因婚姻嫁娶的迁移人口中，女性数量明显多于男性，是男性的3.68倍；此外，在因工作就业迁移四川的流动人口中，男性数量明显多于女性，大约是女性的两倍。无论是省内流动还是外省流入，工作就业都是迁移流动的重要原因。不同的是省外流入更多的受务工经商经济原因影响，而省内则不明显（见表5）。

表 5 四川省按户口所在地、性别流动人口（省外）

迁移原因	合计(人)	男(人)	女(人)	占比(%)	性别比
工作就业	15127	9636	5491	50.93	175.49
学习培训	6780	2845	3935	22.83	72.30
随同迁移	2683	1147	1536	9.03	74.67
房屋拆迁	32	17	15	0.11	113.33
改善住房	444	233	211	1.49	110.43
寄挂户口	37	18	20	0.12	90.00
婚姻嫁娶	2117	452	1665	7.13	27.15
为子女就学	210	87	122	0.71	71.31
其　他	2275	1195	1080	7.66	110.65
总　计	29704	15631	14074	100.00	111.06

3. 流动人口的流向特点

四川省人口流动仍以省内流动为主。2015 年末，省外流动人口占全省总流动人口比例为 12.44%，省内流动占比 87.56%，相较于 2000 年四川省内流动人口占总流动人口的 91.96%，省外流动占比略有抬升，四川省的劳动要素吸引力有所提升。

人口流动就近化，区县内人口流动占比上升。2015 年末，县域内部人口流动占全省总流动人口比例 35.50%，县际人口流动占比 20.30%，市际人口流动占比 31.75%，相较于 2000 年三个区域层次的比率有所变化（33.07%、25.70%、33.19%）。新型城镇化背景下，县级区域对要素的吸纳能力有所增强（见图 4）。

人口流向呈现向区域中心城市集聚的趋势。从市（州）的层面看，全省有 36.97% 流动人口集中于成都，6.37% 流动人口聚集在南充，6.25% 流动人口选择绵阳，5.29% 流动人口在凉山彝族自治州，剩余 45.12% 的流动人口则分布于剩余 17 个地市、自治州中，流动人口主要集中成都、绵阳、南充、凉山等区域中心城市（见图 5）。

人口流动趋势与区域经济发展水平相适应。从五大经济区的层面看，

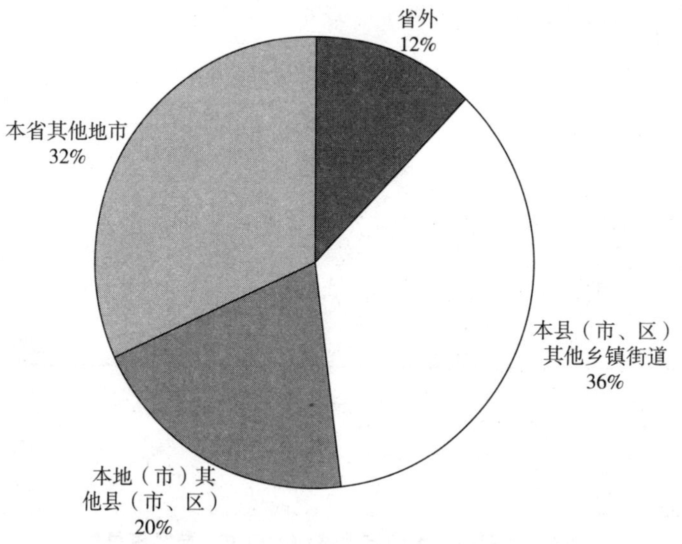

图 4　四川省人口流向区域特征

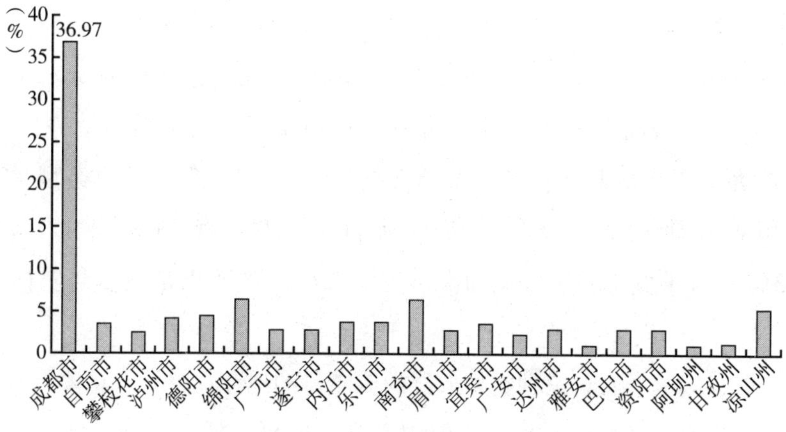

图 5　四川省各地市（州）人口流向

59.79%流动人口在成都平原经济区，16.53%流动人口在川东北经济区，14.36%流动人口在川南经济区，7.53%流动人口在攀西经济区，1.80%流动人口在川西北生态经济区，劳动要素的集聚程度与区域经济发展水平显现高度正相关（见图6）。

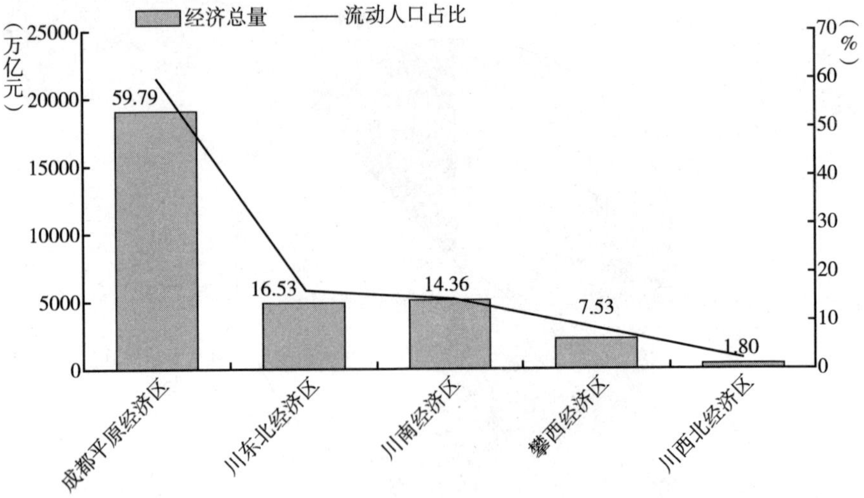

图6 四川省五大经济区流动人口占比与经济总量

西南地区是四川省省外流动人口最主要的来源地区。地理区位、自然环境仍是影响省际人口流动的重要因素，按照八大综合经济区的分类①，2015年来自大西南综合经济区的省外流动人口占比最高，达到31.84%；来自东北综合经济区的省外流动人口占比最低，仅为3.65%（见图7）。

流动人口主要来自农村、城镇。根据户口登记地的三种类型，2015年四川省流动人口总计有48.67%来自于农村，26.00%来自于城镇，25.33%来自于城市，全省流动人口主要来源地类型仍是城镇与农村（见图8）。

城市、城镇、农村三种类型人群的流向目的地存在差异。总体上三类人群都趋于集聚在区域中心城市，但中心流入比例有较大区别，城市人群有42.78%流向成都，来自城镇的流动人口有39.34%流向成都，农村人群有

① 东北综合经济区：辽宁、吉林、黑龙江；北部沿海综合经济区：北京、天津、河北、山东；东部沿海综合经济区：上海、江苏、浙江；南部沿海经济区：福建、广东、海南；黄河中游综合经济区：陕西、山西、河南、内蒙古；长江中游综合经济区：湖北、湖南、江西、安徽；大西南综合经济区：云南、贵州、四川、重庆、广西；大西北综合经济区：甘肃、青海、宁夏、西藏、新疆。

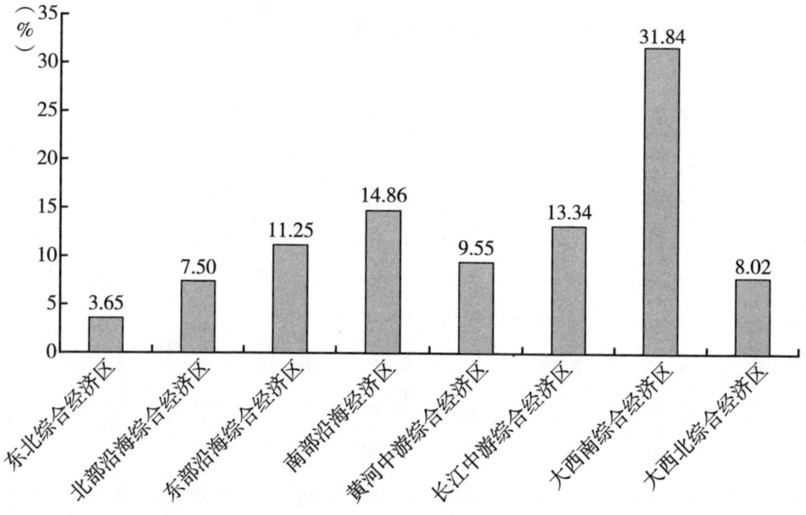

图7　外省流动人口来源

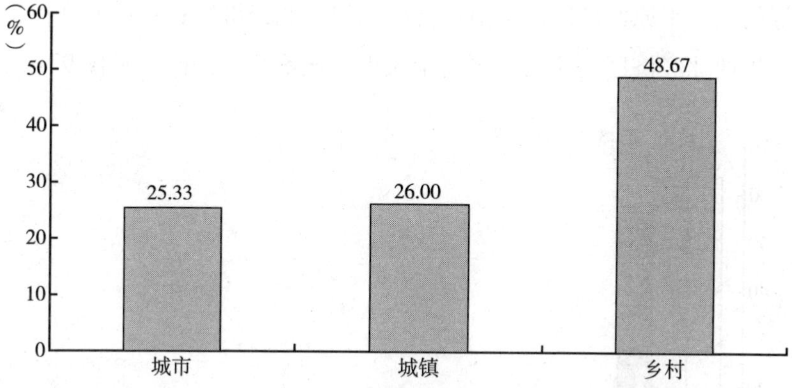

图8　流动人口户口登记类型

32.67%流向成都。城乡人群不同的流向特征显示城市人群更倾向于到成都、自贡、德阳等产业基础较好的区域就业，农村人群在广安、达州、资阳、凉山州等地区就业倾向高于其他两类人群（见表6）。

城市、城镇、农村三种类型人群在四川省五大经济区的流向特点呈现阶梯形变化。按五大经济区国民经济发展水平排列，城市人群大多流向发展水

表 6　按户口登记地类型流动人口流向

单位：%

地　　区	城市	城镇	农村	地　　区	城市	城镇	农村
成 都 市	42.78	39.34	32.67	眉 山 市	2.18	3.27	2.42
自 贡 市	4.83	3.05	2.66	宜 宾 市	3.09	4.07	3.48
攀枝花市	2.21	1.64	2.58	广 安 市	1.04	1.80	2.79
泸 州 市	4.16	3.97	3.84	达 州 市	2.63	2.69	3.09
德 阳 市	5.30	4.20	3.71	雅 安 市	0.84	1.04	1.27
绵 阳 市	6.13	6.55	6.14	巴 中 市	2.53	2.38	3.01
广 元 市	2.54	1.78	2.83	资 阳 市	2.18	1.81	3.26
遂 宁 市	1.61	2.34	2.87	阿 坝 州	0.17	1.08	0.87
内 江 市	3.66	3.71	3.43	甘 孜 州	0.19	0.91	1.56
乐 山 市	3.15	3.63	3.88	凉 山 州	2.12	4.52	7.34
南 充 市	6.67	6.20	6.30	总　　计	100	100	100

平较好的成都平原经济区、川南经济区和川东北经济区；农村人群在攀西经济区和川西北经济区的流动比例高于城市和城镇两类人群（见图9）。

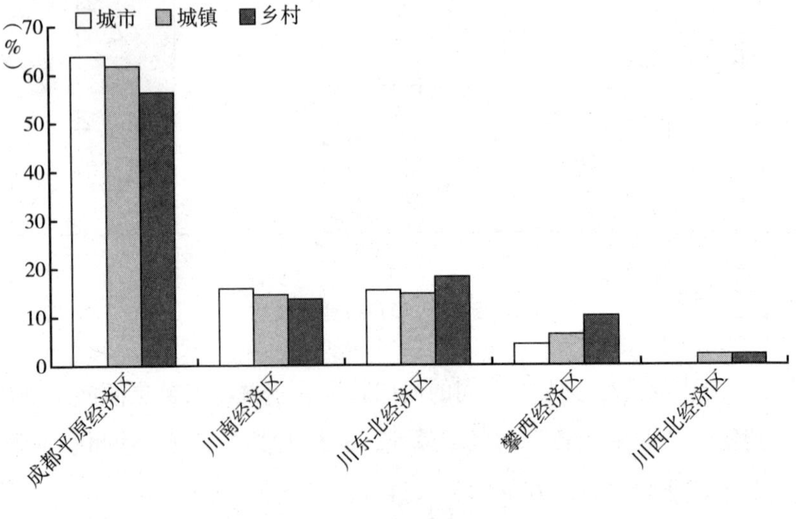

图 9　按户口登记地类型流动人口流向

4. 流动人口的婚姻特征

育龄妇女在女性流动人口中所占比重较高。2015年末，四川省流动人口中育龄妇女占比为71.36%，高于全省育龄妇女总体水平。20~29岁的生育旺盛期妇女占育龄妇女的42.00%，非生育旺盛期妇女占比为58.00%。受“全面二孩”政策影响，育龄妇女人群规模将必然增大（见图10）。

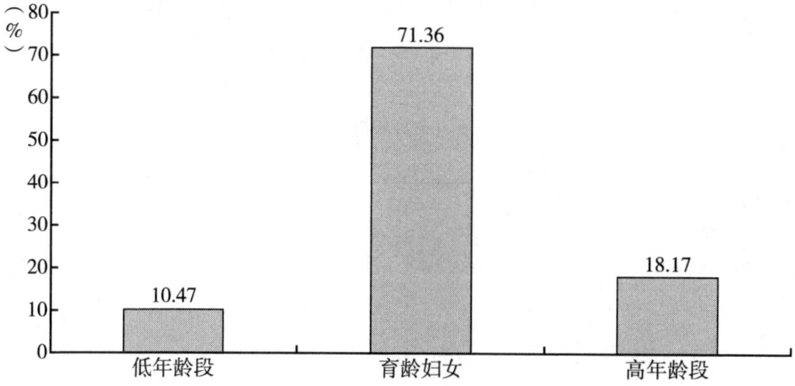

图10　育龄妇女状况

流动人口中生育第一孩的妇女占比为67.93%，生育第二孩的妇女占比为27.85%，生育三孩及以上的妇女占比为4.21%。受“全面二孩”政策影响，流动人口的存活子女数将呈上升趋势（见图11）。

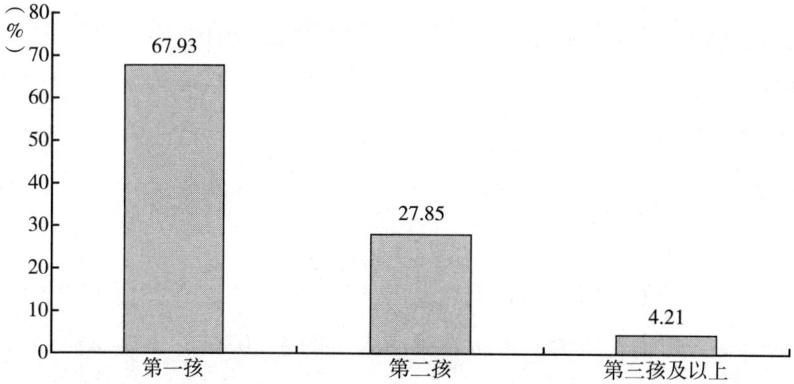

图11　流动人口妇女生育子女状况

适龄流动人口婚姻状况中，有配偶者占比高。省外流动人口中与省内流动人口的婚姻状态呈现不同结构。省内流动人口中，未婚者占比为30.24%，有配偶者占比为69.71%，离婚者占比为0.02%，丧偶者占比为0.03%，夫妻二人同在四川的流动者比例较高，家庭化流动趋势显现。省外流动人口中，未婚者占比为39.21%，有配偶者占比为60.75%，离婚者占比为0.02%，丧偶者占比为0.02%，省外流动人口的未婚比例高于省内流动人口，此部分人群的流动性相对较大（见图12）。

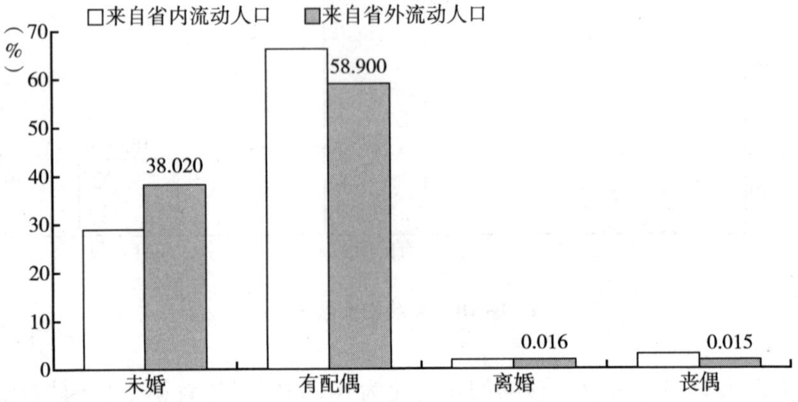

图12　适龄流动人口婚姻状况

5. 流动人口的就业流向

四川省的流动人口以社会生产服务和生活服务就业为主，所占比重为47.86%；其次是生产制造，所占比重为27.96%。农村流动人口的职业主要集中于生产制造，所占比例为50%；而城镇流动人口的职业主要集中于社会生产服务和生活服务，所占比例为53%，明显高于农村流动人口从事此类职业的占比（见图13）。

在跨省流动人口中，同总流动人口一致，从事社会生产服务和生活服务就业的流动人口占比最大，占跨省流动人口的42.07%，但比总流动人口低4.79个百分点。其次是生产制造，所占比重为35.56%，比总流动人口高7.6个百分点。与总流动人口职业构成相反，大部分从事生产制造的跨省流

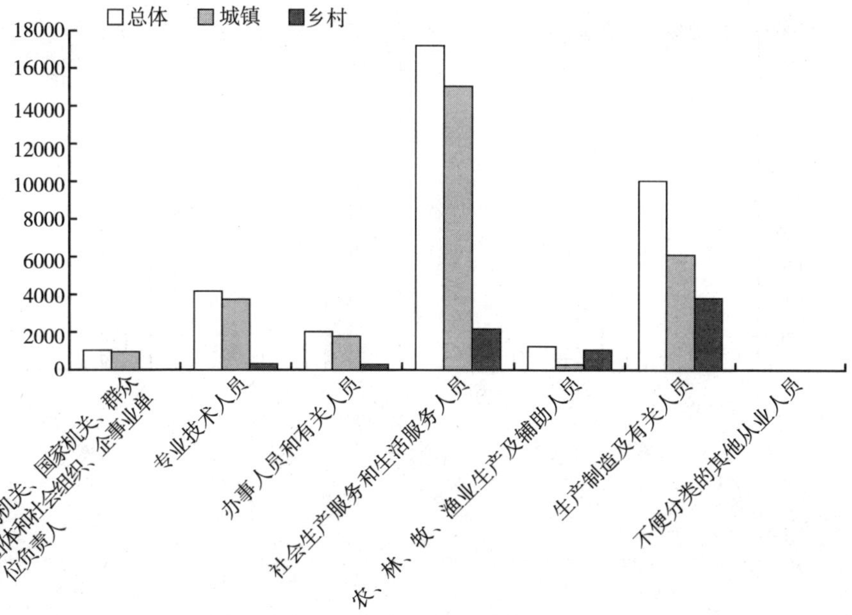

图 13　四川省流动人口职业分布

动人口居于农村而非城镇（见图 14）。

从行业构成来看，四川省跨省流动人口主要集中于制造业、批发和零售业、建筑业，分别占比为 25.57%、20.35% 和 18.04%。城镇跨省流动人口从事的行业主要集中于以下三类：占比最高的行业为批发和零售业，占比为 28.60%；其次是制造业，占比为 16.22%；再次是建筑业，占比为 14.15%。农村跨省流动人口所从事行业并不以、林、牧、渔业为主，而是集中于制造业和建筑业，两类行业的流动人口合计超过总农村跨省流动人口的一半。占比最高的行业为制造业，占比为 39.51%，比城镇跨省流动人口高 23.29 个百分点；其次是建筑业，占比为 23.82%，比城镇跨省流动人口高 9.67 个百分点；再次才是农、林、牧、渔业，占比 11.75%（见图 15）。

6. 流动人口的居留与社会保障

四川流动人口居留时间偏短，低于全国平均水平。流动人口在四川平

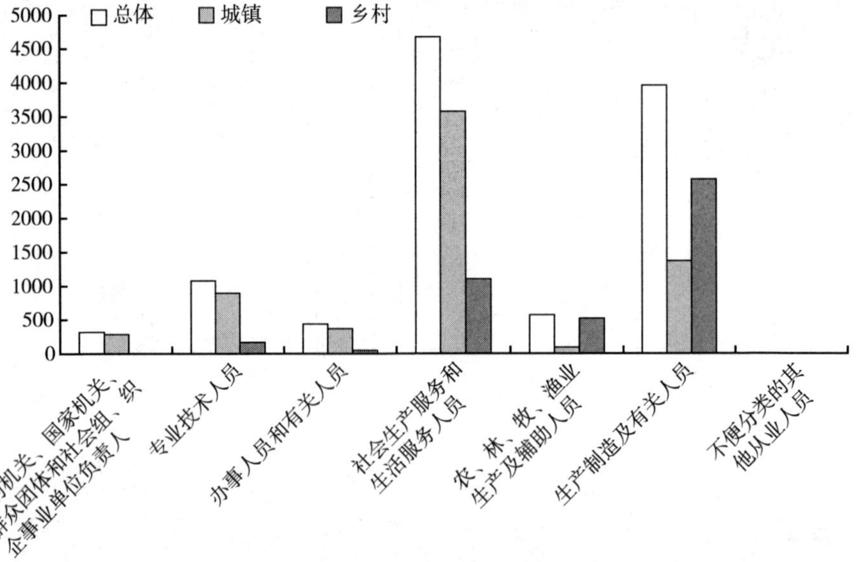

图 14　四川省跨省流动人口职业分布

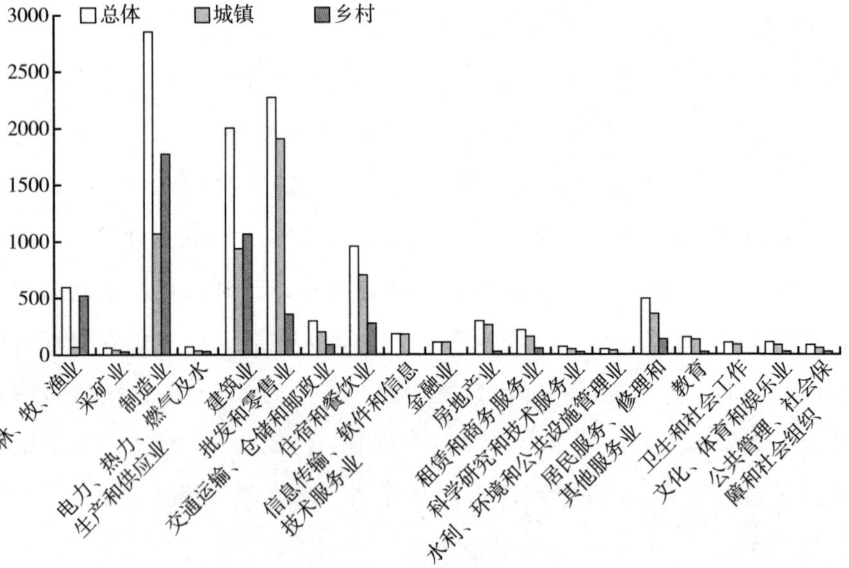

图 15　四川省跨省流动人口行业分布

均居住时间为4.78年，有45.38%的人停留时间大于三年，低于2014年全国流动人口平均水平（55.00%）[①]，29.86%的流动人口入川时间超过5年，低于2014年全国流动人口平均水平（37.00%）。目前四川省有49.32%的流动人口在最近两年内流入到现居住地，居留稳定性有待继续增强（见图16）。

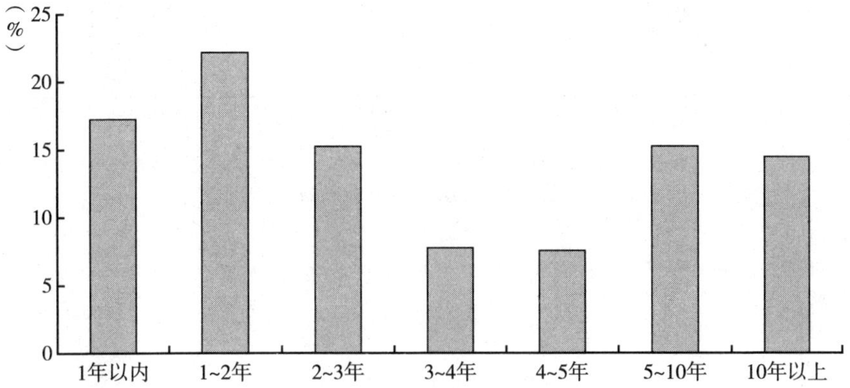

图16　流动人口居留时间

流动人口中的非经济活动人口比重较高。流动人口中61.38%是就业人口，2.87%为失业人口，35.74%为非经济活动人口。非经济活动人口占比较高，流动人口的劳动力参与率不高（见图17）。

流动人口社会保险参与率偏低。以养老保险为例，2015年末，四川省流动人口仅54.10%参与了社会养老保险，其中24.40%参加城镇职工基本养老保险，8.83%参加城镇（乡）居民社会养老保险，19.37%参加新型农村社会养老保险，1.50%参加机关事业单位养老保险，有45.90%流动人口未参加任何形式的社会养老保险（见图18）。

非经济活动人口大多未参加社会养老保险。未参加四类养老保险的人群有50.37%属于非经济活动人口，46.21%属于就业人口，3.42%属

① 《中国流动人口发展报告（2015）》

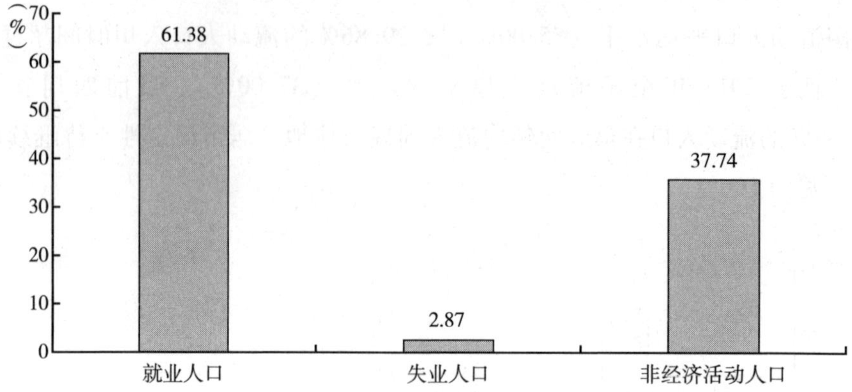

图 17　流动人口就业状况

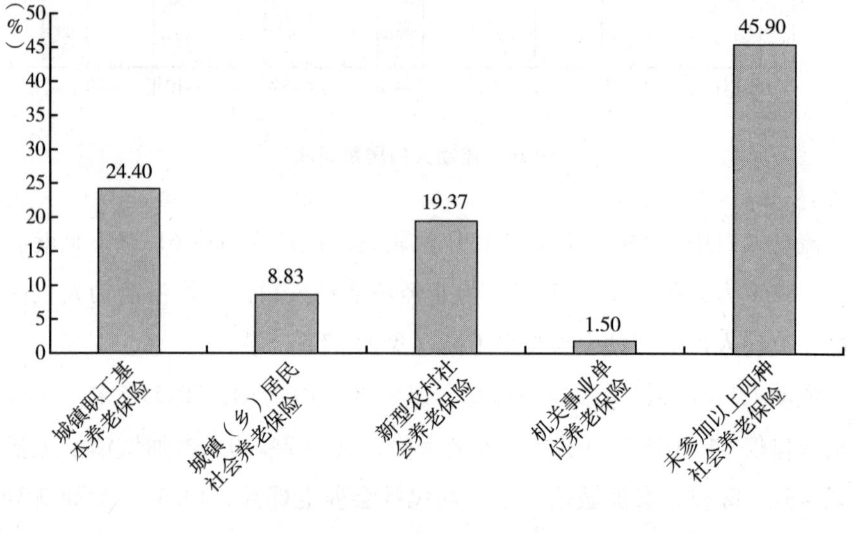

图 18　流动人口参与养老保险情况

于失业人口。在就业人口中，未参加四类养老保险的占比 34.56%，大多属于就业于小型企业的人群，缺少购买养老保险的激励。在失业人口中，54.58% 未参加四类养老保险，同样属于缺少必要劳动技能的人群，缺少资金购买养老保险。在非经济活动人口中，有 64.69% 未参加四类养老保险，此部分人群主要由家庭妇女、离退休人员、在校学生等构成（见图 19）。

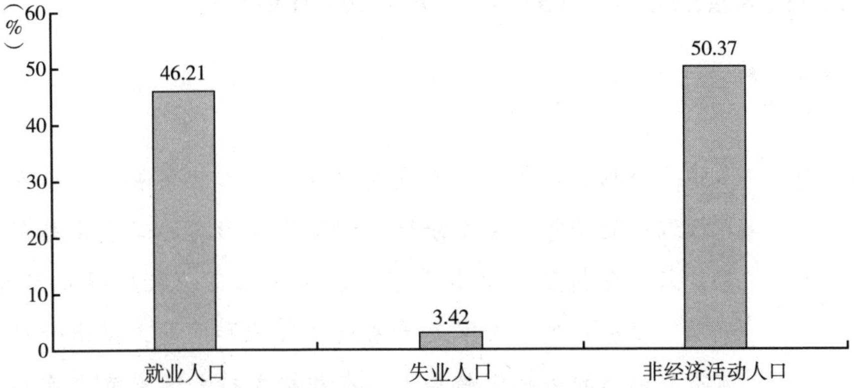

图 19　未参加养老保险的流动人口结构

B.11
四川家庭形态的新变化与新趋势

“四川婚姻与家庭状况研究”课题组*

摘　要：　本报告根据我国家庭逐渐向小型化、核心化发展，家庭人口规模缩小的趋势，重点分析了四川家庭形态的新变化与新趋势，着重分析了空巢老人家庭、单亲家庭、农村留守家庭、流动家庭和独生子女家庭等家庭的现状和问题，提出针对当前家庭形态的多元化趋势，应在积极支持普通家庭发展的同时，加大对这些新形态家庭的支持力度和保障水平。

关键词：　家庭形态　婚姻　人口学

影响家庭变迁的因素主要有经济发展、社会变迁、生育政策调整、人口迁移等。根据2015年中国家庭发展追踪调查的数据，2015年中国家庭户均规模为3.35人，三人家庭比例最高（31.7%），家庭类型以二代户为主（50.6%），家庭结构以核心家庭为主（64.3%）。与第五次、第六次全国人口普查数据的比较，中国家庭逐渐向小型化、核心化发展，家庭人口呈现减少趋势，家庭结构类型趋于简化，核心家庭和主干（直系）家庭是占主导地位的家庭结构。值得注意的是，除上述家庭结构类型外，中国也出现了一些新的家庭形式，如丁克家庭、隔代家庭、再婚家庭及单亲家庭，这些家庭的比例呈上升趋势。家庭关系更加简单化，亲子关系亲密化与疏离化并存，夫妻关系独立化；家庭功能社会化、生养功能被异化、教化功能减弱化、赡

---

* “四川婚姻与家庭状况研究”课题组领导小组：陈智、魏翰、康兰、杨璠、任利华。

养功能萎缩化。从家庭规模来看，家庭规模变小说明家庭中没有子女或者很少有未成年子女的家庭在增加，意味着空巢老人、孤寡老人增加，家庭规模较小不利于人口再生产，使得家庭的养老功能和照料功能受阻，减弱了家庭抵御风险的能力。下面我们着重分析家庭形态的新变化和新趋势，包括空巢老人家庭、单亲家庭、农村留守家庭、流动家庭和独生子女家庭。

一 空巢老人家庭

空巢老人家庭是指与子女分开居住的老年人家庭和无子女的老年人家庭。其中，寡居（单身）老人是指单独一个人生活、居住的60岁及以上的老人，即夫妻二人本人为户主，本户登记人数为1且户主年龄为60岁及以上的老人。独居老人是指两个老人单独生活，具体是指家中仅有夫妻二人，且为60岁及以上的家庭。

（一）空巢老人家庭年龄构成

表1给出了2015年四川空巢老人家庭的年龄构成情况。由表1可见，2015年四川省空巢老人家庭的分布状态与人口年龄分布有关。60～74岁空巢老人占空巢老人总数的80.3%，其中，60～69岁的空巢老人占比最高，达59.5%。四川老人空巢率随年龄的增大而降低，80岁及以上的高龄老年空巢人口仅占总空巢老人的7.1%，由此可以看出，低龄老年人口选择不与

表1 2015年四川空巢老人年龄分布

单位：%

年龄别	占 比	年龄别	占 比
60～64岁	30.70	85～89岁	1.69
65～69岁	28.81	90～94岁	0.29
70～74岁	20.81	95～99岁	0.03
75～79岁	12.55	100岁及以上	0.01
80～84岁	5.11		

子女同住的比例较大，一方面是低龄老年人口在刚退出劳动力市场后，仍有可以独立生活的能力；另一方面是因为现代社会快节奏的工作使得使年轻人的负担压力较重，且两代人的生活习惯、观念也不一致，共同居住可能会矛盾增多，因此大部分低龄老人选择不与子女同住。

（二）空巢老人家庭的性别构成

据前文所述，空巢老人家庭分为寡居老人家庭和独居老人家庭，其中，独居老人家庭由夫妻二人组成，因此，这里主要探讨寡居空巢老人家庭的性别构成情况。60岁及以上寡居男性家庭占寡居老人家庭的51.6%，寡居女性家庭占寡居老人的家庭48.4%，寡居男性家庭比寡居女性家庭数量占比略高，高出3.2个百分点（见表2）。这个可能与当前我国老年女性一般要帮助自己的孩子照料孙辈有关，而男性往往独居一处，导致寡居老人中以男性为主。此外，寡居老人的婚姻状况多为丧偶，据2015年全国1%人口抽样调查数据，四川15岁及以上丧偶人口中65岁及以上的占73.39%，较2010年上升了4.24个百分点。

表2　2015年四川省空巢老人家庭性别情况

性别比	男性(%)	女性(%)
106.6	51.60	48.40

（三）空巢老人家庭的生活情况

根据表3，四川空巢老人的主要生活来源为离退休的养老金，而全省60岁及以上的老人主要生活来源为依靠家庭其他成员供养，从经济来源就可以看出，有独立生活来源的老人其独立生活的可能性更大。从身体健康状况来看，空巢老人的身体健康状况大体与同龄老人一致，总体上都处于基本健康的状态。但空巢老人面临最大的问题在于精神上的孤独，从家庭生命周期来看，空巢老人家庭正在经历家庭生命周期的最后一个阶段，即高龄丧偶，或从未结婚、离婚、夫妻分居等，其身心状态比其他类别的老年人更脆弱。

表3　2015年四川空巢老人家庭成员生活情况

分类	主要生活来源	身体健康状况
空巢老人	离退休金养老金	基本健康
60岁及以上老人	家庭其他成员供养	基本健康

（四）空巢老人家庭的地区构成

从表4可以看出，2015年四川省空巢老人数量占比最大的是成都市（10.91%），空巢老人数量占比最小的是甘孜州（0.31%）。成都空巢老人占比是甘孜州空巢老人的35倍以上，这跟这两个地区经济发展水平和城镇化发展水平差异有关。

表4　2015年四川分市（州）空巢老人数量占比情况

单位：%

地　　区	占比	地　　区	占比
全　　省	100.00	南 充 市	7.67
成 都 市	10.91	眉 山 市	5.35
自 贡 市	4.14	宜 宾 市	3.24
攀枝花市	2.35	广 安 市	5.15
泸 州 市	3.65	达 州 市	6.16
德 阳 市	7.37	雅 安 市	2.46
绵 阳 市	7.88	巴 中 市	4.72
广 元 市	4.76	资 阳 市	6.29
遂 宁 市	5.56	阿 坝 州	0.54
内 江 市	4.66	甘 孜 州	0.31
乐 山 市	4.82	凉 山 州	2.00

二　单亲家庭

Schlesinger将单亲家庭界定为“以男性或女性为家长，同被抚养子女生活在一起的家庭，这样的家庭多由死亡、离婚、分居、抛弃或者未婚生育所形成”。[①] 单亲家庭在本次调查中主要反映出来的家庭类别与规模是二代二人户，2015 年全国 1% 人口抽样调查资料中四川地区共有 20338 个二代二人户的样本，为简化分析，本文的研究对象仅以单亲母亲的家庭为样本，通过整理资料，得到婚姻状况为离婚或丧偶的单亲母亲有 5883 位。

（一）单亲母亲家庭的年龄构成

由表 5 可以看出，四川单亲母亲的年龄主要分布在 41 ~ 50 岁这个范围，41 ~ 50 岁的单亲母亲占全部单亲母亲的 57.88%，接近 31 ~ 40 岁年龄段的单亲母亲的比重的 2 倍；31 ~ 40 岁年龄段的单亲母亲占比为 29.56%，是 21 ~ 30 岁的单亲母亲的 2 倍以上；由此可以看出在 21 ~ 50 岁之间，全省的单亲母亲比例在不同年龄段以近 2 倍的等比数列增长。此外，在 20 岁及以下还未到法定结婚年龄的女性中也出现了单亲母亲现象，这类单亲母亲在社会中承受的压力比其他年龄段的单亲母亲更大，包括经济压力以及社会道德评价压力。

表 5　2015 年四川单亲母亲的年龄分布

单位：%

年龄	占比	年龄	占比
20 岁及以下	0.14	31 ~ 40 岁	29.56
21 ~ 30 岁	12.43	41 ~ 50 岁	57.88

（二）单亲母亲家庭的发展状况

本文主要从单亲母亲家庭的上周工作情况、住房来源以及家庭拥有汽车的情况与双亲家庭进行对比。

从上周工作情况来看，单亲家庭中单亲母亲处于在工作的比例为 75.9%，比双亲家庭中的成员（66.3%）高 9.6 个百分点；处于在职休假、在职学习培训、临时停工或季节性歇业的单亲母亲家庭的比例为 1.5%，比

① 刘鸿雁：《单亲家庭研究综述》，《人口研究》，1998 年第 2 期。

双亲家庭中的成员（1.2%）高0.3个百分点；未做任何工作的单亲母亲家庭比例为22.6%，比双亲家庭中的成员（32.4%）低9.8个百分点。单亲母亲目前由于要抚养孩子，一般必须参与社会工作，因而其处于工作状态的比例相对较高。

从住房来源来看，两种类型的家庭的住房来源都以自建住房为主。其中，单亲母亲家庭购房能力低于双亲家庭，单亲母亲家庭中购房的比例为24.27%，比双亲家庭（35.65%）低11.38个百分点。相反，单亲母亲家庭租房情况多于双亲家庭，单亲母亲家庭中租房的为7.16%，比双亲家庭（4.46%）高2.7个百分点。

从拥有的家用汽车来看，单亲母亲家庭拥有汽车的比例为13.79%，比双亲家庭低6.1个百分点。数据显示，单亲母亲的经济能力相对较弱，难以承担较高的购房支出和汽车消费（见表6）。

由上述分析可以看出，单亲母亲受家庭解体过程中的人力资本和经济资源的损耗影响，亲独自承担子女抚养、教育义务，单亲母亲的亲职压力①比双亲家庭的成员要高，因此单亲母亲的工作参与积极性比双亲家庭的成员要高。双亲家庭中的成员是相互扶助，共同居住的，即使其中一位家庭成员没有工作，家庭也不会因此而面临无法继续生活的境地。而且，从家庭的经济情况来看，单亲母亲家庭的住房来源和拥有汽车的能力都较双亲家庭较低，直接反映出单亲母亲家庭的相对贫困问题。

表6　2015年四川单亲母亲家庭生活状况

单位：%

发展指标		单亲母亲家庭	双亲家庭
上周工作情况	在工作	75.90	66.30
	在职休假、在职学习培训、临时停工或季节性歇业	1.50	1.20
	未做任何工作	22.60	32.40

① 亲职压力：父母在履行父母角色及亲子互动历程中，受到其个人的人格特质、亲子互动关系不良、子女特质及家庭情境因素的影响而所感受的压力称为亲职压力。

续表

发展指标		单亲母亲家庭	双亲家庭
住房来源	购买住房	24.27	35.65
	自建住房	60.28	53.91
	租赁住房	7.16	4.46
	其他	8.29	5.98
拥有家用汽车的情况	没有汽车	86.21	80.11
	拥有汽车	13.79	19.89

（三）单亲母亲家庭的地区构成

从表 7 可以看出，2015 年四川单亲母亲家庭占比最大的是成都市（10.67%），单亲母亲家庭占比最小的是阿坝州（2.62%）。单亲母亲家庭的存在与当地的社会文化观念存在一定的关系，社会文化开放程度越大，且女性自我的独立意识越强，社会公众对单亲母亲家庭的包容程度越高。而社会文化较为闭塞的地区，女性即使成了单亲母亲，也会尽快再婚组成新的家庭。

表 7　2015 年四川单亲母亲家庭地区分布

单位：%

地　区	占比	地　区	占比
全　省	100	南充市	5.22
成都市	10.67	眉山市	4.35
自贡市	4.47	宜宾市	6.46
攀枝花市	3.93	广安市	2.84
泸州市	5.24	达州市	4.71
德阳市	5.34	雅安市	2.67
绵阳市	6.58	巴中市	2.97
广元市	3.55	资阳市	4.98
遂宁市	4.30	阿坝州	2.62
内江市	4.35	甘孜州	3.25
乐山市	6.44	凉山州	5.07

三　农村留守家庭

（一）留守家庭类型与现状

农村留守家庭，是指农村家庭中主要劳动力外出导致家庭成员分离的家庭。本研究中将农村家庭中家庭劳动力（15～59岁）外出就业，离开户口登记地（跨乡镇）半年以上且其他家庭成员未流动的界定为农村留守家庭。2015年四川农村留守家庭占农村家庭的35.20%，也就是说农村家庭中超过1/3的家庭为留守家庭。这一比例与2010年相比，下降了1.44个百分点。①2015年农村留守家庭的户均人数为2.36人，比农村家庭户均人数少1.26人。数据显示，留守家庭的家庭规模较小，制约着诸如家庭生产、养老等功能的发挥。主要劳动力外出就业使留守家庭的家庭结构发生了明显的变化，从留守的状态来看，可分为三代留守型、隔代留守型、单亲留守型、空巢留守型、孤儿留守型、两代留守型、妯娌留守型等七种类型，其中以隔代留守型、单亲留守型、空巢留守型为主要类型。留守家庭成员主要为老人、儿童、妇女三类弱势群体。

1. 留守老人。2015年四川农村老人中有27.87%为留守老人。留守老人的平均年龄为69岁，丧偶比例高达27.8%，52.7%的留守老人仍然参加劳动，留守老人的主要生活来源为劳动收入（45.0%）。留守老人身体健康水平较高（健康、基本健康的比例共占77.6%）；医疗保险参保率较高，为99.3%，但是养老保险的参保率仅为89.4%（见表8）。与农村老人整体相比较，留守老人与农村老人在平均年龄、身体健康状况、社会保障状况方面的差异不大，但是留守老人的丧偶率更高，生活来源主要依靠自身劳动收入的比例更高，说明大部分留守老人主要靠自身劳动维持生活。对于丧偶的留守老人来说，其精神压力、生活压力更

① 2010年四川农村留守家庭数量约为560万户，数据来源于《四川家庭发展报告》。

大，社会应关注农村留守老人尤其是丧偶的留守老人，重点解决留守老人缺乏生活照料、精神慰藉的问题。

表8　60岁及以上农村老人与留守老人各项状况的比较

单位：%

项　目		农村老人	留守老人
平均年龄(岁)		69.2	69.1
性别	男	50.2	48.8
	女	49.8	51.2
丧偶所占比例		26.4	27.8
主要生活来源为劳动收入的比例		39.3	45.0
身体健康状况	健康	31.6	31.4
	基本健康	45.0	46.2
	不健康，但能自理	20.3	19.5
	不能自理	3.0	2.9
养老保险参保率		88.4	89.4
医疗保险参保率		98.1	99.3

2. 留守儿童。2015年，四川农村儿童中约有26.39%为留守儿童[①]，其平均年龄为8.7岁，大部分在上小学（41.5%），6周岁以上在校率为95.3%；15周岁以上留守儿童失学严重，在校率仅为83.1%（见表9）。留守儿童与农村儿童在平均年龄、性别、受教育程度、在校率等方面差异并不大，而且无论是6周岁以上还是15周岁以上，留守儿童的在校率均高于农村儿童。说明虽然留守家庭中的儿童失学现象较为严重，但与其他农村家庭相比较，留守儿童的父母更加重视子女教育，外出务工带来的相对较高的收入也能够保障留守儿童学习开支。留守儿童面临失学和心理的问题，已逐渐成为一个值得关注的社会现象。

① 参照段成荣等对留守儿童的界定，本研究中将留守儿童界定为0~17岁。

表 9　农村儿童与留守儿童各项状况的比较

单位：%

项　目		农村儿童	留守儿童
平均年龄(岁)		8. 8	8. 7
性别	男	52. 8	53. 6
	女	47. 2	46. 4
受教育程度	未上学	3. 4	1. 8
	小　学	57. 2	59. 0
	初　中	27. 0	27. 1
	高　中	11. 9	11. 7
	大学专科及以上	0. 5	0. 4
在校率	6 周岁以上在校率	92. 4	95. 3
	15 周岁以上在校率	76. 3	83. 1

3. 留守妇女。2015 年，四川农村妇女中约有 19. 77% 为留守妇女，也就是说农村已婚妇女中有 19. 77% 为夫妻分离状态。与农村妇女相比较，留守妇女的平均年龄、在工作的比例均高于农村妇女的整体水平。留守妇女更有可能因为料理家务而不能外出参加工作（78. 6%），且留守妇女的职业多为从事农、林、牧、渔业生产及辅助人员（73. 81%）（见表 10）。因家庭中丈夫外出，留守妇女承担家务劳动的压力更大。同时，长时间的分离不利于夫妻之间的交流，影响着婚姻、家庭的稳定，应对农村留守家庭的夫妻分离现象引起重视。

表 10　农村妇女与留守妇女各项状况的比较

单位：%

项　目	农村妇女	留守妇女
平均年龄(岁)	40. 9	44. 1
在工作所占比例	83. 4	84. 8
未工作原因为料理家务所占比例	73. 6	78. 6
职业为农、林、牧、渔业生产及辅助人员的比例	60. 89	73. 81

（二）留守家庭面临的主要问题

1. 个体层面。在个体层面，因家庭主要劳动力外出而出现的三类人群数量庞大，问题复杂。留守儿童由于长期与父母分离，缺乏情感支持和家庭教育，导致在学习、品行、人身安全、社会适应、心理发展等方面存在问题，且因为缺乏父母关怀、家庭教育不足、不良文化滋扰等导致寻衅滋事、打架斗殴、性侵害等犯罪现象频发。留守老人承担着家庭农业生产和隔代抚育孙子女的重担，养老缺乏保障，也缺乏必要的抚慰照料。留守妇女承担着劳动生产、子女教育、老人照料等责任，家务劳动负担重，精神压力大，且夫妻分居导致她们处于压抑状态、孤单、烦躁、压抑等不良情绪加剧、安全感较低。

2. 家庭层面。留守家庭的结构失衡导致家庭功能的实现受阻，家庭角色混乱、家庭冲突频繁，婚姻与家庭的稳定性遭到破坏。

一是家庭结构失衡，影响家庭功能的实现。留守家庭因其核心劳动力的长期外出使得家庭结构缺损，家庭共同生产、消费、抚育子女、赡养老人和提供安全保护等功能出现障碍。在养老方面，留守家庭的老年人养老照料资源萎缩，且留守老人还得承担对孙辈的照料责任，家庭的养老功能受到冲击。在提供安全保护方面，因外出的主要为男性劳动力，留守家庭成员大多为老幼病残及妇女，家庭的安全保护功能在一定程度上被削弱。

二是家庭成员角色混乱与代际冲突增加。留守家庭因主要劳动力外出，家庭成员间原有的角色与分工模式被打破，部分家庭成员不得不承担双重角色以维持家庭平衡，例如留守妇女、留守老人。同时，家庭结构失衡，导致留守家庭中两代人之间、夫妻之间、兄弟姐妹之间因权利义务的重新分配而增加冲突与矛盾。

三是夫妻分离破坏婚姻与家庭的稳定。留守家庭中夫妻分离导致夫妻双方在城市化水平、文化观念、生活方式以及社会交往形式等方面都存在较大差异。夫妻双方缺乏沟通与情感交流，造成关系疏离、信任不足、感情淡漠，使得婚姻与家庭的稳定受到侵扰。夫妻两地分居使得性需求无法得到排解，致使相关犯罪行为增加，不利于农村社会的稳定。

3. 社会层面。大量的留守家庭使得农村出现青壮年短缺、留守儿童教育困难、养老问题凸显、犯罪现象频发，不利于农村社会的稳定与发展。

四　流动家庭

（一）流动家庭现状

地区之间经济发展不均衡、城乡收入差距大、非农产业劳动收益较高以及政策允许自由流动等因素，使得近年来四川人口大规模流动。2015 年，四川流动家庭①占全省家庭户数的 14.74%，流动家庭户均规模为 2.88 人。流动家庭的住房来源主要是以租赁为主，平均每户住房间数为 2.89 间，比全省平均每户住房间数少 0.98 间。

1. 流动家庭中成员的婚姻状况。流动家庭中 15 岁及以上家庭成员的婚姻状况为未婚占 15.90%，有配偶占 77.44%，离婚占 2.51%，丧偶占 4.15%。数据显示，流动家庭中成员的婚姻状况以有配偶为主，但不可忽视的是流动人口的离婚比例高，流动家庭的婚姻稳定性有待提升（见表 11）。

表 11　流动家庭中 15 岁及以上家庭成员的婚姻状况

婚姻状况	比例	婚姻状况	比例
未婚	15.9	离婚	2.51
有配偶	77.44	丧偶	4.15

① 本研究中的流动家庭仅指家庭户中所有成员均离开户口登记地（跨乡镇）半年以上的家庭。

2. 流动家庭离开户口登记地的时间及离开原因。流动家庭的家庭成员离开户籍登记地的时间以五至十年为主（23.17%），居住较稳定，长期居留意愿较强。排在前三位的流动家庭成员离开户口登记地的原因分别是“工作就业”（26.03%）、“随同迁移”（21.09%）和“改善住房”（20.72%）（见表12）。

表12　流动家庭中成员离开户口登记地的时间及离开原因

离开户籍登记地的时间	半年至一年	9.06
	一至二年	13.61
	二至三年	12.62
	三至四年	9.4
	四至五年	11.61
	五至十年	23.17
	十年以上	20.53
离开户口登记地的原因	工作就业	26.03
	学习培训	6.17
	随同迁移	21.09
	房屋拆迁	7.38
	改善住房	20.72
	寄挂户口	0.62
	婚姻嫁娶	2.95
	为子女就学	3.83
	其他	11.21

3. 流动家庭的成员受教育程度。流动家庭中成员的受教育程度以初中及以下为主。其中户主受教育程度为初中及以下的家庭占63.12%，其他家庭成员受教育程度为初中及以下的占66.18%。户主的受教育程度明显高于其他家庭成员，户主的受教育程度在大学专科及以上的比其他家庭成员高3.45个百分点。0~14岁子女的在校率为98.63%，15~17岁子女在校率降低至82.78%，可见15岁及以上流动家庭未成年子女失学现象比较严重（见表13）。

表 13　流动家庭户主及其他家庭成员受教育程度

项　　目		比例
0～14 岁子女在校率		98.63
15～17 岁子女在校率		82.78
户主	初中及以下	63.12
	高中	19.40
	大学专科及以上	17.48
其他家庭成员	初中及以下	66.18
	高中	19.79
	大学专科及以上	14.03

4. 流动家庭的成员就业状况。流动家庭中家庭成员在工作的比例达58.23%，流动家庭中成员职业排在前三的是社会生产服务和生活服务人员（50.88%）、生产制造及有关人员（20.38%）、专业技术人员（12.47%）（见表 14）。

表 14　流动家庭成员就业状况

项　　目		比例
上周工作情况	在工作	58.23
	在职休假、在职学习培训、临时停工或季节性歇业	0.79
	未做任何工作	40.98
职业	党的机关、国家机关、群众团体和社会组织、企事业单位负责人	2.99
	专业技术人员	12.47
	办事人员和有关人员	7.41
	社会生产服务和生活服务人员	50.88
	农、林、牧、渔业生产及辅助人员	5.74
	生产制造及有关人员	20.38
	不便分类的其他从业人员	0.13

5. 流动家庭的成员参加社会保险情况。流动家庭的成员参加医疗保险比参加养老保险的情况好。养老保险的参保率仅为63.75%；医疗保险参保率为93.54%；医疗保险以参加新型农村合作医疗为主，占42.34%（见表15）。

表15　流动家庭成员参加社会保险情况

项　目		比例(%)
养老保险	城镇职工基本养老保险	30.97
	城镇(乡)居民社会养老保险	12.41
	新型农村社会养老保险	17.92
	机关事业单位养老保险	2.45
	未参加以上四种社会养老保险	36.25
医疗保险	职工基本医疗保险	28.19
	城镇(乡)居民基本医疗保险	22.08
	新型农村合作医疗	42.34
	公费医疗	0.93
	未参加以上四种基本医疗保险	6.46

（二）流动家庭趋势

1. 流动模式向家庭举家迁移方向发展。2015年，在流动人口动态监测中，被调查的流入四川的流动人口家庭举家迁移的比例为85.8%，比2012年提高了2.3个百分点。① 可见流动人口的家庭化趋势突出。夫妻一起流动相对较为容易，但未成年子女和父母随迁除了生活成本还涉及教育、住房和日常照料等需求，随迁成本较高，因此应注意流动人口家庭化趋势所带来的对城市基本公共服务的挑战。

2. 流动原因从经济性向社会性过渡。流动家庭中离开成员户口登记地

① 数据来源于《2015年四川省流动人口发展报告》，其中“举家迁移”是指核心家庭成员（包括配偶、0~14岁的子女）均流动的情况。

的原因为工作就业的占26.3%，改善住房的占20.72%，可见流动人口家庭迁移的原因已从单纯的到城市务工转变为寻求更好的基本公共服务与生活环境，流动的原因有从经济性向社会性过渡的趋势。

3. 流动时间的长期化。流动家庭成员流动的时间有逐渐上升的趋势。2015年全国1%人口抽样调查数据显示，四川流动家庭的成员离开户籍登记地的时间以五至十年为主，可见流动人口人户分离的时间较长，且有在流入地长期居住的意愿强烈。当大部分流动家庭成员计划在城市长期居住，很多政策与制度安排，尤其是社会保障和基本公共服务等方面需要有新的设计。

（三）流动家庭面临的主要问题

流动家庭面临的主要问题有：工作不稳定，工资待遇低，社会保障不健全，子女上学难，住房困难，看病贵、看病难等，这些问题影响了流动家庭的发展。

在就业方面，流动人口的工作稳定性低，工资待遇相对较低。流动人口因其自身的受教育程度限制，往往从事技术含量低、替代性较强的工作，工作强度大，工作时间普遍较长，工作环境较差，且工资收入低于全省平均水平。

在教育方面，流动家庭未成年子女接受教育的机会不均等、教育质量低。流动家庭未成年子女接受教育的机会不平等，表现在流动家庭未成年子女入学时机会的不均等以及在接受教育的过程中，享有教育资源的不平等。另外，流动家庭未成年子女的入学适应能力差，学习效果差，家庭教育缺失。

在医疗服务方面，流动家庭成员的医疗卫生服务可及性较差，医疗服务利用率低于本地户籍人口。流动家庭成员的医疗保险以在户籍地参加新型农村合作医疗保险为主，制度保障作用有限，而流动家庭成员的经济收入难以负担医疗费用，出现“看病难、看病贵”的局面。

在住房方面，流动家庭住房基础设施较差、住房面积小，租房支出压力较大。流动家庭的住房主要依靠租赁来解决，虽然部分流动家庭符合申请公租房的条件，但是申请手续复杂，租赁廉租房、公租房的比例又低，所以住在公租房的流动家庭很少。流动人口家庭住房条件差、住房面积小、租房支出大严重影响流动家庭的生活质量，不利于流动家庭的发展。

在社会保障方面，流动家庭的成员社会保险参保率低，保障层次低，使得流动家庭抵御外在风险的能力不足。除此之外，流动家庭成员的社会保障还存在统筹层次不高、区域之间缺乏有效衔接、社保断档接续难、异地社保转移手续烦琐等问题。

五　独生子女家庭

（一）独生子女家庭现状

2015 年全国 1% 人口抽样调查中调查了 15 ~50 周岁的妇女的生育情况和目前子女存活的情况，据此可汇总出 15 ~50 周岁只生育一个子女并存活一个子女的妇女人数。本研究中将只生育过一个孩子女并且子女存活到调查时点的妇女界定为独生子女母亲。并且，只把独生子女母亲所在的家庭界定为独生子女家庭，而不考虑某个家庭未来是否再次生育或收养子女。按照本研究对独生子女家庭的界定，四川独生子女家庭占所有家庭户的 19.18%，占 15 ~50 周岁的妇女所在家庭比重的 37.82%。夫妇为独生子女的家庭占所有家庭户的 48.58%，占 15 ~50 周岁妇女所在家庭比重的 95.79%。

（二）独生子女母亲的婚姻状况

数据表明，独生子女母亲有配偶的比例为 94.92%，离婚的比例为 4.00%，丧偶的比例为 1.07%。相应地，15 ~50 周岁的妇女有配偶的比例是 69.66%，比前者低 25.26 个百分点①；离婚、丧偶的比例分别比前者高 1.26 个、0.43 个百分点（见图 1）。

① 由于独生子女母亲剔除了“未婚”这一状况，所以该群体婚姻状况为“有配偶”的比例相对较高。

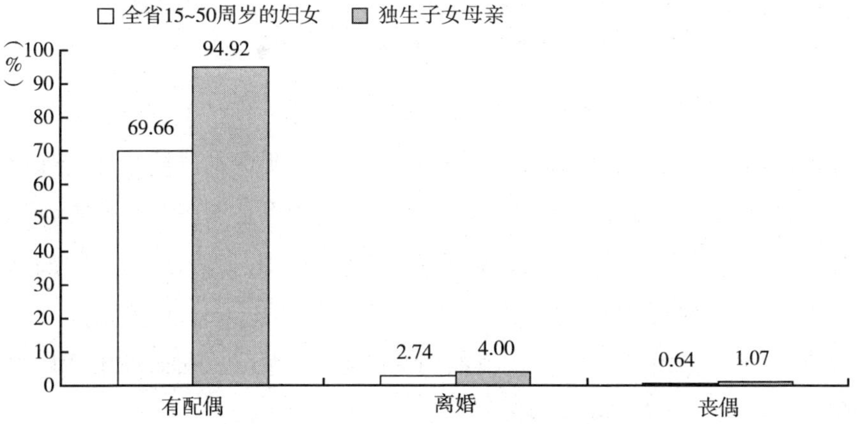

图1　四川省15～50周岁妇女与独生子女母亲婚姻状况的比较

（三）独生子女母亲上周的就业状况

独生子女母亲在工作的比例为74.57%，未做任何工作的比例为24.49%，在职休假、在职学习、临时停工或季节性歇业的比例仅为0.94%。与15～50周岁全部妇女相比，独生子女母亲的就业比例较高（见图2）。

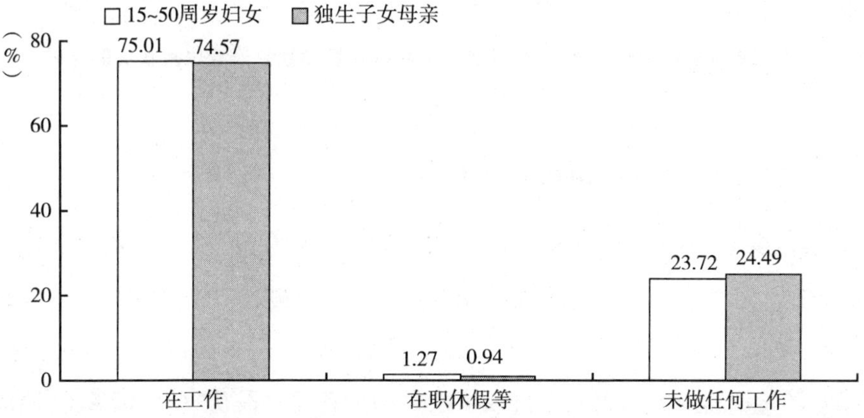

图2　四川省15～50周岁妇女与独生子女母亲上周就业状况的比较

（四）独生子女母亲参加社会养老保险状况

独生子女母亲参加城镇职工基本养老保险的比例是22.59%；参加城镇（乡）居民社会养老保险的比重是11.23%；参加新型农村社会养老保险的比重是29.68%；参加机关事业单位养老保险的比重是1.99%；未参加以上四种社会养老保险的比重最大，高达34.52%。相比15～50周岁的妇女群体，上述五种情况的比例分别是14.71%、7.93%、31.73%、1.37%和44.26%。可见，相比15～50周岁的妇女群体，独生子女母亲的生活风险和保障意识更强，风险规避与保障规划较为完善（见图3）。

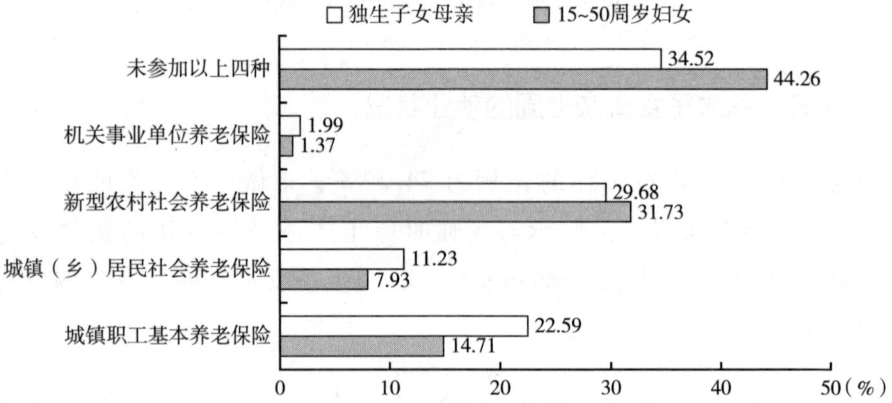

图3 四川省15～50周岁妇女与独生子女母亲参加社会养老保险状况的比较

（五）独生子女家庭的居住状况

从住房类型上看，独生子女家庭居住普通住宅的比重最大，高达98.88%，无住房、工作地住宿、集体宿舍和公棚的比例分别是0.46%、0.39%和0.28%。从住房来源看，独生子女家庭住房来源以自建住房为主，为59.76%；其余的从大到小排列依次是购买新建商品房（16.62%）、租赁其他住房（5.92%）和购买二手房（4.58%）。研究发现，独生子女家庭与同龄妇女所在家庭的居住状况保持一致，只是在不同住房来源的比重上略有不同。具体地，15～50周岁妇女的家庭住房来源为自建住房、购买新建商品房、租赁其他住房、购买二手房的比例分别为68.38%、12.83%、5.17%、3.75%（见图4）。

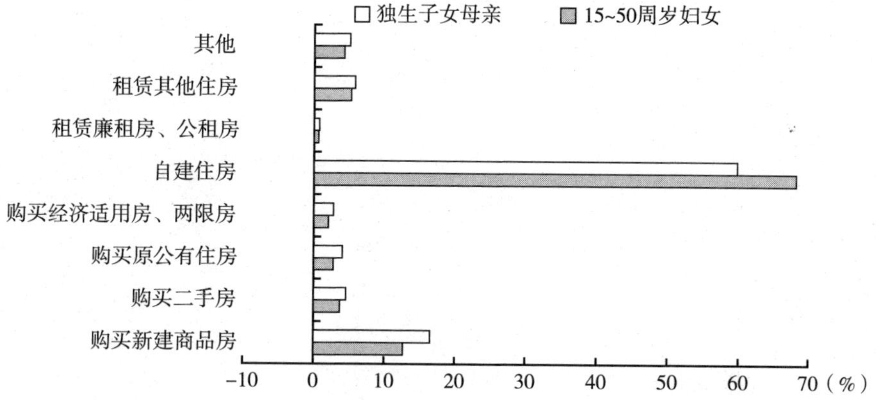

图4　四川省15～50周岁妇女与独生子女母亲家庭住房来源状况的比较

六　简要建议

家庭形态的多元化使得现有家庭政策、基本公共服务安排面临挑战。针对当前家庭形态的多元化趋势，应在积极支持普通家庭发展的同时，加大对这些新形态家庭的支持力度和保障水平。同时在制定政策、开展服务的时候考虑新形态家庭的特殊需要与面临的主要问题。如，对空巢家庭而言，加强和完善社会工作体系，重点解决空巢老人健康保障、人身安全、精神慰藉与生活照料问题。尝试整合社区资源、为空巢老人提供方便、快捷的生活照料服务。鼓励家庭成员就近就业或居住，以便对空巢老人进行照顾。对单亲家庭而言，应该提升单亲母亲的工作机会和经济能力，通过专项救助、就业援助、能力提升等方式塑造其社会支持体系。对流动家庭而言，应重点解决其融入城市社会的制度阻碍问题，通过推进基本公共服务均等化，改善流动家庭融入的城市社会的环境、通过提升流动家庭成员人力资本，帮助流动家庭及成员在城市安居乐业。对留守家庭，应关注夫妻分离、隔代教育、留守老人养老问题，促进区域经济均衡发展，从根本上来解决留守家庭问题。对独生子女家庭，应关注失独风险及养老问题，通过充分释放二孩生育潜力、改善独生子女家庭的经济条件和社会保障状况来规避风险。

B.12

对成都地区建成中国最大户外旅游集结中心的调查

林光旭　王倩*

摘　要：　成都在我国户外旅游区位上具有独特而重要的战略地位，是中国旅游双线原地与中国最大的户外旅游集结中心。当前成都户外旅游集结效应呈现出爆发式增长的态势，蕴藏着巨大的市场机遇，是中国自助旅游最大的聚宝盆与吸金地。建议从资源整合、科学规划、完善配套等方面加快推进，将成都地区建设成为中国最大的户外旅游集结中心。

关键词：　户外旅游　成都　自助游

随着国内旅游进入自助式、散客化时代，近年户外旅游市场急速增长，并衍生出户外旅游装备制造、落地租车自驾服务、房车改装维修保养、房车露营地、汽车旅馆聚落、MOTEL 村等新兴市场。在经济新常态背景下，户外旅游已经成为引领旅游消费增长、推进供给侧结构性改革、培育发展新动能的重要方面。2016 年 5 月 19 日李克强总理在首届世界旅游发展大会上指出，要加强自驾车营地建设。经过长期的理论探索与实践追踪，我们找到了中国发展户外旅游业的着力点，发现了中国乃至全球最大的户外旅游集结中心，认识到成都地区（四川盆地）在中国户外旅游

* 林光旭，成都大学旅游与经济管理学院教授；王倩，博士，四川省社会科学院区域经济研究所副研究员。

经济中的全新价值。为此，我们提出加快推进成都地区建成中国最大户外旅游集结中心的建议。

一　成都在中国户外旅游中的独特地位

成都在中国旅游户外旅游地理、交通与经济区位中具有十分独特而且重要的战略地位，是中国旅游双线原点和中国最大的户外旅游集结中心。在中国版图上，两条旅游经济主线交汇于成都。一条是“胡焕庸线”（以下简称为“胡氏线”），东南侧拥有中国最大的旅游客源市场，西北侧拥有中国最大的自然生态旅游资源以及青藏高原自驾自助旅游目的地，成都正是胡氏线上连接户外自驾客源地与目的地的最大集散地，绝大多数以青藏高原为目的地的户外旅游流在成都集结穿越胡氏线。另一条是中国的景观大道 318 国道（上海－西藏樟木），东段形成以成都为中心的集束扇面形态的多尾矢量，代表我国户外自助旅游流的总体分布与大致走向；矢量箭头所指的西段是中国最壮观的山原峡谷地貌景观资源富集区域，包括具有全球影响力的青藏高原和香格里拉生态旅游大区，这是户外自助自驾旅游者的天堂。成都扼守中国主流客源进入青藏高原的门户，是中国空间版图上的旅游双线原点，更是当之无愧的最大户外旅游集散中心（见图 1、图 2）。

2007 年，成都大学林光旭教授发现，在中国大陆版图上，胡氏线与 318 国道是两条与旅游业，尤其是与户外旅游业密切相关的线，因此他将其定义为中国旅游双线，由于它们交会于成都地区，从而他自然地将成都定义为中国旅游双线原点城市，并开始对这一课题展开深入研究。林光旭从 2010 开始陆续公开发表《基于地理梯度的自然类景观资源分布规律》和《基于空间秩序理论的旅游集结市场刍议》等相关论文对这一理论进行系统阐述，正式提出成都地区即将出现最具规模的青藏高原自驾旅游集结市场的预期。随后，这一课题在国内外旅游界特别是户外旅游市场上引发广泛关注，并在国内旅游市场上引发了对青藏高原的门户区域选点投资开发和以成都地区为中心的户外自驾旅游集结项目规划建设的关注热潮。

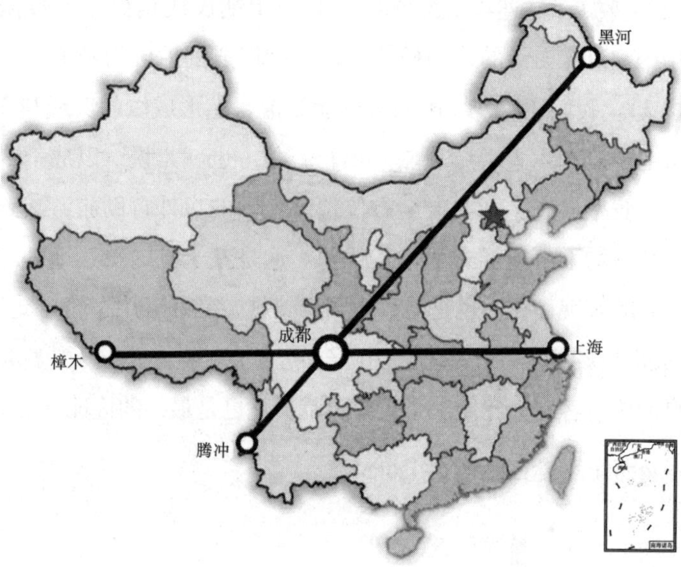

图 1　中国旅游双线空间示意

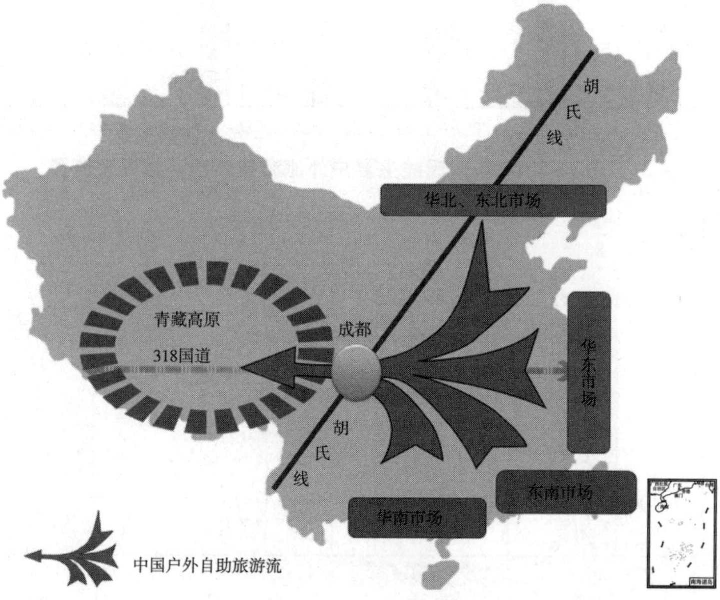

图 2　成都在户外旅游业中的战略地位

基于自驾游游客群连续五年单次三日以上胡氏线越界旅行数据分析，我们发现，中国户外旅游流的运动规律总体呈现以成都地区为极值的非对称分布态势（见图3）。我们还发现，国内自助旅游流自然形成以胡氏线与318国道相互交织两条主干流和六大动脉式旅游出行方位。也就是说，以成都为原点，能够释放出一个效率最高、基本上全方位覆盖全国的户外自助旅游线路体系，这是其他任何区域均不可能拥有的占位优势。这是基于我国自然地理环境要素与交通路网格局的客观存在，也是无数中国户外旅游爱好者用车轮“走”出来的。近20年，成都机场游客吞吐量增长16倍，远超京沪穗，集结于成都地区庞大的落地户外自助旅游客源为此做出了重要贡献，这已是最好的佐证（见图4）。

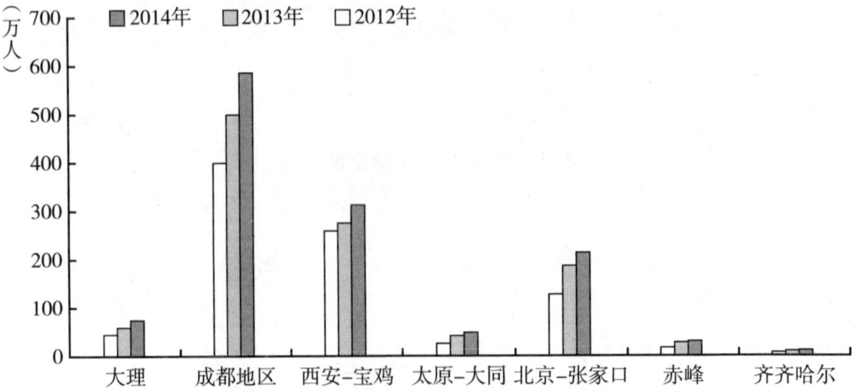

图3　2012～2014年胡氏线主要户外旅游集结地区越界客流量

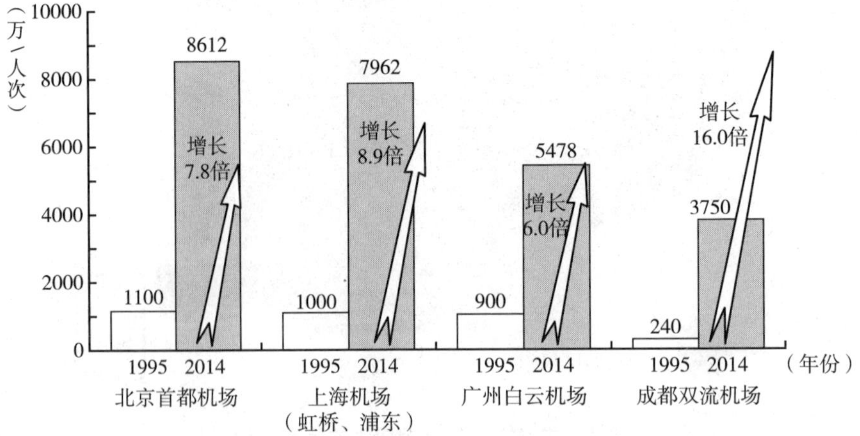

图4　20年间中国四大城市机场旅客吞吐量变化

中国旅游双线交会于成都，赋予了成都中国最大户外自助旅游集结中心的战略地位，也赋予了成都旅游业当代“墨丘利”（希腊神话中的人物，擅长信息沟通交流与满足供需双方诉求）的新角色，站在双线原点，提着两个“魔法筐”，一边装着旅游资源，一边装着旅游客源，使两边的人们互相得到充分的满足，这正是现代旅游业应该做的。成都已经在行动，2016 年中国旅游双线原点地标广场在郫县新民场落成，温江倾力打造“西行起点”自驾服务枢纽，来自长三角地区的落地自驾车队与成都自驾车队从成都出发沿 317/318 国道西行活动取得圆满成功。

二　成都地区户外旅游集结效应态势凸显

目前，在我国的户外旅游市场空间中，成都地区由于特殊的交通、地理和旅游文化区位优势，对中国胡氏线东南经济发达，人口密集区域的广大户外旅游爱好者，尤其是以自驾游为代表的自助旅游爱好者的吸引力不断增强，旅游流的汇集效应急剧显现。以房车营地为例，2014 年成都地区的房车营地仅 5 家，短短两年时间，已经发展到 16 家，此外还有 8 家在建营地、20 余家拟建营地和难以计数的农村微营地。根据成都大学林光旭教授及课题组近年来的统计，下面几组数据是中国旅游双线原点理论的支撑性佐证。

表 1　近年来在成都地区集结后沿 318 国道进藏的自助游客群

单位：万人次/年

自助游客群	2014*	2015*	2016**
徒步背包客	0.52	0.76	1.1
自行车骑游	6.39	7.23	9.66
摩托车骑游	0.36	0.54	1.28
自驾游(含房车)	346	491	609

数据说明：* 根据西藏旅游网及国家旅游车船协会 2014～2016 年《中国自驾游发展报告》及 318 国道天全县紫石关、巴塘县竹巴龙卡口计数统计，** 2016 年数据为在前两年度基础上的保守估算。

表2　成都地区房车呈快速增长的井喷趋势

单位：辆

年度	保有量(含少量未上牌车辆)	年度	保有量(含少量未上牌车辆)
2014	80	2016	800
2015	400	总量	>1300

以成都地区为落地自驾起始点的户外旅游市场集结效应在温江表现得更为明显。近年来，成都地区开始出现一种国内其他地区罕见的落地自驾旅游现象。许多自驾游爱好者（主要来自京津冀、长三角、珠三角等人口密集区域）从自己居住的城市乘飞机、高铁聚集于成都后再开始组团租赁越野车、房车，再以成都为起点，进入西藏、云南香格里拉或者川西北高原、青海、甘肃甚至新疆等地广人稀的广袤大地开始自己的漫漫旅程，这就是成都地区所特有的户外旅游聚集效应。从2013年开始，这种效应逐步变大，如今开始呈现爆发式增长的态势（见表3）。

表3　温江六大涉外酒店近几年游客量变化

年　度	国内游客(万人)	境外游客(人)
2013	12.8	655
2014	18.1	2989
2015	22.1	6971
2016	26.1	15582

以成都正西郊的温江区为例，近年来进入温江地区几大酒店过夜的珠三角游客数量增长趋势便可说明这种发展状况（见表4）。

表4　以温江为出发点的珠三角地区落地自驾游客

单位：人

年度	落地自驾游客	年度	落地自驾游客
2013	400	2015	1160
2014	780	2016	>1800

三　成都地区户外旅游集结中心建设的机遇

1. 催生中国最大规模的户外旅游集结市场与户外旅游产业集群，成为中国自助旅游最大的聚宝盆与吸金地

把成都地区建成中国最大的户外旅游集结中心，将催生规模化的户外旅游市场，除了旅游业传统的六大要素市场之外，还会衍生出车辆升级改装、保养维护、越野车租赁、换驾配选适应、团队培训等专业市场。同时，自驾车队还需要相应的检修车辆、物资装备（食品、药品、户外用品、导航设备）等服务。集结期间，人们还会安排以集结点为中心的观光休闲、休整调养或探亲访友等，直接激发集结地区的次生旅游市场。成都地区将会涌现出当前户外旅游最为短缺的新产品新业态，如自驾自助旅游集结社区群落、集结小镇集群、汽车旅馆群落、自驾车车友俱乐部聚落、户外自助旅游线路综合服务中心、房车越野车和户外装备交易市场、房车改装市场、房车越野车租赁市场等。基于当前进入成都地区集结的自驾游客总量与消费规模，我们估算，到2020年成都地区户外自助旅游集结市场的消费规模有望达到576亿元的水平。

2. 催生中国最大规模的房车自驾车营地集群，形成黄金户外旅游产业环带

据中国房车网保守估计，2017年，我国的房车保有量突破10万辆；2020年，我国的房车保有量将达到25万~28万辆。以成都地区为例，由于成都地区是中国户外旅游客流最大的集结中心，到2020年，每年至少会有10%的房车进入成都地区集结（然后分为几个主要方向）。把成都地区建成中国最大的户外旅游集结中心，以成都为核心的四川盆地将自然涌现各类自驾自助集结社区群落及各类户外旅游专业市场，极有可能形成我国最大规模的房车自驾车营地集群。由于成都西郊与青藏高原雄伟山脉的东麓更接近，最佳的一级营地将首先出现在第二、第三绕城高速之间的西半环带；随着市场递增，随后二级营地会在东半环带出现；再往后，更多的户外旅游营地会出现在以成都为核心、向西、向西北、向西南方向的放射状道路沿线……由此，在成都第二、第三绕城高速之间中远郊环城经济带将形成黄金户外旅游产业环带。

3. 催生具有全球唯一性的新文化地标，成为中国户外旅游文化高地

双线原点是一个闪耀着时代光芒的新文化地标，是一个具有全球唯一性的文化制高点，是户外旅游经济领域中的理论制高点，可以为成都打造世界旅游目的地城市提供属性支撑。中国旅游双线原点定标成都，会对在成都举办的“联合国世界旅游组织第22届全体大会”“中国南方丝绸之路精品旅游环线区域旅游合作”等重大活动起到画龙点睛的作用。

四　加快推进成都建成中国最大户外旅游集结中心的建议

1. 在成都设立“中国胡氏线户外旅游经济城市联盟”和“318国道黄金自驾游产业带城市联盟”总部，成立中国户外旅游研究中心，打造“聚成都　游天下”品牌

以成都为中心，整合两条旅游主线沿线关联地区的资源，成立“中国胡氏线户外旅游经济城市联盟”和“318国道黄金自驾游产业带城市联盟”，总部设在成都，每年举办户外旅游经济高峰论坛和自助游中国大会等。在成都设立中国户外旅游研究中心，发布“中国自驾游出行方位指数”，面向全国提供中国自驾旅游全方位出行资讯服务，打造“聚成都　游天下”品牌。以“双线联盟”和“指数中心”为基础，构建中国户外旅游人才培训机构，譬如中国户外旅游研究院、中国户外旅游学院等。

2. 科学规划成都中远郊环城（第二、第三绕城高速之间）黄金户外旅游经济带

建议在正在编制的《四川省旅游业发展“十三五”规划》中，将大成都中远郊环城（第二、第三绕城高速之间）黄金户外旅游经济带等列入规划。落地项目包括中国西部年度房车露营博览大会及户外旅游高峰论坛，青藏高原自驾自助旅游集结小镇、集结社区群落、规模化自驾车房车露营地、汽车旅馆聚落、中国户外旅游装备制造业基地及交易中心、中国西部房车越野车落地租车自驾服务体系、中国户外旅游综合产权交易中心，等等。

3. 完善落地租车自驾服务体系与私家车专列运输终端服务体系

构建以成都为中心、覆盖胡氏线西北部主要户外旅游目的地城市机场、高铁站的落地租车自驾服务体系，积极推动与其他户外旅游集结城市合作，发展本地提车异地还车等快捷租赁服务。同时，构建以胡氏线东南部各大城市受众为对象的自驾游私家车专列运输终端服务体系。

4. 建立中国西部自驾游应急救援指挥中心

规划建设中国西部自驾游应急救援指挥中心。在自驾车营地建设中配套建设无线电应急通信保障设施，预留直升机停机位，加强营地工作人员救援培训，建立户外旅游应急处理机制。与四川泰源汽车救援服务有限公司、成都民间驼峰俱乐部等专业救援力量以及营地附近的医院建立战略合作关系，强化“互联网+”思维，提高应急救援服务能力。

B.13
基于南充历史文化名城的文态体系规划研究

王 瑗　汪晓岗*

摘 要：文化是城市的软实力，其重要性已与城市气质、生活品质、消费方式、旅游吸引力等紧密融合。新一轮都市建设将以地方文化为基石，推动文化遗产传承再生，引领旧城复兴和新城建设，促进文创产业、文化消费和旅游业的发展。中国当前大多数城市文态规划和建设存在点状规划、非系统性建设、文化景观混乱、保护与发展失控的问题。本文以四川南充市历史文化名城规划为实例，探索并搭建起一套城市总体文态体系规划的路径框架。

关键词：文态体系规划　历史文化名城　南充

我们都倾慕世界上那些文化气息厚重的城市，居住者也引以为豪。在这个由世界经济一体化和现代科技连接的空前国际化和标准化的时代，人们空前地追求和彰显着地域差异和文化个性。

---

* 王瑗，博士，四川省社会科学研究院区域经济和城市发展研究所助理研究员；汪晓岗，四川省城乡规划设计研究院总规划师、中国房地产及住宅研究会人居环境委员会副秘书长、中国城市规划学会城市生态规划学术委员会理事、中国名城委名城交通学部委员、四川省土木工程学会理事、四川省突出贡献专家、成都市规划委员会专家。

一 城市文化空间价值

城市规划的演变受制于所属时代下的政治、经济和科技等条件。中国传统城市规划基于等级制度、儒家礼制等核心理念；倡导天人合一、因地制宜，讲究风水理论；满足农业生产、商业贸易、人口聚居和军事防御等城市功能：几千年来创造了灿烂的东方城市文明，在世界古典城市史上占据重要地位。

进入 20 世纪，世界城市化进程也开启了中国的城市化世纪。20 世纪中后期，尤其是改革开放至今，中国城市化进程迅猛推进，城镇化率从 1949 年的 10.64%，提升到 2014 年的 54.77%。这一时期驱动中国城市发展的核心动力是工业经济，主导城市建设的核心理念是以现实功能为导向的西方现代主义城市空间设计。历史遗产因不适应新的城市生产、居住方式和交通方式而成为社会进步的绊脚石，大规模的再开发成为城市更新的主导方式，大部分城市的历史遗产遭到破坏。半个世纪，一个时代的人群尚在，但城市却时移世易。城市空前繁荣，但模式化、简单化的城市建设碾平了地域的多元性，生产空间对生活空间的挤压让城市枯燥而失去活力。城市规划设计过于强调现代化科学技术手段而忽视文化理念的引导。中国城市文化在 20 世纪的发展浪潮中，沉寂褪色。

然而，时代的发展总是不断催生新的社会需求。城市就是这些需求最宏观和最综合的呈现。21 世纪中国经济最突出的特征即是工业经济的放缓、消费经济的强势发展，一个新兴的消费经济时代到来了。城市功能空间随之发生改变，从关注生产空间转而重视生活空间。城市生态环境和人文环境得到空前关注。城市不再是工业时代的大机器，都市生活不再是不知停歇的齿轮和零件。城市应该成为一个令人愉悦的，具有归属感、安全感和稳定感的地方。在这样的城市中，人们热衷于让自身生活更加美好的各种消费。这种消费不仅是物质的，也愈加向着精神消费层面提升。文化，成为消费的热点。人们不仅消费文化本身，更乐于在文化的空间里去消费。从经济视角审视，文化消费已成为一种城市生活方式，它满足人们对自我价值的认同和情感的愉悦。同时，文化消费更是一种“社会参与体验”的生产活动，文化体验本身直接创造经济价值，而承载文化元素和文化体验活动的场地如今已经被城市经营者和投资者视为最具经济增长潜力的城市空间。城市人文精神复兴，我们再次将目光投向城市的文脉，只是这一次不仅是文化的保护，还更加关注消费经济时代下的城市文态建设。

二　城市文态规划内涵

城市文态，广义可定义为城市的文化个性和城市气质。在城市规划层面的狭义内涵可体现为：城市物质和非物质文化元素在城市空间中的形态呈现、文化景观、地方的场所感，以及文化体验的途径等。不同于文物保护法和历史文化保护规划，文态规划不仅关注历史文化遗产的静态保护，也倡导动态地对文化遗产进行整治和更新利用，并为新兴文化事物的生长培育和营造适宜的城市环境。

文态规划的核心目的不仅仅在于通过技术手段使文化事物的物质形态得以修复或复制，更在于将文化事物，例如建筑、雕塑、园林、纪念堂、民居、旧车站、广场以及历史文化街区、工业遗产园区等视为城市发展的一部分，赋予他们新时代的功能和作用，使其在城市功能空间和社会功能中融为一体。从文化的物质更新，进而实现经济更新，并最终实现社会功能更新。

在技术路径上，文态规划既强调具体文化事物的保护利用，也关注从宏观层面上对城市文化进行系统化的传承和展示，其核心内容包括以下四点。

1. 城市文化要素的梳理和评估。城市文化要素既包括传统历史文化要素，也包括近现代和当代文化要素。建立城市文化资源档案体系，评估文化资源的历史风貌、建筑质量及文化价值，对文化要素进行分类、分级整理，并提炼城市核心文化特征和文化品牌。

2. 文化要素的发展定位。在资源评估的基础上，结合城市更新，赋予其新的经济功能和社会功能，明确其在城市功能区中的发展定位。

3. 文化要素的整治利用。基于文物保护原则和新兴发展定位，在城市设计上，划定文化要素核心保护范围与建设控制地带，制定文化要素的改造整治办法，设定片区保护机制、限制开发原则、建设指标体系、新型业态，发挥文化要素在构成城市风貌特色和特色功能区中的积极作用。

4. 构建连续而整体的城市文态系统。综合分析城市文化资源布局，在集中分布区，将碎片化的文化要素通过片区整治和廊道建设，聚散为整、连点成线，从而形成一个整体性的城市文态系统。

三 南充历史文化名城文态体系规划

1. 南充中心城区文化留存

南充是四川东北地区历史文化名城的代表。历史上，南充居于“西通蜀都、东向鄂楚、北引三秦、南联重庆”的重要地理位置，从古至今一直是川东北重镇，水陆交通要道，川东北的商品、物资集散地。南充市中心城区辖3个市辖区（顺庆区、高坪区、嘉陵区），核心文化特征为码头文化、果文化，兼具丝绸文化和三国文化。南充中心城区内被列为文物保护单位的历史建筑有22处，其中国家级2处、省级15处、市级4处、区级1处，另有24处普通历史建筑。南充虽然早在1992年就被公布为省级历史文化名城，但是作为川北重要工业基地，长期以来城市建设以工业经济为导向，追求“国际化”“现代化”的城市风格倾向，使原本“嘉陵第一曲流”的城市风水格局和厚重的历史风貌在几轮大规模的旧城改造中不断被破坏和蚕食。大拆大建造成具有南充特色的传统民居和历史地段几乎消失殆尽，历史资源零星散布淹没于城市中，难以形成成片的特色风貌区。现今中心城区的历史文化文化资源留存主要呈现为零星分布的文物单体、建筑群、历史商业街区和衰落的近现代工业厂矿区。南充城市文态规划的目的是对现有文化留存进行梳理和整治，赋予其新的城市功能，复兴历史文化名城风貌。本报告选择其中四类代表性文态规划个案进行论述。

2. 南充城市中心区文态体系构建

本次历史文化保护规划在保护文物古迹的前提下，提出打造文态展示体系，重视城市文态的建设和展示，对文保单位和人工景观进行梳理，塑造特色风貌街区、打造人文景观带，提升城市软实力。规划提出“沿山”“滨江”“城市中心”三条展示线路，丝绸文化和工业遗存两个展示片区，结合各人文景观点的串联及工业遗存片区形成南充市中心城区文态展示体系。

图1　城市遗产足迹规划

在南充城市中心，南起西桥，一路向北串联起宗教文化（天主堂、清真寺）、名人故居（朱德读书室、张澜故居）、历史特色步行街区（五星花园)、城市文化公园（北湖公园和川北科技馆)、文化名校（西华师范大学）和工业艺术公园（蚕种厂、炼油厂)，在长约6公里的廊道上，可以看到南充城市从古至今留存的文化脉络。规划将其定位为南充重要的城市文化景观中轴线，这条轴线穿越了城市最密集的商业集聚区和聚居区。除了对轴线上各个文化节点的整治利用，串联起各节点的廊道规划在文态体系构建中至关重要。规划将轴线划分为南、中、北三段。南段传统历史文保建筑分布密集，在规划上将遮挡文保单位的建筑拆除，打开街道景观展示面，同时对周边建筑风貌进行改造，使之与宗教建筑和名人故居时代特点相协调。将宗教文化、名人文化和城市商业、餐饮、娱乐功能完美结合为一体，同时提升街区档次和城市环境。中段以五星花园为核心，延廊道构建城市高端商业建筑集群，发挥城市地标的廊道延伸效应。北段将人居环境建设与城市文化公园、主题文化园区建设相结合，使文化空间不仅服务于城市经济，同时也以开放的文化公共空间姿态融入社区居民的日常生活中。

3. 南充城市文态规划代表个案

（1）川北科技馆+城市文化公园

川北科技馆为新中国成立初期的砖混结构建筑，现已弃用，被质量等级参差不齐的现代建筑包围。规划将川北科技馆定位为城市儿童科普体验馆，并与北湖公园进行连接，形成兼具教育和休憩功能的城市公共空间。规划划定核心

图2　川北科技馆现状

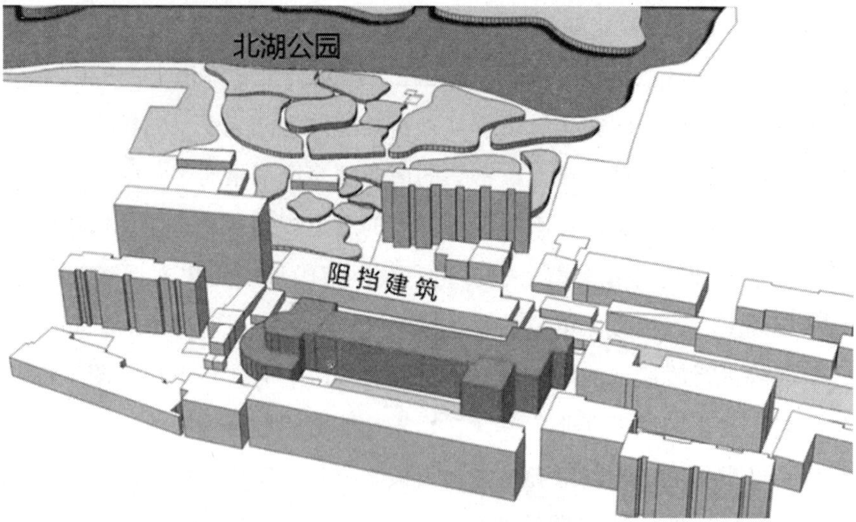

图 3　川北科技馆区域现状空间环境

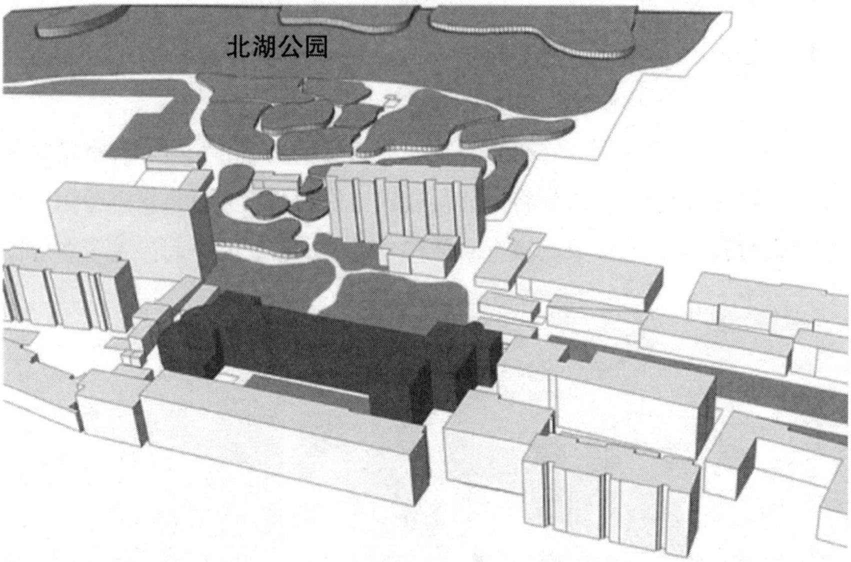

图 4　川北科技馆区域整治后空间环境

保护范围为建筑本体及现有院落包含院落内建筑。建设控制地带向东、北、南进行扩出，对科技馆进行修缮，恢复展示参观功能；整理院落环境，拆除阻挡川北科技馆与北湖公园的质量较差的老旧民居，打通川北科技馆与北湖公园的联系，形成城市中央公园游览体系的延升。

（2）城市历史地标 + 中心商业街区

五星花园和银行大厦位于南充老城中心，有五条城市交通线在这里汇集于五星花园一点。其道路格局自 20 世纪 50 年代形成后至今未变。五星花园

图 5　五星花园片区空间变化（1950 ~ 2014）

图 6　五星花园片区整体空间改造示意

作为中心交通岛已经成为南充市地标。1987 年中心交通岛设置的雕塑“丝绸神女”成为一代人的集体记忆，是南充城市丝绸文化的象征。银行大厦位于五星花园西南侧，修建于新中国成立初期，苏式风格，为区级文物保护单位，现在保存状况良好。五星花园和周边街道组成的区域目前已经成为南充市旧城的中心商圈，但人车混杂的交通、街道之间的阻隔、参差不齐的建筑形态和较为陈旧的商业业态，使其除具有商业中心功能外，未能发挥出城市文化地标和都市休闲消费经济潜能。规划将该历史地标及周边区域定位为未来城市中心，以五星花园为中心，对该区域的建设控制地带进行拓展，将业已形成的几条街区通过交通规划和业态规划连接成片。交通设计是重点，改内部车行交通为外部环绕交通，将核心区域调整为步行街区，提升人行舒适度，优化片区景观，激发空间消费潜力。在业态上，升级都市消费业态，使其具备文化消费、都市娱乐、购物街区和科技商务等复合性功能。

（3）历史建筑群+文化教育及展示区

西华师范大学老校区修建于新中国成立初期，其中大部分为历史建筑，多栋建筑被列为省级文物保护单位，现在保存状况较好，集中分布在学校区域内，作为学生宿舍和办公使用。规划将该建筑群继续定位为学校文化教育和展示设施，对现有功能进行调整再分配，转移学生宿舍和办公功能，使有价值的文物建筑能承担更为公共型的教育、展示、会议、学术活动等功能。保护学校当前优良的自然生态环境，使其与文物建筑交相辉映，相得益彰，营造浓厚的人文氛围，并成为可向外界开放参观的人文景观。

蚕种场养蚕室是修建于新中国成立初期的文保建筑，砖木结构，现有保存状况较差，基本为废弃危房。这里记载了南充丝绸产业辉煌时期的生产史，且位于城市核心地段。规划划定核心保护范围为蚕种场建筑本体及现有院落，并将建设控制地带略做扩展，与道路衔接。规划将蚕种场定位为南充丝绸文化旅游园区。在这里实现城市丝绸文化的展示，丝绸古法及现代工艺的生产、制作再现，同时注入丝绸产业购买、交易功能。使废弃的建筑群再度复兴历史功能，并与旅游业相结合，成为丝绸主题文化旅游园区。

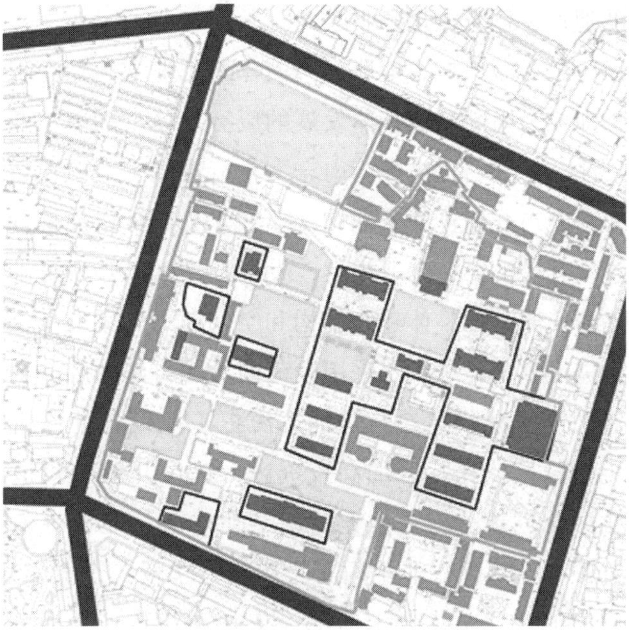

图 7　西华师范大学片区保护规划

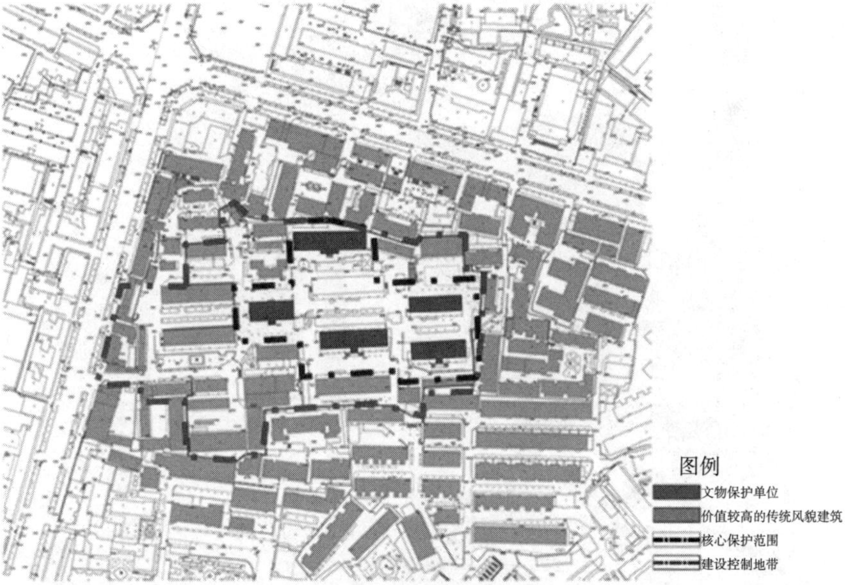

图 8　蚕种场片区保护规划

（4）工业遗产 + 创意文化产业区

南充炼油厂位于城市核心地段，当前作为工业文化遗存保留，占据城市优势地段，却成为阻断城市整体发展的废弃厂区。随着工业遗产的价值在当代得到关注，炼油厂也被视为南充文化行进到工业时代留下的文化遗产，被定位为南充市知识创新基地和工业艺术公园。以原炼油厂设施与空间为背景，置换其中的第二产业内容，发展三产类新型服务业。在空间设计上，保护炼油厂原有的整体建筑结构和空间肌理，采取插入式的方式对局部破旧厂房进行整治，尽量不采用大范围拆除再建的改造方式。在功能上，因地制宜地演绎现代建筑与炼油厂历史工业设施的混搭风格，打造特色文化风貌街区；依托片区的高校资源，提供开放的知识互动服务平台，促进文化融合创新，构建南充的新文化中心；建设特色文化消费街区、会议博览中心、炼油工业主题文化广场、学校、企业俱乐部、协会、图书馆等；以当地现代文化艺术活动为依托和纽带，举办各种文化、艺

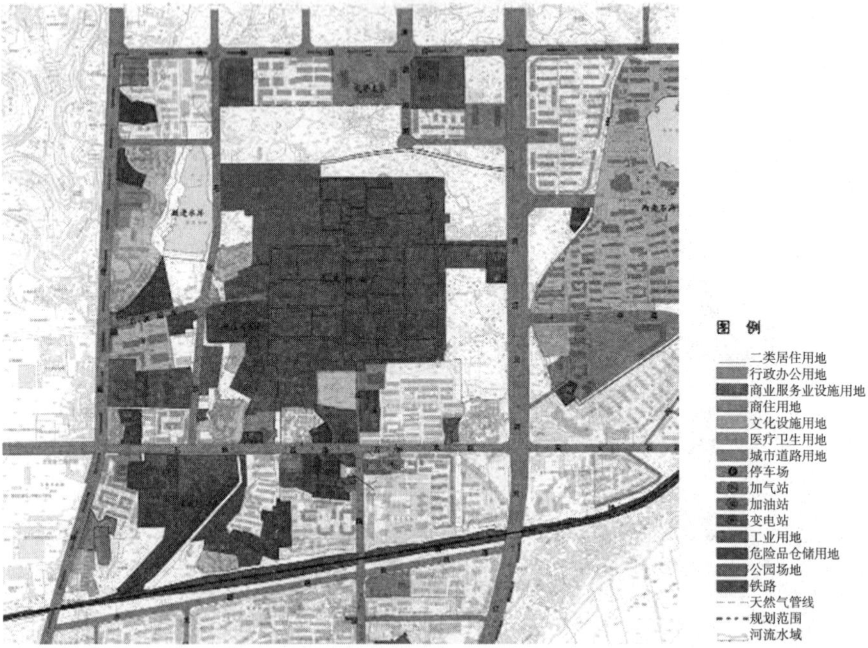

图9　炼油厂片区现状

术、科技博览、教育等人文交流活动。激发工业园区的现实城市经济与社会功能。

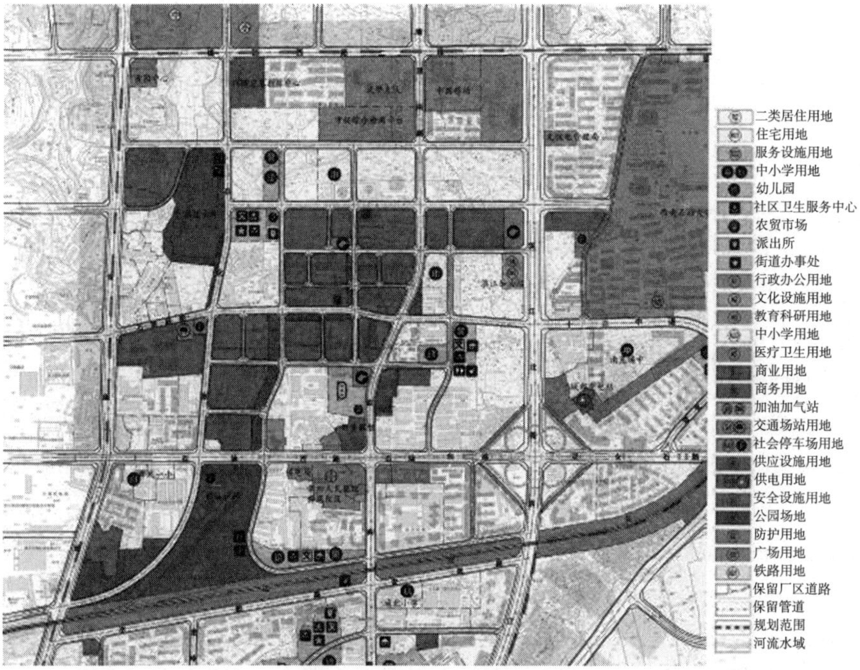

图 10　炼油厂片区用地布局

Abstract

The book includes three parts .

The first part is the general report, divided into two aspects: evaluation and prospect. First, the report reviews and summarizes the general situation and basic characteristics of urbanization development in Sichuan Province during the "12th Five-Year Plan" period. It describes the current situation and main features of the middle stage of urbanization development in Sichuan. The rate of urbanization is higher than the national average, and the quality of urbanization has a great leap. Based on this description, we use the index system to evaluate the urbanization development level of 21 cities or states in Sichuan Province in 2015, and analyze the influential factors of each index. The results show that industrial support and infrastructure are the most important impetus for the development of urbanization in various municipalities. Under the guidance of the "Five Development Concepts", the development of urbanization in Sichuan has a series of major development opportunities, while at the same time, there are some new challenges in the process of meeting higher requirements. Looking forward to "13th Five-Year Plan", the development of urbanization in Sichuan will achieve "Five Big Changes" in development concepts, spatial layout, urban functions, urban morphology and urban-rural relationships.

The second part is the theme report, which is a series of reports on population characteristics and changes based on the sample data of 1% population survey of Sichuan Province in 2015. It has 5 chapters, including the prospect of future population development, the impact of population change on the development of urbanization, the relationship between marriage and family, the impact of changes in the population of ethnic minorities on the development of urbanization and the aging problem in Sichuan. The reports describe the present situation and characteristics from different angles such as the household population and the permanent population, the labor force and the elderly, the individual and the family in Sichuan. It focuses on the economic conditions, the social structure, the relationship between urban and rural, the spatial distribution and so on, analyses and studies the causes of population changes and the possible problems and risks, prospects and forecasts the future development trend. On this basis, it puts forward some specific and operational policy suggestions.

The third part is the special investigation, which is to describe and analyze the policy focus and social hotspots in the process of urbanization in Sichuan Province. *Evaluation of Sustainable Development Level of Sichuan City*, based on the new understanding of the relationship between man and nature, human and society in the process of urban development, designs sustainable development index system on account of the characteristics of the development of Sichuan Cities. It evaluates 18 cities and summarizes 4 patterns of urban development in Sichuan. *Report on the Development of Sichuan Urban Agglomerations* analyses and forecasts the characteristics of four cities in regarding to economic, social and resource conditions. It points out that the four major urban agglomerations face different development contradictions. Accelerating the construction of urban agglomerations should proceed from four aspects in the "13th Five-Year Plan" period. *Report on the Construction of Urban Infrastructure in Sichuan* emphatically summarizes five aspects of Sichuan cities in the process of promoting infrastructure construction and points out that it has been achieved remarkable achievement in urban road traffic, municipal underground pipe network, urban sewage disposal, landscaping, etc. But there are also some problems, thus it proposes specific recommendations. *The Current Situation and Characteristics of Floating Population in Sichuan* and *The New Changes and New Trends of Sichuan Family* analyze the current situation and development trend of floating population and family formations in Sichuan. The reports also deeply analyze relevant important topics in order to provide reference for government decision-making. *Investigation on the Construction of China's Largest Outdoor Tourism Center in Chengdu* and *Research on the Planning of the State System Based on the Historical and Cultural City of Nanchong*, conduct typical case studies on representative issues in the process of urbanization. They reports have important value of reference.

Contents

Ⅰ General Report

Abstract: This report first reviews and summarizes the development of urbanization in Sichuan Province during the period of 12th Five-Year. The urbanization development of Sichuan entered the middle stage, the urbanization rate is higher than the national evaluation level. Sichuan's quality of urbanization development has a big leap. The comprehensive evaluation on the development level of urbanization in 2015 21 cities of Sichuan province by using the index system, pointed out that the most obvious role in promoting the urbanization level of cities, industry support and infrastructure, and the influencing factors of each index of decomposition analysis. "Five Concepts for Development" would bring both a series of great development opportunities and new challenges. The development of urbanization in Sichuan during the period of "13th Five-year Plan" will be "five changes" including the development ideas, spatial pattern, urban function, city morphology and the relationship between urban and rural areas.

Keywords: Urbanization Evaluation; Urban-Rural Relationship; City Group

Ⅱ Theme Reports

Abstract: By building the model of population development, this report gives a predication on the future of Sichuan population development including the number of Hukou and resident population, summarizes the significant features that the situation of the population in the future would be decreased slightly, the level of aging would be relieved, the slowdown trend of the number women of childbearing age would be gradually slow down, the number of working-age population and school-age population would be declined and the dependency rate would be falling. On the top of that, the report gives several suggestions on the problems of aging, insurance system and basic education.

Keywords: Prospect on Population; Features on Population Development; Suggestions

Abstract: Using data collected from 1% population samples of 2015 census, the study analyzes the basic status of urbanization, civilization, land contract right of the city resident population, age and gender structure, spatial distribution and the situation of houses. Thus, the study draws six judgements and gives some countermeasures and suggestions for practical operation.

Keywords: Changes of Population; Characteristics of Population Development; Aging Population

B. 4 Current status of Sichuan's family and marriage

Project Group / 098

Abstract: Using data collected from 1% population samples of 2015 census, the study analyzes current status of family and marriage in Sichuan. First, the study analyzes the main features and formation of Sichuan's family and marriage. Second, the study analyzes different groups based on age, education, career and nationality. Third, the study makes descriptive analysis on different economic status of family and marriage. Finally, the study analyzes spatial varieties of family and marriage.

Keywords: Marriage; Family; Demography

B. 5 The effects of population changes of Sichuan minorities on urbanization

Project Group / 134

Abstract: Sichuan province has large number of minorities with huge varieties of population scale and distinct uneven distribution. Among 22 minorities with population size larger than 1000, Yi, Tibetan andQiang are the top three that count to 91. 3% of total population of minorities. Also, Yi is the most concentrated minority, follows Tibetan and Qiang. Their urbanization levels have big lag compared with province means. Thus, policy makers should facilitate urbanization in minority regions and improve public administration serving minority migrant in cities.

Keywords: Minorities; Population Distribution; Population Development; Urbanization

Abstract: The study calculates the degree of population aging by counting the percentage of elder people. Using 1% population sample of 2015 census, the study analyze the reasons that cause regional differentiation in Sichuan population aging. The study also analyzes the basic features of population aging and its changing trend in order to provide scientific evidence for improving population policy.

Keywords: Aging; Regional Differentiation; Rural-urban Differentiation

Ⅲ Special Survey

Abstract: With the rapid development of economy and urbanization in recent years, the development of some cities is facing some new problems. Such as population congestion, resource depletion, the increase of the gulf between the rich and the poor, the decline of the industry and the serious environment pollution …… Theorists believe that this is essentially the problem of urban sustainable development. How to achieve the goal of sustainable development of city, the report suggests that should deal with two relations, namely the relations between man and nature, man and the city. In order to achieve our own development, city development and improve the ecological environment of harmony between the three, and it promotes them creating a virtuous cycle. According to this theory, this paper designs an index system of sustainable development, and it based on the characteristics of urban development in Sichuan, and evaluates the 18 cities in Sichuan. According to the evaluation results, this report summarizes the four models of urban development in Sichuan, namely, the high development and high ecological model, the high development and the ecological model, the development of and low ecological mode, the low development and low ecological mode.

Keywords: Urban Sustainable Development; Urbanization; Ecological Model

Abstract: Four urban clusters have become the primary carriers of urbanization in Sichuan according to resource and environment capacity of the main functional are. By improving comprehensive and transformation development, to build Chengdu Plain Cluster the core growth pole of west China, leader of inland open economy and one of the most competitive urban cluster. Prioritized tasks for South Sichuan Urban Cluster are to promote the comprehensive carry capacity of regional central cities and fasten the development of medium and small cities. Differentiated urban development is the key point for Northeast Sichuan Urban Cluster. The core point for Panzhihua-Xichang Urban Cluster is to improve urban construction level, reinforce the protection of eco-environment and reservation of ethnic culture.

Keywords: City Group; Urbanization; Sichuan

Abstract: City is our economic, political, cultural, social and also other activity center. Urban infrastructure construction, which is the guarantee of achieving the city center function, has a big relationship with the development of city's economy, politics, culture, society and so on. In 2014, Opinions on Speeding up the Construction of Urban Infrastructure has published and carried out in Sichuan province, which accelerated the pace of Sichuan's urban infrastructure construction. In 2015, another Sichuan's big move is "the construction year of urban infrastructure". Sichuan province increased the investment of major cities' infrastructure construction on road traffic, municipal pipe network, flood control and drainage, sewage treatment, garbage disposal, etc.. The government promoted the urban infrastructure construction orderly in different focal points, fields and regional characteristics, raised the level of the urban infrastructure construction comprehensively to accelerate Sichuan's new urbanization construction rapidly.

Keywords: City; Infrastructure Construction; Urbanization

B. 10 The Current Situation and Features of Sichuan Migrants

Project Group / 235

Abstract: The report analyzes the current situation of Sichuan migrants, finding that the majority of migrants are in youth and middle age, and accepting higher education than province means. The main reason of migration is for job. The report also analyzes the features of family and marriage, employment status and social security for migrants in order to provide policy suggestions.

Keywords: Migrants; Demography; Urbanization

B. 11 The New Changes and Trends of Sichuan Family Formations

Project Group / 254

Abstract: Based on the trends of family development that favors to small family and core family, the report analyzes new changes and new trends of family formations, emphasizes on the old empty nest family, one-parent family, rural left behind family, floating migrant family and one-child family. The authors suggest that in regarding to current status of diversity family formations, we should pay attention to the new formations of families and provide supports and social securities for them.

Keywords: Family Formation; Marriage; Demography

B. 12 The Investigation and Suggestions on the Construction of the Largest Outdoor Tourism Distribution Center in Chengdu Area

Lin Guangxu, *Wang Qian* / 275

Abstract: Chengdu, which is the original point of Chinese two-line tourism and the largest outdoor tourism distribution center , occupies an special and important strategic place of outdoor tourism location in China. Nowadays, there is an explosive growth trend of outdoor tourism assemble effect in Chengdu, which contains important market opportunities. And Chengdu is the largest gold mine of self-help tourism in China now. We suggest that the construction should be accelerated by integrating resources, planning scientifically, improving the infrastructures and so on.

Keywords: Outdoor Tourism; Chengdu; Self-help Travel

B. 13 Cultural Morphology Planning in the Chinese Urban Planning-A Case Study of Nanchong City

Wang Yuan, *Wang Xiaogang* / 284

Abstract: Culture is the city's soft power, and its importance has been closely integrated with urban temperament, life quality, consumption patterns, tourism attraction and so on. A new urban construction will be based on local culture, promote the cultural heritage of the regeneration, leading the old city revitalization and new city construction, and promote the development of culture and creative industry, culture consumption and Tourism. In China, most of the existing urban cultural morphology planning and construction existence punctiform planning, non systematic construction, cultural landscape chaos, protection and development out of control at present. In this paper, take the historical and cultural city of Nanchong planning as an example to explore and set up a set of urban general cultural morphology system planning framework.

Keywords: Cultural Morphology Planning; Historical and Cultural City; Nanchong

S 子库介绍
Sub-Database Introduction

中国经济发展数据库

涵盖宏观经济、农业经济、工业经济、产业经济、财政金融、交通旅游、商业贸易、劳动经济、企业经济、房地产经济、城市经济、区域经济等领域，为用户实时了解经济运行态势、把握经济发展规律、洞察经济形势、做出经济决策提供参考和依据。

中国社会发展数据库

全面整合国内外有关中国社会发展的统计数据、深度分析报告、专家解读和热点资讯构建而成的专业学术数据库。涉及宗教、社会、人口、政治、外交、法律、文化、教育、体育、文学艺术、医药卫生、资源环境等多个领域。

中国行业发展数据库

以中国国民经济行业分类为依据，跟踪分析国民经济各行业市场运行状况和政策导向，提供行业发展最前沿的资讯，为用户投资、从业及各种经济决策提供理论基础和实践指导。内容涵盖农业，能源与矿产业，交通运输业，制造业，金融业，房地产业，租赁和商务服务业，科学研究，环境和公共设施管理，居民服务业，教育，卫生和社会保障，文化、体育和娱乐业等 100 余个行业。

中国区域发展数据库

对特定区域内的经济、社会、文化、法治、资源环境等领域的现状与发展情况进行分析和预测。涵盖中部、西部、东北、西北等地区，长三角、珠三角、黄三角、京津冀、环渤海、合肥经济圈、长株潭城市群、关中—天水经济区、海峡经济区等区域经济体和城市圈，北京、上海、浙江、河南、陕西等 34 个省份及中国台湾地区 。

中国文化传媒数据库

包括文化事业、文化产业、宗教、群众文化、图书馆事业、博物馆事业、档案事业、语言文字、文学、历史地理、新闻传播、广播电视、出版事业、艺术、电影、娱乐等多个子库。

世界经济与国际关系数据库

以皮书系列中涉及世界经济与国际关系的研究成果为基础，全面整合国内外有关世界经济与国际关系的统计数据、深度分析报告、专家解读和热点资讯构建而成的专业学术数据库。包括世界经济、国际政治、世界文化与科技、全球性问题、国际组织与国际法、区域研究等多个子库。

1997~2017

皮书品牌20年

YEAR BOOKS

皮书系列

2017年

智 库 成 果 出 版 与 传 播 平 台

社会科学文献出版社
SOCIAL SCIENCES ACADEMIC PRESS (CHINA)

社长致辞

2017年正值皮书品牌专业化二十周年之际，世界每天都在发生着让人眼花缭乱的变化，而唯一不变的，是面向未来无数的可能性。作为个体，如何获取专业信息以备不时之需？作为行政主体或企事业主体，如何提高决策的科学性让这个世界变得更好而不是更糟？原创、实证、专业、前沿、及时、持续，这是1997年“皮书系列”品牌创立的初衷。

1997～2017，从最初一个出版社的学术产品名称到媒体和公众使用频率极高的热点词语，从专业术语到大众话语，从官方文件到独特的出版型态，作为重要的智库成果，“皮书”始终致力于成为海量信息时代的信息过滤器，成为经济社会发展的记录仪，成为政策制定、评估、调整的智力源，社会科学研究的资料集成库。“皮书”的概念不断延展，“皮书”的种类更加丰富，“皮书”的功能日渐完善。

1997～2017，皮书及皮书数据库已成为中国新型智库建设不可或缺的抓手与平台，成为政府、企业和各类社会组织决策的利器，成为人文社科研究最基本的资料库，成为世界系统完整及时认知当代中国的窗口和通道！“皮书”所具有的凝聚力正在形成一种无形的力量，吸引着社会各界关注中国的发展，参与中国的发展。

二十年的“皮书”正值青春，愿每一位皮书人付出的年华与智慧不辜负这个时代！

社会科学文献出版社社长
中国社会学会秘书长

2016年11月

社会科学文献出版社简介

社会科学文献出版社成立于1985年，是直属于中国社会科学院的人文社会科学学术出版机构。成立以来，社科文献出版社依托于中国社会科学院和国内外人文社会科学界丰厚的学术出版和专家学者资源，始终坚持“创社科经典，出传世文献”的出版理念、“权威、前沿、原创”的产品定位以及学术成果和智库成果出版的专业化、数字化、国际化、市场化的经营道路。

社科文献出版社是中国新闻出版业转型与文化体制改革的先行者。积极探索文化体制改革的先进方向和现代企业经营决策机制，社科文献出版社先后荣获“全国文化体制改革工作先进单位”、中国出版政府奖·先进出版单位奖，中国社会科学院先进集体、全国科普工作先进集体等荣誉称号。多人次荣获“第十届韬奋出版奖”“全国新闻出版行业领军人才”“数字出版先进人物”“北京市新闻出版广电行业领军人才”等称号。

社科文献出版社是中国人文社会科学学术出版的大社名社，也是以皮书为代表的智库成果出版的专业强社。年出版图书2000余种，其中皮书350余种，出版新书字数5.5亿字，承印与发行中国社科院院属期刊72种，先后创立了皮书系列、列国志、中国史话、社科文献学术译库、社科文献学术文库、甲骨文书系等一大批既有学术影响又有市场价值的品牌，确立了在社会学、近代史、苏东问题研究等专业学科及领域出版的领先地位。图书多次荣获中国出版政府奖、“三个一百”原创图书出版工程、“五个‘一’工程奖”、“大众喜爱的50种图书”等奖项，在中央国家机关“强素质·做表率”读书活动中，入选图书品种数位居各大出版社之首。

社科文献出版社是中国学术出版规范与标准的倡议者与制定者，代表全国50多家出版社发起实施学术著作出版规范的倡议，承担学术著作规范国家标准的起草工作，率先编撰完成《皮书手册》对皮书品牌进行规范化管理，并在此基础上推出中国版芝加哥手册——《SSAP学术出版手册》。

社科文献出版社是中国数字出版的引领者，拥有皮书数据库、列国志数据库、“一带一路”数据库、减贫数据库、集刊数据库等4大产品线11个数据库产品，机构用户达1300余家，海外用户百余家，荣获“数字出版转型示范单位”“新闻出版标准化先进单位”“专业数字内容资源知识服务模式试点企业标准化示范单位”等称号。

社科文献出版社是中国学术出版走出去的践行者。社科文献出版社海外图书出版与学术合作业务遍及全球40余个国家和地区并于2016年成立俄罗斯分社，累计输出图书500余种，涉及近20个语种，累计获得国家社科基金中华学术外译项目资助76种、“丝路书香工程”项目资助60种、中国图书对外推广计划项目资助71种以及经典中国国际出版工程资助28种，被商务部认定为“2015-2016年度国家文化出口重点企业”。

如今，社科文献出版社拥有固定资产3.6亿元，年收入近3亿元，设置了七大出版分社、六大专业部门，成立了皮书研究院和博士后科研工作站，培养了一支近400人的高素质与高效率的编辑、出版、营销和国际推广队伍，为未来成为学术出版的大社、名社、强社，成为文化体制改革与文化企业转型发展的排头兵奠定了坚实的基础。

经 济 类

经济类皮书涵盖宏观经济、城市经济、大区域经济，
提供权威、前沿的分析与预测

经济蓝皮书

2017 年中国经济形势分析与预测

李扬 / 主编　2017 年 1 月出版　定价：89.00 元

◆　本书为总理基金项目，由著名经济学家李扬领衔，联合中国社会科学院等数十家科研机构、国家部委和高等院校的专家共同撰写，系统分析了 2016 年的中国经济形势并预测 2017 年中国经济运行情况。

中国省域竞争力蓝皮书

中国省域经济综合竞争力发展报告（2015 ~ 2016）

李建平　李闽榕　高燕京 / 主编　2017 年 5 月出版　定价：198.00 元

◆　本书融多学科的理论为一体，深入追踪研究了省域经济发展与中国国家竞争力的内在关系，为提升中国省域经济综合竞争力提供有价值的决策依据。

城市蓝皮书

中国城市发展报告 No.10

潘家华　单菁菁 / 主编　2017 年 9 月出版　估价：89.00 元

◆　本书是由中国社会科学院城市发展与环境研究中心编著的，多角度、全方位地立体展示了中国城市的发展状况，并对中国城市的未来发展提出了许多建议。该书有强烈的时代感，对中国城市发展实践有重要的参考价值。

人口与劳动绿皮书

中国人口与劳动问题报告 No.18

蔡昉　张车伟 / 主编　2017 年 10 月出版　估价：89.00 元

◆　本书为中国社会科学院人口与劳动经济研究所主编的年度报告，对当前中国人口与劳动形势做了比较全面和系统的深入讨论，为研究中国人口与劳动问题提供了一个专业性的视角。

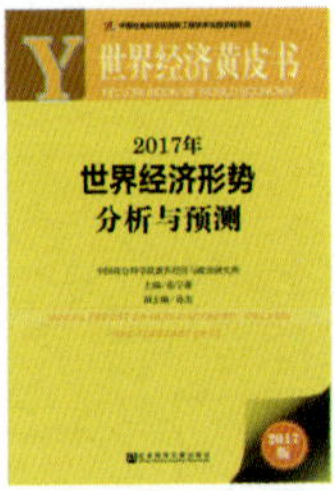

世界经济黄皮书

2017 年世界经济形势分析与预测

张宇燕 / 主编　2017 年 1 月出版　定价：89.00 元

◆　本书由中国社会科学院世界经济与政治研究所的研究团队撰写，2016 年世界经济增速进一步放缓，就业增长放慢。世界经济面临许多重大挑战同时，地缘政治风险、难民危机、大国政治周期、恐怖主义等问题也仍然在影响世界经济的稳定与发展。预计 2017 年按 PPP 计算的世界 GDP 增长率约为 3.0%。

国际城市蓝皮书

国际城市发展报告（2017）

屠启宇 / 主编　2017 年 2 月出版　定价：79.00 元

◆　本书作者以上海社会科学院从事国际城市研究的学者团队为核心，汇集同济大学、华东师范大学、复旦大学、上海交通大学、南京大学、浙江大学相关城市研究专业学者。立足动态跟踪介绍国际城市发展时间中，最新出现的重大战略、重大理念、重大项目、重大报告和最佳案例。

金融蓝皮书

中国金融发展报告（2017）

王国刚 / 主编　2017 年 2 月出版　定价：79.00 元

◆　本书由中国社会科学院金融研究所组织编写，概括和分析了 2016 年中国金融发展和运行中的各方面情况，研讨和评论了 2016 年发生的主要金融事件，有利于读者了解掌握 2016 年中国的金融状况，把握 2017 年中国金融的走势。

农村绿皮书

中国农村经济形势分析与预测（2016 ~ 2017）

魏后凯　杜志雄　黄秉信 / 主编　2017 年 4 月出版　估价：89.00 元

◆　本书描述了 2016 年中国农业农村经济发展的一些主要指标和变化，并对 2017 年中国农业农村经济形势的一些展望和预测，提出相应的政策建议。

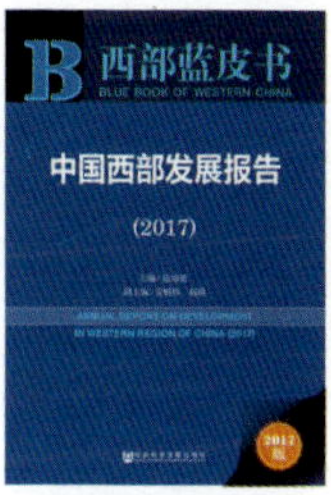

西部蓝皮书

中国西部发展报告（2017）

徐璋勇 / 主编　2017 年 7 月出版　估价：89.00 元

◆　本书由西北大学中国西部经济发展研究中心主编，汇集了源自西部本土以及国内研究西部问题的权威专家的第一手资料，对国家实施西部大开发战略进行年度动态跟踪，并对 2017 年西部经济、社会发展态势进行预测和展望。

经济蓝皮书・夏季号

中国经济增长报告（2016 ~ 2017）

李扬 / 主编　2017 年 9 月出版　估价：98.00 元

◆　中国经济增长报告主要探讨 2016~2017 年中国经济增长问题，以专业视角解读中国经济增长，力求将其打造成一个研究中国经济增长、服务宏微观各级决策的周期性、权威性读物。

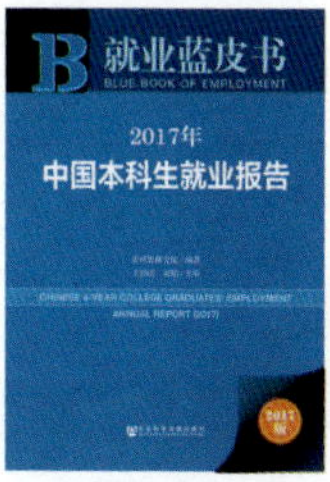

就业蓝皮书

2017 年中国本科生就业报告

麦可思研究院 / 编著　2017 年 6 月出版　估价：98.00 元

◆　本书基于大量的数据和调研，内容翔实，调查独到，分析到位，用数据说话，对中国大学生就业及学校专业设置起到了很好的建言献策作用。

社会政法类

社会政法类皮书聚焦社会发展领域的热点、难点问题，
提供权威、原创的资讯与视点

社会蓝皮书

2017 年中国社会形势分析与预测

李培林　陈光金　张翼 / 主编　2016 年 12 月出版　定价：89.00 元

◆　本书由中国社会科学院社会学研究所组织研究机构专家、高校学者和政府研究人员撰写，聚焦当下社会热点，对 2016 年中国社会发展的各个方面内容进行了权威解读，同时对 2017 年社会形势发展趋势进行了预测。

法治蓝皮书

中国法治发展报告 No.15（2017）

李林　田禾 / 主编　2017 年 3 月出版　定价：118.00 元

◆　本年度法治蓝皮书回顾总结了 2016 年度中国法治发展取得的成就和存在的不足，对中国政府、司法、检务透明度进行了跟踪调研，并对 2017 年中国法治发展形势进行了预测和展望。

社会体制蓝皮书

中国社会体制改革报告 No.5（2017）

龚维斌 / 主编　2017 年 3 月出版　定价：89.00 元

◆　本书由国家行政学院社会治理研究中心和北京师范大学中国社会管理研究院共同组织编写，主要对 2016 年社会体制改革情况进行回顾和总结，对 2017 年的改革走向进行分析，提出相关政策建议。

社会心态蓝皮书

中国社会心态研究报告（2017）

王俊秀　杨宜音 / 主编　2017 年 12 月出版　估价：89.00 元

◆　本书是中国社会科学院社会学研究所社会心理研究中心“社会心态蓝皮书课题组”的年度研究成果，运用社会心理学、社会学、经济学、传播学等多种学科的方法进行了调查和研究，对于目前中国社会心态状况有较广泛和深入的揭示。

生态城市绿皮书

中国生态城市建设发展报告（2017）

刘举科　孙伟平　胡文臻 / 主编　2017 年 7 月出版　估价：118.00 元

◆　报告以绿色发展、循环经济、低碳生活、民生宜居为理念，以更新民众观念、提供决策咨询、指导工程实践、引领绿色发展为宗旨，试图探索一条具有中国特色的城市生态文明建设新路。

城市生活质量蓝皮书

中国城市生活质量报告（2017）

中国经济实验研究院 / 主编　2017 年 7 月出版　估价：89.00 元

◆　本书对全国 35 个城市居民的生活质量主观满意度进行了电话调查，同时对 35 个城市居民的客观生活质量指数进行了计算，为中国城市居民生活质量的提升，提出了针对性的政策建议。

公共服务蓝皮书

中国城市基本公共服务力评价（2017）

钟君　刘志昌　吴正杲 / 主编　2017 年 12 月出版　估价：89.00 元

◆　中国社会科学院经济与社会建设研究室与华图政信调查组成联合课题组，从 2010 年开始对基本公共服务力进行研究，研创了基本公共服务力评价指标体系，为政府考核公共服务与社会管理工作提供了理论工具。

行业报告类

行业报告类皮书立足重点行业、新兴行业领域，
提供及时、前瞻的数据与信息

企业社会责任蓝皮书

中国企业社会责任研究报告（2017）

黄群慧　钟宏武　张蒽　翟利峰 / 著　2017 年 10 月出版　估价：89.00 元

◆　本书剖析了中国企业社会责任在 2016 ~ 2017 年度的最新发展特征，详细解读了省域国有企业在社会责任方面的阶段性特征，生动呈现了国内外优秀企业的社会责任实践。对了解中国企业社会责任履行现状、未来发展，以及推动社会责任建设有重要的参考价值。

新能源汽车蓝皮书

中国新能源汽车产业发展报告（2017）

中国汽车技术研究中心　日产（中国）投资有限公司
东风汽车有限公司 / 编著　2017 年 7 月出版　估价：98.00 元

◆　本书对中国 2016 年新能源汽车产业发展进行了全面系统的分析，并介绍了国外的发展经验。有助于相关机构、行业和社会公众等了解中国新能源汽车产业发展的最新动态，为政府部门出台新能源汽车产业相关政策法规、企业制定相关战略规划，提供必要的借鉴和参考。

杜仲产业绿皮书

中国杜仲橡胶资源与产业发展报告（2016 ~ 2017）

杜红岩　胡文臻　俞锐 / 主编　2017 年 4 月出版　估价：85.00 元

◆　本书对 2016 年杜仲产业的发展情况、研究团队在杜仲研究方面取得的重要成果、部分地区杜仲产业发展的具体情况、杜仲新标准的制定情况等进行了较为详细的分析与介绍，使广大关心杜仲产业发展的读者能够及时跟踪产业最新进展。

企业蓝皮书

中国企业绿色发展报告 No.2（2017）

李红玉　朱光辉 / 主编　　2017 年 8 月出版　　估价：89.00 元

◆　本书深入分析中国企业能源消费、资源利用、绿色金融、绿色产品、绿色管理、信息化、绿色发展政策及绿色文化方面的现状，并对目前存在的问题进行研究，剖析因果，谋划对策，为企业绿色发展提供借鉴，为中国生态文明建设提供支撑。

中国上市公司蓝皮书

中国上市公司发展报告（2017）

张平　王宏淼 / 主编　　2017 年 10 月出版　　估价：98.00 元

◆　本书由中国社会科学院上市公司研究中心组织编写的，着力于全面、真实、客观反映当前中国上市公司财务状况和价值评估的综合性年度报告。本书详尽分析了 2016 年中国上市公司情况，特别是现实中暴露出的制度性、基础性问题，并对资本市场改革进行了探讨。

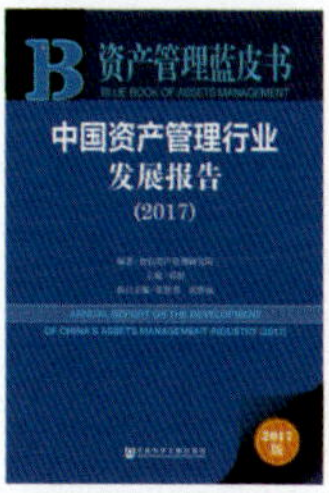

资产管理蓝皮书

中国资产管理行业发展报告（2017）

智信资产管理研究院 / 编著　　2017 年 6 月出版　　估价：89.00 元

◆　中国资产管理行业刚刚兴起，未来将成为中国金融市场最有看点的行业。本书主要分析了 2016 年度资产管理行业的发展情况，同时对资产管理行业的未来发展做出科学的预测。

体育蓝皮书

中国体育产业发展报告（2017）

阮伟　钟秉枢 / 主编　　2017 年 12 月出版　　估价：89.00 元

◆　本书运用多种研究方法，在体育竞赛业、体育用品业、体育场馆业、体育传媒业等传统产业研究的基础上，并对 2016 年体育领域内的各种热点事件进行研究和梳理，进一步拓宽了研究的广度、提升了研究的高度、挖掘了研究的深度。

国际问题类

国际问题类皮书关注全球重点国家与地区，
提供全面、独特的解读与研究

美国蓝皮书

美国研究报告（2017）

郑秉文　黄平 / 主编　2017 年 6 月出版　估价：89.00 元

◆　本书是由中国社会科学院美国研究所主持完成的研究成果，它回顾了美国 2016 年的经济、政治形势与外交战略，对 2017 年以来美国内政外交发生的重大事件及重要政策进行了较为全面的回顾和梳理。

日本蓝皮书

日本研究报告（2017）

杨伯江 / 主编　2017 年 5 月出版　估价：89.00 元

◆　本书对 2016 年日本的政治、经济、社会、外交等方面的发展情况做了系统介绍，对日本的热点及焦点问题进行了总结和分析，并在此基础上对该国 2017 年的发展前景做出预测。

亚太蓝皮书

亚太地区发展报告（2017）

李向阳 / 主编　2017 年 4 月出版　估价：89.00 元

◆　本书是中国社会科学院亚太与全球战略研究院的集体研究成果。2017 年的“亚太蓝皮书”继续关注中国周边环境的变化。该书盘点了 2016 年亚太地区的焦点和热点问题，为深入了解 2016 年及未来中国与周边环境的复杂形势提供了重要参考。

德国蓝皮书

德国发展报告（2017）

郑春荣 / 主编　2017 年 6 月出版　估价：89.00 元

◆　本报告由同济大学德国研究所组织编撰，由该领域的专家学者对德国的政治、经济、社会文化、外交等方面的形势发展情况，进行全面的阐述与分析。

日本经济蓝皮书

日本经济与中日经贸关系研究报告（2017）

张季风 / 编著　2017 年 5 月出版　估价：89.00 元

◆　本书系统、详细地介绍了 2016 年日本经济以及中日经贸关系发展情况，在进行了大量数据分析的基础上，对 2017 年日本经济以及中日经贸关系的大致发展趋势进行了分析与预测。

俄罗斯黄皮书

俄罗斯发展报告（2017）

李永全 / 编著　2017 年 7 月出版　估价：89.00 元

◆　本书系统介绍了 2016 年俄罗斯经济政治情况，并对 2016 年该地区发生的焦点、热点问题进行了分析与回顾；在此基础上，对该地区 2017 年的发展前景进行了预测。

非洲黄皮书

非洲发展报告 No.19（2016 ~ 2017）

张宏明 / 主编　2017 年 8 月出版　估价：89.00 元

◆　本书是由中国社会科学院西亚非洲研究所组织编撰的非洲形势年度报告，比较全面、系统地分析了 2016 年非洲政治形势和热点问题，探讨了非洲经济形势和市场走向，剖析了大国对非洲关系的新动向；此外，还介绍了国内非洲研究的新成果。

地方发展类

地方发展类皮书关注中国各省份、经济区域，
提供科学、多元的预判与资政信息

北京蓝皮书

北京公共服务发展报告（2016~2017）

施昌奎 / 主编　2017 年 3 月出版　定价：79.00 元

◆　本书是由北京市政府职能部门的领导、首都著名高校的教授、知名研究机构的专家共同完成的关于北京市公共服务发展与创新的研究成果。

河南蓝皮书

河南经济发展报告（2017）

张占仓　完世伟 / 主编　2017 年 4 月出版　估价：89.00 元

◆　本书以国内外经济发展环境和走向为背景，主要分析当前河南经济形势，预测未来发展趋势，全面反映河南经济发展的最新动态、热点和问题，为地方经济发展和领导决策提供参考。

广州蓝皮书

2017 年中国广州经济形势分析与预测

庾建设　陈浩钿　谢博能 / 主编　2017 年 7 月出版　估价：85.00 元

◆　本书由广州大学与广州市委政策研究室、广州市统计局联合主编，汇集了广州科研团体、高等院校和政府部门诸多经济问题研究专家、学者和实际部门工作者的最新研究成果，是关于广州经济运行情况和相关专题分析、预测的重要参考资料。

文化传媒类

文化传媒类皮书透视文化领域、文化产业，
探索文化大繁荣、大发展的路径

新媒体蓝皮书

中国新媒体发展报告 No.8（2017）

唐绪军 / 主编　2017 年 6 月出版　估价：89.00 元

◆　本书是由中国社会科学院新闻与传播研究所组织编写的关于新媒体发展的最新年度报告，旨在全面分析中国新媒体的发展现状，解读新媒体的发展趋势，探析新媒体的深刻影响。

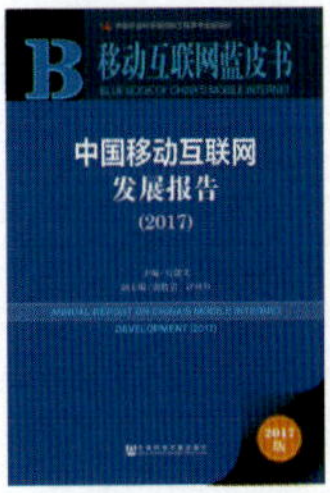

移动互联网蓝皮书

中国移动互联网发展报告（2017）

官建文 / 主编　2017 年 6 月出版　估价：89.00 元

◆　本书着眼于对 2016 年度中国移动互联网的发展情况做深入解析，对未来发展趋势进行预测，力求从不同视角、不同层面全面剖析中国移动互联网发展的现状、年度突破及热点趋势等。

传媒蓝皮书

中国传媒产业发展报告（2017）

崔保国 / 主编　2017 年 5 月出版　估价：98.00 元

◆　“传媒蓝皮书”连续十多年跟踪观察和系统研究中国传媒产业发展。本报告在对传媒产业总体以及各细分行业发展状况与趋势进行深入分析基础上，对年度发展热点进行跟踪，剖析新技术引领下的商业模式，对传媒各领域发展趋势、内体经营、传媒投资进行解析，为中国传媒产业正在发生的变革提供前瞻行参考。

经济类

“三农”互联网金融蓝皮书
中国“三农”互联网金融发展报告（2017）
著(编)者：李勇坚 王弢　　2017年8月出版 / 估价：98.00元
PSN B-2016-561-1/1

G20国家创新竞争力黄皮书
二十国集团（G20）国家创新竞争力发展报告（2016~2017）
著(编)者：李建平 李闽榕 赵新力　周天勇
2017年8月出版 / 估价：158.00元
PSN Y-2011-229-1/1

产业蓝皮书
中国产业竞争力报告（2017）No.7
著(编)者：张其仔　2017年12月出版 / 估价：98.00元
PSN B-2010-175-1/1

城市创新蓝皮书
中国城市创新报告（2017）
著(编)者：周天勇 旷建伟　2017年11月出版 / 估价：89.00元
PSN B-2013-340-1/1

城市蓝皮书
中国城市发展报告 No.10
著(编)者：潘家华 单菁菁　2017年9月出版 / 估价：89.00元
PSN B-2007-091-1/1

城乡一体化蓝皮书
中国城乡一体化发展报告（2016～2017）
著(编)者：汝信 付崇兰　　2017年7月出版 / 估价：85.00元
PSN B-2011-226-1/2

城镇化蓝皮书
中国新型城镇化健康发展报告（2017）
著(编)者：张占斌　　2017年8月出版 / 估价：89.00元
PSN B-2014-396-1/1

创新蓝皮书
创新型国家建设报告（2016～2017）
著(编)者：詹正茂　　2017年12月出版 / 估价：89.00元
PSN B-2009-140-1/1

创业蓝皮书
中国创业发展报告（2016～2017）
著(编)者：黄群慧 赵卫星 钟宏武等
2017年11月出版 / 估价：89.00元
PSN B-2016-578-1/1

低碳发展蓝皮书
中国低碳发展报告（2016~2017）
著(编)者：齐晔 张希良　　2017年3月出版 / 估价：98.00元
PSN B-2011-223-1/1

低碳经济蓝皮书
中国低碳经济发展报告（2017）
著(编)者：薛进军 赵忠秀　　2017年6月出版 / 估价：85.00元
PSN B-2011-194-1/1

东北蓝皮书
中国东北地区发展报告（2017）
著(编)者：姜晓秋　　2017年 2 月出版 / 定价：79.00元
PSN B-2006-067-1/1

发展与改革蓝皮书
中国经济发展和体制改革报告No.8
著(编)者：邹东涛 王再文　　2017年4月出版 / 估价：98.00元
PSN B-2008-122-1/1

工业化蓝皮书
中国工业化进程报告（2017）
著(编)者：黄群慧　　2017年12月出版 / 估价：158.00元
PSN B-2007-095-1/1

管理蓝皮书
中国管理发展报告（2017）
著(编)者：张晓东　　2017年10月出版 / 估价：98.00元
PSN B-2014-416-1/1

国际城市蓝皮书
国际城市发展报告（2017）
著(编)者：屠启宇　　2017年2月出版 / 定价：79.00元
PSN B-2012-260-1/1

国家创新蓝皮书
中国创新发展报告（2017）
著(编)者：陈劲　　2017年12月出版 / 估价：89.00元
PSN B-2014-370-1/1

金融蓝皮书
中国金融发展报告（2017）
著(编)者：王国刚　　2017年2月出版 / 定价：79.00元
PSN B-2004-031-1/6

京津冀金融蓝皮书
京津冀金融发展报告（2017）
著(编)者：王爱俭 李向前
2017年 4 月出版 / 估价：89.00元
PSN B-2016-528-1/1

京津冀蓝皮书
京津冀发展报告（2017）
著(编)者：文魁 祝尔娟　　2017年4月出版 / 估价：89.00元
PSN B-2012-262-1/1

经济蓝皮书
2017年中国经济形势分析与预测
著(编)者：李扬　　2017年1月出版 / 定价：89.00元
PSN B-1996-001-1/1

经济蓝皮书·春季号
2017年中国经济前景分析
著(编)者：李扬　　2017年6月出版 / 估价：89.00元
PSN B-1999-008-1/1

经济蓝皮书·夏季号
中国经济增长报告（2016～2017）
著(编)者：李扬　　2017年9月出版 / 估价：98.00元
PSN B-2010-176-1/1

经济信息绿皮书
中国与世界经济发展报告（2017）
著(编)者：杜平　　2017年12月出版 / 定价：89.00元
PSN G-2003-023-1/1

就业蓝皮书
2017年中国本科生就业报告
著(编)者：麦可思研究院　　2017年6月出版 / 估价：98.00元
PSN B-2009-146-1/2

就业蓝皮书
2017年中国高职高专生就业报告
著(编)者：麦可思研究院　2017年6月出版 / 估价：98.00元
PSN B-2015-472-2/2

科普能力蓝皮书
中国科普能力评价报告（2017）
著(编)者：李富 强李群　2017年8月出版 / 估价：89.00元
PSN B-2016-556-1/1

临空经济蓝皮书
中国临空经济发展报告（2017）
著(编)者：连玉明　2017年9月出版 / 估价：89.00元
PSN B-2014-421-1/1

农村绿皮书
中国农村经济形势分析与预测（2016～2017）
著(编)者：魏后凯 杜志雄 黄秉信
2017年4月出版 / 估价：89.00元
PSN G-1998-003-1/1

农业应对气候变化蓝皮书
气候变化对中国农业影响评估报告 No.3
著(编)者：矫梅燕　2017年8月出版 / 估价：98.00元
PSN B-2014-413-1/1

气候变化绿皮书
应对气候变化报告（2017）
著(编)者：王伟光 郑国光　2017年6月出版 / 估价：89.00元
PSN G-2009-144-1/1

区域蓝皮书
中国区域经济发展报告（2016～2017）
著(编)者：赵弘　2017年6月出版 / 估价：89.00元
PSN B-2004-034-1/1

全球环境竞争力绿皮书
全球环境竞争力报告（2017）
著(编)者：李建平 李闽榕 王金南
2017年12月出版 / 估价：198.00元
PSN G-2013-363-1/1

人口与劳动绿皮书
中国人口与劳动问题报告 No.18
著(编)者：蔡昉 张车伟　2017年11月出版 / 估价：89.00元
PSN G-2000-012-1/1

商务中心区蓝皮书
中国商务中心区发展报告 No.3（2016）
著(编)者：李国红 单菁菁　2017年4月出版 / 估价：89.00元
PSN B-2015-444-1/1

世界经济黄皮书
2017年世界经济形势分析与预测
著(编)者：张宇燕　2017年1月出版 / 定价：89.00元
PSN Y-1999-006-1/1

世界旅游城市绿皮书
世界旅游城市发展报告（2017）
著(编)者：宋宇　2017年4月出版 / 估价：128.00元
PSN G-2014-400-1/1

土地市场蓝皮书
中国农村土地市场发展报告（2016～2017）
著(编)者：李光荣　2017年4月出版 / 估价：89.00元
PSN B-2016-527-1/1

西北蓝皮书
中国西北发展报告（2017）
著(编)者：高建龙　2017年4月出版 / 估价：89.00元
PSN B-2012-261-1/1

西部蓝皮书
中国西部发展报告（2017）
著(编)者：徐璋勇　2017年7月出版 / 估价：89.00元
PSN B-2005-039-1/1

新型城镇化蓝皮书
新型城镇化发展报告（2017）
著(编)者：李伟 宋敏 沈体雁　2017年4月出版 / 估价：98.00元
PSN B-2014-431-1/1

新兴经济体蓝皮书
金砖国家发展报告（2017）
著(编)者：林跃勤 周文　2017年12月出版 / 估价：89.00元
PSN B-2011-195-1/1

长三角蓝皮书
2017年新常态下深化一体化的长三角
著(编)者：王庆五　2017年12月出版 / 估价：88.00元
PSN B-2005-038-1/1

中部竞争力蓝皮书
中国中部经济社会竞争力报告（2017）
著(编)者：教育部人文社会科学重点研究基地
南昌大学中国中部经济社会发展研究中心
2017年12月出版 / 估价：89.00元
PSN B-2012-276-1/1

中部蓝皮书
中国中部地区发展报告（2017）
著(编)者：宋亚平　2017年12月出版 / 估价：88.00元
PSN B-2007-089-1/1

中国省域竞争力蓝皮书
中国省域经济综合竞争力发展报告（2017）
著(编)者：李建平 李闽榕 高燕京
2017年2月出版 / 定价：198.00元
PSN B-2007-088-1/1

中三角蓝皮书
长江中游城市群发展报告（2017）
著(编)者：秦尊文　2017年9月出版 / 估价：89.00元
PSN B-2014-417-1/1

中小城市绿皮书
中国中小城市发展报告（2017）
著(编)者：中国城市经济学会中小城市经济发展委员会
中国城镇化促进会中小城市发展委员会
《中国中小城市发展报告》编纂委员会
中小城市发展战略研究院
2017年11月出版 / 估价：128.00元
PSN G-2010-161-1/1

中原蓝皮书
中原经济区发展报告（2017）
著(编)者：李英杰　2017年6月出版 / 估价：88.00元
PSN B-2011-192-1/1

自贸区蓝皮书
中国自贸区发展报告（2017）
著(编)者：王力　2017年7月出版 / 估价：89.00元
PSN B-2016-559-1/1

社会政法类

北京蓝皮书
中国社区发展报告（2017）
著(编)者：于燕燕　2017年 4 月出版 / 估价：89.00元
PSN B-2007-083-5/8

殡葬绿皮书
中国殡葬事业发展报告（2017）
著(编)者：李伯森　2017年4月出版 / 估价：158.00元
PSN G-2010-180-1/1

城市管理蓝皮书
中国城市管理报告（2016~2017）
著(编)者：刘林　刘承水　2017年5月出版 / 估价：158.00元
PSN B-2013-336-1/1

城市生活质量蓝皮书
中国城市生活质量报告（2017）
著(编)者：中国经济实验研究院
2018年7月出版 / 估价：89.00元
PSN B-2013-326-1/1

城市政府能力蓝皮书
中国城市政府公共服务能力评估报告（2017）
著(编)者：何艳玲　2017年4月出版 / 估价：89.00元
PSN B-2013-338-1/1

慈善蓝皮书
中国慈善发展报告（2017）
著(编)者：杨团　2017年6月出版 / 估价：89.00元
PSN B-2009-142-1/1

党建蓝皮书
党的建设研究报告 No.2（2017）
著(编)者：崔建民　陈东平　2017年4月出版 / 估价：89.00元
PSN B-2016-524-1/1

地方法治蓝皮书
中国地方法治发展报告 No.3（2017）
著(编)者：李林　田禾　2017年4出版 / 估价：108.00元
PSN B-2015-442-1/1

法治蓝皮书
中国法治发展报告 No.15（2017）
著(编)者：李林 田禾　2017年3月出版 / 定价：118.00元
PSN B-2004-027-1/1

法治政府蓝皮书
中国法治政府发展报告（2017）
著(编)者：中国政法大学法治政府研究院
2017年4月出版 / 估价：98.00元
PSN B-2015-502-1/2

法治政府蓝皮书
中国法治政府评估报告（2017）
著(编)者：中国政法大学法治政府研究院
2017年11月出版 / 估价：98.00元
PSN B-2016-577-2/2

法治蓝皮书
中国法院信息化发展报告 No.1（2017）
著(编)者：李林 田禾　2017年2月出版 / 定价：108.00元
PSN B-2017-604-3/3

反腐倡廉蓝皮书
中国反腐倡廉建设报告 No.7
著(编)者：张英伟　2017年12月出版 / 估价：89.00元
PSN B-2012-259-1/1

非传统安全蓝皮书
中国非传统安全研究报告（2016～2017）
著(编)者：余潇枫 魏志江　2017年6月出版 / 估价：89.00元
PSN B-2012-273-1/1

妇女发展蓝皮书
中国妇女发展报告 No.7
著(编)者：王金玲　2017年9月出版 / 估价：148.00元
PSN B-2006-069-1/1

妇女教育蓝皮书
中国妇女教育发展报告 No.4
著(编)者：张李玺　2017年10月出版 / 估价：78.00元
PSN B-2008-121-1/1

妇女绿皮书
中国性别平等与妇女发展报告（2017）
著(编)者：谭琳　2017年12月出版 / 估价：99.00元
PSN G-2006-073-1/1

公共服务蓝皮书
中国城市基本公共服务力评价（2017）
著(编)者：钟君 刘志昌 吴正杲　2017年12月出版 / 估价：89.00元
PSN B-2011-214-1/1

公民科学素质蓝皮书
中国公民科学素质报告（2016～2017）
著(编)者：李群　陈雄　马宗文
2017年4月出版 / 估价：89.00元
PSN B-2014-379-1/1

公共关系蓝皮书
中国公共关系发展报告（2017）
著(编)者：柳斌杰　2017年11月出版 / 估价：89.00元
PSN B-2016-580-1/1

公益蓝皮书
中国公益慈善发展报告（2017）
著(编)者：朱健刚　2018年4月出版 / 估价：118.00元
PSN B-2012-283-1/1

国际人才蓝皮书
中国国际移民报告（2017）
著(编)者：王辉耀　2017年4月出版 / 估价：89.00元
PSN B-2012-304-3/4

国际人才蓝皮书
中国留学发展报告（2017）No.5
著(编)者：王辉耀 苗绿　2017年10月出版 / 估价：89.00元
PSN B-2012-244-2/4

海洋社会蓝皮书
中国海洋社会发展报告（2017）
著(编)者：崔凤 宋宁而　2017年7月出版 / 估价：89.00元
PSN B-2015-478-1/1

行政改革蓝皮书
中国行政体制改革报告（2017）No.6
著(编)者：魏礼群　2017年5月出版 / 估价：98.00元
PSN B-2011-231-1/1

华侨华人蓝皮书
华侨华人研究报告（2017）
著(编)者：贾益民　2017年12月出版 / 估价：128.00元
PSN B-2011-204-1/1

环境竞争力绿皮书
中国省域环境竞争力发展报告（2017）
著(编)者：李建平 李闽榕 王金南
2017年11月出版 / 估价：198.00元
PSN G-2010-165-1/1

环境绿皮书
中国环境发展报告（2017）
著(编)者：刘鉴强　2017年4月出版 / 估价：89.00元
PSN G-2006-048-1/1

基金会蓝皮书
中国基金会发展报告（2016~2017）
著(编)者：中国基金会发展报告课题组
2017年4月出版 / 估价：85.00元
PSN B-2013-368-1/1

基金会绿皮书
中国基金会发展独立研究报告（2017）
著(编)者：基金会中心网 中央民族大学基金会研究中心
2017年6月出版 / 估价：88.00元
PSN G-2011-213-1/1

基金会透明度蓝皮书
中国基金会透明度发展研究报告（2017）
著(编)者：基金会中心网 清华大学廉政与治理研究中心
2017年12月出版 / 估价：89.00元
PSN B-2015-509-1/1

家庭蓝皮书
中国"创建幸福家庭活动"评估报告（2017）
国务院发展研究中心"创建幸福家庭活动评估"课题组著
2017年8月出版 / 估价：89.00元
PSN B-2015-508-1/1

健康城市蓝皮书
中国健康城市建设研究报告（2017）
著(编)者：王鸿春 解树江 盛继洪
2017年9月出版 / 估价：89.00元
PSN B-2016-565-2/2

教师蓝皮书
中国中小学教师发展报告（2017）
著(编)者：曾晓东 鱼霞　2017年6月出版 / 估价：89.00元
PSN B-2012-289-1/1

教育蓝皮书
中国教育发展报告（2017）
著(编)者：杨东平　2017年4月出版 / 估价：89.00元
PSN B-2006-047-1/1

科普蓝皮书
中国基层科普发展报告（2016~2017）
著(编)者：赵立 新陈玲　2017年9月出版 / 估价：89.00元
PSN B-2016-569-3/3

科普蓝皮书
中国科普基础设施发展报告（2017）
著(编)者：任福君　2017年6月出版 / 估价：89.00元
PSN B-2010-174-1/3

科普蓝皮书
中国科普人才发展报告（2017）
著(编)者：郑念 任嵘嵘　2017年4月出版 / 估价：98.00元
PSN B-2015-512-2/3

科学教育蓝皮书
中国科学教育发展报告（2017）
著(编)者：罗晖 王康友　2017年10月出版 / 估价：89.00元
PSN B-2015-487-1/1

劳动保障蓝皮书
中国劳动保障发展报告（2017）
著(编)者：刘燕斌　2017年9月出版 / 估价：188.00元
PSN B-2014-415-1/1

老龄蓝皮书
中国老年宜居环境发展报告（2017）
著(编)者：党俊武 周燕珉　2017年4月出版 / 估价：89.00元
PSN B-2013-320-1/1

连片特困区蓝皮书
中国连片特困区发展报告（2017）
著(编)者：游俊 冷志明 丁建军
2017年4月出版 / 估价：98.00元
PSN B-2013-321-1/1

流动儿童蓝皮书
中国流动儿童教育发展报告（2016）
著(编)者：杨东平　2017年1月出版 / 定价：79.00元
PSN B-2017-600-1/1

民调蓝皮书
中国民生调查报告（2017）
著(编)者：谢耘耕　2017年12月出版 / 估价：98.00元
PSN B-2014-398-1/1

民族发展蓝皮书
中国民族发展报告（2017）
著(编)者：郝时远 王延中 王希恩
2017年4月出版 / 估价：98.00元
PSN B-2006-070-1/1

女性生活蓝皮书
中国女性生活状况报告 No.11（2017）
著(编)者：韩湘景　2017年10月出版 / 估价：98.00元
PSN B-2006-071-1/1

汽车社会蓝皮书
中国汽车社会发展报告（2017）
著(编)者：王俊秀　2017年12月出版 / 估价：89.00元
PSN B-2011-224-1/1

青年蓝皮书
中国青年发展报告（2017）No.3
著(编)者：廉思 等　2017年4月出版 / 估价：89.00元
PSN B-2013-333-1/1

青少年蓝皮书
中国未成年人互联网运用报告（2017）
著(编)者：李文革 沈洁 季为民
2017年11月出版 / 估价：89.00元
PSN B-2010-165-1/1

青少年体育蓝皮书
中国青少年体育发展报告（2017）
著(编)者：郭建军 杨桦　2017年9月出版 / 估价：89.00元
PSN B-2015-482-1/1

群众体育蓝皮书
中国群众体育发展报告（2017）
著(编)者：刘国永 杨桦　2017年12月出版 / 估价：89.00元
PSN B-2016-519-2/3

人权蓝皮书
中国人权事业发展报告 No.7（2017）
著(编)者：李君如　2017年9月出版 / 估价：98.00元
PSN B-2011-215-1/1

社会保障绿皮书
中国社会保障发展报告（2017）No.8
著(编)者：王延中　2017年1月出版 / 估价：98.00元
PSN G-2001-014-1/1

社会风险评估蓝皮书
风险评估与危机预警评估报告（2017）
著(编)者：唐钧　2017年8月出版 / 估价：85.00元
PSN B-2016-521-1/1

社会管理蓝皮书
中国社会管理创新报告 No.5
著(编)者：连玉明　2017年11月出版 / 估价：89.00元
PSN B-2012-300-1/1

社会蓝皮书
2017年中国社会形势分析与预测
著(编)者：李培林　陈光金　张翼
2016年12月出版 / 定价：89.00元
PSN B-1998-002-1/1

社会体制蓝皮书
中国社会体制改革报告No.5（2017）
著(编)者：龚维斌　2017年3月出版 / 定价：89.00元
PSN B-2013-330-1/1

社会心态蓝皮书
中国社会心态研究报告（2017）
著(编)者：王俊秀 杨宜音　2017年12月出版 / 估价：89.00元
PSN B-2011-199-1/1

社会组织蓝皮书
中国社会组织发展报告（2016~2017）
著(编)者：黄晓勇　2017年1月出版 / 定价：89.00元
PSN B-2008-118-1/2

社会组织蓝皮书
中国社会组织评估发展报告（2017）
著(编)者：徐家良 廖鸿　2017年12月出版 / 估价：89.00元
PSN B-2013-366-1/1

生态城市绿皮书
中国生态城市建设发展报告（2017）
著(编)者：刘举科 孙伟平 胡文臻
2017年9月出版 / 估价：118.00元
PSN G-2012-269-1/1

生态文明绿皮书
中国省域生态文明建设评价报告（ECI 2017）
著(编)者：严耕　2017年12月出版 / 估价：98.00元
PSN G-2010-170-1/1

土地整治蓝皮书
中国土地整治发展研究报告 No.4
著(编)者：国土资源部土地整治中心
2017年7月出版 / 估价：89.00元
PSN B-2014-401-1/1

土地政策蓝皮书
中国土地政策研究报告（2017）
著(编)者：高延利 李宪文
2017年12月出版 / 定价：89.00元
PSN B-2015-506-1/1

医改蓝皮书
中国医药卫生体制改革报告（2017）
著(编)者：文学国　房志武　2017年11月出版 / 估价：98.00元
PSN B-2014-432-1/1

医疗卫生绿皮书
中国医疗卫生发展报告 No.7（2017）
著(编)者：申宝忠 韩玉珍　2017年4月出版 / 估价：85.00元
PSN G-2004-033-1/1

应急管理蓝皮书
中国应急管理报告（2017）
著(编)者：宋英华　2017年9月出版 / 估价：98.00元
PSN B-2016-563-1/1

政治参与蓝皮书
中国政治参与报告（2017）
著(编)者：房宁　2017年9月出版 / 估价：118.00元
PSN B-2011-200-1/1

宗教蓝皮书
中国宗教报告（2016）
著(编)者：邱永辉　2017年4月出版 / 估价：89.00元
PSN B-2008-117-1/1

行业报告类

SUV蓝皮书
中国SUV市场发展报告（2016~2017）
著(编)者：靳军　2017年9月出版 / 估价：89.00元
PSN B-2016-572-1/1

保健蓝皮书
中国保健服务产业发展报告 No.2
著(编)者：中国保健协会 中共中央党校
2017年7月出版 / 估价：198.00元
PSN B-2012-272-3/3

保健蓝皮书
中国保健食品产业发展报告 No.2
著(编)者：中国保健协会
中国社会科学院食品药品产业发展与监管研究中心
2017年7月出版 / 估价：198.00元
PSN B-2012-271-2/3

保健蓝皮书
中国保健用品产业发展报告 No.2
著(编)者：中国保健协会
国务院国有资产监督管理委员会研究中心
2017年4月出版 / 估价：198.00元
PSN B-2012-270-1/3

保险蓝皮书
中国保险业竞争力报告（2017）
著(编)者：项俊波　2017年12月出版 / 估价：99.00元
PSN B-2013-311-1/1

冰雪蓝皮书
中国滑雪产业发展报告（2017）
著(编)者：孙承华 伍斌 魏庆华 张鸿俊
2017年8月出版 / 估价：89.00元
PSN B-2016-560-1/1

彩票蓝皮书
中国彩票发展报告（2017）
著(编)者：益彩基金　2017年4月出版 / 估价：98.00元
PSN B-2015-462-1/1

餐饮产业蓝皮书
中国餐饮产业发展报告（2017）
著(编)者：邢颖　2017年6月出版 / 估价：98.00元
PSN B-2009-151-1/1

测绘地理信息蓝皮书
新常态下的测绘地理信息研究报告（2017）
著(编)者：库热西・买合苏提
2017年12月出版 / 估价：118.00元
PSN B-2009-145-1/1

茶业蓝皮书
中国茶产业发展报告（2017）
著(编)者：杨江帆 李闽榕　2017年10月出版 / 估价：88.00元
PSN B-2010-164-1/1

产权市场蓝皮书
中国产权市场发展报告（2016~2017）
著(编)者：曹和平　2017年5月出版 / 估价：89.00元
PSN B-2009-147-1/1

产业安全蓝皮书
中国出版传媒产业安全报告（2016~2017）
著(编)者：北京印刷学院文化产业安全研究院
2017年4月出版 / 估价：89.00元
PSN B-2014-384-13/14

产业安全蓝皮书
中国文化产业安全报告（2017）
著(编)者：北京印刷学院文化产业安全研究院
2017年12月出版 / 估价：89.00元
PSN B-2014-378-12/14

产业安全蓝皮书
中国新媒体产业安全报告（2017）
著(编)者：北京印刷学院文化产业安全研究院
2017年12月出版 / 估价：89.00元
PSN B-2015-500-14/14

城投蓝皮书
中国城投行业发展报告（2017）
著(编)者：王晨艳　丁伯康　2017年11月出版 / 估价：300.00元
PSN B-2016-514-1/1

电子政务蓝皮书
中国电子政务发展报告（2016~2017）
著(编)者：李季 杜平　2017年7月出版 / 估价：89.00元
PSN B-2003-022-1/1

杜仲产业绿皮书
中国杜仲橡胶资源与产业发展报告（2016～2017）
著(编)者：杜红岩 胡文臻 俞锐
2017年4月出版 / 估价：85.00元
PSN G-2013-350-1/1

房地产蓝皮书
中国房地产发展报告 No.14（2017）
著(编)者：李春华 王业强　2017年5月出版 / 估价：89.00元
PSN B-2004-028-1/1

服务外包蓝皮书
中国服务外包产业发展报告（2017）
著(编)者：王晓红 刘德军
2017年6月出版 / 估价：89.00元
PSN B-2013-331-2/2

服务外包蓝皮书
中国服务外包竞争力报告（2017）
著(编)者：王力 刘春生 黄育华
2017年11月出版 / 估价：85.00元
PSN B-2011-216-1/2

工业和信息化蓝皮书
世界网络安全发展报告（2016~2017）
著(编)者：洪京一　2017年4月出版 / 估价：89.00元
PSN B-2015-452-5/5

工业和信息化蓝皮书
世界信息化发展报告（2016~2017）
著(编)者：洪京一　2017年4月出版 / 估价：89.00元
PSN B-2015-451-4/5

工业和信息化蓝皮书
世界信息技术产业发展报告（2016~2017）
著(编)者：洪京一　2017年4月出版 / 估价：89.00元
PSN B-2015-449-2/5

工业和信息化蓝皮书
移动互联网产业发展报告（2016~2017）
著(编)者：洪京一　2017年4月出版 / 估价：89.00元
PSN B-2015-448-1/5

工业和信息化蓝皮书
战略性新兴产业发展报告（2016~2017）
著(编)者：洪京一　2017年4月出版 / 估价：89.00元
PSN B-2015-450-3/5

工业设计蓝皮书
中国工业设计发展报告（2017）
著(编)者：王晓红 于炜 张立群
2017年9月出版 / 估价：138.00元
PSN B-2014-420-1/1

黄金市场蓝皮书
中国商业银行黄金业务发展报告（2016~2017）
著(编)者：平安银行　2017年4月出版 / 估价：98.00元
PSN B-2016-525-1/1

互联网金融蓝皮书
中国互联网金融发展报告（2017）
著(编)者：李东荣　2017年9月出版 / 估价：128.00元
PSN B-2014-374-1/1

互联网医疗蓝皮书
中国互联网医疗发展报告（2017）
著(编)者：宫晓东　2017年9月出版 / 估价：89.00元
PSN B-2016-568-1/1

会展蓝皮书
中外会展业动态评估年度报告（2017）
著(编)者：张敏　2017年4月出版 / 估价：88.00元
PSN B-2013-327-1/1

金融监管蓝皮书
中国金融监管报告（2017）
著(编)者：胡滨　2017年6月出版 / 估价：89.00元
PSN B-2012-281-1/1

金融蓝皮书
中国金融中心发展报告（2017）
著(编)者：王力 黄育华　2017年11月出版 / 估价：85.00元
PSN B-2011-186-6/6

建筑装饰蓝皮书
中国建筑装饰行业发展报告（2017）
著(编)者：刘晓一 葛道顺　2017年7月出版 / 估价：198.00元
PSN B-2016-554-1/1

客车蓝皮书
中国客车产业发展报告（2016~2017）
著(编)者：姚蔚　2017年10月出版 / 估价：85.00元
PSN B-2013-361-1/1

旅游安全蓝皮书
中国旅游安全报告（2017）
著(编)者：郑向敏 谢朝武　2017年5月出版 / 估价：128.00元
PSN B-2012-280-1/1

旅游绿皮书
2016～2017年中国旅游发展分析与预测
著(编)者：宋瑞　2017年2月出版 / 定价：89.00元
PSN G-2002-018-1/1

煤炭蓝皮书
中国煤炭工业发展报告（2017）
著(编)者：岳福斌　2017年12月出版 / 估价：85.00元
PSN B-2008-123-1/1

民营企业社会责任蓝皮书
中国民营企业社会责任报告（2017）
著(编)者：中华全国工商业联合会
2017年12月出版 / 估价：89.00元
PSN B-2015-510-1/1

民营医院蓝皮书
中国民营医院发展报告（2017）
著(编)者：庄一强　2017年10月出版 / 估价：85.00元
PSN B-2012-299-1/1

闽商蓝皮书
闽商发展报告（2017）
著(编)者：李闽榕 王日根 林琛
2017年12月出版 / 估价：89.00元
PSN B-2012-298-1/1

能源蓝皮书
中国能源发展报告（2017）
著(编)者：崔民选 王军生 陈义和
2017年10月出版 / 估价：98.00元
PSN B-2006-049-1/1

农产品流通蓝皮书
中国农产品流通产业发展报告（2017）
著(编)者：贾敬敦 张东科 张玉玺 张鹏毅 周伟
2017年4月出版 / 估价：89.00元
PSN B-2012-288-1/1

企业公益蓝皮书
中国企业公益研究报告（2017）
著(编)者：钟宏武 汪杰 顾一 黄晓娟 等
2017年12月出版 / 估价：89.00元
PSN B-2015-501-1/1

企业国际化蓝皮书
中国企业国际化报告（2017）
著(编)者：王辉耀　2017年11月出版 / 估价：98.00元
PSN B-2014-427-1/1

企业蓝皮书
中国企业绿色发展报告 No.2（2017）
著(编)者：李红玉 朱光辉　2017年8月出版 / 估价：89.00元
PSN B-2015-481-2/2

企业社会责任蓝皮书
中国企业社会责任研究报告（2017）
著(编)者：黄群慧 钟宏武 张蒽 翟利峰
2017年11月出版 / 估价：89.00元
PSN B-2009-149-1/1

企业社会责任蓝皮书
中资企业海外社会责任研究报告（2016~2017）
著(编)者：钟宏武 叶柳红 张蒽
2017年1月出版 / 定价：79.00元
PSN B-2017-603-2/2

汽车安全蓝皮书
中国汽车安全发展报告（2017）
著(编)者：中国汽车技术研究中心
2017年7月出版 / 估价：89.00元
PSN B-2014-385-1/1

汽车电子商务蓝皮书
中国汽车电子商务发展报告（2017）
著(编)者：中华全国工商业联合会汽车经销商商会
北京易观智库网络科技有限公司
2017年10月出版 / 估价：128.00元
PSN B-2015-485-1/1

汽车工业蓝皮书
中国汽车工业发展年度报告（2017）
著(编)者：中国汽车工业协会 中国汽车技术研究中心
丰田汽车（中国）投资有限公司
2017年4月出版 / 估价：128.00元
PSN B-2015-463-1/2

汽车工业蓝皮书
中国汽车零部件产业发展报告（2017）
著(编)者：中国汽车工业协会 中国汽车工程研究院
2017年10月出版 / 估价：98.00元
PSN B-2016-515-2/2

汽车蓝皮书
中国汽车产业发展报告（2017）
著(编)者：国务院发展研究中心产业经济研究部
中国汽车工程学会 大众汽车集团（中国）
2017年8月出版 / 估价：98.00元
PSN B-2008-124-1/1

人力资源蓝皮书
中国人力资源发展报告（2017）
著(编)者：余兴安 2017年11月出版 / 估价：89.00元
PSN B-2012-287-1/1

融资租赁蓝皮书
中国融资租赁业发展报告（2016～2017）
著(编)者：李光荣 王力 2017年8月出版 / 估价：89.00元
PSN B-2015-443-1/1

商会蓝皮书
中国商会发展报告No.5（2017）
著(编)者：王钦敏 2017年7月出版 / 估价：89.00元
PSN B-2008-125-1/1

输血服务蓝皮书
中国输血行业发展报告（2017）
著(编)者：朱永明 耿鸿武 2016年8月出版 / 估价：89.00元
PSN B-2016-583-1/1

社会责任管理蓝皮书
中国上市公司社会责任能力成熟度报告（2017）No.2
著(编)者：肖红军 王晓光 李伟阳
2017年12月出版 / 估价：98.00元
PSN B-2015-507-2/2

社会责任管理蓝皮书
中国企业公众透明度报告(2017)No.3
著(编)者：黄速建 熊梦 王晓光 肖红军
2017年4月出版 / 估价：98.00元
PSN B-2015-440-1/2

食品药品蓝皮书
食品药品安全与监管政策研究报告（2016～2017）
著(编)者：唐民皓 2017年6月出版 / 估价：89.00元
PSN B-2009-129-1/1

世界能源蓝皮书
世界能源发展报告（2017）
著(编)者：黄晓勇 2017年6月出版 / 估价：99.00元
PSN B-2013-349-1/1

水利风景区蓝皮书
中国水利风景区发展报告（2017）
著(编)者：谢婵才 兰思仁 2017年5月出版 / 估价：89.00元
PSN B-2015-480-1/1

碳市场蓝皮书
中国碳市场报告（2017）
著(编)者：定金彪 2017年11月出版 / 估价：89.00元
PSN B-2014-430-1/1

体育蓝皮书
中国体育产业发展报告（2017）
著(编)者：阮伟 钟秉枢 2017年12月出版 / 估价：89.00元
PSN B-2010-179-1/4

网络空间安全蓝皮书
中国网络空间安全发展报告（2017）
著(编)者：惠志斌 唐涛 2017年4月出版 / 估价：89.00元
PSN B-2015-466-1/1

西部金融蓝皮书
中国西部金融发展报告（2017）
著(编)者：李忠民 2017年8月出版 / 估价：85.00元
PSN B-2010-160-1/1

协会商会蓝皮书
中国行业协会商会发展报告（2017）
著(编)者：景朝阳 李勇 2017年4月出版 / 估价：99.00元
PSN B-2015-461-1/1

新能源汽车蓝皮书
中国新能源汽车产业发展报告（2017）
著(编)者：中国汽车技术研究中心
日产（中国）投资有限公司 东风汽车有限公司
2017年7月出版 / 估价：98.00元
PSN B-2013-347-1/1

新三板蓝皮书
中国新三板市场发展报告（2017）
著(编)者：王力 2017年6月出版 / 估价：89.00元
PSN B-2016-534-1/1

信托市场蓝皮书
中国信托业市场报告（2016～2017）
著(编)者：用益信托研究院
2017年1月出版 / 定价：198.00元
PSN B-2014-371-1/1

信息化蓝皮书
中国信息化形势分析与预测（2016~2017）
著(编)者：周宏仁 2017年8月出版 / 估价：98.00元
PSN B-2010-168-1/1

信用蓝皮书
中国信用发展报告（2017）
著(编)者：章政 田侃　2017年4月出版 / 估价：99.00元
PSN B-2013-328-1/1

休闲绿皮书
2017年中国休闲发展报告
著(编)者：宋瑞　2017年10月出版 / 估价：89.00元
PSN G-2010-158-1/1

休闲体育蓝皮书
中国休闲体育发展报告（2016～2017）
著(编)者：李相如　钟炳枢　2017年10月出版 / 估价：89.00元
PSN G-2016-516-1/1

养老金融蓝皮书
中国养老金融发展报告（2017）
著(编)者：董克用　姚余栋
2017年8月出版 / 估价：89.00元
PSN B-2016-584-1/1

药品流通蓝皮书
中国药品流通行业发展报告（2017）
著(编)者：佘鲁林 温再兴　2017年8月出版 / 估价：158.00元
PSN B-2014-429-1/1

医院蓝皮书
中国医院竞争力报告（2017）
著(编)者：庄一强　曾益新　2017年3月出版 / 定价：108.00元
PSN B-2016-529-1/1

邮轮绿皮书
中国邮轮产业发展报告（2017）
著(编)者：汪泓　2017年10月出版 / 估价：89.00元
PSN G-2014-419-1/1

智能养老蓝皮书
中国智能养老产业发展报告（2017）
著(编)者：朱勇　2017年10月出版 / 估价：89.00元
PSN B-2015-488-1/1

债券市场蓝皮书
中国债券市场发展报告（2016～2017）
著(编)者：杨农　2017年10月出版 / 估价：89.00元
PSN B-2016-573-1/1

中国节能汽车蓝皮书
中国节能汽车发展报告（2016~2017）
著(编)者：中国汽车工程研究院股份有限公司
2017年9月出版 / 估价：98.00元
PSN B-2016-566-1/1

中国上市公司蓝皮书
中国上市公司发展报告（2017）
著(编)者：张平 王宏淼
2017年10月出版 / 估价：98.00元
PSN B-2014-414-1/1

中国陶瓷产业蓝皮书
中国陶瓷产业发展报告（2017）
著(编)者：左和平 黄速建　2017年10月出版 / 估价：98.00元
PSN B-2016-574-1/1

中国总部经济蓝皮书
中国总部经济发展报告（2016～2017）
著(编)者：赵弘　2017年9月出版 / 估价：89.00元
PSN B-2005-036-1/1

中医文化蓝皮书
中国中医药文化传播发展报告（2017）
著(编)者：毛嘉陵　2017年7月出版 / 估价：89.00元
PSN B-2015-468-1/1

装备制造业蓝皮书
中国装备制造业发展报告（2017）
著(编)者：徐东华　2017年12月出版 / 估价：148.00元
PSN B-2015-505-1/1

资本市场蓝皮书
中国场外交易市场发展报告（2016～2017）
著(编)者：高峦　2017年4月出版 / 估价：89.00元
PSN B-2009-153-1/1

资产管理蓝皮书
中国资产管理行业发展报告（2017）
著(编)者：智信资产管理研究院
2017年6月出版 / 估价：89.00元
PSN B-2014-407-2/2

文化传媒类

传媒竞争力蓝皮书
中国传媒国际竞争力研究报告（2017）
著(编)者：李本乾 刘强
2017年11月出版 / 估价：148.00元
PSN B-2013-356-1/1

传媒蓝皮书
中国传媒产业发展报告（2017）
著(编)者：崔保国　2017年5月出版 / 估价：98.00元
PSN B-2005-035-1/1

传媒投资蓝皮书
中国传媒投资发展报告（2017）
著(编)者：张向东 谭云明
2017年6月出版 / 估价：128.00元
PSN B-2015-474-1/1

动漫蓝皮书
中国动漫产业发展报告（2017）
著(编)者：卢斌 郑玉明 牛兴侦
2017年9月出版 / 估价：89.00元
PSN B-2011-198-1/1

非物质文化遗产蓝皮书
中国非物质文化遗产发展报告（2017）
著(编)者：陈平　2017年5月出版 / 估价：98.00元
PSN B-2015-469-1/1

广电蓝皮书
中国广播电影电视发展报告（2017）
著(编)者：国家新闻出版广电总局发展研究中心
2017年7月出版 / 估价：98.00元
PSN B-2006-072-1/1

广告主蓝皮书
中国广告主营销传播趋势报告 No.9
著(编)者：黄升民 杜国清 邵华冬 等
2017年10月出版 / 估价：148.00元
PSN B-2005-041-1/1

国际传播蓝皮书
中国国际传播发展报告（2017）
著(编)者：胡正荣 李继东 姬德强
2017年11月出版 / 估价：89.00元
PSN B-2014-408-1/1

国家形象蓝皮书
中国国家形象传播报告（2016）
著(编)者：张昆　2017年3月出版 / 定价：98.00元
PSN B-2017-605-1/1

纪录片蓝皮书
中国纪录片发展报告（2017）
著(编)者：何苏六　2017年9月出版 / 估价：89.00元
PSN B-2011-222-1/1

科学传播蓝皮书
中国科学传播报告（2017）
著(编)者：詹正茂　2017年7月出版 / 估价：89.00元
PSN B-2008-120-1/1

两岸创意经济蓝皮书
两岸创意经济研究报告（2017）
著(编)者：罗昌智 林咏能
2017年10月出版 / 估价：98.00元
PSN B-2014-437-1/1

媒介与女性蓝皮书
中国媒介与女性发展报告(2016~2017)
著(编)者：刘利群　2017年9月出版 / 估价：118.00元
PSN B-2013-345-1/1

媒体融合蓝皮书
中国媒体融合发展报告（2017）
著(编)者：梅宁华 宋建武　2017年7月出版 / 估价：89.00元
PSN B-2015-479-1/1

全球传媒蓝皮书
全球传媒发展报告（2017）
著(编)者：胡正荣 李继东 唐晓芬
2017年11月出版 / 估价：89.00元
PSN B-2012-237-1/1

少数民族非遗蓝皮书
中国少数民族非物质文化遗产发展报告（2017）
著(编)者：肖远平（彝） 柴立（满）
2017年8月出版 / 估价：98.00元
PSN B-2015-467-1/1

视听新媒体蓝皮书
中国视听新媒体发展报告（2017）
著(编)者：国家新闻出版广电总局发展研究中心
2017年7月出版 / 估价：98.00元
PSN B-2011-184-1/1

文化创新蓝皮书
中国文化创新报告（2017）No.7
著(编)者：于平 傅才武　2017年7月出版 / 估价：98.00元
PSN B-2009-143-1/1

文化建设蓝皮书
中国文化发展报告（2016~2017）
著(编)者：江畅 孙伟平 戴茂堂
2017年6月出版 / 估价：116.00元
PSN B-2014-392-1/1

文化科技蓝皮书
文化科技创新发展报告（2017）
著(编)者：于平 李凤亮　2017年11月出版 / 估价：89.00元
PSN B-2013-342-1/1

文化蓝皮书
中国公共文化服务发展报告（2017）
著(编)者：刘新成 张永新 张旭
2017年12月出版 / 估价：98.00元
PSN B-2007-093-2/10

文化蓝皮书
中国公共文化投入增长测评报告（2017）
著(编)者：王亚南　2017年2月出版 / 定价：79.00元
PSN B-2014-435-10/10

文化蓝皮书
中国少数民族文化发展报告（2016~2017）
著(编)者：武翠英 张晓明 任乌晶
2017年9月出版 / 估价：89.00元
PSN B-2013-369-9/10

文化蓝皮书
中国文化产业发展报告（2016~2017）
著(编)者：张晓明 王家新 章建刚
2017年4月出版 / 估价：89.00元
PSN B-2002-019-1/10

文化蓝皮书
中国文化产业供需协调检测报告（2017）
著(编)者：王亚南 2017年2月出版 / 定价：79.00元
PSN B-2013-323-8/10

文化蓝皮书
中国文化消费需求景气评价报告（2017）
著(编)者：王亚南 2017年2月出版 / 定价：79.00元
PSN B-2011-236-4/10

文化品牌蓝皮书
中国文化品牌发展报告（2017）
著(编)者：欧阳友权 2017年5月出版 / 估价：98.00元
PSN B-2012-277-1/1

文化遗产蓝皮书
中国文化遗产事业发展报告（2017）
著(编)者：苏杨 张颖岚 王宇飞
2017年8月出版 / 估价：98.00元
PSN B-2008-119-1/1

文学蓝皮书
中国文情报告（2016～2017）
著(编)者：白烨 2017年5月出版 / 估价：49.00元
PSN B-2011-221-1/1

新媒体蓝皮书
中国新媒体发展报告No.8（2017）
著(编)者：唐绪军 2017年6月出版 / 估价：89.00元
PSN B-2010-169-1/1

新媒体社会责任蓝皮书
中国新媒体社会责任研究报告（2017）
著(编)者：钟瑛 2017年11月出版 / 估价：89.00元
PSN B-2014-423-1/1

移动互联网蓝皮书
中国移动互联网发展报告（2017）
著(编)者：官建文 2017年6月出版 / 估价：89.00元
PSN B-2012-282-1/1

舆情蓝皮书
中国社会舆情与危机管理报告（2017）
著(编)者：谢耘耕 2017年9月出版 / 估价：128.00元
PSN B-2011-235-1/1

影视蓝皮书
中国影视产业发展报告（2017）
著(编)者：司若 2017年4月出版 / 估价：138.00元
PSN B-2016-530-1/1

地方发展类

安徽经济蓝皮书
合芜蚌国家自主创新综合示范区研究报告（2016～2017）
著(编)者：黄家海 王开玉 蔡宪
2017年7月出版 / 估价：89.00元
PSN B-2014-383-1/1

安徽蓝皮书
安徽社会发展报告（2017）
著(编)者：程桦 2017年4月出版 / 估价：89.00元
PSN B-2013-325-1/1

澳门蓝皮书
澳门经济社会发展报告（2016～2017）
著(编)者：吴志良 郝雨凡 2017年6月出版 / 估价：98.00元
PSN B-2009-138-1/1

北京蓝皮书
北京公共服务发展报告（2016～2017）
著(编)者：施昌奎 2017年3月出版 / 定价：79.00元
PSN B-2008-103-7/8

北京蓝皮书
北京经济发展报告（2016～2017）
著(编)者：杨松 2017年6月出版 / 估价：89.00元
PSN B-2006-054-2/8

北京蓝皮书
北京社会发展报告（2016～2017）
著(编)者：李伟东 2017年6月出版 / 估价：89.00元
PSN B-2006-055-3/8

北京蓝皮书
北京社会治理发展报告（2016～2017）
著(编)者：殷星辰 2017年5月出版 / 估价：89.00元
PSN B-2014-391-8/8

北京蓝皮书
北京文化发展报告（2016～2017）
著(编)者：李建盛 2017年4月出版 / 估价：89.00元
PSN B-2007-082-4/8

北京律师绿皮书
北京律师发展报告No.3（2017）
著(编)者：王隽 2017年7月出版 / 估价：88.00元
PSN G-2012-301-1/1

北京旅游蓝皮书
北京旅游发展报告（2017）
著(编)者：北京旅游学会 2017年4月出版 / 估价：88.00元
PSN B-2011-217-1/1

北京人才蓝皮书
北京人才发展报告（2017）
著(编)者：于淼　2017年12月出版 / 估价：128.00元
PSN B-2011-201-1/1

北京社会心态蓝皮书
北京社会心态分析报告（2016～2017）
著(编)者：北京社会心理研究所
2017年8月出版 / 估价：89.00元
PSN B-2014-422-1/1

北京社会组织管理蓝皮书
北京社会组织发展与管理（2016～2017）
著(编)者：黄江松　2017年4月出版 / 估价：88.00元
PSN B-2015-446-1/1

北京体育蓝皮书
北京体育产业发展报告（2016～2017）
著(编)者：钟秉枢 陈杰 杨铁黎
2017年9月出版 / 估价：89.00元
PSN B-2015-475-1/1

北京养老产业蓝皮书
北京养老产业发展报告（2017）
著(编)者：周明明 冯喜良　2017年8月出版 / 估价：89.00元
PSN B-2015-465-1/1

滨海金融蓝皮书
滨海新区金融发展报告（2017）
著(编)者：王爱俭 张锐钢　2017年12月出版 / 估价：89.00元
PSN B-2014-424-1/1

城乡一体化蓝皮书
中国城乡一体化发展报告•北京卷（2016～2017）
著(编)者：张宝秀 黄序　2017年5月出版 / 估价：89.00元
PSN B-2012-258-2/2

创意城市蓝皮书
北京文化创意产业发展报告（2017）
著(编)者：张京成 王国华　2017年10月出版 / 估价：89.00元
PSN B-2012-263-1/7

创意城市蓝皮书
天津文化创意产业发展报告（2016～2017）
著(编)者：谢思全　2017年6月出版 / 估价：89.00元
PSN B-2016-537-7/7

创意城市蓝皮书
武汉文化创意产业发展报告（2017）
著(编)者：黄永林 陈汉桥　2017年9月出版 / 估价：99.00元
PSN B-2013-354-4/7

创意上海蓝皮书
上海文化创意产业发展报告（2016～2017）
著(编)者：王慧敏 王兴全　2017年8月出版 / 估价：89.00元
PSN B-2016-562-1/1

福建妇女发展蓝皮书
福建省妇女发展报告（2017）
著(编)者：刘群英　2017年11月出版 / 估价：88.00元
PSN B-2011-220-1/1

福建自贸区蓝皮书
中国（福建）自由贸易实验区发展报告（2016～2017）
著(编)者：黄茂兴　2017年4月出版 / 估价：108.00元
PSN B-2017-532-1/1

甘肃蓝皮书
甘肃经济发展分析与预测（2017）
著(编)者：安文华 罗哲　2017年1月出版 / 定价：79.00元
PSN B-2013-312-1/6

甘肃蓝皮书
甘肃社会发展分析与预测（2017）
著(编)者：安文华 包晓霞 谢增虎
2017年1月出版 / 定价：79.00元
PSN B-2013-313-2/6

甘肃蓝皮书
甘肃文化发展分析与预测（2017）
著(编)者：王俊莲 周小华　2017年1月出版 / 定价：79.00元
PSN B-2013-314-3/6

甘肃蓝皮书
甘肃县域和农村发展报告（2017）
著(编)者：朱智文 包东红 王建兵
2017年1月出版 / 定价：79.00元
PSN B-2013-316-5/6

甘肃蓝皮书
甘肃舆情分析与预测（2017）
著(编)者：陈双梅 张谦元　2017年1月出版 / 定价：79.00元
PSN B-2013-315-4/6

甘肃蓝皮书
甘肃商贸流通发展报告（2017）
著(编)者：张应华 王福生 王晓芳
2017年1月出版 / 定价：79.00元
PSN B-2016-523-6/6

广东蓝皮书
广东全面深化改革发展报告（2017）
著(编)者：周林生 涂成林　2017年12月出版 / 估价：89.00元
PSN B-2015-504-3/3

广东蓝皮书
广东社会工作发展报告（2017）
著(编)者：罗观翠　2017年6月出版 / 估价：89.00元
PSN B-2014-402-2/3

广东外经贸蓝皮书
广东对外经济贸易发展研究报告（2016~2017）
著(编)者：陈万灵　2017年8月出版 / 估价：98.00元
PSN B-2012-286-1/1

广西北部湾经济区蓝皮书
广西北部湾经济区开放开发报告（2017）
著(编)者：广西北部湾经济区规划建设管理委员会办公室
广西社会科学院广西北部湾发展研究院
2017年4月出版 / 估价：89.00元
PSN B-2010-181-1/1

巩义蓝皮书
巩义经济社会发展报告（2017）
著(编)者：丁同民 朱军　2017年4月出版 / 估价：58.00元
PSN B-2016-533-1/1

广州蓝皮书
2017年中国广州经济形势分析与预测
著(编)者：庾建设 陈浩钿 谢博能
2017年7月出版 / 估价：85.00元
PSN B-2011-185-9/14

广州蓝皮书
2017年中国广州社会形势分析与预测
著(编)者：张强 陈怡霓 杨秦 2017年6月出版 / 估价：85.00元
PSN B-2008-110-5/14

广州蓝皮书
广州城市国际化发展报告（2017）
著(编)者：朱名宏 2017年8月出版 / 估价：79.00元
PSN B-2012-246-11/14

广州蓝皮书
广州创新型城市发展报告（2017）
著(编)者：尹涛 2017年7月出版 / 估价：79.00元
PSN B-2012-247-12/14

广州蓝皮书
广州经济发展报告（2017）
著(编)者：朱名宏 2017年7月出版 / 估价：79.00元
PSN B-2005-040-1/14

广州蓝皮书
广州农村发展报告（2017）
著(编)者：朱名宏 2017年8月出版 / 估价：79.00元
PSN B-2010-167-8/14

广州蓝皮书
广州汽车产业发展报告（2017）
著(编)者：杨再高 冯兴亚 2017年7月出版 / 估价：79.00元
PSN B-2006-066-3/14

广州蓝皮书
广州青年发展报告（2016~2017）
著(编)者：徐柳 张强 2017年9月出版 / 估价：79.00元
PSN B-2013-352-13/14

广州蓝皮书
广州商贸业发展报告（2017）
著(编)者：李江涛 肖振宇 荀振英
2017年7月出版 / 估价：79.00元
PSN B-2012-245-10/14

广州蓝皮书
广州社会保障发展报告（2017）
著(编)者：蔡国萱 2017年8月出版 / 估价：79.00元
PSN B-2014-425-14/14

广州蓝皮书
广州文化创意产业发展报告（2017）
著(编)者：徐咏虹 2017年7月出版 / 估价：79.00元
PSN B-2008-111-6/14

广州蓝皮书
中国广州城市建设与管理发展报告（2017）
著(编)者：董皞 陈小钢 李江涛
2017年7月出版 / 估价：85.00元
PSN B-2007-087-4/14

广州蓝皮书
中国广州科技创新发展报告（2017）
著(编)者：邹采荣 马正勇 陈爽
2017年7月出版 / 估价：79.00元
PSN B-2006-065-2/14

广州蓝皮书
中国广州文化发展报告（2017）
著(编)者：徐俊忠 陆志强 顾涧清
2017年7月出版 / 估价：79.00元
PSN B-2009-134-7/14

贵阳蓝皮书
贵阳城市创新发展报告No.2（白云篇）
著(编)者：连玉明 2017年10月出版 / 估价：89.00元
PSN B-2015-491-3/10

贵阳蓝皮书
贵阳城市创新发展报告No.2（观山湖篇）
著(编)者：连玉明 2017年10月出版 / 估价：89.00元
PSN B-2011-235-1/1

贵阳蓝皮书
贵阳城市创新发展报告No.2（花溪篇）
著(编)者：连玉明 2017年10月出版 / 估价：89.00元
PSN B-2015-490-2/10

贵阳蓝皮书
贵阳城市创新发展报告No.2（开阳篇）
著(编)者：连玉明 2017年10月出版 / 估价：89.00元
PSN B-2015-492-4/10

贵阳蓝皮书
贵阳城市创新发展报告No.2（南明篇）
著(编)者：连玉明 2017年10月出版 / 估价：89.00元
PSN B-2015-496-8/10

贵阳蓝皮书
贵阳城市创新发展报告No.2（清镇篇）
著(编)者：连玉明 2017年10月出版 / 估价：89.00元
PSN B-2015-489-1/10

贵阳蓝皮书
贵阳城市创新发展报告No.2（乌当篇）
著(编)者：连玉明 2017年10月出版 / 估价：89.00元
PSN B-2015-495-7/10

贵阳蓝皮书
贵阳城市创新发展报告No.2（息烽篇）
著(编)者：连玉明 2017年10月出版 / 估价：89.00元
PSN B-2015-493-5/10

贵阳蓝皮书
贵阳城市创新发展报告No.2（修文篇）
著(编)者：连玉明 2017年10月出版 / 估价：89.00元
PSN B-2015-494-6/10

贵阳蓝皮书
贵阳城市创新发展报告No.2（云岩篇）
著(编)者：连玉明 2017年10月出版 / 估价：89.00元
PSN B-2015-498-10/10

贵州房地产蓝皮书
贵州房地产发展报告No.4（2017）
著(编)者：武廷方 2017年7月出版 / 估价：89.00元
PSN B-2014-426-1/1

贵州蓝皮书
贵州册亨经济社会发展报告(2017)
著(编)者：黄德林 2017年3月出版 / 估价：89.00元
PSN B-2016-526-8/9

贵州蓝皮书
贵安新区发展报告（2016~2017）
著(编)者：马长青 吴大华　2017年6月出版 / 估价：89.00元
PSN B-2015-459-4/9

贵州蓝皮书
贵州法治发展报告（2017）
著(编)者：吴大华　2017年5月出版 / 估价：89.00元
PSN B-2012-254-2/9

贵州蓝皮书
贵州国有企业社会责任发展报告（2016~2017）
著(编)者：郭丽 周航 万强
2017年12月出版 / 估价：89.00元
PSN B-2015-511-6/9

贵州蓝皮书
贵州民航业发展报告（2017）
著(编)者：申振东 吴大华　2017年10月出版 / 估价：89.00元
PSN B-2015-471-5/9

贵州蓝皮书
贵州民营经济发展报告（2017）
著(编)者：杨静 吴大华　2017年4月出版 / 估价：89.00元
PSN B-2016-531-9/9

贵州蓝皮书
贵州人才发展报告（2017）
著(编)者：于杰 吴大华　2017年9月出版 / 估价：89.00元
PSN B-2014-382-3/9

贵州蓝皮书
贵州社会发展报告（2017）
著(编)者：王兴骥　2017年6月出版 / 估价：89.00元
PSN B-2010-166-1/9

贵州蓝皮书
贵州国家级开放创新平台发展报告（2017）
著(编)者：申晓庆　吴大华　李泓
2017年6月出版 / 估价：89.00元
PSN B-2016-518-1/9

海淀蓝皮书
海淀区文化和科技融合发展报告（2017）
著(编)者：陈名杰 孟景伟　2017年5月出版 / 估价：85.00元
PSN B-2013-329-1/1

杭州都市圈蓝皮书
杭州都市圈发展报告（2017）
著(编)者：沈翔 戚建国　2017年5月出版 / 估价：128.00元
PSN B-2012-302-1/1

杭州蓝皮书
杭州妇女发展报告（2017）
著(编)者：魏颖　2017年6月出版 / 估价：89.00元
PSN B-2014-403-1/1

河北经济蓝皮书
河北省经济发展报告（2017）
著(编)者：马树强 金浩 张贵
2017年4月出版 / 估价：89.00元
PSN B-2014-380-1/1

河北蓝皮书
河北经济社会发展报告（2017）
著(编)者：郭金平　2017年1月出版 / 定价：79.00元
PSN B-2014-372-1/2

河北蓝皮书
京津冀协同发展报告（2017）
著(编)者：陈路　2017年1月出版 / 定价：79.00元
PSN B-2017-601-2/2

河北食品药品安全蓝皮书
河北食品药品安全研究报告（2017）
著(编)者：丁锦霞　2017年6月出版 / 估价：89.00元
PSN B-2015-473-1/1

河南经济蓝皮书
2017年河南经济形势分析与预测
著(编)者：王世炎　2017年3月出版 / 定价：79.00元
PSN B-2007-086-1/1

河南蓝皮书
2017年河南社会形势分析与预测
著(编)者：刘道兴 牛苏林　2017年4月出版 / 估价89.00元
PSN B-2005-043-1/8

河南蓝皮书
河南城市发展报告（2017）
著(编)者：张占仓 王建国　2017年5月出版 / 估价：89.00元
PSN B-2009-131-3/8

河南蓝皮书
河南法治发展报告（2017）
著(编)者：丁同民 张林海　2017年5月出版 / 估价：89.00元
PSN B-2014-376-6/8

河南蓝皮书
河南工业发展报告（2017）
著(编)者：张占仓 丁同民　2017年5月出版 / 估价：89.00元
PSN B-2013-317-5/8

河南蓝皮书
河南金融发展报告（2017）
著(编)者：河南省社会科学院
2017年6月出版 / 估价：89.00元
PSN B-2014-390-7/8

河南蓝皮书
河南经济发展报告（2017）
著(编)者：张占仓　完世伟　2017年4月出版 / 估价：89.00元
PSN B-2010-157-4/8

河南蓝皮书
河南农业农村发展报告（2017）
著(编)者：吴海峰　2017年4月出版 / 估价：89.00元
PSN B-2015-445-8/8

河南蓝皮书
河南文化发展报告（2017）
著(编)者：卫绍生　2017年4月出版 / 估价：88.00元
PSN B-2008-106-2/8

河南商务蓝皮书
河南商务发展报告（2017）
著(编)者：焦锦淼 穆荣国　2017年6月出版 / 估价：88.00元
PSN B-2014-399-1/1

黑龙江蓝皮书
黑龙江经济发展报告（2017）
著(编)者：朱宇　2017年1月出版 / 定价：79.00元
PSN B-2011-190-2/2

黑龙江蓝皮书
黑龙江社会发展报告（2017）
著(编)者：谢宝禄　2017年1月出版 / 定价：79.00元
PSN B-2011-189-1/2

湖北文化蓝皮书
湖北文化发展报告（2017）
著(编)者：吴成国　2017年10月出版 / 估价：95.00元
PSN B-2016-567-1/1

湖南城市蓝皮书
区域城市群整合
著(编)者：童中贤 韩未名
2017年12月出版 / 估价：89.00元
PSN B-2006-064-1/1

湖南蓝皮书
2017年湖南产业发展报告
著(编)者：梁志峰　2017年5月出版 / 估价：128.00元
PSN B-2011-207-2/8

湖南蓝皮书
2017年湖南电子政务发展报告
著(编)者：梁志峰　2017年5月出版 / 估价：128.00元
PSN B-2014-394-6/8

湖南蓝皮书
2017年湖南经济展望
著(编)者：梁志峰　2017年5月出版 / 估价：128.00元
PSN B-2011-206-1/8

湖南蓝皮书
2017年湖南两型社会与生态文明发展报告
著(编)者：梁志峰　2017年5月出版 / 估价：128.00元
PSN B-2011-208-3/8

湖南蓝皮书
2017年湖南社会发展报告
著(编)者：梁志峰　2017年5月出版 / 估价：128.00元
PSN B-2014-393-5/8

湖南蓝皮书
2017年湖南县域经济社会发展报告
著(编)者：梁志峰　2017年5月出版 / 估价：128.00元
PSN B-2014-395-7/8

湖南蓝皮书
湖南城乡一体化发展报告（2017）
著(编)者：陈文胜 王文强 陆福兴 邝奕轩
2017年6月出版 / 估价：89.00元
PSN B-2015-477-8/8

湖南县域绿皮书
湖南县域发展报告 No.3
著(编)者：袁准 周小毛 黎仁寅
2017年3月出版 / 定价：79.00元
PSN G-2012-274-1/1

沪港蓝皮书
沪港发展报告（2017）
著(编)者：尤安山　2017年9月出版 / 估价：89.00元
PSN B-2013-362-1/1

吉林蓝皮书
2017年吉林经济社会形势分析与预测
著(编)者：邵汉明　2016年12月出版 / 定价：79.00元
PSN B-2013-319-1/1

吉林省城市竞争力蓝皮书
吉林省城市竞争力报告（2016~2017）
著(编)者：崔岳春 张磊　2016年12月出版 / 定价：79.00元
PSN B-2015-513-1/1

济源蓝皮书
济源经济社会发展报告（2017）
著(编)者：喻新安　2017年4月出版 / 估价：89.00元
PSN B-2014-387-1/1

健康城市蓝皮书
北京健康城市建设研究报告（2017）
著(编)者：王鸿春　2017年8月出版 / 估价：89.00元
PSN B-2015-460-1/2

江苏法治蓝皮书
江苏法治发展报告 No.6（2017）
著(编)者：蔡道通 龚廷泰　2017年8月出版 / 估价：98.00元
PSN B-2012-290-1/1

江西蓝皮书
江西经济社会发展报告（2017）
著(编)者：张勇 姜玮 梁勇　2017年10月出版 / 估价：89.00元
PSN B-2015-484-1/2

江西蓝皮书
江西设区市发展报告（2017）
著(编)者：姜玮 梁勇　2017年10月出版 / 估价：79.00元
PSN B-2016-517-2/2

江西文化蓝皮书
江西文化产业发展报告（2017）
著(编)者：张圣才 汪春翔
2017年10月出版 / 估价：128.00元
PSN B-2015-499-1/1

街道蓝皮书
北京街道发展报告No.2（白纸坊篇）
著(编)者：连玉明　2017年8月出版 / 估价：98.00元
PSN B-2016-544-7/15

街道蓝皮书
北京街道发展报告No.2（椿树篇）
著(编)者：连玉明　2017年8月出版 / 估价：98.00元
PSN B-2016-548-11/15

街道蓝皮书
北京街道发展报告No.2（大栅栏篇）
著(编)者：连玉明　2017年8月出版 / 估价：98.00元
PSN B-2016-552-15/15

街道蓝皮书
北京街道发展报告No.2（德胜篇）
著(编)者：连玉明　2017年8月出版 / 估价：98.00元
PSN B-2016-551-14/15

街道蓝皮书
北京街道发展报告No.2（广安门内篇）
著(编)者：连玉明　2017年8月出版 / 估价：98.00元
PSN B-2016-540-3/15

街道蓝皮书
北京街道发展报告No.2（广安门外篇）
著(编)者：连玉明　2017年8月出版 / 估价：98.00元
PSN B-2016-547-10/15

街道蓝皮书
北京街道发展报告No.2（金融街篇）
著(编)者：连玉明　2017年8月出版 / 估价：98.00元
PSN B-2016-538-1/15

街道蓝皮书
北京街道发展报告No.2（牛街篇）
著(编)者：连玉明　2017年8月出版 / 估价：98.00元
PSN B-2016-545-8/15

街道蓝皮书
北京街道发展报告No.2（什刹海篇）
著(编)者：连玉明　2017年8月出版 / 估价：98.00元
PSN B-2016-546-9/15

街道蓝皮书
北京街道发展报告No.2（陶然亭篇）
著(编)者：连玉明　2017年8月出版 / 估价：98.00元
PSN B-2016-542-5/15

街道蓝皮书
北京街道发展报告No.2（天桥篇）
著(编)者：连玉明　2017年8月出版 / 估价：98.00元
PSN B-2016-549-12/15

街道蓝皮书
北京街道发展报告No.2（西长安街篇）
著(编)者：连玉明　2017年8月出版 / 估价：98.00元
PSN B-2016-543-6/15

街道蓝皮书
北京街道发展报告No.2（新街口篇）
著(编)者：连玉明　2017年8月出版 / 估价：98.00元
PSN B-2016-541-4/15

街道蓝皮书
北京街道发展报告No.2（月坛篇）
著(编)者：连玉明　2017年8月出版 / 估价：98.00元
PSN B-2016-539-2/15

街道蓝皮书
北京街道发展报告No.2（展览路篇）
著(编)者：连玉明　2017年8月出版 / 估价：98.00元
PSN B-2016-550-13/15

经济特区蓝皮书
中国经济特区发展报告（2017）
著(编)者：陶一桃　2017年12月出版 / 估价：98.00元
PSN B-2009-139-1/1

辽宁蓝皮书
2017年辽宁经济社会形势分析与预测
著(编)者：曹晓峰　梁启东
2017年4月出版 / 估价：79.00元
PSN B-2006-053-1/1

洛阳蓝皮书
洛阳文化发展报告（2017）
著(编)者：刘福兴 陈启明　2017年7月出版 / 估价：89.00元
PSN B-2015 476-1/1

南京蓝皮书
南京文化发展报告（2017）
著(编)者：徐宁　2017年10月出版 / 估价：89.00元
PSN B-2014-439-1/1

南宁蓝皮书
南宁法治发展报告（2017）
著(编)者：杨维超　2017年12月出版 / 估价：79.00元
PSN B-2015-509-1/3

南宁蓝皮书
南宁经济发展报告（2017）
著(编)者：胡建华　2017年9月出版 / 估价：79.00元
PSN B-2016-570-2/3

南宁蓝皮书
南宁社会发展报告（2017）
著(编)者：胡建华　2017年9月出版 / 估价：79.00元
PSN B-2016-571-3/3

内蒙古蓝皮书
内蒙古反腐倡廉建设报告 No.2
著(编)者：张志华 无极　2017年12月出版 / 估价：79.00元
PSN B-2013-365-1/1

浦东新区蓝皮书
上海浦东经济发展报告（2017）
著(编)者：沈开艳 周奇　2017年2月出版 / 定价：79.00元
PSN B-2011-225-1/1

青海蓝皮书
2017年青海经济社会形势分析与预测
著(编)者：陈玮　2016年12月出版 / 定价：79.00元
PSN B-2012-275-1/1

人口与健康蓝皮书
深圳人口与健康发展报告（2017）
著(编)者：陆杰华 罗乐宣 苏杨
2017年11月出版 / 估价：89.00元
PSN B-2011-228-1/1

山东蓝皮书
山东经济形势分析与预测（2017）
著(编)者：李广杰　2017年7月出版 / 估价：89.00元
PSN B-2014-404-1/4

山东蓝皮书
山东社会形势分析与预测（2017）
著(编)者：张华 唐洲雁　2017年6月出版 / 估价：89.00元
PSN B-2014-405-2/4

山东蓝皮书
山东文化发展报告（2017）
著(编)者：涂可国　2017年11月出版 / 估价：98.00元
PSN B-2014-406-3/4

山西蓝皮书
山西资源型经济转型发展报告（2017）
著(编)者：李志强　2017年7月出版 / 估价：89.00元
PSN B-2011-197-1/1

陕西蓝皮书
陕西经济发展报告（2017）
著(编)者：任宗哲 白宽犁 裴成荣
2017年1月出版 / 定价：69.00元
PSN B-2009-135-1/5

陕西蓝皮书
陕西社会发展报告（2017）
著(编)者：任宗哲 白宽犁 牛昉
2017年1月出版 / 定价：69.00元
PSN B-2009-136-2/5

陕西蓝皮书
陕西文化发展报告（2017）
著(编)者：任宗哲 白宽犁 王长寿
2017年1月出版 / 定价：69.00元
PSN B-2009-137-3/5

上海蓝皮书
上海传媒发展报告（2017）
著(编)者：强荧 焦雨虹 2017年2月出版 / 定价：79.00元
PSN B-2012-295-5/7

上海蓝皮书
上海法治发展报告（2017）
著(编)者：叶青 2017年6月出版 / 估价：89.00元
PSN B-2012-296-6/7

上海蓝皮书
上海经济发展报告（2017）
著(编)者：沈开艳 2017年2月出版 / 定价：79.00元
PSN B-2006-057-1/7

上海蓝皮书
上海社会发展报告（2017）
著(编)者：杨雄 周海旺 2017年2月出版 / 定价：79.00元
PSN B-2006-058-2/7

上海蓝皮书
上海文化发展报告（2017）
著(编)者：荣跃明 2017年2月出版 / 定价：79.00元
PSN B-2006-059-3/7

上海蓝皮书
上海文学发展报告（2017）
著(编)者：陈圣来 2017年6月出版 / 估价：89.00元
PSN B-2012-297-7/7

上海蓝皮书
上海资源环境发展报告（2017）
著(编)者：周冯琦 汤庆合
2017年2月出版 / 定价：79.00元
PSN B-2006-060-4/7

社会建设蓝皮书
2017年北京社会建设分析报告
著(编)者：宋贵伦 冯虹 2017年10月出版 / 估价：89.00元
PSN B-2010-173-1/1

深圳蓝皮书
深圳法治发展报告（2017）
著(编)者：张骁儒 2017年6月出版 / 估价：89.00元
PSN B-2015-470-6/7

深圳蓝皮书
深圳经济发展报告（2017）
著(编)者：张骁儒 2017年7月出版 / 估价：89.00元
PSN B-2008-112-3/7

深圳蓝皮书
深圳劳动关系发展报告（2017）
著(编)者：汤庭芬 2017年6月出版 / 估价：89.00元
PSN B-2007-097-2/7

深圳蓝皮书
深圳社会建设与发展报告（2017）
著(编)者：张骁儒 陈东平 2017年7月出版 / 估价：89.00元
PSN B-2008-113-4/7

深圳蓝皮书
深圳文化发展报告(2017)
著(编)者：张骁儒 2017年7月出版 / 估价：89.00元
PSN B-2016-555-7/7

丝绸之路蓝皮书
丝绸之路经济带发展报告（2017）
著(编)者：任宗哲 白宽犁 谷孟宾
2017年1月出版 / 定价：75.00元
PSN B-2014-410-1/1

法治蓝皮书
四川依法治省年度报告 No.3（2017）
著(编)者：李林 杨天宗 田禾
2017年3月出版 / 定价：118.00元
PSN B-2015-447-1/1

四川蓝皮书
2017年四川经济形势分析与预测
著(编)者：杨钢 2017年1月出版 / 定价：98.00元
PSN B-2007-098-2/7

四川蓝皮书
四川城镇化发展报告（2017）
著(编)者：侯水平 陈炜 2017年4月出版 / 估价：85.00元
PSN B-2015-456-7/7

四川蓝皮书
四川法治发展报告（2017）
著(编)者：郑泰安 2017年4月出版 / 估价：89.00元
PSN B-2015-441-5/7

四川蓝皮书
四川企业社会责任研究报告（2016～2017）
著(编)者：侯水平 盛毅 翟刚
2017年4月出版 / 估价：89.00元
PSN B-2014-386-4/7

四川蓝皮书
四川社会发展报告（2017）
著(编)者：李羚 2017年5月出版 / 估价：89.00元
PSN B-2008-127-3/7

四川蓝皮书
四川生态建设报告（2017）
著(编)者：李晟之 2017年4月出版 / 估价：85.00元
PSN B-2015-455-6/7

四川蓝皮书
四川文化产业发展报告（2017）
著(编)者：向宝云 张立伟
2017年4月出版 / 估价：89.00元
PSN B-2006-074-1/7

体育蓝皮书
上海体育产业发展报告（2016～2017）
著(编)者：张林 黄海燕
2017年10月出版 / 估价：89.00元
PSN B-2015-454-4/4

体育蓝皮书
长三角地区体育产业发展报告（2016～2017）
著(编)者：张林 2017年4月出版 / 估价：89.00元
PSN B-2015-453-3/4

天津金融蓝皮书
天津金融发展报告（2017）
著(编)者：王爱俭 孔德昌
2017年12月出版 / 估价：98.00元
PSN B-2014-418-1/1

图们江区域合作蓝皮书
图们江区域合作发展报告（2017）
著(编)者：李铁 2017年6月出版 / 估价：98.00元
PSN B-2015-464-1/1

温州蓝皮书
2017年温州经济社会形势分析与预测
著(编)者：潘忠强 王春光 金浩
2017年4月出版 / 估价：89.00元
PSN B-2008-105-1/1

西咸新区蓝皮书
西咸新区发展报告（2016~2017）
著(编)者：李扬 王军 2017年6月出版 / 估价：89.00元
PSN B-2016-535-1/1

扬州蓝皮书
扬州经济社会发展报告（2017）
著(编)者：丁纯 2017年12月出版 / 估价：98.00元
PSN B-2011-191-1/1

长株潭城市群蓝皮书
长株潭城市群发展报告（2017）
著(编)者：张萍 2017年12月出版 / 估价：89.00元
PSN B-2008-109-1/1

中医文化蓝皮书
北京中医文化传播发展报告（2017）
著(编)者：毛嘉陵 2017年5月出版 / 估价：79.00元
PSN B-2015-468-1/2

珠三角流通蓝皮书
珠三角商圈发展研究报告（2017）
著(编)者：王先庆 林至颖
2017年7月出版 / 估价：98.00元
PSN B-2012-292-1/1

遵义蓝皮书
遵义发展报告（2017）
著(编)者：曾征 龚永育 雍思强
2017年12月出版 / 估价：89.00元
PSN B-2014-433-1/1

国际问题类

"一带一路"跨境通道蓝皮书
"一带一路"跨境通道建设研究报告（2017）
著(编)者：郭业洲 2017年8月出版 / 估价：89.00元
PSN B-2016-558-1/1

"一带一路"蓝皮书
"一带一路"建设发展报告（2017）
著(编)者：孔丹 李永全 2017年7月出版 / 估价：89.00元
PSN B-2016-553-1/1

阿拉伯黄皮书
阿拉伯发展报告（2016～2017）
著(编)者：罗林 2017年11月出版 / 估价：89.00元
PSN Y-2014-381-1/1

北部湾蓝皮书
泛北部湾合作发展报告（2017）
著(编)者：吕余生 2017年12月出版 / 估价：85.00元
PSN B-2008-114-1/1

大湄公河次区域蓝皮书
大湄公河次区域合作发展报告（2017）
著(编)者：刘稚 2017年8月出版 / 估价：89.00元
PSN B-2011-196-1/1

大洋洲蓝皮书
大洋洲发展报告（2017）
著(编)者：喻常森 2017年10月出版 / 估价：89.00元
PSN B-2013-341-1/1

德国蓝皮书
德国发展报告（2017）
著(编)者：郑春荣　2017年6月出版 / 估价：89.00元
PSN B-2012-278-1/1

东盟黄皮书
东盟发展报告（2017）
著(编)者：杨晓强 庄国土
2017年4月出版 / 估价：89.00元
PSN Y-2012-303-1/1

东南亚蓝皮书
东南亚地区发展报告（2016~2017）
著(编)者：厦门大学东南亚研究中心　王勤
2017年12月出版 / 估价：89.00元
PSN B-2012-240-1/1

俄罗斯黄皮书
俄罗斯发展报告（2017）
著(编)者：李永全　2017年7月出版 / 估价：89.00元
PSN Y-2006-061-1/1

非洲黄皮书
非洲发展报告 No.19（2016~2017）
著(编)者：张宏明　2017年8月出版 / 估价：89.00元
PSN Y-2012-239-1/1

公共外交蓝皮书
中国公共外交发展报告（2017）
著(编)者：赵启正 雷蔚真
2017年4月出版 / 估价：89.00元
PSN B-2015-457-1/1

国际安全蓝皮书
中国国际安全研究报告(2017)
著(编)者：刘慧　2017年7月出版 / 估价：98.00元
PSN B-2016-522-1/1

国际形势黄皮书
全球政治与安全报告（2017）
著(编)者：张宇燕
2017年1月出版 / 定价：89.00元
PSN Y-2001-016-1/1

韩国蓝皮书
韩国发展报告（2017）
著(编)者：牛林杰 刘宝全
2017年11月出版 / 估价：89.00元
PSN B-2010-155-1/1

加拿大蓝皮书
加拿大发展报告（2017）
著(编)者：仲伟合　2017年9月出版 / 估价：89.00元
PSN B-2014-389-1/1

拉美黄皮书
拉丁美洲和加勒比发展报告（2016~2017）
著(编)者：吴白乙　2017年6月出版 / 估价：89.00元
PSN Y-1999-007-1/1

美国蓝皮书
美国研究报告（2017）
著(编)者：郑秉文 黄平　2017年6月出版 / 估价：89.00元
PSN B-2011-210-1/1

缅甸蓝皮书
缅甸国情报告（2017）
著(编)者：李晨阳　2017年12月出版 / 估价：86.00元
PSN B-2013-343-1/1

欧洲蓝皮书
欧洲发展报告（2016~2017）
著(编)者：黄平 周弘 江时学
2017年6月出版 / 估价：89.00元
PSN B-1999-009-1/1

葡语国家蓝皮书
葡语国家发展报告（2017）
著(编)者：王成安 张敏　2017年12月出版 / 估价：89.00元
PSN B-2015-503-1/2

葡语国家蓝皮书
中国与葡语国家关系发展报告·巴西（2017）
著(编)者：张曙光　2017年8月出版 / 估价：89.00元
PSN B-2016-564-2/2

日本经济蓝皮书
日本经济与中日经贸关系研究报告（2017）
著(编)者：张季风　2017年5月出版 / 估价：89.00元
PSN B-2008-102-1/1

日本蓝皮书
日本研究报告（2017）
著(编)者：杨伯江　2017年5月出版 / 估价：89.00元
PSN B-2002-020-1/1

上海合作组织黄皮书
上海合作组织发展报告（2017）
著(编)者：李进峰 吴宏伟 李少捷
2017年6月出版 / 估价：89.00元
PSN Y-2009-130-1/1

世界创新竞争力黄皮书
世界创新竞争力发展报告（2017）
著(编)者：李闽榕 李建平 赵新力
2017年4月出版 / 估价：148.00元
PSN Y-2013-318-1/1

泰国蓝皮书
泰国研究报告（2017）
著(编)者：庄国土 张禹东
2017年8月出版 / 估价：118.00元
PSN B-2016-557-1/1

土耳其蓝皮书
土耳其发展报告（2017）
著(编)者：郭长刚 刘义　2017年9月出版 / 估价：89.00元
PSN B-2014-412-1/1

亚太蓝皮书
亚太地区发展报告（2017）
著(编)者：李向阳　2017年4月出版 / 估价：89.00元
PSN B-2001-015-1/1

印度蓝皮书
印度国情报告（2017）
著(编)者：吕昭义　2017年12月出版 / 估价：89.00元
PSN B-2012-241-1/1

印度洋地区蓝皮书
印度洋地区发展报告（2017）
著(编)者：汪戎　　2017年6月出版 / 估价：89.00元
PSN B-2013-334-1/1

英国蓝皮书
英国发展报告（2016~2017）
著(编)者：王展鹏　　2017年11月出版 / 估价：89.00元
PSN B-2015-486-1/1

越南蓝皮书
越南国情报告（2017）
著(编)者：谢林城
2017年12月出版 / 估价：89.00元
PSN B-2006-056-1/1

以色列蓝皮书
以色列发展报告（2017）
著(编)者：张倩红　　2017年8月出版 / 估价：89.00元
PSN B-2015-483-1/1

伊朗蓝皮书
伊朗发展报告（2017）
著(编)者：冀开远　　2017年10月出版 / 估价：89.00元
PSN B-2016-575-1/1

中东黄皮书
中东发展报告 No.19（2016~2017）
著(编)者：杨光　　2017年10月出版 / 估价：89.00元
PSN Y-1998-004-1/1

中亚黄皮书
中亚国家发展报告（2017）
著(编)者：孙力 吴宏伟　　2017年7月出版 / 估价：98.00元
PSN Y-2012-238-1/1

皮书序列号是社会科学文献出版社专门为识别皮书、管理皮书而设计的编号。皮书序列号是出版皮书的许可证号，是区别皮书与其他图书的重要标志。

它由一个前缀和四部分构成。这四部分之间用连字符“-”连接。前缀和这四部分之间空半个汉字（见示例）。

《国际人才蓝皮书：中国留学发展报告》序列号示例

从示例中可以看出，《国际人才蓝皮书：中国留学发展报告》的首次出版年份是2012年，是社科文献出版社出版的第244个皮书品种，是“国际人才蓝皮书”系列的第2个品种（共4个品种）。

皮书起源

“皮书”起源于十七、十八世纪的英国，主要指官方或社会组织正式发表的重要文件或报告，多以“白皮书”命名。在中国，“皮书”这一概念被社会广泛接受，并被成功运作、发展成为一种全新的出版形态，则源于中国社会科学院社会科学文献出版社。

皮书定义

皮书是对中国与世界发展状况和热点问题进行年度监测，以专业的角度、专家的视野和实证研究方法，针对某一领域或区域现状与发展态势展开分析和预测，具备原创性、实证性、专业性、连续性、前沿性、时效性等特点的公开出版物，由一系列权威研究报告组成。

皮书作者

皮书系列的作者以中国社会科学院、著名高校、地方社会科学院的研究人员为主，多为国内一流研究机构的权威专家学者，他们的看法和观点代表了学界对中国与世界的现实和未来最高水平的解读与分析。

皮书荣誉

皮书系列已成为社会科学文献出版社的著名图书品牌和中国社会科学院的知名学术品牌。2016 年，皮书系列正式列入“十三五”国家重点出版规划项目；2012~2016 年，重点皮书列入中国社会科学院承担的国家哲学社会科学创新工程项目；2017 年，55 种院外皮书使用“中国社会科学院创新工程学术出版项目”标识。

中国皮书网

www.pishu.cn

发布皮书研创资讯，传播皮书精彩内容

引领皮书出版潮流，打造皮书服务平台

栏目设置

关于皮书：何谓皮书、皮书分类、皮书大事记、皮书荣誉、

皮书出版第一人、皮书编辑部

最新资讯：通知公告、新闻动态、媒体聚焦、网站专题、视频直播、下载专区

皮书研创：皮书规范、皮书选题、皮书出版、皮书研究、研创团队

皮书评奖评价：指标体系、皮书评价、皮书评奖

互动专区：皮书说、皮书智库、皮书微博、数据库微博

所获荣誉

2008 年、2011 年，中国皮书网均在全国新闻出版业网站荣誉评选中获得“最具商业价值网站”称号；

2012 年，获得“出版业网站百强”称号。

网库合一

2014 年，中国皮书网与皮书数据库端口合一，实现资源共享。更多详情请登录 www.pishu.cn。